Kohlhammer

Jahrbuch für badische Kirchen- und Religionsgeschichte

13. Band

Herausgegeben im Auftrag des Vorstands des
Vereins für Kirchengeschichte
in der Evangelischen Landeskirche in Baden
von Udo Wennemuth

2019

Verlag W. Kohlhammer Stuttgart

Die Drucklegung des Jahrbuchs für badische Kirchen- und Religionsgeschichte erfolgt mit Unterstützung der Evangelischen Landeskirche in Baden.

Das Jahrbuch für badische Kirchen- und Religionsgeschichte erscheint jährlich. Die für die Zeitschrift bestimmten Beiträge sind einzureichen beim Geschäftsführer des Vereins für Kirchengeschichte in der Evangelischen Landeskirche in Baden, Landeskirchliches Archiv, Blumenstraße 1, 76133 Karlsruhe. Die Beiträge werden in gemäßigter neuer Rechtschreibung erbeten. Beiträge werden ausschließlich in elektronischer Form entgegengenommen. Richtlinien für die Erstellung der Textdateien sind beim Geschäftsführer zu erfragen.

Das Verlagsrecht auf die in der Zeitschrift veröffentlichten Beiträge bleibt dem Verein für Kirchengeschichte in der Evangelischen Landeskirche in Baden auf drei Jahre vom Zeitpunkt der Veröffentlichung an vorbehalten.

Rezensionsexemplare sind gleichfalls dem Geschäftsführer des Vereins für Kirchengeschichte (Anschrift wie oben) einzureichen. Die Weitergabe der Besprechungsexemplare an die Rezensenten erfolgt durch die Schriftleitung.

Alle Rechte vorbehalten
© 2019 Verein für Kirchengeschichte in der Evangelischen Landeskirche in Baden
Kommissionsverlag: W. Kohlhammer GmbH, Stuttgart
Reproduktionsvorlage: wiskom e. K., Friedrichshafen
Gesamtherstellung:
W. Kohlhammer GmbH, Stuttgart

Print:
ISBN 978-3-17-037359-4

Für den Inhalt abgedruckter oder verlinkter Websites ist ausschließlich der jeweilige Betreiber verantwortlich. Die W. Kohlhammer GmbH hat keinen Einfluss auf die verknüpften Seiten und übernimmt hierfür keinerlei Haftung.

Editorial

Auch der Jahrgang 2019 des Jahrbuchs für badische Kirchen- und Religionsgeschichte (JBKRG) weist wieder eine große Bandbreite der behandelten Themen auf. Die zeitliche Spanne reicht von der Reformationszeit bis in die jüngste Zeitgeschichte, neben kirchen- und verfassungsrechtlichen Aspekten werden auch bildungs-, liturgie- und kunstgeschichtliche Fragen diskutiert, so dass die kirchengeschichtliche Perspektive eine Weitung erfährt.

Tobias Jammerthal thematisiert am Beispiel des Verhältnisses von Johannes Reuchlin zu Philipp Melanchthon die im humanistischen Bildungsideal angelegte Begabtenförderung im 16. Jahrhundert. Uwe Kai Jacobs befasst sich mit dem gar nicht so seltenen Phänomen der Altarschranken in badischen Kirchen, die über einen Zeitraum vom 17. bis zum 20. Jahrhundert nachzuweisen sind. Jörg Winter nimmt die Jubiläen der Weimarer Reichsverfassung und des Grundgesetzes zum Anlass nach den staatskirchenrechtlichen Grundlagen in der Beziehung zwischen Kirchen und Staat zu fragen. Heinrich Löber untersucht die Bedeutung der Kirchenbücher für die genealogische Forschung in der NS-Zeit und fragt im Zusammenhang der „Ariernachweise" nach der Verstrickung der Kirchen in die Rassepolitik des NS-Staates. Gerhard Schwinge setzt seine prosopografischen Studien zur badischen Pfarrerschaft fort mit seiner Untersuchung über das Schicksal von DC-Pfarrern in der Nachkriegszeit. Von einer eigenständigen Beurteilung der Frage nach Brüchen und Kontinuitäten im Personalstand der Landeskirche will er die Leserschaft nicht entpflichten. Einen Blick auf die Lage der Landeskirche zu Beginn der 1960er Jahre eröffnet Ulrich Bayer mit seiner Präsentation der Ergebnisse der Bezirksvisitationen von 1963.

Die Jahrestagung des Vereins für Kirchengeschichte am 19. Oktober 2018 befasste sich mit den Täufern am Oberrhein. Dabei geht es in dem Beitrag von Stephen Buckwalter nicht nur um die Verfolgung der Täufer am Oberrhein im 16. Jahrhundert, sondern auch um die Etablierung und die Existenzbedingungen von Täufergemeinden. Frank Konersmann schließlich beleuchtet Familienstrukturen, Gruppenbildung und Gemeindeorganisation von mennonitischen Glaubensgemeinschaften am nördlichen Oberrhein des 17. bis 19. Jahrhunderts.

Der Studientag in Bretten am 4. April 2019 nahm den Umbruch 1918/19 zum Anlass, die Geschichte der badischen Landeskirche in der Zeit der Weimarer Republik unter dem Paradigma von Aufbruch, also Erneuerung, und Restauration, also Beharrung, genauer in den Blick zu nehmen. Jürgen Kampmann stellt dabei die Verfassungsentwicklung in Baden in den Kontext der Religionsgesetzgebung in der Weimarer Reichsverfassung – wobei sich Verbindungslinien zu dem Beitrag von Jörg Winter ergeben – und die Verfassungsentwicklung in anderen Landeskirchen, etwa in Württemberg, Bayern und Preußen. Dadurch treten die badischen Besonderheiten noch stärker hervor. Johannes Ehmann führt schließlich ein in die theologischen Strömungen in den 1920er Jahren, wobei er unterscheidet zwischen der Universitätstheologie, der theologischen Fundierung der kirchenpolitischen Gruppen und der theologischen Ausrichtung der badischen Pfarrerschaft. Udo Wennemuth zeigt anhand der kirchlichen Reaktionen auf die neuen Anforderungen der Zeit, wie durch Strukturveränderungen unter einer konservativen Kirchenleitung durch die Etablierung etwa von landeskirchlichen Spezialpfarrämtern und eines neuen Berufsbildes und -feldes für die kirchliche Arbeit in den Gemeinden ein deutlicher Modernisierungsschub in der Landeskirche zu beobachten ist. Heike Wennemuth beschäftigt sich mit dem langen und kurvenreichen Weg der Entstehung des neuen Kirchenbuchs von 1930 in der Auseinandersetzung zwischen liberalen und positiven Wertevorstellungen und den Einflüssen der älteren und jüngeren liturgischen Bewegung.

An die letzte Thematik schließt die Betrachtung von Ulrich Bayer zu den badischen Gesangbüchern zwischen 1836 und 1995 an, indem er die Vorworte auswertet. Verfassungsrechtliche und staatskirchenrechtliche Fragen wirft auch der Beitrag von Helmut Neumaier auf, der am Beispiel der Dorfordnung von Neunstetten die Verflechtung von Religion und Politik im Bauland aufzeigt. Auf eine fortdauernde Diskussion über den „richtigen" Weg der Erforschung des Kirchenkampfes macht der Tagungsbericht von Lisa Bender aufmerksam. Im Rahmen der Oberrheinischen Sozietät haben sich im Oktober 2018 die Experten zu diesem Thema ausgetauscht, wobei die badischen Verhältnisse zu denen in der Pfalz in Bezug gesetzt wurden.

Besonders zur Lektüre empfehlen möchte ich Ihnen in diesem Jahr die Buchbesprechungen, enthalten sie doch z. T. sehr umfangreiche und tiefgehende Rezensionen u. a. zu drei Büchern, die in diesem Jahr in der Reihe der Veröffentlichungen zur badischen Kirchen- und Religionsgeschichte (VBKRG) erschienen sind. Das Buch von Micha Willunat über Prälat Schmitthenner dürfte insbesondere die an der Geschichte des Pfarrerstandes interessierten Leserinnen und Leser ansprechen. Maßstäbe in der Erforschung der badischen Reformationsgeschichte setzt die Arbeit von Daniel Abendschein über Simon Sulzer. Mit der tiefschürfenden Analyse eines theologischen Grundwerks des frühen 17. Jahrhunderts leistet Julia Désirée Weiß einen wichtigen Beitrag über die Auseinandersetzung der lutherischen Orthodoxie mit der Heidelberger Irenik. Und dann gibt es ja auch noch den ersten Band der neuen Gesamtdarstellung der badischen Kirchengeschichte von Johannes Ehmann.

Udo Wennemuth, Karlsruhe, 30. August 2019

Inhaltsverzeichnis

Editorial 5

Beiträge

Tobias Jammerthal
Begabtenförderung im 16. Jahrhundert.
Johannes Reuchlin und Philipp Melanchthons Tübinger Studienzeit 11

Uwe Kai Jacobs
Die Balustrade am Altar im evangelischen Kirchenbau Badens 25

Jörg Winter
Seit 100 Jahren in Geltung: Die staatskirchenrechtlichen Artikel der
„Weimarer Reichsverfassung" im Gefüge des Grundgesetzes 41

Heinrich Löber
Dienst nach Vorschrift in den Pfarrämtern?
Das Berufsbeamtengesetz (1933) und seine Konsequenzen für eine
Funktionalisierung der Familienforschung in der Evangelischen Kirche in
Baden im „Dritten Reich" 57

Gerhard Schwinge
Neuanfang nach 1945?
Badische DC-Pfarrer nach dem Zweiten Weltkrieg sowie Ende, Kontinuität
und Neubeginn innerhalb der Kirchenleitung 1945/46 89

Ulrich Bayer
„Die Kanzel ist das Thermopylä der Christenheit, da wird die Schlacht
verloren oder gewonnen." – Unerwartete Entdeckungen im Bescheid des
Badischen Oberkirchenrates auf die Verhandlungen der Bezirkssynoden 1963 .. 109

Täufer am Oberrhein

Stephen Buckwalter
Täufer am Oberrhein im 16. Jahrhundert – kirchenhistorische Impulse für die
Gegenwart 131

Frank Konersmann
Familienstruktur, Gruppenbildung und Gemeindeorganisation mennonitischer
Glaubensgemeinschaften am nördlichen Oberrhein zwischen 17. und
19. Jahrhundert 145

Zwischen Aufbruch und Restauration – Die evangelische Kirche in Baden in der Weimarer Republik

Jürgen Kampmann
Rechtliche Strukturen in der evangelischen Kirche in der Weimarer Republik: Baden im Vergleich 159

Johannes Ehmann
Theologische Strömungen in Baden in den 1920er Jahren – eine Annäherung .. 179

Udo Wennemuth
Modernisierung durch Strukturveränderung und Professionalisierung: Die Bewältigung neuer Herausforderungen durch die evangelische Kirche in Baden in der Weimarer Zeit 191

Heike Wennemuth
Veränderung und Beharrung in der liturgischen Bewegung in der badischen Landeskirche der Weimarer Zeit 213

Orte und Regionen

Helmut Neumaier
Sozialdisziplinierung und Katechese zur Erhaltung „guter Polizei" – Die Dorfordnung des Hans Pleickhard von Berlichingen für Neunstetten vom Jahr 1589 221

Miszellen

Ulrich Bayer
„Indem wir diesem Allerhöchsten Auftrage hiermit nachkommen, ordnen wir an, daß dieses Gesangbuch für Kirche und Schule in Gebrauch genommen werde." – Die badischen Kirchengesangbücher der letzten 200 Jahre im Spiegel ihrer Vorworte 243

Berichte

Lisa Bender
Wie soll Kirchenkampfforschung aussehen? Ein Gesprächsforum der Oberrheinischen Sozietät am 18. Oktober 2018 in Heidelberg 251

Rezensionen

Evangelisches Lexikon für Theologie und Gemeinde / ELThG² – Neuausgabe, hg. von Heinzpeter Hempelmann und Uwe Swarat u. a. Bd. 1: A – E (Gerhard Schwinge) ... 253; Johannes Ehmann, Geschichte der Evangelischen Kirche in Baden, Bd. 1: Reformatorische Bewegungen im Südwesten des Reichs (1517–1557) (Hermann Ehmer) ... 255; Daniel Abendschein, Simon Sulzer. Herkunft, Prägung und Profil des Basler Antistes und Reformators in Baden-Durlach (Georg Gottfried Gerner-Wolfhard) ... 257; Julia Désirée Weiß, Admonitio Christiana (1616). Johann Georg Sigwart (1554–1618) und seine Absage an die Heidelberger Irenik (Georg Gottfried Gerner-Wolfhard) ... 257; Religiös motivierte Migrationen zwischen dem östlichen Europa und dem deutschen Südwesten vom 16. bis zum 19. Jahrhundert, herausgegeben von Christine Absmeier u. a. (Albert de Lange) ... 264; Micha Willunat, Kirchenleitung und Seelsorger. Ludwig Schmitthenners Wirken als Pfarrer, großherzoglicher Seelsorger und Prälat der badischen Landeskirche (1892–1923) (Albert de Lange) ... 266; Sabrina Hoppe, Der Protestantismus als Forum und Faktor. Sozialethische Netzwerke im Protestantismus der frühen Bundesrepublik (Ulrich Bayer) ... 268

Register 271
Verzeichnis der Abkürzungen 276
Verzeichnis der Autorinnen und Autoren 278
Publikationsrichtlinien 279

Begabtenförderung im 16. Jahrhundert.
Johannes Reuchlin und Philipp Melanchthons
Tübinger Studienzeit*

Tobias Jammerthal

Am 7. Mai 1518 schreibt Johannes Reuchlin einen Brief an Kurfürst Friedrich den Weisen von Sachsen. Der Kurfürst hatte den 63jährigen Humanisten um Rat gebeten: Er wolle an seiner Landesuniversität in Wittenberg je einen Lehrstuhl für die Hebräische und die Griechische Sprache schaffen – wen könne Reuchlin empfehlen? Reuchlin antwortet ausführlich – unter anderem Folgendes:

> *Der anndern sprach halb, griechesch genannt, hab ich mich unnderfangen zuo volbringen uewer sonnderes getruwen, das ir gnediglich zuo mir haben, unnd bin inn willen, minen gesippten fruent, den ich vonn siner jugent uff soellich sprach unnderwisen unnd gelert hab, ann das ort zuo schicken [...] maister Philipps Schwartzerd von Bretten, [...] den ich doch der hohenschuol Inngollstatt versagt hab, dann er ist zuo Tuewingen eerlich unnd wol, ouch sines sollds halb nutzlich gehallten unnd fuersenhen, unnd hat daselbst ain erber ußkommen.*[1]

Die Rede ist von dem Mann, den wir als Philipp Melanchthon kennen – hier begegnet er als Schützling Reuchlins, der versucht, ihn Friedrich dem Weisen unter Berufung auf drei Gesichtspunkte schmackhaft zu machen:

---

* Vortrag am 30. Januar 2018 im Stadtmuseum Tübingen im Rahmen des Begleitprogramms der Ausstellung Ein Vater neuer Zeit: Reuchlin, die Juden und die Reformation. Die Vortragsfassung wurde beibehalten und das Manuskript lediglich um die notwendigsten Anmerkungen erweitert.

[1] Reuchlin an Kurfürst Friedrich von Sachsen, 7. Mai 1518, kritischer Text nach Johannes Reuchlin, Briefwechsel, Band 4: 1518–1522, bearb. von Matthias Dall'Asta und Gerald Dörner, Stuttgart-Bad Cannstatt 2013 (im Folgenden: RBW) 331,76–80. 86–90. RBW wird im Folgenden ebenso nach Nummer und Zeile zitiert wie MBW: Melanchthons Briefwechsel. Kritische und kommentierte Gesamtausgabe, im Auftrag der Heidelberger Akademie der Wissenschaften herausgegeben von Heinz Scheible und Christine Mundhenk. Stuttgart-Bad Cannstatt 1977ff. – RBW ersetzt die alte Ausgabe von Johann Reuchlins Briefwechsel gesammelt und herausgegeben von Ludwig Geiger, Stuttgart 1875 (Neudruck Hildesheim 1962), auf die daher im vorliegenden Beitrag nicht rekurriert wird. Da der Gegenstand dieser Ausführungen Melanchthons Förderung durch Reuchlin ist, wird auf des letzteren Lebensweg nur am Rande einzugehen sein, hierzu sei verwiesen auf Gerald Dörner, Art. Reuchlin, Johannes, in: Theologische Realenzyklopädie, Band 29 (1998), 94–98; Sigfried Raeder, Art. Reuchlin, Johannes, in: Religion in Geschichte und Gegenwart, 4. Aufl., Band 7, 466f und zuvor Klaus Kienzler, Art. Reuchlin, Johannes, in: Biographisch-Bibliographisches Kirchen-Lexikon, Band 8 (1995), 77–80 sowie jüngst Franz Posset, Johann Reuchlin (1455–1522): A Theological Biography (Arbeiten zur Kirchengeschichte 126), Berlin / Boston 2015 und Matthias Dall'Asta, Reuchlin im Gefüge des Renaissance-Humanismus, in: Sönke Lorenz (†)/Dieter Mertens, (Hgg.), Johannes Reuchlin und der ‚Judenbücherstreit' (Tübinger Bausteine zur Landesgeschichte 22), Ostfildern 2013, 119–146.

1. Er selbst, Reuchlin, habe Melanchthon als Kind unter seine Fittiche genommen.
2. Melanchthon ist begehrt: Es gibt schon anderweitige Versuche, ihn zu berufen, sowie
3. in Tübingen weiß man Melanchthons Talente durch eine entsprechend dotierte Stelle zu würdigen.

Von einem vor 1518 liegenden Versuch, Melanchthon nach Ingolstadt zu holen, haben wir keine Kenntnis – dafür aber von den anderen beiden Faktoren, die Reuchlin nennt: Die ersten Kontakte zwischen den beiden in Melanchthons Kindheit und Melanchthons Jahre in Tübingen. Beide Berührungspunkte zwischen dem Praeceptor Germaniae und dem Praeceptor seiner Jugend sollen im Folgenden etwas näher dargestellt werden. So wird hoffentlich deutlich werden, warum und in welcher Weise man ihr Verhältnis in der Tat unter die Überschrift der „Begabtenförderung im 16. Jahrhundert" stellen kann.

1. *vonn siner jugent uff*

Das erste Mal trifft Reuchlin 1508 auf Melanchthon, seinen *gesippten fruent* – mit diesem Begriff ist übrigens nicht darauf angespielt, dass die beiden Männer blutsverwandt sind: Der junge Philipp Schwartzerd wohnt in Pforzheim wohl bei Reuchlins Schwester – aber die ist nicht in direkter Linie mit ihm verwandt, sondern vielmehr die Witwe seines Großonkels.[2] Dessenungeachtet: In ihrem Haus begegnen sich der 53jährige Humanist und der Elfjährige, der innerhalb von nur zehn Tagen im Oktober 1508 erst seinen Großvater und dann seinen Vater verloren hatte. Wohl im November kommt er nach Pforzheim – nicht nur, weil er im Hause Reuchlin wohnen kann, sondern auch wegen der berühmten Pforzheimer Lateinschule. Wichtige Mitglieder der humanistischen Elite am Oberrhein zählen sich zu den Absolventen dieser Lehranstalt: vor 1500 gehören dazu der spätere badische Kanzler Hieronymus Vehus und der Mainzer Domprediger und später Straßburger Thomaspropst und Reformator Wolfgang Capito; etwa zeitgleich mit Melanchthon drückt der zukünftige Straßburger Münsterprediger und ebenfalls Reformator Kaspar Hedio die Schulbank, außerdem mit Kaspar Megander, Berthold Haller und Simon Grynaeus spätere Zentralgestalten der Reformation in Bern und Basel.[3] Kein Wunder also, dass Melanchthons Biograph Joachim Camerarius später schreiben wird, dass die Pforzheimer Lateinschule mit ihrem Ruf als Elitenschmiede Oberdeutschlands neben der Wohnmöglichkeit bei Elisabeth Reuchlin der Hauptgrund dafür war, den Knaben dorthin zu schicken.[4]

---

[2] Heinz Scheible, Melanchthons Pforzheimer Schulzeit. Studien zur humanistischen Bildungselite, in: Ders., Beiträge zur südwestdeutschen Kirchengeschichte (Veröffentlichungen zur Badischen Kirchen- und Religionsgeschichte 2), Stuttgart 2012, 223–267, hier: 238–243; Heinz Scheible, Reuchlins Einfluss auf Melanchthon, in: Ders., Beiträge (wie eben), 277–305, hier: 278.

[3] Scheible, Melanchthons Pforzheimer Schulzeit (wie Anm. 2), 227–229. 236–247.

[4] Philippi Melanchthonis Opera Quae Supersunt Omnia: Corpus Reformatorum, Band 10, 258. Vgl. auch die emphatische Schilderung bei Maurer, Wilhelm, Der junge Melanchthon zwischen Humanismus und Reformation, Band 1: Der Humanist, Göttingen 1967, 20–23.

Philipp Schwartzerd hat schon im heimischen Bretten beim Hauslehrer Johann Unger gutes Latein gelernt.[5] In Pforzheim kann er das vertiefen – vor allem aber passiert hier das, was Reuchlin in seinem Empfehlungsschreiben an Kurfürst Friedrich mit den Worten paraphrasiert, er selbst habe dem jungen Philipp Griechisch beigebracht.[6] Melanchthon selbst erinnert sich später eher an den Griechischunterricht beim Pforzheimer Schulmeister Georg Simler[7] – auszuschließen ist es freilich nicht, dass auch der berühmte Humanist Reuchlin, wenn er seine Schwester besuchte, dem vielversprechenden Elfjährigen über die Schulter blickte. Sicher ist: Reuchlin, der sich 1508/1509 auf dem Höhepunkt seines Ansehens befindet, sieht in Philipp Schwartzerd großes Potential: „Höchstes Entzücken bereitete ihm die Begabung Philipps, der in lateinischer Dichtung und in der griechischen Sprache gute Fortschritte machte."[8] Um den Ehrgeiz des Knaben zu beflügeln, belohnt er ihn für besonders herausragende Leistungen mit Buchgeschenken, unter anderem einer lateinischen Bibel, die der junge Philipp offenbar ständig bei sich trug.[9] Seine Mitschüler berichten auch davon, dass der bekannte Jurist dem Wunderknaben seinen Doktorhut auf den Kopf setzte. Als Belohnung für ein gelungenes lateinisches Gedicht verspricht Reuchlin dem Schüler ein griechisches Lexikon – nach wenigen Tagen nur sind die Verse fertig und der oberdeutsche Humanistenfürst steht zu seinem Versprechen.

Den Höhepunkt dieser Förderung durch Setzung positiver Anreize bildet der 15. März 1509:[10] Unter Leitung Philipps haben die Pforzheimer Schüler zu Reuchlins Ehren bei einem Gastmahl des Stifskapitels der Michaelskirche den Sergius, eine von Reuchlins Komödien[11] aufgeführt. Reuchlin schenkt Philipp ein Exemplar der griechischen Grammatik des Konstantin Laskaris. Sie befindet sich heute in Uppsala. In ihr ein Widmungszettel: Reuchlins Wappen, wie es beispielsweise in seiner hebräischen Grammatik sehen ist. Darauf handschriftlich die Worte:

Diese griechische Grammatik gibt Johannes Reuchlin aus Pforzheim, Doktor der Rechte, dem Philipp Melanchthon aus Bretten zum Geschenk.[12]

Aus Philipp Schwartzerd ist Philipp Melanchthon geworden – die Forschung spricht von seiner „Humanistentaufe".[13]

---

[5] Heinz Scheible, Art. Melanchthon, in: Theologische Realenzyklopädie, Band 22 (1992), 371–410, hier: 371; Ders., Melanchthon: Vermittler der Reformation. Eine Biographie, München ²2016, 13f.
[6] RBW 331,78f; vgl. Scheible, Melanchthon: Vermittler (wie Anm. 5), 17.
[7] MBW 2780 (Juli 1541); vgl. Scheible, Melanchthon: Vermittler (wie Anm. 5), 17.
[8] Scheible, Melanchthons Pforzheimer Schulzeit (wie Anm. 2), 244–245.
[9] Scheible, Melanchthons Pforzheimer Schulzeit (wie Anm. 2), 244–247; Ders., Melanchthon: Vermittler (wie Anm. 5), 17f.
[10] Scheible, Melanchthons Pforzheimer Schulzeit (wie Anm. 2), 246f; Scheible, Reuchlins Einfluss auf Melanchthon (wie Anm. 2), 278.
[11] Vgl. zur Identifikation Scheible, Melanchthons Pforzheimer Schulzeit (wie Anm. 2), 246.
[12] *Hanc Grammaticam grecam dono dedit Joannes Reuchlin Phoracensis LL. Doctor Philippo Melanchthoni Bretthemensi* – vgl. die Abbildung in: Melanchthons Werke, VII. Band, 2. Teil: Ausgewählte Briefe 1527–1530, hg. v. Hans Volz (Melanchthons Werke in Auswahl, hg. v. Robert Stupperich, Bd. 7/2), Gütersloh 1975, 7.
[13] Vgl. dazu die von Maurer, Der junge Melanchthon (wie Anm. 4), 21, Anm. 8 genannten Quellen.

In der Tat wird Melanchthon in Heidelberg, wo er im Oktober 1509 immatrikuliert wird,[14] in humanistischen Kreisen verkehren – Reuchlins Angabe, er habe Melanchthon *vonn siner jugent uff*[15] unterrichtet, ist also ein wenig übertrieben: Länger als ein Jahr weilte der Brettener Wunderknabe nicht in Pforzheim unter Reuchlins Augen. Richtig ist aber: Reuchlin hat den begabten Jungen schon als Schüler gefördert, indem er ihn durch Zeichen der Anerkennung zu Höchstleistungen anspornte.

2. *dann er ist zuo Tuewingen eerlich unnd wol*

Die Begegnungen in Pforzheim allein hätten nicht gereicht, um eine Empfehlung Melanchthons nach Wittenberg zu rechtfertigen. Mit der Erwähnung Tübingens in Reuchlins Empfehlungsschreiben kommt der zweite und entscheidende Abschnitt in Melanchthons Leben in den Blick, in dem er durch Reuchlin gefördert wurde. Im Juni 1512 wird Melanchthon in Heidelberg zum Baccalaureus Artium promoviert, einen Monat später stirbt Pallas Spangel, der nicht nur ein gefeierter Humanist, sondern vor allem Melanchthons Heidelberger Gastgeber ist – der frischgebackene Bakkalar steht also ohne Dach über dem Kopf da. Das, und nicht, wie man früher vermutete, die Weigerung der Heidelberger Universitätsbehörden, einen gerade 15jährigen zum Magisterstudium zuzulassen, gibt den äußeren Anlass für den Abgang von der altehrwürdigen kurpfälzischen Landesuniversität.[16]

Exakte Belege dafür, warum es statt dessen nun neckaraufwärts nach Tübingen geht, haben sich nicht erhalten – aber es spricht alles dafür, dass Sönke Lorenz Recht hat und wiederum Reuchlin als Urheber zu vermuten ist:[17] Württemberg und seiner Landesuniversität ist der Pforzheimer schon lange verbunden. Seit er 1503 einer der drei Richter des Schwäbischen Bundes wird, geben ihm die mindestens vierteljährlichen[18] Sitzungen dieses Gerichts im Tübinger Rathaus die Gelegenheit, enge persön-

---

[14] Am 14. Oktober 1509 als Philippus Swartzerd de Brethenn aus der Diözese Speyer: Die Matrikel der Universität Heidelberg von 1386 bis 1662, Erster Theil: von 1386 bis 1553, bearb. u. hg. v. Gustav Toepke, Heidelberg 1884 (Nachdruck Nendeln/Liechtenstein 1976), 472. Vgl. zu Melanchthons Zeit in Heidelberg Scheible, Philipp Melanchthon (wie Anm 5), 18–24 und zuvor schon Maurer, Der junge Melanchthon (wie Anm. 4), 23–29.

[15] RBW 331,78 / 79.

[16] Scheible, Melanchthon: Vermittler (wie Anm. 5), 24; vgl. schon Maurer, Der junge Melanchthon (wie Anm. 4), 29.

[17] Sönke Lorenz, Melanchthon und Tübingen: Zwischen Studia humaniora, Buchdruck und Burse, in: Ders., Philipp Melanchthon: Seine Bedeutung für Kirche und Theologie, Bildung und Wissenschaft (Theologie interdisziplinär), Neukirchen-Vluyn 2010, 27–57; Ders., Reuchlin und die Universität Tübingen, in: Ders./Mertens (Hg.), Johannes Reuchlin und der ‚Judenbücherstreit' (wie Anm. 1), 15–53, hier: 36–38.

[18] Lorenz, Reuchlin und die Universität Tübingen (wie Anm. 17), 29 geht im Anschluss an Horst Carl, Triumvis Sueviae – Reuchlin als Bundesrichter, in: Stefan Rhein (Hg.), Reuchlin und die politischen Kräfte seiner Zeit (Pforzheimer Reuchlinschriften 5), Sigmaringen 1998, 65–86, hier: 81f von häufigeren Terminen aus. – Zur Beziehung zwischen Reuchlin und der Württembergischen Landesuniversität vgl. im Übrigen auch Stephen G. Burnett, Christian Hebraism at the University of Tübingen from Reuchlin to Schickard, in: Sönke Lorenz u. a. (Hgg.), Die Universität Tübingen zwischen Scholastik und Humanismus (Tübinger Bausteine zur Landesgeschichte 20), Ostfildern 2012, 161–172.

liche Kontakte zum Tübinger Professorium aufzubauen und zu pflegen. Aus dieser Gemengelage scheint sich das Projekt einer Stärkung des Wissenschaftsstandorts Tübingen entsponnen zu haben, für das Reuchlin nun vor allem seine guten Kontakte nach Pforzheim einsetzt. 1511 kommt es zur Übersiedlung des ursprünglich dort ansässigen Druckers Thomas Anshelm nach Tübingen. Anshelm ist seit 1503 der bevorzugte Verleger der Schriften Reuchlins. Dass seine Offizin in der Lage ist, auch griechische und hebräische Lettern zu setzen, macht ihn zu einem begehrten Drucker für die oberrheinischen Humanisten.[19] Seine Niederlassung in Tübingen führt somit dazu, dass die kleine Universitätsstadt in der humanistischen Öffentlichkeit deutlich präsenter wird als zuvor. In den Zusammenhang seiner Etablierung als Tübinger Drucker gehören wohl auch die Immatrikulation mehrerer Humanisten aus dem Pforzheimer Kreis in Tübingen: Bereits 1510 kommt Georg Simler, unter dem Melanchthon die Schulbank gedrückt hat, 1511 dann Johannes Hiltebrant – und am 12. September 1512 *Philippus Schwartzerd ex Preten*.[20] Reuchlin hat seinen Brettener Wunderknaben wieder und kann sich nun davon überzeugen, ob er in Pforzheim zurecht großes Potential in Melanchthon gesehen hat.

Melanchthons Tübinger Studienzeit kommt somit eine Schlüsselrolle dafür zu, dass Reuchlin ihn 1518 ebenso enthusiastisch wie erfolgreich nach Wittenberg empfiehlt. Sein Empfehlungsschreiben nennt die beiden Felder, auf denen Reuchlin beobachten konnte, dass Melanchthon in der Tat ein aufstrebender Stern am Gelehrtenhimmel war, den weiter zu fördern sich lohnte.

2.1 Konventor

Da ist zum einen Melanchthons Position in der Tübinger Universität: Reuchlin schreibt Friedrich dem Weisen, sein Schützling habe dort *ain erber ußkommen*.[21] Gemeint ist Melanchthons Stellung als Konventor an der Burse der Realisten. Am 25. Januar 1514 wird er als Klassenbester[22] zum Magister Artium promoviert,[23] am 20. August 1516 erscheint er erstmals in seiner neuen Position.[24] Als Konventor gehört Melanchthon

---

[19] Vgl. das Lob Melanchthons in MBW 6a sowie Karl Steiff, Der erste Buchdruck in Tübingen. Ein Beitrag zur Geschichte der Universität, Tübingen 1881 (Nachdruck Nieuwkoop 1963), 89f, Nr. 32. Vgl. hierzu Hans Widmann, Tübingen als Verlagsstadt (Contubernium 1), Tübingen 1971, 28–31 sowie Wilfrid Lagler, Philipp Melanchthon als Mitarbeiter des Tübinger Buchdruckers Thomas Anshelm, in: Sönke Lorenz u. a. (Hgg.), Vom Schüler der Burse zum „Lehrer Deutschlands": Philipp Melanchthon in Tübingen (Tübinger Kataloge 88), Tübingen 2000, 175–185, hier: 175–177.

[20] Die Matrikeln der Universität Tübingen, Band 1: 1477–1600, hg. v. Heinrich Hermelink, Stuttgart 1906, 191.

[21] RBW 331,89 / 90.

[22] Vgl. Die Matrikel der Magister und Bakkalare der Artistenfakultät (1477–1535), bearb. v. Miriam Eberlein/ Stefan Lang (Tübinger Professorenkatalog 1,1), Ostfildern 2006, 98, Nr. 597.

[23] Die Matrikeln der Universität Tübingen (wie Anm. 20), 191 (Anm.).

[24] MBW 8 (Die Konventoren der Realistenburse an Abt Alexius von Alpirsbach, 20. August 1516). Die Debatte der älteren Forschung darum, ob Melanchthon beim Wechsel von Heidelberg nach Tübingen vom Realismus zum Nominalismus gewechselt habe, fasst prägnant zusammen Siegfried Wiedenhofer, Formalstrukturen humanistischer und reformatorischer Theologie bei Philipp Melanchthon (Regensburger Studien zur Theologie 2), Frankfurt am Main / München 1976, 102–106. Seit den Forschungen von Sönke Lorenz (insbes.: Melanchthon als Konventor der Tübinger Realistenburse, in: Franz Fuchs [Hg.], Der frühe Melanchthon und der Humanismus. Akten des gemeinsam mit dem Melanchthonhaus Bretten am 6./7. November 2009 veranstalteten Symposions in Bretten [Pirckhei-

zu den insgesamt sieben Lehrkräften dieser 1480 etablierten Einrichtung, auf deren Schultern die Hauptlast des akademischen Unterrichts liegt.[25] Nach den Statuten ist in täglichem Unterricht der gesamte Kanon des aristotelisch dominierten philosophisch-philologischen Grundstudiums zu traktieren: Logik, Grammatik, Ethik, Physik, Naturphilosophie.[26] Jedes Fach ist innerhalb eines Jahres komplett zu behandeln, danach wechselt die Zuständigkeit innerhalb des Lehrkörpers – Melanchthon hat also bald den gesamten Stoff, den er für sein Magisterexamen zu pauken hatte, selbst unterrichtend durchdrungen. Das Ganze ist übrigens – anders, als es Reuchlin dem sächsischen Kurfürsten gegenüber darstellt, keineswegs gut bezahlt: Der Konventor bekommt Kost und Logis gestellt, da er mit seinen Studenten zusammen in der Burse wohnt. Und mit dem täglichen Unterricht ist es nicht getan: Aufgabe des Konventors ist es auch, die Einhaltung der strikten Hausordnung der Burse zu überwachen, also beispielsweise dafür zu sorgen, dass nur Latein gesprochen wird und dass nachts die Türen verschlossen sind. In gewisser Weise ist der Posten des Konventors also ein Naturalstipendium mit erheblichen Nebenverpflichtungen. Immerhin: Ein Konventor hatte auch das Recht, sich Privatunterricht, den er zusätzlich zu seinen Lehrveranstaltungen erteilte, bezahlen zu lassen.[27]

Als Stipendium kann die Stelle allerdings dann doch mit Recht bezeichnet werden, weil die Konventoren durch ihre kostenlose Unterkunft und Verpflegung dazu in der Lage sind, an einer der oberen Fakultäten Theologie, Rechtswissenschaft oder Medizin weiterzustudieren. Auch dieses weitere Studium ist durch die Ordnungen penibel geregelt: Je zwei Konventoren sollen Theologie und Jura und ein Konventor die Medizin studieren.[28] Melanchthon gehört nach allem, was seine späteren Rückblicke zu erkennen geben, zu den beiden theologischen Konventoren.[29] Damit ist er verpflichtet,[30] zwei Jahre lang eine komplette Vorlesung bei einem Sententiar über alle vier Bücher der Sentenzen des Lombarden und eine Vorlesung bei einem Kursor über insgesamt 80 Kapitel Bibel zu hören, zusätzlich pro Woche acht Stunden

---

mer Jahrbuch für Renaissance- und Humanismusforschung 25], Wiesbaden 2011, 73–94) kann es als gesichert gelten, dass Melanchthon in der Tat nicht die Via wechselte (so denn auch Heinz Scheible, Alter oder neuer Weg: Melanchthons Tübinger Magisterium, in: Zeitschrift für Württembergische Landesgeschichte 72 [2013], 471–479). Dessenungeachtet ist nach den Ergebnissen der Forschungen von Heiko Augustinus Oberman (Via moderna – Devotia [sic!] moderna: Tendenzen im Tübinger Geistesleben 1477–1516. Ecclesiae atque catholici gymnasii fundamenta, in: Martin Brecht (Hg.), Theologen und Theologie an der Universität Tübingen. Beiträge zur Geschichte der Evangelisch-Theologischen Fakultät [Contubernium 15], Tübingen 1977, 1–64) davon auszugehen, dass die Trennung der Viae in Tübingen nicht übermäßig stark ausgeprägt war.

[25] Vgl. Lorenz, Melanchthon als Konventor der Tübinger Realistenburse (wie Anm. 24), 79f.
[26] Vgl. Ebd., 85f; Ders., Logik im Tübinger Curriculum, in: Ders./ Dieter R. Bauer /Oliver Auge (Hgg.), Tübingen in Lehre und Forschung um 1500. Zur Geschichte der Eberhard Karls Universität Tübingen. Festgabe für Ulrich Köpf (Tübinger Bausteine zur Landesgeschichte 9), Ostfildern 2008, 177–206.
[27] Vgl. RBW 331 Anm. 36.
[28] Vgl. Lorenz, Melanchthon als Konventor der Tübinger Realistenburse (wie Anm. 24), 80.
[29] Zu Melanchthons Theologiestudium in Tübingen vgl. insbes. Wiedenhofer, Formalstrukturen (wie Anm. 24), 97–102 und jüngst Reinhold Rieger, Melanchthons Weg zur reformatorischen Theologie, in: Lorenz, Vom Schüler der Burse zum „Lehrer Deutschlands" (wie Anm. 19), 153–159 im Anschluss an Sönke Lorenz. Die ältere, von Maurer (Der junge Melanchthon [wie Anm. 4], 30, Anm. 22) repräsentierte Auffassung, dass sichere Beweise für ein reguläres Theologiestudium Melanchthons in Tübingen fehlten, kann damit als überholt gelten.
[30] Vgl. zum Folgenden durchweg die Statuen von 1480: Rudolf Roth (Hg.), Urkunden zur Geschichte der Universität Tübingen aus den Jahren 1476–1550, Tübingen 1877, 255–261, vor allem 257f.

bei mindestens einem der Professores Jakob Lemp, Wendelin Steinbach und Peter Braun über Kommentare zu den Sentenzen oder die Bibel und zusätzlich wöchentliche Wiederholungsübungen mit dem klangvollen Namen „resumptiones" zu belegen. Ferner ist es seine Pflicht, an kirchlichen Festtagen den „collationes" genannten Universitätspredigten und schließlich den Disputationen der Doctores und der Promovenden beizuwohnen. Vor der Promotion zum theologischen Bakkalaureat muss er eine Disputation selbst bestreiten, danach eine Predigt halten – und die niederen Weihen nehmen.[31] In Summe: Das Theologiestudium in Tübingen ist auch im Mittelalter kein Zuckerschlecken – zumal es ja neben der „normalen" Arbeit als Konventor abzuleisten ist. Alles in allem kann Reuchlin aber somit zu Recht darauf verweisen, dass Melanchthon ein fest etabliertes Mitglied der Tübinger Universität ist, der einerseits Erfahrung im akademischen Lehramt besitzt und andererseits finanziell nicht darauf angewiesen ist, nach Wittenberg zu gehen.

2.2 Humanistischer Publizist

Neben Melanchthons Position als bestallte Lehrkraft in Tübingen tritt ein weiteres Feld: Reuchlin schreibt, er habe den jungen Mann *der hohenschuol Ingollstatt versagt*[32] und spielt damit darauf an, dass Melanchthon sich als gerade 21jähriger in der Tat schon einen beachtlichen Ruf außerhalb Tübingens erarbeitet hat. Zwar ist für die Zeit vor 1518 außer diesem Brief Reuchlins kein weiteres Indiz für einen Ruf aus Ingolstadt belegt – aber als Melanchthon 1518 nach Wittenberg reist, gibt es in

---

[31] Die niederen Weihen als Voraussetzung für eine theologische Promotion sieht ausdrücklich vor die sogenannte „Zweite Ordnung" Graf Eberhards vom 20. Dezember 1491: Item welher hinfür wil promouiert werden in Baccalaurium der heiligen geschrifft, der soll sin clericus, welher aber werden will licenciat der heiligen geschrifft, der soll der grossen vnd mehr wyhinen eine haben, Welher aber Doctor oder Magister will werden in der heiligen geschrifft, der soll zuuor Sacerdos sein. (Urkunden zur Geschichte der Universität Tübingen aus den Jahren 1476–1550, hg. v. Roth, Rudolf, Tübingen 1877, 82–93, hier: 84). Ob Melanchthon diese Anforderung bei seinem Weggang aus Tübingen bereits erfüllte, ist unbekannt; Anfragen des Verfassers beim Generallandesarchiv Karlsruhe sowie den Archiven der Diözesen Freiburg und Rottenburg-Stuttgart als Rechtsnachfolgern des seinerzeit zuständigen Konstanzer Bistums konnten bislang keine Weihematrikel zutage fördern, aus der sich diesbezügliche Angaben erheben ließen. Da Melanchthon selbst hierzu schweigt, ist auch das ausschließlich in seinem Nekrolog überlieferte Angebot Herzog Ulrichs an Melanchthons Mutter, dem im Weggang nach Wittenberg befindlichen Sprössling eine einträgliche Pfründe verschaffen zu wollen, wenn er auf der geistlichen Laufbahn voranschreiten sollte (Melanchthons letzte Lebenstage, Heimgang und Bestattung nach den gleichzeitigen Berichten der Wittenberger Professoren, hg. v. Nikolaus Müller, Leipzig 1910, 54 / 84, vgl. 152 Anm. 54 sowie Philippi Melanchthonis Opera Quae Supersunt Omnia: Corpus Reformatorum, Band 10, 260), nicht verifizierbar. Dass die Wittenberger Statuten von 1508 ebenfalls die niederen Weihen zur Promotionsvoraussetzung für das theologische Baccalaureat machen – und zwar mit der Präzisierung, dass der Promovend die Weihe zum Akolythen empfangen haben müsse (Nullus promoueatur in Biblicum, Nisi accolitus, Nullus in Licentiatum, Nisi Subdiaconus: Liber Decanorum Facultatis Theologicae Academiae Vitebergensis, hg. v. Carl Eduard Förstemann Leipzig 1838 159), vermag angesichts dessen nicht mehr als circumstantielle Wahrscheinlichkeitsevidenz beizusteuern.

[32] RBW 331,87 / 88.

Augsburg wohl tatsächlich Versuche, ihn den Sachsen abzuwerben.[33] Und im August 1516 schon hatte niemand geringeres als Erasmus von Rotterdam Reuchlin geschrieben und ihm vorgeschlagen, den vielversprechenden jungen Mann nach England zum Bischof von Rochester zu schicken, der für seine weitere Karriere sorgen werde.[34] Die wachsende Bekanntheit Melanchthons spiegelt sich auch darin wieder, dass seit 1515 immer mehr Humanisten Reuchlin bitten, seinen jungen Schützling zu grüßen,[35] und dass Melanchthon selbst in dieser Zeit die Grundlagen seines beeindruckenden eigenen Korrespondenznetzwerks legt. Seinen Grund hat dieser Ruhm wohl weniger in Melanchthons Tätigkeit als Konventor als in seiner Publikationstätigkeit.[36]

Bald nach seinem Eintreffen in Tübingen beginnt Melanchthon zum einen mit seiner Tätigkeit als Castigator in Anshelms Druckerei: Er begutachtet Manuskripte auf ihre Publikabilität, richtet sie für den Druck ein und korrigiert die Druckfahnen und verfasst werbende Vorworte. Elf Drucke sind nachweisbar, die er betreut hat.[37] Schon diese als Werbung fungierenden Vorworte und vor allem die oft auf Titelblättern zu findenden Gedichte, mit denen das hiermit vorgelegte Buch in eleganten lateinischen oder gar griechischen Versen gepriesen wird, geben Melanchthon die Möglichkeit, seinen Namen gezielt in der humanistischen Öffentlichkeit zu platzieren.

Darüber hinaus aber tritt Melanchthon selbst als Herausgeber in Erscheinung: Schon 1514 gibt er mit Johannes Hiltebrant gemeinsam die Clarorum Virorum Epistolae heraus, jene Sammlung von Briefen berühmter Persönlichkeiten an Reuchlin, mit denen der Humanist sich gegen die Angriffe auf seine Integrität im sogenannten Judenbücherstreit zur Wehr setzen wollte.[38] Es folgen im selben Jahr der Dialogus Mythologicus des Bartholomäus Coloniensis,[39] 1515 das Theaterstück Osci et Volsci des Mariangelus Accursius,[40] die griechische Grammatik des Theodor Gaza[41] und 1516 die Ausgabe der Komödien des Terenz, deren Vorrede ihm wohl die Aufmerksamkeit

---

[33] Vgl. MBW 21.
[34] RBW 289,50–54.
[35] RBW 257,68 (Eobanus Hessus an Reuchlin, 6. Januar 1515); 280,49–50 (Michael Hummelberger an Reuchlin, 24. Januar 1516); 294,42f (ders. an dens., 16. September 1516); 305,16–18 (Paul Gereander an Reuchlin, Anfang 1517); 308,36f (Hummelberger an Reuchlin, 20. Februar 1517).
[36] Zum Folgenden vgl. zusammenfassend Scheible, Melanchthon: Vermittler (wie Anm. 5), 30f und ausführlicher Maurer, Der junge Melanchthon (wie Anm. 4), 46–65.
[37] Vgl. die Aufzählung bei Lagler, Philipp Melanchthon als Mitarbeiter des Tübinger Buchdruckers Thomas Anshelm (wie Anm. 19), 177–183; zur Bedeutung der Offizin Anshelms für Tübingen als Wissenschaftsstandort s. auch Widmann, Tübingen als Verlagsstadt (wie Anm. 19), 18–42. Vgl. zur Sache ferner Stefan Rhein, Buchdruck und Humanismus. Melanchthon als Korrektor in der Druckerei des Thomas Anshelm, in: Ders./Armin Schlechter/Udo Wennemuth (Hgg.), Philipp Melanchthon in Südwestdeutschland. Bildungsstationen eines Reformators (Ausstellungskatalog) Karlsruhe 1997, 62–74.
[38] Vgl. MBW 1 und hierzu zusammenfassend Scheible, Melanchthon: Vermittler (wie Anm. 5), 29 sowie ausführlicher Maurer, Der junge Melanchthon (wie Anm. 4), 62–25. Auf den Judenbücherstreit ist hier nicht näher einzugehen, es sei exemplarisch verwiesen auf: Jan-Hendryk de Boer, Unerwartete Absichten – Genealogie des Reuchlinkonflikts (Spätmittelalter, Humanismus, Reformation 94), Tübingen 2016 und die Sammelbände von Wilhelm Kühlmann (Hg.), Reuchlins Freunde und Gegner: Kommunikative Konstellationen eines frühneuzeitlichen Medienereignisses (Pforzheimer Reuchlinschriften 12), Ostfildern 2010 und Lorenz/Mertens, Johannes Reuchlin und der ‚Judenbücherstreit' (wie Anm. 1).
[39] Vgl. MBW 3.
[40] Vgl. MBW 6.
[41] Vgl. MBW 6a.

des Erasmus eintrug:⁴² In ihr entfaltet Melanchthon in gleichermaßen kühnem wie genialem Wurf die wesentlichen Aspekte der Entwicklung des antiken Theaters und reflektiert auf seine bleibende Bedeutung vor allem in ethisch-moralischer Hinsicht. 1517 verantwortet er eine Übersetzung von Plutarchs Schrift De nota Pythagorica⁴³ und 1518 tritt er mit einer griechischen Grammatik⁴⁴ und einer Rede über die Freien Künste, die freilich erst nach Reuchlins Empfehlungsbrief nach Sachsen erscheint,⁴⁵ das erste Mal als Verfassser in das Licht der Öffentlichkeit.

Melanchthon ist also im Mai 1518 auf dem humanistisch dominierten Buchmarkt beileibe kein Unbekannter mehr: Durch seine Editionstätigkeit klassischer Texte ist er als Kenner der von den Humanisten so geschätzten Antike und ihrer Literatur bestens ausgewiesen und durch seine griechische Grammatik hat er seine publizistische Visitenkarte als Lehrer dieser Sprache abgegeben.

2.3 Förderung durch Reuchlin

Melanchthon kam 1512 als Teil einer wesentlich von Reuchlin betriebenen Aktion zur Stärkung des Wissenschaftsstandorts Tübingen: Reuchlin sah in dem frischgebackenen Heidelberger Bakkalaren das Potential, insbesondere durch die Zusammenarbeit mit dem ebenfalls noch recht frisch aus Pforzheim angekommenen Drucker Anshelm und anderen Mitgliedern seines Pforzheimer Netzwerks, die jüngere der beiden Universitätsstädte am Neckar zu einem humanistisch geprägten Zentrum der Gelehrsamkeit zu machen.⁴⁶ Nach dem bisher Gesagten wird man zugestehen müssen, dass er einen guten Riecher gehabt hatte: Melanchthon hat 1518 ein beachtliches publizistisches Portfolio angesammelt und sich daneben durch seine Tätigkeit als Konventor gewinnbringend in den akademischen Unterricht eingebracht.

Während alledem verstand Reuchlin es, den persönlichen Kontakt zu seinem Schützling zu pflegen: Zwar datiert der erste erhaltene briefliche Kontakt der beiden erst auf den Januar 1518,⁴⁷ aber aus späteren Äußerungen Melanchthons ergibt sich, dass Reuchlin immer wieder Melanchthon und seine Kommilitonen auf seinem Landgut bei Stuttgart empfing und ihnen nicht nur Wein ausschenkte, sondern ihnen

---

[42] Text der Vorrede: MBW 7. Zu dieser Ausgabe siehe Wetzel, Richard, Melanchthons Verdienste um Terenz unter besonderer Berücksichtigung ‚seiner' Ausgaben des Dichters, in: Rhein/Schlechter/Wennemuth, Philipp Melanchthon in Südwestdeutschland (wie Anm. 37), 101–126. Vgl. zu diesem Text auch Maurer, Der junge Melanchthon (wie Anm. 4), 50f.
[43] Vgl. MBW 13.
[44] Vgl. MBW 16f.
[45] Vgl. MBW 18.
[46] Das Urteil von Heiko Augustinus Oberman, wonach Tübingen zu Melanchthons Studienzeiten nur eine vernachlässigenswerte humanistische Szene gehabt habe (Werden und Wertung der Reformation: Vom Wegestreit zum Glaubenskampf, Tübingen ³1989, 17–27), hat unlängst revidiert Dieter Mertens, Heiko A. Oberman und der ‚Mythos des Tübinger Humanismus', in: Lorenz/Bauer/Auge, Tübingen in Lehre und Forschung um 150 (wie Anm. 26), 241–254.
[47] MBW 15 = RBW 324.

vor allem auch seine kostbare Bibliothek öffnete.[48] Insbesondere Melanchthon sollte immer wieder von dieser Bücherei profitieren: Gleich sein erster erhaltener Brief an Reuchlin spricht von zwei alten Aristoteleskommentaren, die sich Melanchthon von Reuchlin ausgeliehen hatte und bittet um die Zusendung von Schriften des Albertus Magnus.[49] In einer Zeit, in der Bücher ein Vermögen kosten, ist es ein Zeichen großen Vertrauens, sie außer Hauses – und noch dazu an einen anderen Ort! – zu verleihen. Dass Reuchlin Melanchthon versprochen hatte, ihm nach seinem Tod seine Büchersammlung zu vermachen, ist aus seinem eigenen Munde verbürgt,[50] und auch wenn Melanchthon später energisch betont, dass er seine eigene Bibliothek, die er sich in Tübingen anlegte, mit seinem eigenen Geld zusammengekauft habe,[51] so ist doch anzunehmen, dass Reuchlin seine Pforzheimer Praxis, dem vielversprechenden Nachwuchs hin und wieder Buchgeschenke zu machen, auch in Tübingen fortsetzte.

Bis ins Jahr 1518 lässt sich also festhalten: Reuchlin förderte Melanchthon weiterhin gezielt, indem er den persönlichen Austausch pflegte, ihm durch die Erlaubnis der Benutzung seiner Privatbibliothek Vertrauen und Anerkennung demonstrierte und ihm durch die Vermittlung an den Drucker Anshelm ermöglichte, sich in der humanistischen Öffentlichkeit einen Namen als Herausgeber klassischer Werke und scharfsinniger und sprachmächtiger Verfasser eigener Texte zu machen. Melanchthon auf der anderen Seite rechtfertigte das in ihn gesetzte Vertrauen, indem er nicht nur durch seine Arbeit als Konventor den Tübinger Lehrbetrieb stärkte, sondern vor allem, indem er die ihm gebotene Gelegenheit zur publizistischen Wirksamkeit ergriff und nutzte – sei es als entschiedener Verteidiger Reuchlins durch die Herausgabe der Epistolae Clarorum Virorum, sei es als Kenner der Klassiker und Vorkämpfer einer besseren Pflege des Griechischen.

Im Jahre 1518 hatte sich indes einiges verändert: Die politische Situation im Herzogtum Württemberg war unter Herzog Ulrich zunehmend volatil geworden. 1516 und erneut 1518 hatte Kaiser Maximilian II. die Reichsacht über den Herzog verhängt, Ulrich wiederum ließ den Tübinger Vogt Konrad Breuninger foltern und hinrichten und versuchte, die Ritterschaft zu mobilisieren. Bereits 1512 war er aus dem Schwäbischen Bund ausgetreten, 1519 sollte es zum Krieg und zur Vertreibung des Herzogs kommen. Der Drucker Anshelm hatte bereits Mitte 1516 die Konsequenzen gezogen und seine Offizin ins elsässische Hagenau verlegt – für die Universität Tübingen ein schwerer Schlag,[52] und auch die Zusammenarbeit zwischen Melanchthon und Anshelm wurde durch die räumliche Entfernung deutlich komplizierter. Die Drucklegung seiner griechischen Grammatik scheint Melanchthon Anfang 1518 direkt vor Ort in Hagenau überwacht zu haben, in Tübingen ist er erst wieder Ende April/Anfang Mai[53] – und der nächste Brief an Reuchlin vom 12. Juli 1518 ist ganz offensichtlich aus der Feder eines Menschen geflossen, der von Tübingen genug hat:

---

[48] Vgl. mit Nachweisen: Scheible, Reuchlins Einfluss auf Melanchthon (wie Anm. 2), 279. Zur Bibliothek Reuchlins siehe Isabel Greschat (Hg.), Johannes Reuchlins Bibliothek gestern & heute: Schätze und Schicksal einer Büchersammlung der Renaissance. Heidelberg u. a. 2007.
[49] MBW 15.
[50] RBW 367,12 / 13 (Reuchlin an Melanchthon, 12. September 1519).
[51] MBW 294.
[52] Vgl. Widmann, Tübingen als Verlagsstadt (wie Anm. 19), 42–44; Lagler, Melanchthon (wie Anm. 19), 184.
[53] Vgl. Regest zu MBW 16.

Wie sehne ich mich danach, dass ich nicht länger in diesem Zuchthaus mich plagen, mich martern, mich kreuzigen lassen muss! Gerne würde ich sonst in Schwaben unter den Freunden, mit denen ich noch einiges vorhabe, bleiben, wenn ich nicht am Ende, erschöpft von diesen meinen Übeln, nicht wüsste, was ich grimmiger fürchten müsste, und, womit verglichen der Rest ein Leichtes ist, unter Kindern wieder zum Kind würde. Lieber möchte ich mich in irgendeiner herakleischen Bergeinsamkeit verbergen, als hier mit Nichtstun beschäftigt zu sein.[54]

Wie jeder moderne Pädagoge weiß, gibt es für ein hochbegabtes Kind nichts Schlimmeres als das Gefühl, unterfordert zu sein – bei Melanchthon scheint dieses Gefühl sich nach der Rückkehr aus Hagenau nach Tübingen eingestellt zu haben: An die Stelle der aufregenden Umgebung der Offizin Anshelm mit ihren Buchneuheiten tritt jetzt wieder der Alltag des Konventors und Theologiestudenten, der Melanchthon ganz offenbar intellektuell nicht befriedigte. In seinem Schreiben an Kurfürst Friedrich den Weisen vom 7. Mai rekurriert Reuchlin auf einen Meinungsaustausch mit Melanchthon über die Frage eines Stellenwechsels in Richtung Wittenberg – wahrscheinlich hatte der 21jährige auf dem Rückweg von Hagenau bei Reuchlin Station gemacht und ihm sein Leid geklagt. Für Reuchlin ergab sich so durch die Suche der Wittenberger nach einem Griechischdozenten eine Win-Win-Situation: Er konnte dem sächsischen Kurfürsten, in dessen Schuld er stand, weil der sich nachdrücklich in Rom für ihn eingesetzt hatte, einen Gefallen tun – und seinem Schützling Melanchthon ebenfalls.

3 Begabtenförderung im 16. Jahrhundert

Und so kommt es dann zu jenem Brief des mittlerweile 63jährigen Reuchlin an Friedrich den Weisen, dessen weitreichende Folgen wohl weder Reuchlin, noch Friedrich, noch Melanchthon absehen können. Der nach Wittenberg empfohlene Gräzist wird an der Ausweitung der Causa Lutheri zu dem, was wir heute als Reformation bezeichnen, entscheidenen Anteil haben – aber die Causa Lutheri ist zu diesem Zeitpunkt weder für den Kurfürsten noch für Reuchlin im Blick: Der Kurfürst braucht für den humanistischen Ausbau seiner Landesuniversität geeignetes Personal und Reuchlin stellt ihm den geeigneten Mann dafür zur Verfügung, indem er ihm einen pädagogisch erprobten und humanistisch ausgewiesenen Kenner der griechischen Sprache vermittelt.[55]

Mit der erfolgreichen Vermittlung Melanchthons an eine der ersten Griechischlekturen an einer Universität im Heiligen Römischen Reich erklimmt Reuchlins Pro-

---

[54] Ut anxius sum, ne diutius in hoc me ergasterio agi, tundi, cruciari oporteat! Libenter alioqui in Suevis inter amicos, quos multo iam usu exploratos habeo, mansurus, ni exhausto tandem tot mihi malis nescio, quid saevius metuam; et, ut caetera sint facilia, repuerasco inter pueros. Malim in aliquo Heracleiti specu delitere quam heic nihil agendo occupatus esse. MBW 19,2–7 (Melanchthon an Reuchlin, 12. Juli 1518 = RBW 338,2–7).

[55] So zutreffend Kurt Hannemann, Reuchlin und die Berufung Melanchthons nach Wittenberg, in: Manfred Krebs (Hg.), Johannes Reuchlin 1455–1522. Festgabe seiner Vaterstadt Pforzheim zur 500. Wiederkehr seine Geburtstages, Pforzheim 1955, 108–138, hier: 120f.

gramm der Begabtenförderung eine neue Stufe. Sein Empfehlungsschreiben nennt mit Pforzheim und Tübingen die beiden vorherigen Stufen:

Im Haus seiner Schwester in Pforzheim ist Reuchlin auf den jungen Philipp und seine Begabung aufmerksam geworden und hat damit begonnen, diese Begabung durch gezielte Setzung positiver Anreize in Form von Zeichen der Anerkennung, gipfelnd in der Humanistentaufe, zu fördern.

Tübingen dann bot Melanchthon die Möglichkeit, seine Fähigkeiten unter Beweis zu stellen. Reuchlin förderte ihn weiter durch Zeichen der Anerkennung und des Vertrauens und durch die Herstellung vielversprechender Kontakte. Der Pforzheimer Wunderknabe wird zu einem festen Bestandteil des nach Tübingen verpflanzten Kreises um Reuchlin und Anshelm. An der Burse konnte sich Melanchthon seine akademischen Sporen verdienen, bei Anshelm seine publizistischen. Zugleich realisierte es sich in Tübingen für Reuchlin schon, dass Begabtenförderung keine Einbahnstraße ist: Sein Protegé erweist sich zum einen als erfolgreicher Bestandteil des von Reuchlin initiierten Programms zur Stärkung des Wissenschaftsstandorts Tübingen, und widmet zum anderen sein erstes namentliches Hervortreten in einer Veröffentlichung – den Epistolae Clarorum Virorum – der öffentlichkeitswirksamen Unterstützung seines Mäzens und fährt auch danach fort, Reuchlin in seinen Vorreden und in seiner Korrespondenz als Leuchte der humanistischen Gelehrsamkeit zu preisen.

Mit der Wittenberger Griechisch-Lektur folgt auf (1.) die Förderung des vielversprechenden Jünglings durch Buchgeschenke und Zeichen der Anerkennung und (2.) die Förderung des offensichtlich begabten jungen Mannes durch die Einführung in die humanistische Öffentlichkeit und die Vermittlung von Möglichkeiten der Bewährung in Forschung und Lehre die (3.) Stufe der Förderung durch die Vermittlung einer ersten „richtigen" Stelle: An den Platz der Tübinger Doppelbelastung durch Theologie und Konventorenamt soll eine Position treten, auf der Melanchthon ausschließlich für die Pflege der Gräzistik bezahlt würde, und sich also ganz seinen humanistischen Studien würde widmen können – selbst, wenn er hin und wieder in der Hebraistik würde aushelfen müssen. Durch die Wittenberger Griechischlektur würde Reuchlins Schützling zugleich ein Pionier der erfolgreichen humanistischen Reform des überkommenen universitären Lehrbetriebs werden. Auf die Bewährung in der Fremde könnte dann als (4.) Stufe noch die Rückkehr in den humanistisch so fruchtbaren oberrheinisch-oberdeutschen Kulturraum folgen, so wie sich Reuchlin selbst nach seinem Aufenthalt in Paris und Orléans wieder zurück in die Heimat begeben hatte, um dort seine größten Werke zu schreiben.

Entsprechend überlässt Reuchlin in dieser für seinen Schützling so entscheidenden Situation auch nichts dem Zufall: Alle Korrespondenz läuft über ihn selbst, er regelt sogar die Reiseroute, die Melanchthon auf dem Weg nach Wittenberg zu nehmen hat, und organisiert den Transport der Bibliothek, die sich Melanchthon in Tübingen angesammelt hatte, *dann on vil buecher, besonder in der hohenschuol, kan nyeman recht weder leren noch leßen,*[56] wie Reuchlin es Friedrich dem Weisen gegenüber formuliert. Überhaupt ist der Empfehlungsbrief ein Meisterstück reuchlinscher Begabtenförderung durch Vermittlung: Reuchlin überzeichnet leicht, aber noch nicht so, dass

---

[56] RBW 331, 101–103.

es ganz falsch wäre, seinen eigenen Einfluss auf Melanchthons Schulzeit in Pforzheim und dessen Position an der Tübinger Universität. Die Bündelung der drei Aspekte

1. Ich habe Melanchthon schon früh gefördert,
2. er ist ein begehrter Mann, ich habe ihn Ingolstadt verweigern können, und
3. in Tübingen – immerhin der Mutteruniversität Wittenbergs – hat man Melanchthons Potential gesehen und würdigt es durch eine feste Stelle,

ist darauf berechnet, in Friedrich dem Weisen den (im Nachhinein ja durchaus zutreffenden) Eindruck hervorzurufen, dass der bei ihm in hohem Ansehen stehende führende Humanist Reuchlin ihm hier den besten Mann für die zu besetzende Position bietet. Und in der Tat: Obwohl sein Umfeld lieber den Leipziger Petrus Mosellanus an die Leucorea geholt hätte,[57] entscheidet sich Kurfürst Friedrich für Reuchlins Kandidaten. Dass sein Projekt der Förderung eines Begabten im Jahr 1518 – je nach Perspektive – sein Ziel oder sein Ende erreichen würde, konnte Reuchlin nicht wissen. Für seine Begriffe ist Wittenberg nicht der Endpunkt der humanistischen Karriere Melanchthons: Ende 1519 soll Melanchthons Weg nach Reuchlins Willen wieder in den humanistisch fruchtbareren Süden, nach Ingolstadt führen; als der Wunderknabe ihm diesmal den Gehorsam versagt,[58] wendet sich Reuchlin enttäuscht von ihm ab. Er hält es nicht zuletzt für einen Fehler, dass Melanchthon unter dem Einfluss Luthers der Theologie so viel Zeit schenkt.[59]

Dass Begabte irgendwann auch gegenüber denen, die sie gefördert haben, einen eigenen Willen entwickeln, und dass Begabtenförderung auch gerade darauf zielen sollte, eigenständig denkende und selbständig handelnde Menschen heranzuziehen – das war dann doch auch dem „Vater neuer Zeit" Reuchlin fremd. In seinen Augen ist mit der ungehorsamen Entscheidung Melanchthons gegen Ingolstadt klar, dass seine Investition in diese Aktie sich nicht gelohnt hat. Die versprochene Bibliothek bekommt ein anderer, der Briefkontakt wird abgebrochen. Philipp Schwartzerd, der lange so protegierte *gesippte fruent*, ist zum verlorenen Sohn geworden – dem Förderer seiner jungen Jahre hat der aber dennoch ein dankbares Andenken bewahrt.

---

[57] Vgl. Hannemann, Reuchlin (wie Anm. 54), 122f.
[58] Melanchthon an Reuchlin, 18. März 1520 (MBW 77 = RBW 383).
[59] Vgl. RBW 374,17–21.

Die Balustrade am Altar im evangelischen Kirchenbau Badens

Uwe Kai Jacobs

1. Fragestellungen

Wer signifikante Unterscheidungsmerkmale zwischen katholischem und evangelischem Kircheninnenbau aufzählen will, läuft schnell Gefahr, sich in einer Defizitliste zu verlieren: Kein Tabernakel, kein „ewiges Licht", kein Klerikergestühl, keine Heiligenfiguren, keine Kommunionschranken und keine Beichtstühle in evangelischen Kirchengebäuden, jedenfalls solchen aus nachreformatorischer Zeit.

Keine Beichtstühle? *Von der Beichte wird so gelehrt, dass man in der Kirche die privata absolutio beibehalten und nicht wegfallen lassen soll.*[1] Dementsprechend sind in evangelischen – in der Regel lutherischen – Kirchengebäuden noch vereinzelt historische Beichtstühle anzutreffen, so in Niebelsbach im Enzkreis (Beichtstuhl des 18. Jahrhunderts),[2] um ein Beispiel aus Baden-Württemberg anzuführen, dem weitere aus anderen Kirchenregionen an die Seite gestellt werden können.[3]

Keine Kommunionschranken? Zwar bedürfen evangelische Kirchengebäude keiner Lettner, keiner Abschrankungen zwischen einem Bereich für den „Klerus" und einem Bereich für das „Kirchenvolk". Im Gegenteil: Das Grundprinzip des Priestertums aller Gläubigen[4] kennt keinen Klerus im Sinne der Amtsvorstellungen der römisch-katholischen Kirche[5] und dementsprechend keine Sonderbereiche im Kirchengebäude für „Geistliche",[6] auch wenn evangelische Pfarrer bis weit in das 20. Jahrhundert hinein als „Geistliche" bezeichnet wurden, und dies ganz offiziell.[7]

---

[1] Artikel 11 Confessio Augustana, 1530. Vgl. zudem Artikel 10 der Schmalkaldischen Artikel, 1537.
[2] Kristina Hagen, Zeugnis einer vergessenen liturgischen Praxis. Der evang. Beichtstuhl in St. Pankratius zu Keltern-Niebelsbach, in: DpflBW 41 (2012), 62f.
[3] Peter Wasem, Evangelische Beichte und Beichtstühle in pfälzischen Kirchen, in: Mathias Gaschott/ Jochen Roth (Hgg.), Vestigia II. Aufsätze zur Kirchen- und Landesgeschichte zwischen Rhein und Mosel (FS Bonkhoff), Regensburg 2013, 197–222.
[4] 1 Petr 2,5 und 9; Martin Luther, An den christlichen Adel deutscher Nation, 1520: […] werden wir allesamt durch die Taufe zu Priestern geweiht; Artikel 12 Abs. 1 Satz 2 Grundordnung der Evangelischen Landeskirche in Baden; Kirchenamt der EKD (Hg.), Rechtfertigung und Freiheit. 500 Jahre Reformation 2017. Ein Grundlagentext des Rates der EKD, Gütersloh 2015, 89f.
[5] Vgl. statt Vieler: Jörg Winter, Zum Amtsverständnis der römisch-katholischen und der evangelischen Kirche, in: Stefan Muckel (Hg.), Kirche und Religion im sozialen Rechtsstaat. FS Rüfner, Berlin 2003, 975–985.
[6] Auf Aspekte einer besonderen Sitzordnung und eines besonderes Gestühls („Presbytergestühl", „Kirchenratsbänke", „Pfarrstuhl") kann hier nicht eingegangen werden. Vgl. dazu Uwe Kai Jacobs, Geordnetes Sitzen. Historische Sitzordnungen für die gottesdienstliche Gemeinde, vornehmlich in der Pfalz, BPfKG 86 (2019), im Druck.
[7] Vgl. § 52 Nr. 1 Reichsstrafprozeßordnung von 1877, § 105 der badischen Strafprozeßordnung von 1864, §§ 62 und 91 Verfassung der badischen Landeskirche von 1861, §§ 25ff Dienst-Instruction für

Nochmals: Keine Kommunionschranken? Umso verblüffter wird sein, wer in historischen evangelischen Kirchengebäuden, auch solchen im Gebiet der Evangelischen Landeskirche in Baden, Abschrankungen am Altar feststellt: Hüfthohe Balustraden oder Gitter, die den Altartisch oder Altarblock „einzäunen" oder zumindest den engsten Bereich vor dem Altar vom übrigen Raum abgrenzen. Dieser Beitrag will den Befund in evangelischen Kirchen Badens vorstellen und nach seinen Gründen suchen.

2. Befund

a) 17. Jahrhundert

Im Fall der Stadtkirche Weinheim ist überliefert, was den Bedarf nach einem „Zaun" um den Altar auslöste: Ungebetene Gäste. Im Jahr 1684 hatten streunende Hunde das schwarze Tuch[8] auf dem Abendmahlstisch der reformierten Weinheimer Stadtkirche dermaßen zugerichtet, dass ein neues gekauft werden musste. *Dahero Herr Inspector Erinnerung gethan, daß ein anderer Disch, so ringsherumb mit Gegütter versehen, gleich ander Orthen auch, möchte dahin gemacht werden.*[9]

Gegütter entspricht „Gegitter", einer sprachlichen Variante von „Gitter".[10] In der zitierten *Erinnerung* (Aufforderung) des reformierten Inspektors wird ein solches Gitter als bekannt vorausgesetzt – „gleich anderen Orten auch". Das lässt vermuten, dass solche Gitter in der Kurpfalz des 17. Jahrhunderts verbreitet waren. Soweit bekannt haben sich aus dieser Zeit aber keine Altargitter im Kirchengebiet der badischen Landeskirche erhalten, auch das Weinheimer Gitter nicht. In Württemberg[11] und in Franken[12] gibt es aber Schranken des 17. Jahrhunderts in lutherischen Kirchen.

b) 18. und frühes 19. Jahrhundert: Barock und Klassizismus

Der tour d'horizon durch die Kirchenbaulandschaft Badens muss daher mit einem Beispiel aus dem 18. Jahrhundert beginnen: Epplingen bei Boxberg. In der dortigen, ursprünglich lutherischen Kirche, erbaut 1753, ist der Altar mit einer dreiseitigen, reich

---

die evang.-prot. Decanate im Großherzogtum Baden von 1846.

[8] Bis in das 20. Jh. hinein waren in reformierten und unierten Kirchen in der Regel schwarze bzw. schwarzsamtene Altartücher in Gebrauch, z. B. in Neuburg am Rhein, in Dörrenbach und in Speyer. Vgl. im Übrigen Bernhard H. Bonkhoff, Bild-Atlas zur pfälzischen Kirchengeschichte, Bd. I, Speyer/Regensburg 2000, 475.

[9] Albrecht Ernst, Die reformierte Kirche der Kurpfalz nach dem Dreißigjährige Krieg (1649–1685), Stuttgart 1996, 211 Anm. 21. Der jetzige Bau stammt aus den Jahren 1731–36.

[10] Friedrich Kluge (Begr.), Etymologisches Wörterbuch der deutschen Sprache, 22. Aufl., Berlin 1989, 268.

[11] Evang. Stadtkirche Balingen, vgl. Georg Dehio (Begr.), Handbuch der Deutschen Kunstdenkmäler: Baden-Württemberg II: Regierungsbezirke Freiburg und Tübingen, München 1997, 61.

[12] Evang. Pfarrkirchen Dittenheim und Feuchtwangen, vgl. Georg Dehio (Begr.), Handbuch der Deutschen Kunstdenkmäler: Franken, [Sonderausgabe] Darmstadt 1979, 226, 278.

verzierten und bemalten, zeitgenössischen Schranke versehen.[13] Dreiseitig bedeutet, dass zwei Schranken an den Wangen des Altars ansetzen und eine Querschranke vorne anschließt. Eine vierseitige Schranke gäbe bei einem Altar, der wie in Epplingen mit einem Aufsatz geschmückt ist, also an einen Retabelaltar erinnert, keinen Sinn. Den Zugang zum Altar gibt eine seitliche Tür (Abb. 1), erkennbar an den Scharnieren.

Abb. 1:
Altarschranke Epplingen, Seitenansicht (Foto: Helga Sohns, 2018)

Die Bemalung der Vorderseite, also der Querschranke, weist in Epplingen auf das evangelische Abendmahl hin: Gereicht wird es in beiderlei Gestalt. Abgebildet sind Kelch und Hostie (Abb. 2), wobei die Ikonographie nicht ganz klar wird: Sollen die Männergestalten Johannes den Täufer und Martin Luther darstellen, also auf die Sakramentstheologie zielen?

Der Epplinger Schranke ähnlich ist diejenige in Unterschüpf. Auch hier stammt die Kirchenausstattung aus der Mitte des 18. Jahrhunderts, zu der ein zeitgenössischer Schrankenaltar mit durchbrochenem Gitter zählt.[14] Dainbach gehört als Drittes zu dieser Gruppe aus der Epoche des Barock. Der Dainbacher Altar steht seit längerem unter Denkmalschutz.[15]

---

[13] Abb.: www.adelsheim-boxberg.de, aufgerufen am 18.5.2018.
[14] Heinrich Niester, Die evangelische Kirche in Unterschüpf (Kr. Tauberbischofsheim). Zu ihrer Charakterisierung und Restaurierung im Jahre 1961, 68–74, bes. 69 (Abb.), pdf-Datei: www.journals.ub.uni-heidelberg.de/Downloads, aufgerufen am 11.6.2018.
[15] Helmuth Meerwein, Gemeindebuch der Evangelischen Landeskirche in Baden, Bd. 1, Karlsruhe 1957, 61.

Abb. 2:
Altarschranke Epplingen, Vorderansicht (Foto: Helga Sohns, 2018)

Stilistisch völlig entgegengesetzt wirkt die schlichte, schmiedeeiserne Seitenschranke in der alten Kirche von Buchenberg bei Königsfeld, der Nikolauskirche. Das Kirchlein stammt aus dem Hochmittelalter, wurde aber 1722 umgestaltet.[16] In diese Zeit dürfte die Schranke zu datieren sein (Abb. 3), die einem im benachbarten Württemberg verbreiteten Grundtypus entspricht. Ob die Schranke seit jeher so minimalistisch ausfiel oder dies ein Ergebnis von Veränderungen darstellt, ist unbekannt.

Schon dem ausgehenden 18. Jahrhundert gehört die Schranke in Hüffenhardt bei Mosbach an, die sogar Erwähnung im „Dehio" findet: „Altar mit Umfassung, 1780".[17] Ob die Schranken am Altar von St. Andreas in Oberacker im Kraichgau wie die übrige Ausstattung noch dem 18. Jahrhundert[18] zuzurechnen ist, muss offen bleiben.

Auf die frühen 1780er Jahre datiert die evangelische Kirche Adersbach bei Sinsheim mit ihrer komplett erhaltenen zeitgenössischen Ausstattung, darunter dem klassizistischen Tischaltar und einer vierseitigen, „bemerkenswerten"[19] Schranke. Klassizistische, seitliche Schranken zieren die Brehmener Kirche im Kirchenbezirk Adelsheim-Boxberg, errichtet 1802, vergleichbar den Seitenwangen in Flinsbach[20]

---

[16] Gerold Leiber, Die alte Kirche in Buchenberg, in: Badische Heimat 33 (1954), 250–259.
[17] Georg Dehio (Begr.), Handbuch der Deutschen Kunstdenkmäler: Baden-Württemberg I: Regierungsbezirke Stuttgart und Karlsruhe, München 1993, 379.
[18] Dehio BW I (wie Anm. 17), 594.
[19] Hans Gercke, Kirchen im Rhein-Neckar-Kreis – Ein kunsthistorischer Überblick, in: Jörg Kreutz/ Berno Müller (Hgg.), Sakrale Kunst im Rhein-Neckar-Kreis, Heidelberg 2018, 248, 249 (Abb.).
[20] Ebd., 268f. (Abb.).

Abb. 3:
Altarschranke Buchenberg, alte Kirche (Foto: Ewald Förschler, 2018)

und in Memprechtshofen (Abb. 4). Derselben Epoche entstammt die Kanzel-Altar-Komposition mit seitlichen Kurzschranken in Hasselbach (1810/11).[21] Als stilistisch verwandter „Nachzügler" sei Reihen (1843) genannt.[22]

c) 19. und frühes 20. Jahrhundert: Historismus und Jugendstil

Die größte Zahl von Schranken in Baden stammt aus dem späteren 19. und der Wende zum 20. Jahrhundert. Es handelt sich dabei durchweg um reine Seitenschranken (Kurzschranken), die an den Wangen des Altars nach vorne, also zur Gemeinde hin, anschließen. Zu dieser Gruppe zählen die folgenden Beispiele, grob geordnet nach der Entstehungszeit der Schranken:

---

[21] Ebd., 247f., 585 (Abb.).
[22] Ebd., 241, 586 (Abb.).

Abb. 4:
Altarschranke in Memprechtshofen (Foto: Cordula Lünenschloss, 2018)

- Eppingen[23], 1879
- Sulzfeld, 1886, Schranke mit Doppelrundbögen
- Laufen
- Wössingen, Schranken aus der Bauzeit der Kirche um 1820[24] oder aus dem späten 19. Jh.
- Bobstadt
- Blankenloch, neugotischer Altar mit Seitenwangen im gotischen Chor
- Münzesheim
- Staffort
- Gauangelloch
- Unteröwisheim, zierliche, gestufte Schranken, niedriger als der Abendmahlstisch
- Mauer, hölzerne Kurzschranke, um 1895[25]
- Breitenbronn, hölzerne Schranke
- Heddesbach
- Ellmendingen (Barbarakirche), hölzerne Kurzschranke
- Waldwimmersbach, „fein gedrechselte Seitenwangen",[26] um 1900

---

[23] Abb. in: Uwe Kai Jacobs, Der umschrankte Altar im evangelischen Kirchenbau, in: Vestiga II (wie Anm. 3), 421–446, bes. 428.
[24] Evangelische Kirchengemeinde Wössingen (Hg.), Evangelische Kirche Wössingen, Wössingen 1989, 13f (Abb.). Die Formensprache ähnelt den Schranken von Sulzfeld.
[25] Gercke, Kirchen im Rhein-Neckar-Kreis (wie Anm. 19), 259, 260 (Abb.), 450 (Abb.).
[26] Ebd., 283 (Abb.).

Abb. 5:
Altarschranken in der „Dorfkirche" in Buchenberg (Foto: Ewald Förschler, 2018)

- Buchenberg, Pfarrkirche (neue Kirche, „Dorfkirche"), 1902 (Abb. 5)
- Lauda-Königshofen,[27] Altar aus der Zeit um 1900
- Grünwettersbach (Karlsruhe), seitliche Schranken unbekannten Datums[28] im Kirchsaal des späten 18. Jahrhunderts
- Emmendingen,[29] um 1900, seitliche Schranken,[30] die dem Altar im Volksmund die Bezeichnung *Hörneraltar* verliehen[31]
- St. Ilgen, Gestaltung um 1900
- Lutherkirche, Mannheim, 1906, ebenso Heidelsheim
- Hockenheim, 1907 (nicht seitlich ansetzende, sondern dem Altar vorne vorgesetzte Kurzschranken)[32]

---

[27] Christoph Bizer/Hartmut Rupp, Kleiner Kirchenführer. Mit der Bibel durch das Haus Gottes, Stuttgart 1984, 26 (Abb.), 40.

[28] Jürgen Krüger (Hg.), Die Bauten, in: Günter Frank u. a. (Hgg.), Kirchen in Karlsruhe und die Synagoge, Ubstadt-Weiher 2015, 246 (Abb.).

[29] Abb. in: Evangelische Landeskirche in Baden u. a. (Hgg.), Spuren – Orte der Reformation in Baden-Württemberg, Karlsruhe/Stuttgart o. J. [2015], 42.

[30] Historische Abb. (Innenansicht der Kirche, 1903), LKA 154.887.

[31] Mitteilung Pfr. Georg Metzger vom 21.3.2012. Die Bezeichnung wirkt für die nur vorne an dem Altar ansetzenden „Stummelschranken" nicht unpassend und lässt verschiedene Assoziationen zu (Hörner eines Schlittens?). Zum Hörneraltar der Bibelwissenschaft besteht aber keine Kongruenz.

[32] Evangelische Kirchengemeinde Hockenheim (Hg.), Evangelische Stadtkirche Hockenheim, Hockenheim 1990, 11 (Abb.). Inzwischen entfernt? Vgl. Gemeindebrief der Evang. Kirchengemeinde Hockenheim 51 (2016), H. 6, 7 (Abb. des Abbauzustandes).

- Lutherkirche Baden-Baden, ebenfalls 1907
- Pforzheim-Brötzingen („Chorschranke" plus seitliche Altarschranken), ein Bau des Jugendstils (errichtet 1909–12).[33]

Gemeinsam mit dem Brötzinger Bau bildet den chronologischen Abschluss des Rundgangs die Christuskirche in Mannheim, die 1911 eingeweiht wurde. Der Altar wird von seitlichen Balustraden flankiert, deren Position unique ist: Sie setzen nicht am Altar an, sondern stehen von ihm abgesetzt parallel zu den Altarwangen – eine Spätform des Typus, welche die Position einer vierseitigen Schranke auf die Schranken an den Flanken überträgt.[34] Ein Unikat über Baden hinaus? Blickt man nach Sachsen, wird man einen baulichen Zwilling in den Altarschranken der Dresdener Kreuzkirche entdecken. Auch sie sind ein Werk des Jugendstils (Altar von 1900).[35]

Der Reigen ließe sich unschwer um Beispiele untergegangener Schranken erweitern, etwa um Großsachsen bei Weinheim[36] oder um Heidelberg-Handschuhsheim.[37] Kriegszerstörung und Umbau von Kirchen haben den Bestand dezimiert, übrigens nicht erst seit dem Zweiten Weltkrieg, sondern schon in der Epoche des Historismus (Providenzkirche Heidelberg).[38] Umso mehr verdient es hervorgehoben zu werden, wenn jüngste Innenraumrenovierungen die Schranken unangetastet lassen,[39] oder sie wenigstens nicht vernichtet, sondern wie in Schriesheim eingelagert werden.[40]

Balustraden am evangelischen Altar wären gründlich missverstanden, würden sie als Attribut eines protestantischen „Bauernbarocks" gedeutet. Sie fanden oder finden sich ebenso in prominenten Bauwerken des deutschen Protestantismus: Der Dresdener Frauenkirche[41] (1733), der Frankfurter Paulskirche (bis 1944)[42] oder St. Nikolai in Potsdam (um 1850). Mannheim wurde bereits erwähnt.

---

[33] Reinhard Lambert Auer, Protestantische Raumprogramme in Württemberg, in: Landesamt für Denkmalpflege (Hg.), Kulturdenkmale der Reformation im deutschen Südwesten, Esslingen 2017, 64–85, bes. 64, 80 (Abb.); Evangelische Christus- und Lukasgemeinde Pforzheim/Staatliches Hochbauamt Pforzheim (Hgg.), Christuskirche Pforzheim-Brötzingen, Pforzheim 1987, 38, 39, 41, 54, 55, 73 (Abb.).

[34] Abb. in: Evang. Kirchengemeinderat, Christuskirche Mannheim, Mannheim 1911 (Nachdr. ebd. 1986), 18, 22; Herbert Wäldin, Christuskirche Mannheim 1911–1961, Mannheim 1961, 22; Ältestenkreis der Christusgemeinde u. a. (Hgg.), Die Christuskirche in Mannheim. Bauwerk – Gemeinde – Kirchenmusik, Ubstadt-Weiher u. a. 2011, Frontispiz, 52.

[35] Joachim Zirkler, Kreuzkirche Dresden, 2. Aufl., Regensburg 2007, 28f (Abb.).

[36] Evangelische Stiftung Pflege Schönau (Hg.), Die Evangelische Kirche in Großsachsen. Innenrenovierung 2005–2006, 14 (Abb. [1952]), 16.

[37] Vgl. Gerhard Schwinge, Erhalten oder verändern? Evangelische Kirchenbauten in Baden aus den Jahren 1900 bis 1912 – Last oder Chance? in: JBKRG 12 (2018), 51–69, bes. 62, Abb. 12.

[38] Anneliese Seeliger-Zeiss, Geschichte und Gestalt der Providenzkirche in Heidelberg, in: Reinhard Störzner (Hg.), 350 Jahre Providenzkirche Heidelberg. FS zum Jubiläum 2011, Heidelberg 2011, 15–76, bes. 42ff.

[39] So in Waldwimmersbach, vgl. Evangelische Stiftung Pflege Schönau (Hg.), Die Evangelische Kirche in Waldwimmersbach. Innenrenovierung 2006, 6, 7, 12, 14 (jeweils Abb.).

[40] Mitteilung von Pfarrerin Suse Best vom 19.1.2019.

[41] Stiftung Frauenkirche Dresden (Hg.), Frauenkirche Dresden, Leipzig 2005, 18 (Abb.); eine ähnliche Balustrade im Hamburger „Michel".

[42] Matthias Alexander, Wiederkehr einer Debatte, in: Frankfurter Allgemeine Zeitung vom 12. April 2018, 32 (Abb. aus dem frühen 20. Jh.).

d) Ergebnisse

Als Ergebnis des Rundgangs durch den badischen Kirchenbau kann festgehalten werden: Es dominiert die zweiseitige Schranke aus dem späten 19. und dem ganz frühen 20. Jahrhundert. Drei- und vierseitige Schranken gehören zu den ältesten Vertretern ihrer Gattung. Ohne Anspruch auf Vollständigkeit lassen sich in Baden mehr als dreißig Schrankenaltäre finden, in Quersaalkirchen ebenso wie im Chorraum achsial ausgerichteter Kirchen. Die regionale Streuung fällt breit aus: Kurpfalz, Bauland, Tauberland, Breisgau, Schwarzwald. Der ländliche Raum überwiegt, Schranken in Stadtkirchen sind seltener geworden (Baden-Baden, Emmendingen, Mannheim).

In der Regel bilden die Schranken am Altar mit dem gesamten Altarbereich eine Gestaltungseinheit. Vor allem gilt dies für Kanzelaltäre des 19. Jahrhunderts wie in Breitenbronn oder Unteröwisheim, aber auch für die Barockaltäre lutherischer Provenienz wie in Epplingen und für so manche neugotischen Altäre wie in Blankenloch, die stilistisch die umgebende Bauhülle zitieren. Die Schranken prägen die Raumgestalt des Kirchensaales oder Chores mit.

2. Funktion der Schranken

Die Wirkung enthebt nicht von der Frage nach dem Warum. Warum den Altar „abschranken"? Gehört es nicht zu den Aufgaben der Kirche, Schranken zu überwinden, statt Schranken aufzurichten? Und sollte diese Haltung nicht auch im Kirchenbau Ausdruck finden? Daher drängt sich die Frage nach der Funktion der Balustraden am Altar auf. Die Funktion wird illustriert durch die historische volkstümliche Bezeichnung: *Speisgitter*, so in der Pfalz,[43] in Franken[44], in Württemberg[45] und in Baden,[46] also in allen protestantischen Gebieten Süddeutschlands.

Speisgitter: An den Gittern wird das Abendmahl ausgeteilt. Die Gitter bilden eine Form von Kommunionschranken (zuweilen auch so bezeichnet), ohne im gottesdienstlichen Raum einen Bereich als „sakral" im katholischen Sinne abzuschranken, auch wenn dies schon im 19. Jahrhundert manchmal gegenteilig empfunden wurde.[47] Heilig sind in der evangelischen Kirche allein Gottes Wort und Gottes Sakrament, wobei die theologische Essenz von „Heiligkeit" hier nicht näher erörtert werden kann. Die Schranken jedenfalls dienen bei der Austeilung der Gaben als Ordnungshilfe. Die

---

[43] Uwe Kai Jacobs, Altarschranken im protestantischen Kirchenbau der Pfalz. Kirchenhistorische, liturgische und kirchenrechtliche Bemerkungen, in: BPfKG 69 (2002), 117–132, bes. 122.
[44] Helmuth Meißner, Kirchen mit Kanzelaltären in Bayern, München/Berlin 1987, 167.
[45] Dehio BW I (wie Anm. 17), 786, bezogen auf Türkheim, was kein Einzelfall sein wird.
[46] Wolfgang Max, Leserbrief, in: Die Union. Korrespondenzblatt des Vereins für Kirchengeschichte in der Evangelischen Landeskirche in Baden, Nr. V/1999, VII.
[47] „Die Altarschranken, und wären sie auch auf die kleinsten Maße reduziert, haben in der evang. Kirche, die keine Trennung zwischen Priestern und Laien kennt, ihr Recht verloren", Nikolaus Müller, Artikel Altar, in: Realenzyklopädie für protestantische Theologie und Kirche, 3. Aufl., Bd. 1, Leipzig 1896, 391–404, bes. 404 Rn. 30.

teilnehmenden Gemeindeglieder, die Kommunikanten,[48] stellen sich an den Schranken auf, angemessener Weise in Kleingruppen, und nehmen die Sakramentsgabe entgegen, die ihnen vom Liturgen „über die Schranke" gereicht wird. Die Gruppengröße ergibt sich aus der Länge der Schranke, also der „Aufstellungsfläche".

Dabei wird entsprechend alter, aber immer noch prägender Vorstellung von „links" und „rechts" im liturgischen Raum[49] zuerst das Brot an der linken Altarseite, also an der linken Schranke, gegeben, worauf die Gruppe der Kommunikanten hinten um den Altar herumzieht, um sich an der rechten Altarseite zum Empfang des Kelches einzufinden.[50] Bei „geosteten" Kirchen entspricht die linke der nördlichen, die rechte der südlichen Seite. Badische Kirchenneubauten aus der Zeit des Kaiserreichs ordnen den Altarbereich bewusst so, dass er *ein Umschreiten* [des Altars] *erlaubt*.[51]

4. Altarumgang

Ein Altarumgang im Rahmen einer wandelnden Kommunion ist es also, was den Schranken eine tragende Rolle verleiht. Sie geben dem Umgang eine architektonische Ordnungslinie. Die Verbindung zwischen Gabe und Kommunikant geschieht über die Schranke, also über die Grenzmarke. Dies lässt sich als sinnbildliches Geschehen begreifen. Die Kommunion mit Altarumgang geht unmittelbar auf das Reformationszeitalter zurück.[52] Sie ist beiden protestantischen Religionsparteien bekannt, der lutherischen und der reformierten Kirche, und dementsprechend auch den unierten Kirchen. Die Tradition des umschrankten Altars kann daher nicht, wie zuweilen vermutet wird, als typisch reformiert oder als typisch lutherisch[53] gelten.

Gerade die badischen Beispiele belegen, dass diese Tradition nicht mit der Union von 1821 endete. Gleiches gilt übrigens für die pfälzische Kirchenbaulandschaft und die pfälzische Union von 1818. Der Bedarf nach Altarschranken lief erst mit der Veränderung des liturgischen und raumästhetischen Empfindens in der Zeit nach dem Ersten Weltkrieg aus.

Wandelnde Kommunion (besser formuliert: Die Kommunion bei von Austeilungsort zu Austeilungsort wandelnden Kommunikanten) bildet heute nicht mehr den Regelfall im Abendmahlsritus, gehört aber nach wie vor zum liturgischen Usus,[54]

---

[48] Der Terminus auch in § 11 der badischen Vereinigungsurkunde von 1821.
[49] Vgl. Adalbert Erler, Artikel rechts und links, in: Ders./Ekkehard Kaufmann (Hgg.), Handwörterbuch zur deutschen Rechtsgeschichte, Bd. IV, Berlin 1990, 261–264; Evangelischer Oberkirchenrat (Hg.), Liturgischer Wegweiser, Karlsruhe 2008, Nr. 70 und 86; B. Brockhaus, Artikel Rechts/Links, in: Das Große Bibellexikon, Bd. 3, Wuppertal/Gießen 1989, 1275f.
[50] So beschreibt es als Gemeindepfarrer an der Mannheimer Christuskirche (1961) Herbert Wäldin (wie Anm. 34), 56.
[51] Christus- und Lukasgemeinde (wie Anm. 33), 37.
[52] Kirchenordnung für die Kurpfalz (1556): *Alsbald darauf geet das volck herzu ordenlich und empfahet an einem ort des alters den leib Christi, am andern ort das blut Christi* […]; EKO 14: Kurpfalz, Tübingen 1969, 149.
[53] So Auer, Protestantische Raumprogramme in Württemberg (wie Anm. 33), 69.
[54] Liturgischer Wegweiser (wie Anm. 49), Nr. 85–86; Ulrich Fischer, Speise des Lebens. Gedanken zum Abendmahl, hg. vom Evang. Oberkirchenrat, Karlsruhe 1999, 14; Nr. 3.3.1 Anlage 2 zur Gottes-

übrigens nicht nur in Baden.[55] Selbstverständlich gelingt ein Altarumgang mit Wandelkommunion auch ohne bauliche Stütze, wie aus Kirnbach berichtet wird.[56] Die Schranke aber wirkt wie eine Markierungslinie. Sie gibt den Ort für den Ritus vor. Daher sind vor allem die seitlichen Schranken wichtig, weshalb vor allem dieser Typus in Baden vertreten ist. Eine vordere und hintere Abschrankung des Altars – und damit die umlaufende Schranke – tritt an Bedeutung zurück. Sie stellt häufig die ältere Variante des Typus dar.

Wie ein Altarumgang der Schranken entbehren kann, so kann umgekehrt auch bei vorhandenen Schranken das Abendmahl im Halbkreis um den Altar stehend empfangen werden.[57] Die Schranken beschränken heute die liturgische Form nicht. In historischer Perspektive fungierten die Schranken aber in aller Regel als Austeilungsort. Allerdings sind auch Fotos überliefert wie eines zur (evangelischen) Schlosskapelle des Karlsruher Schlosses im Zustand vor 1944, das einen Altar mit zierlichen Seitenschranken zeigt, zwischen denen eine gepolsterte Kniebank positioniert ist,[58] so dass das Abendmahl vor dem Altar kniend empfangen werden konnte.

Eine vierseitige Schranke betont in besonderer Weise die Würde des Altars beziehungsweise Abendmahlstisches und schützt ihn allseitig vor Unfug, und sei es – wie im erwähnten Weinheimer Fall – vor tierischem Unfug. Daher war in alter Zeit die Zugangstür zum Altarbereich bei einer drei- oder vierseitigen Schranke stets verschlossen und nur während des (Abendmahls-)Gottesdienstes für den Dienst am Altar geöffnet. Ansonsten galt: Zutritt verboten.

5. Schranke als liturgischer Gegenstand

Zuweilen werden noch heute die Gitter bzw. Balustraden zum Abendmahlsgottesdienst geschmückt, etwa mit weißen Tüchern entsprechend dem Altartuch (Christuskirche Mannheim)[59] oder mit Tüchern in der jeweiligen liturgischen Farbe des Kirchenjahres.[60] Man nennt sie Behänge oder Vorhaltetücher (Sachsen). Auch dieser

---

dienstordnung der Evang. Landeskirche in Baden vom 25. April 1995, in: GVBl. 1995, 183.

55   Evangelische Kirche von Westfalen (Hg.), Das Abendmahl. Praktische Hinweise zur Vorbereitung und Feier, Februar 2007, o. S. (3), pdf-Datei, https://www.evangelisch-in-westfalen.de/fileadmin/user_upload/Angebote/Erleben/Gottesdienst_feiern/Abendmahl_Faltblatt_6-Seiten.pdf, aufgerufen am 23.1.2019; Evangelisch-Lutherische Landeskirche Sachsens (Hg.), Handbuch Orte Gottes – Häuser der Menschen, Meißen 2014, Ord.-Nr. 3.1.

56   Mitteilung von Pfr. Stefan Voß an den Verfasser vom 19. März 2018. Kirnbach liegt im Schwarzwald (Ortenau).

57   So wird es von Gottesdiensten in der Speyerer Gedächtniskirche mit ihren großen Altarbalustraden berichtet, vgl. Klaus Böhm, Die Gedächtniskirche als gottesdienstlicher Ort, in: Hundert Jahre Gedächtniskirche der Protestation zu Speyer: 1904–2004, in: BPfKG 71 (2004), 449–457, bes. 454.

58   Foto Wilhelm Kratt, Schlosskapelle, Innenansicht nach Südosten, 1910, www.wikipedia.org/wiki/schloss_karlsruhe, aufgerufen am 23.1.2019.

59   Ebenso Lutherkirche Mannheim, vgl. Anne-Susann von Ehr, Nicht nur fromme Worte, in: „Die Rheinpfalz" Nr. 85 v. 12.4.2013, o. S. (Abb.).

60   Ein Schwarz-weiß-Foto von 1911 mit Altartüchern auf den Schranken in der Mannheimer Christuskirche in: Christuskirche in Mannheim. Bauwerk – Gemeinde – Kirchenmusik (wie Anm. 34),

Brauch in Baden folgt den Usancen der reformatorischen Kirchen, wie verschiedentlich belegt ist.[61] Die Schranken erfüllen also eine liturgische Funktion. Darin – und nur darin – gleichen sie den katholischen Kommunionschranken, so dass es nicht verwundert, dass der „sprechende" Begriff des Speisgitters überkonfessionell ist; auch Schranken in katholischen Kirchen Süddeutschlands und Österreichs wurden oder werden traditionell als Speisgitter bezeichnet.[62] Aus Hockenheim wird berichtet, dass an den Enden (!) der (Kurz-)Schranken *die Brotschale bzw. die Kelche hingestellt wurden*, um dort im Rahmen der Wandelkommunion genutzt zu werden.[63] Die Schranken sind Teil des Tisches.

Auffällig bei den seitlichen Schranken („Stummelschranken") ist die von ihnen baulich vorgegebene Position der Person, die das Abendmahl austeilt: Sie steht innerhalb des Schrankenbereichs, in gewisser Weise also „im Tisch" des Herrn.[64]

6. Gärtchen

a) Volksmund

Der umschrankte Bereich wurde in evangelischen Gemeinden – vor allem der Pfalz – gerne *Gärtchen* oder *Altargärtchen* genannt, erinnert er doch in seiner äußeren Gestalt an ein umhegtes Gärtchen, an einen hortus conclusus. Der Pfarrer amtierte gewissermaßen im Gärtchen. *Wenn der Pfarrer an den Altar trat, sagte man im Volksmund, er gehe „in" den Altar*, wie der badische Pfarrer Wolfgang Max berichtet.[65] Bei Betrachtung des Epplinger Beispiels (Abb. 1) wird das Zeugnis des Volksmundes gut nachvollziehbar, aber auch am historischen Foto eines Konfirmationsgottesdienstes in der Landauer Stiftskirche zur Mitte des 20. Jahrhunderts (Abb. 6). Dort waren an den Altar rückwärtige (!) Schranken angefügt. Das Foto zeigt sie mit Altartüchern geschmückt und den Pfarrer gleichsam „im Altar" stehend.

    Frontispiz. In Lauda-Königshofen wird zum Abendmahl gegenwärtig nur die Altarplatte bedeckt, die vorgesetzten Schranken aber nicht.
[61] Otto Schmitt, Altarbekleidung (B. In der protestantischen Kirche), in: Reallexikon zur Deutschen Kunstgeschichte, Bd. I (1934), 469–471; Handbuch Orte Gottes (wie Anm. 55), Ord.-Nr. 3.1.
[62] Susanne Rieß-Stumm (Bistumsarchiv Speyer), E-Mail vom 6.3.2007, Az. 20/16–8/07, auf eine Anfrage des Verfassers.
[63] Gemeindebrief Hockenheim (wie Anm. 32), 7.
[64] Ähnlich Max, Leserbrief (wie Anm. 46), VII.
[65] Ebd.

Abb. 6:
Gottesdienst in der Landauer Stiftskirche vor 1958 (Foto: Stadtarchiv Landau, Nachlass des Fotografen Freitag)

b) Theologischer Bezug?

Die liebevolle Rede vom Altargärtchen, ja vom „Paradiesgärtchen", hat sich mancherorts erhalten. Ob diese Rede vor allem ländlichen oder auch theologischen Assoziationen (Eucharistie als Gegenwart des Paradieses? Als „strasz zum himel" im Sinne Luthers?)[66] folgt, muss offen bleiben. Das *Paradies-Gärtlein* des Theologen Johann Arndt gehörte im Frühbarock zu den erfolgreichsten Werken evangelischer Erbauungsliteratur,[67] ohne dass dessen Wirkungsgeschichte an dieser Stelle nachgezeichnet werden kann. Der umhegte Altar als Ort des Gebets und der Erbauung?

Dekorative Aspekte könnten ebenfalls namensbestimmend gewirkt haben. So ist der Altar der evangelischen Stadtkirche in Balingen von einem „schmiedeeisernen Gitter mit Akanthusblattranken eingefriedet"[68], einem beliebten Motiv barocker Ornamentik. Früchte, wahrscheinlich Trauben, zeigt die Epplinger Schranke (Abb. 1 und 2) und verweist damit auf das Abendmahl. Dies folgt einem verbreiteten Usus, ist doch ebenfalls das Aalener schmiedeeiserne Altargitter mit Reben besetzt.[69]

---

[66] Martin Luther, Sermon von dreierlei gutem Leben, WA 7, 801, 28. Hierzu eingehend: Stephan Weyer-Menkhoff, Kirche als Gotteshaus. Überlegungen zum Ort des Gottesdienstes nach Luther, in: Peter Zimmerling (Hg.), Martin Luther als Praktischer Theologe, Leipzig 2017, 133–151.

[67] Vgl. Martin Schmidt, Artikel Arndt, Johann (1555–1621), in: TRE IV, Berlin 1979, 121–129. Das genannte Buch stammt von 1612.

[68] Dehio, Baden-Württemberg II (wie Anm. 11), 61. Ebenso Pfarrkirche Dittenheim (wie Anm. 12).

[69] Günter Memmert, Die Stadtkirche in Aalen und die Stephanuskirche in Alfdorf. Zum Typus der protestantischen Quersaalkirche im schwäbischen Barock, Diss. Stuttgart 2010, 88.

7. Kontexte

a) In beiderlei Gestalt

Im evangelischen Kirchenbau ist die Balustrade am Altar ein sinnfälliges Zeichen reformatorischen Gottesdienstes: Das Abendmahl wird in *beiderlei Gestalt* ausgeteilt (Art. 22 CA)[70], traditionell an Brot- bzw. Kelchseite des Altars, wie zahlreiche historische Dokumente und Artefakte, darunter Gemälde der Reformationszeit, belegen.[71] Naheliegend ist dieser Usus vor allem bei hohen Kommunikantenzahlen.[72] Zwei Austeilungsorte und zwei austeilende Liturgen sind bei einer hohen Zahl von Kommunikanten hilfreich. Die Balustrade lässt sinnfällig werden, welche Konsequenzen aus der reformatorischen Theologie für die „Räumlichkeit der Religion"[73] gezogen werden können.

b) Abendmahls- und Kirchenbauordnungen

Die badischen Beispiele fügen sich somit in einen größeren konzeptionellen Rahmen. Ihn füllen nicht nur die Schranken in zahlreichen anderen evangelischen Kirchenbaulandschaften, im Norden,[74] Westen,[75] Osten[76], Süden[77] und in der

---

[70] „Unter beiderlei Gestalt" – den Terminus kennt auch das geltende katholische Kirchenrecht, can. 925 CIC (nur nach besonderer Maßgabe).
[71] Uwe Hauser, Ganz bei Trost. Eine Besichtigung des Heidelberger Katechismus, Karlsruhe 2011, 44 (Abb.).
[72] Fischer, Speise des Lebens (wie Anm. 54), 14.
[73] Thomas Erne/Peter Schüz (Hgg.), Die Religion des Raumes und die Räumlichkeit der Religion, Göttingen 2010.
[74] Zur Uckermark siehe Uwe Kai Jacobs, Evangelische Altarschranken in der Uckermark. Historisches Gestaltungsmerkmal des evangelischen Kirchenbaus, in: Die Auslese. Vierteljährliche Informationsschrift für Kirche und Friedhof, Nr. 1/2018, 18f. Ferner sei an die Marienkirche auf Usedom erinnert.
[75] Zur Pfalz siehe Jacobs, Altarschranken (wie Anm. 43). Für das Bergische Land sei an Gummersbach-Lieberhausen erinnert.
[76] Zum Beispiel in Sachsen: Leipzig (Michaeliskirche, Nikolaikirche), Dresden (Frauenkirche, Kreuzkirche), Schwarzenberg (St. Georgen) und Sächsische Schweiz: Dietmar Möschner (Bearb.), Kirchen in der Sächsisch-Böhmischen Schweiz, 2. Aufl., Bad Schandau 2002, 23, 31, 62, 80 (jeweils Abb.).
[77] In Württemberg sind Altarschranken noch weit verbreitet:
    a. Schlosskirche im Alten Schloss zu Stuttgart
    b. Pfarrkirche in Langenburg (Hohenlohe), vierseitige Schranke
    c. Pfarrkirche in Gaggstadt (Mistlau), zweiseitige Schranke
    d. Pfarrkirche in Edelfingen bei Weikersheim
    e. Ev. Spitalkirche Hl. Geist in Herrenberg, schmiedeeiserne Seitenschranken
    f. Marienkirche in Bissingen an der Teck
    g. Peterskirche in Weilheim an der Teck
    h. Pfarrkirche in Neckargartach
    i. St. Georgskirche in Römerstein-Donnstetten
    j. Amanduskirche in Bad Urach
    k. Stadtkirche in Aalen, dreiseitige Rokoko-Schranke
    l. Pfarrkirche in Sontheim („vorzüglich geschmiedetes Gitter", Dehio)
    m. Pfarrkirche in Alfdorf, Aufstellung verändert
    n. Stadtkirche in Schorndorf, aktuelle Aufstellung nicht mehr in situ, sondern im Chor
    o. Michaelskirche in Tuningen, vierseitige Schranke

Mitte[78] Deutschlands, die mit historischen Abendmahlsordnungen korrespondieren.[79] Ihn füllen auch die Gestaltungsvorgaben der evangelischen Kirchenbauregulative des 19. Jahrhunderts, vor allem des Eisenacher Regulativs von 1861.[80]

„Eisenach" sah Altarschranken ausdrücklich vor (Ziffer 8): *Der Altar [...]. Eine Stufe höher als der Chorboden, muß er Schranken, auch eine Vorrichtung zum Knieen für die Confirmanden, Communikanten [...] haben.*[81] Das Regulativ folgte darin den Thesen des deutschen evangelischen Kirchentags zu Barmen von 1860, deren § 4 auszugsweise lautet: *Auch dürften sich Schranken, wenigstens zur rechten und linken Seite, für die Distribution der Elemente empfehlen.*[82]

Zwar bestimmte „Eisenach" schon gegen Ende des 19. Jahrhunderts nicht mehr den „Mainstream" im evangelischen Kirchenbau, und auch das Wiesbadener Programm von 1891, das die Schranken noch nicht fielen ließ, sondern am Altarumgang festhielt,[83] war bald – skeptisch beäugte[84] – Geschichte. Einer eher minimalistischen, zeichenhaften Kircheninnenarchitektur sollte die Zukunft gehören.[85] Der Usus des Altarumgangs und der Austeilung der beiden Elemente des Abendmahls an getrennten Stellen über die Schranken hinweg hat sich aber – mancherorts und bei manchen Gelegenheiten – in Baden erhalten. Ein Blick in die badische Kirchenbaugeschichte hilft, diese Ritualkultur und die korrespondierende Innenarchitektur zu verstehen.

---

p. Choraltar im Ulmer Münster, vierseitiges Gitter
q. Stadtkirche in Geislingen, Reste eines barocken Altargitters
r. Pfarrkirche in Türkheim bei Geislingen, Rokokogitter
s. Stadtkirche in Balingen
t. Pfarrkirche in Machtolsheim
u. Pfarrkirche in Neidlingen (Spolie)
v. Pfarrkirche in Rechenberg
w. Markuskirche in Stuttgart, kreisförmige Schranke
x. früher auch am Kanzelaltar der Hospitalkirche in Schwäbisch Hall (dreiseitig), in der Dreifaltigkeitskirche in Leutkirch (vierseitig), in der Stiftskirche in Stuttgart (vierseitig), in der Herrgottskirche in Creglingen (dreiseitig), in der Stadtkirche Freudenstadt (dreiseitig) und in der Stadtkirche Göppingen (weiträumige Schranke); vermutlich auch in der Stadtkirche Marbach. Im Übrigen siehe zu Württemberg Auer, Protestantische Raumprogramme in Württemberg (wie Anm. 33), 69f.

[78] Schlosskirche Weilburg, Lutherkirche Apolda, Stadtkirche Ilmenau als Beispiele.
[79] Vgl. Ulrich Wüstenberg, Die württembergische Abendmahlsordnung, in: Irmgard Pahl (Hg.), Coena Domini II, Fribourg 2005, 161ff, bes. 163.
[80] Hierzu Schwinge, Erhalten oder verändern (wie Anm. 37), 54.
[81] Protokolle der deutschen-evangelischen Kirchen-Conferenz in Eisenach. Sechste Sitzung, in: AKED 10 (1861), 524–554. Moderne Textausgabe in: Gerhard Langmaack, Evangelischer Kirchenbau im 19. und 20. Jahrhundert. Geschichte – Dokumentation – Synopse, Kassel 1971, 272–274.
[82] Protokolle, wie Anm. 81, 269.
[83] Ziff. 3 Satz 2 Wiesbadener Programm, in: Langmaack, Evangelischer Kirchenbau (wie Anm. 81), 276.
[84] Vgl. die Einleitung zu den Rummelsberger Grundsätzen der Evang. Kirchbautagung 1951, in: Ebd., 286–289.
[85] Für den Kirchenbau aus reformierter Sicht siehe das Programm von Karl Barth in der Monatsschrift „werk", erneut abgedruckt in: Würdig und schön. Protestantischer Kirchenbau, in: Reformierter Bund in Deutschland (Hg.), Karl Barth Magazin 2019. Gott trifft Mensch, Hannover 2018, 40.

Seit 100 Jahren in Geltung: Die staatskirchenrechtlichen Artikel der „Weimarer Reichsverfassung" im Gefüge des Grundgesetzes

Jörg Winter

I. Der „dilatorische Formelkompromiss" im Grundgesetz

Am 14. August 1919 trat „Die Verfassung des Deutschen Reichs" in Kraft, besser bekannt als „Weimarer Reichsverfassung" (WRV).[1] Sie war die erste republikanische Reichsverfassung und trat nach dem Ende des ersten Weltkrieges und dem damit verbundenen Zusammenbruch der Monarchie an die Stelle der Verfassung des Deutschen Reiches vom 16. April 1871. Trotz der staatsrechtlichen Umbrüche der Jahre 1933, 1945 und 1989/90 sind Teile dieser Verfassung bis heute in Kraft geblieben[2] und nach der Rechtsprechung des Bundesverfassungsgerichts vollgültiges Verfassungsrecht der Bundesrepublik Deutschland, die nicht etwa gegenüber den anderen Artikeln des Grundgesetzes auf einer Stufe minderen Ranges stehen.[3] Es handelt sich um Bestimmungen, die das institutionelle Verhältnis des Staates zu den Religionsgemeinschaften betreffen, welche durch Art 140 zum Bestandteil des Grundgesetzes vom 23. Mai 1949 erklärt worden sind.[4] Es entbehrt nicht der Ironie, dass es sich ausgerechnet um diejenigen Regelungen handelt, die der Staatsrechtler Carl Schmitt[5] 1922 als typisches

---

[1] Der Name ist der Tatsache geschuldet, dass die Nationalversammlung, die die Verfassung verabschiedet hat, aufgrund der politisch unruhigen Situation in Berlin in das in dieser Hinsicht ruhigere Weimar ausgewichen ist. Zur Entstehungsgeschichte der Verfassung vgl. Friedrich Giese, Die Verfassung des Deutschen Reiches, 8. neubearbeitete Auflage, Berlin 1931, Einleitung § 2; Gerhard Anschütz, Die Verfassung des Deutschen Reichs, Darmstadt 1960 (unveränderter Nachdruck der 14. Auflage, Berlin 1933), 1–30; Christoph Gusy, 100 Jahre Weimarer Reichsverfassung. Eine gute Verfassung in schlechter Zeit, Tübingen 2018, 11–23; Heinrich August Winkler, Weimar 1918–1933. Die Geschichte der ersten deutschen Republik, München 2018, 99–108; Udo Di Fabio, Die Weimarer Verfassung. Aufbruch und Scheitern, München 2018, 23–43.

[2] Die Weimarer Verfassung als Ganze ist nie außer Kraft gesetzt worden und hat erst durch den Erlass des Grundgesetzes im Jahre 1949 – abgesehen von den durch Art. 140 übernommenen Bestimmungen – ihre formale Gültigkeit verloren. Die faktische Missachtung ihrer Bestimmungen in der Zeit des Nationalsozialismus ändert daran nichts.

[3] Siehe: BVerfGE 19, 206 (219).

[4] Zur Entstehungsgeschichte vgl. Christoph Link, Kirchliche Rechtsgeschichte, 3. erweiterte und ergänzte Aufl., München 2017, § 31 Rdnr. 4 u. 5.

[5] Carl Schmitt (1888 -1985) war einer der einflussreichsten Staatsrechtslehrer des 20. Jahrhunderts. Er ist bis heute wegen seiner Gegnerschaft zur parlamentarischen Demokratie und seines Engagements für den Nationalsozialismus hoch umstritten. Zahlreiche Begriffsprägungen gehen auf ihn zurück, wie z. B. der des „dilatorischen Formelkompromisses". Über ihn vgl. die Biographie von Reinhard Mehring, Carl Schmitt – Aufstieg und Fall, München 2009. Über seine Affinität zum Katholizismus

Beispiel eines „dilatorischen Formelkompromisses" bezeichnet hat.[6] Nach Schmitt handelt es sich dabei um Scheinkompromisse, die nur ein äußerliches, sprachliches Nebeneinander sachlich unvereinbarer Inhalte enthalten, mit dem Ziel, die Entscheidung zu vertagen. „Es wäre töricht und ein Zeichen mangelnden juristischen Urteilsvermögens, den dilatorischen Formelkompromiss mit einem echten Sachkompromiss zu verwechseln, und anzunehmen, sachliche Gegensätze prinzipieller Art könnten auf Dauer mit den Methoden solcher Formelkompromisse behoben werden."[7] Nach hundert Jahren ihrer Gültigkeit hat sich das „dilatorische" dieser Bestimmungen offensichtlich erledigt. Der Grund dafür dürfte nicht zuletzt in der Tatsache begründet liegen, dass mit den getroffenen Regelungen keine der ideologisch begründeten parteipolitischen Positionen zementiert worden sind, die in der Nationalversammlung 1919 über die Religionspolitik im Streit lagen. Der damals gefundene Kompromiss hat sich als flexibel genug erwiesen, in unterschiedlichen Situationen zu tragfähigen Ergebnissen zu führen. In dieser Hinsicht haben die aus der Weimarer Verfassung in das Gefüge des Grundgesetzes übernommenen staatskirchenrechtlichen Artikel trotz mancher Streitfragen und neuer Herausforderungen ihre Bewährungsprobe bis heute bestanden.

II. Die parteipolitischen Positionen in der Nationalversammlung 1919

Sozialdemokratie

Zur Ausgangslage bei den Beratungen in der Weimarer Nationalversammlung gehörte auf der einen Seite die Forderung nach einer strikten Trennung von Staat und Kirche, wie sie als fester Bestandteil sozialdemokratischer Programmatik bereits im Erfurter Programm der SPD von 1891 festgelegt worden war.[8] In Punkt 9 wird darin gefordert:

Erklärung der Religion zur Privatsache. Abschaffung aller Aufwendungen aus öffentlichen Mitteln zu religiösen und kirchlichen Zwecken. Die kirchlichen und religiösen Gemeinschaften sind als private Vereinigungen zu betrachten, welche ihre Angelegenheiten vollkommen selbständig ordnen.[9]

---

vgl. Manfred Dahlheimer, Carl Schmitt und der deutsche Katholizismus 1888–1936 (Veröffentlichungen der Kommission für Zeitgeschichte, Reihe B, Forschungen, Bd. 83), Paderborn u. a. 1998.

[6] Carl Schmitt, Verfassungslehre, München, Leipzig 1928, 32–34.

[7] Ebd., 32.

[8] Zu den unterschiedlichen Positionen der in der Nationalversammlung vertretene Parteien vgl. im Ganzen: Ludwig Richter, Kirche und Schule in den Beratungen der Weimarer Nationalversammlung (Schriften des Bundesarchivs 47), Düsseldorf 1996, 69–120; Sandra Könemann, Das Staatskirchenrecht in der wissenschaftlichen Diskussion der Weimarer Zeit (Schriften zum Staatskirchenrecht 57), Frankfurt a.M. u. a. 2011, 27–46.

[9] Zitiert nach Richter, Kirche und Schule (wie Anm. 8), 78. Die Forderung „Religion ist Privatsache" fand sich erstmals im Gothaer Programm der SPD von 1875.

Dieses Konzept einer strikten Trennung von Staat und Kirche wurde vor allem von der neuen preußischen Regierung und deren Kultusminister Adolph Hoffmann (USPD) verfochten.[10] Hoffmann war einer der führenden Vertreter der Freidenker und der Kirchenaustrittbewegung.[11] In der Konsequenz dieser Linie liegt die Forderung nach einer „Weltlichkeit der Schule" und – in Abwehr der Konfessionsschule – nach der obligatorischen Verpflichtung zum Besuch der öffentlichen Volksschule.[12] „So richtete sich die von der Sozialdemokratie verfolgte kirchenpolitische Generallinie generell gegen die überkommene Rolle der beiden Kirchen als ideologisches Bollwerk des alten Systems und staatlich privilegierter Organisationen in der Hand konservativer Gruppen, fand ihren Schwerpunkt aber in der Ablehnung des kirchlichen Einflusses auf das öffentliche Schulwesen."[13] Ein grundlegendes Postulat der Sozialdemokratie sowohl der SPD als auch der USPD in den Beratungen der Nationalversammlung war daher die „Entstaatlichung der Kirche und die Entkirchlichung des Staates."[14]

Deutsche Demokratische Partei

Während die Sozialdemokraten in der Forderung nach einer staatlichen Einheitsschule von der linksliberalen DDP unterstützt wurden, war dies im Blick auf eine radikale Trennung von Staat und Kirche nicht in gleicher Weise der Fall. Die DDP wollte eine Trennung nur unter Berücksichtigung der Interessen der Kirchen.[15] So hob Friedrich Naumann hervor, die DDP lege Wert darauf, dass die Trennung von Staat und Kirche „harmonisch und historisch-rechtlich" und unter Wahrung des Kirchenbesitzes und der gesetzlichen Rechtsansprüche erfolgen solle. Zugestanden werden sollte den Kirchen eine eigenes Besteuerungsrecht, um einen Notstand durch den plötzlichen Fortfall staatlicher Zuschüsse zu vermeiden. Die DDP legte außerdem Wert auf eine Gleichbehandlung aller religiösen Gemeinschaften und hielt eine Trennung von Staat und Kirche im Übrigen für eine Angelegenheit in der Zuständigkeit der Einzelstaaten.

Zentrum

Im Gegensatz dazu verlangte das Zentrum als politische Repräsentanz der römisch-katholischen Kirche die uneingeschränkte Beibehaltung der rechtlichen und materiellen Privilegien und verwarf jeden Versuch einer Trennung von Staat und Kirche. Das vorrangige Ziel des Zentrums war „auch unter den veränderten gesellschaftlichen und politischen Verhältnissen den institutionellen Bestand der Kirche und ihre öffentliche

---

[10] Vgl. dazu die Denkschrift von Alfred Dieterich für das preußische Kultusministerium über die Trennung von Kirchen und Staat vom November 1918, abgedruckt bei: Ernst-Rudolf Huber/Wolfgang Huber, Staat und Kirche im 19. und 20. Jahrhundert, Bd. IV: Staat und Kirche in der Weimarer Republik, Berlin 1988, 3, 8–13; zu dieser Denkschrift siehe Jonathan R.C. Wright, „Über den Parteien". Die politische Haltung der evangelischen Kirchenführer 1918 bis 1933 (AKiZ B 2), Göttingen 1977, 13.
[11] Vgl. Huber/Huber, Staat und Kirche (wie Anm. 10), 3.
[12] Siehe Punkt 6 des Erfurter Programms der SPD von 1891.
[13] Richter, Kirche und Schule (wie Anm. 8), 80.
[14] Ebd., 79.
[15] Zur Position der DDP siehe ebd., 84–94.

Machtposition unter Rückgriff auf die von Gott naturrechtlich legitimierte ‚natürliche Ordnung' zu verteidigen."[16]

Deutschnationale Volkspartei und Deutsche Volkspartei

So wie das Zentrum die Interessen der katholischen Kirche vertrat, fand die evangelische Kirche ihr politisches Sprachrohr vor allem in der rechtsgerichteten DNVP, die die uneingeschränkte Aufrechterhaltung der Rechte und Privilegien der Kirche und die konfessionelle Gestaltung des öffentlichen Erziehungswesens in den Mittelpunkt ihres Wahlkampfes zur Nationalversammlung stellte. „Zum Angelpunkt des kirchenpolitischen Programms der Partei wurde so die Forderung nach einem umfassenden Bestandsschutz kirchlicher Interessen, wobei der Schwerpunkt auf dem Komplex der korporativen Rechte, die Vermögenssicherung und der staatlichen Finanzzuschüsse lag."[17] Anders als das Zentrum, das sich vorbehaltlos auf den Boden der demokratischen Republik stellte, war das politische Programm der DNVP auf die Wiederherstellung der Monarchie gerichtet. Als Mittel zur Errichtung dieses Ziels diente ihr vor allem eine Diffamierung der neuen Staatsform und die Propagierung einer vom demokratischen Mehrheitswillen unabhängigen Staatsführung sowie ein aggressiver Antisemitismus und die „Dolchstoßlegende".[18] Sie fand mit dieser Programmatik starken Rückhalt in der evangelischen Bevölkerung und nachdrückliche Unterstützung in den evangelischen Kirchenleitungen, mit denen zum Teil enge personelle Verbindungen bestanden.[19] Kategorisch abgelehnt wurde der Trennungsgedanke auch von der nationalliberalen DVP, deren Haltung maßgeblich beeinflusst war durch den renommierten Staatsrechtslehrer und evangelischen Kirchenrechtler Wilhelm Kahl.[20]

III. Die Kirchen in der Weimarer Republik

Beim Zusammenbruch des Kaiserreiches befand sich der deutsche Protestantismus in einer vollkommen anderen Situation als die römisch-katholische Kirche. Während diese „als Feind der modernen Philosophie und Wissenschaft, des modernen Staates, der modernen Nation wie überhaupt der modernen Gesellschaft und des neuen Deutschtums schlechthin"[21] galt, hatte der Protestantismus die geistige Grundlage

---

[16] Ebd., 96.
[17] Ebd., 110.
[18] Ebd., 120.
[19] Siehe dazu ebd., 110-120.
[20] Wilhelm Kahl (1849–1932) war seit 1890 Mitglied der Rheinischen Synode, wurde 1896 Mitglied der Brandenburgischen Provinzialsynode und 1897 der Preußischen Generalsynode, wo er auch seit 1897 im Generalsynodalvorstand tätig war. Von 1922 bis 1930 gehörte Kahl dem deutschen Evangelischen Kirchenbund an. Zur Person von Kahl, seinem wissenschaftlichen Werk und seinen kirchenpolitischen Positionen als Abgeordneter der DVP in der Nationalversammlung siehe Könemann, Staatskirchenrecht (wie Anm. 8), 132-171.
[21] Waldemar Gurian, Der Kampf um die Kirche im Dritten Reich, 2. Aufl., Luzern 1936, 15.

des Kaiserreichs und des preußisch-deutschen Beamtentums gebildet.[22] Mit dem Zusammenbruch 1918 ging ihm diese Rolle vollständig verloren. Was den Protestantismus betraf, „so bedeutete die Revolution nicht nur das Ende seiner traditionellen rechtlichen Ordnung, sie nahm ihm auch seinen politischen Rückhalt, gefährdete seine wirtschaftlichen Grundlagen und war geistig nicht weniger als eine Katastrophe."[23] Im Gegensatz dazu bot die Republik der römisch-katholischen Kirche die Chance, die Ziele zu verwirklichen, für die sie zuvor vergeblich gekämpft hatte.[24] Die römisch-katholische Kirche war es also, die aus dem Zusammenbruch des protestantischen Kaiserreiches faktische Vorteile ziehen konnte, während der Protestantismus sich zu den großen Verlierern des Weltkrieges und der Revolution zählen musste. Die enge geistige und institutionelle Affinität des Protestantismus zum Kaiserreich hatte zur Folge, dass weite Teile der evangelischen Kirche dem neuen Staat innerlich fremd gegenüberstanden und zunächst eine generelle Ablehnung der neu geschaffenen Verhältnisse vorherrschte.[25] Erst im Verlauf einer allmählichen Entwicklung, die durch tiefgreifende innerkirchliche Auseinandersetzungen gekennzeichnet war, kam es zu einer Wiederannäherung von evangelischer Kirche und Staat, die ihren Höhepunkt in einer „Periode der Herstellung eines zunächst mehr amtlichen und rechtlichen Modus vivendi"[26] fand. Ausdruck dafür ist u. a. die „Vaterländische Kundgebung" während des Kirchentages 1927, durch die allen Kirchenmitgliedern die treue Mitarbeit im Staate zur Gewissenspflicht gemacht wurde.[27] Auch die Wahl Hindenburgs zum Reichspräsidenten erleichterte den protestantischen Bevölkerungskreisen die Loyalität zur Weimarer Republik. Dabei darf jedoch nicht übersehen werden, dass es sich in erster Linie um eine Loyalität des Verstandes und nicht um eine tatsächliche innere Übereinstimmung mit dem politischen System gehandelt hat. Die nie ganz überwundene innere Beziehungslosigkeit zum demokratischen Staat sowie das Bemühen, sich aus dem politischen Kampf der Parteien möglichst herauszuhalten, hinderte die evangelische Kirche daran, in der Phase der Auflösung der Weimarer Republik zu Beginn der dreißiger Jahre ihr Gewicht zugunsten der Erhaltung der verfassungsmäßigen Ordnung in die Waagschale zu werfen.[28] Eine eindeutig positive Würdigung der Staatsform der liberalen Demokratie durch die evangelische Kirche findet sich erst in der Denkschrift der EKD „Evangelische Kirche und freiheitliche Demokratie, Der Staat des Grundgesetzes als Angebot und Aufgabe" aus dem Jahre 1986.[29]

---

[22] Siehe dazu Rudolf Smend, Protestantismus und Demokratie (1932), in: Ders., Staatsrechtliche Abhandlungen, Berlin 1955, 295–308.

[23] Klaus Scholder, Die Kirchen und das Dritte Reich, Bd. I, Vorgeschichte und Zeit der Illusionen 1918-1934, Frankfurt a.M., Berlin, Wien, 1977, 3.

[24] Vgl. daz: Alexander Hollerbach, Rechts- und Staatsdenken im deutschen Katholizismus der Weimarer Zeit, in: Joseph Isensee, Wilhelm Rees, Wolfgang Rüfner (Hgg.), Dem Staate, was des Staates – der Kirche, was der Kirche ist, (FS Joseph Listl), Berlin 1999, 49–66.

[25] Zum Verhältnis der badischen Christen zur Weimarer Republik vgl. Jörg Thierfelder, Die badische Landeskirche in der Zeit des Nationalsozialismus – Anpassen und Widerstehen, in: ELBDR VI, 2005, 300–304.

[26] Smend, Protestantismus und Demokratie (wie Anm. 22), 301.

[27] Zu dieser Kundgebung vgl. Jonathan R. C. Wright, „Über den Parteien" (wie Anm. 10), 88.

[28] Vgl. dazu ebd., 177.

[29] Zur Entstehungsgeschichte und Wirkung dieser Denkschrift vgl. Hans Michael Heinig (Hg.), Aneignung des Gegebenen, Tübingen 2016.

IV. Die kirchenpolitischen Forderungen der badischen Generalsynode 1918 und die badische Verfassung vom 21. März 1919

Die monarchische und restaurative Befindlichkeit des deutschen Protestantismus im November 1918[30] kommt exemplarisch zum Ausdruck im Beschluss der badischen Generalsynode, in dem sie den Evangelischen Oberkirchenrat beauftragt, *Seiner Königlichen Hoheit dem Großherzog Friedrich II. den innigsten Dank zu sagen für den reichen Dienst, den er unserer evangelischen Kirche als Landesbischof allzeit mit großer Hingabe und Treue und unserem Volk in gerechter und weiser Regierung und tatkräftiger Liebe erwiesen hat und ihn zugleich unserer herzlichen Fürbitte zu versichern, dass Gott ihn und sein Haus in diesen schweren Tagen schirmen, ja ihm alles Gute vergelten möge, besser als wir es jetzt vermögen.*[31]

Die Entschließung fährt fort mit einer Dankadresse und Glückwünschen zum achtzigsten Geburtstag an die Großherzogin Luise[32] *als dem bis heute bewährten vornehmsten Vorbild werktätigen evangelischen Christentums, als eifriger Förderin unserer evangelischen Landeskirche in allen ihren Anstalten und Werken barmherziger Liebe*. Schließlich dankt die Generalsynode *am Ausgang des Krieges, da fast die ganze Welt wider uns stand, all den wackeren Kämpfer, die draußen und daheim ihre ganze Kraft eingesetzt haben im Dienst des Vaterlandes.*[33]

In einem zweiten Teil der Entschließung formuliert die Generalssynode ihre kirchenpolitischen Forderungen. Sie hält die völlige Trennung von Kirche und Staat für schädlich und zwar für beide Teile: *Darum warnt sie bei aller Anerkennung des Grundsatzes der religiösen Freiheit aufs ernstlichste vor übereilten Schritten oder gar vor gewaltsamen Eingriffen in die Lebensnotwendigkeiten der evangelischen Landeskirche, die durch jahrhundertelange Geschichte eng mit unserem Volksleben verwachsen ist und auch heute die religiös-sittlichen Güter weiter Kreise unseres Volkes pflegt.*[34]

---

[30] Zur Situation der badischen Landeskirche nach der Revolution von 1918 und ihrer weiteren Entwicklung in der Weimarer Republik vgl. Hans Liermann, Staat und evangelisch-protestantische Landeskirche in Baden während und nach der Staatsumwälzung 1918 (VVKGB 2), Lahr 1929; Jörg Winter, Die Verfassungsentwicklung der Evangelischen Landeskirche in Baden nach dem Ersten Weltkrieg, in: Blätter für württembergische Kirchengeschichte 108/109 (2008/2009), 181–200; Udo Wennemuth, Kirche und Revolution in Baden 1918/19, in: Frank Engehausen/Reinhold Weber (Hgg.), Baden und Württemberg 1918/19, Kriegsende – Revolution – Demokratie (Schriften zur politischen Landeskunde Baden-Württembergs 48), Stuttgart 2018, 225–247.

[31] Verhandlungen der Generalsynode der evangelisch-protestantischen Kirche Badens vom November 1918 und Juni 1919, Anlage Nr. 6. Der Großherzog hatte zwei Tage vor seinem Verzicht auf den Thron mit dem provisorischen Gesetz die evangelische Kirchenregierung betreffend, seine landesbischöflichen Rechte auf den Evangelischen Oberkirchenrat übertragen. Der Übergang von der Monarchie in die Republik vollzog sich daher in Baden jedenfalls im Blick auf die kirchlichen Verhältnisse in vergleichsweise geordneten Bahnen.

[32] Luise von Preußen (1838–1923), eine Tochter des späteren deutschen Kaisers Wilhelm I., war die Ehefrau von Großherzog Friedrich I (1826–1907) und Mutter des letzten Großherzogs Friedrich II. (1857–1928). Über sie vgl. Uwe A. Oster, Die Großherzöge von Baden 1806–1918, Regensburg 2007, 171–172.

[33] Verhandlungen 1918/19 (wie Anm. 31), Anlage Nr. 6.

[34] Ebd.; zur Entwicklung der Rechtsverhältnisse zwischen dem badischen Staat und den beiden christlichen Kirchen vgl. die Denkschrift Staat und Kirche in der badischen Geschichte, Karlsruhe 1926, die das Ministerium des Kultus und Unterrichts auf Ersuchen des Landtags vom 6. August 1924 verfasst hat.

Konkret verlangt die Generalsynode die Beibehaltung des Religionsunterrichts in den Schulen, *weil eine Ausweisung aus denselben einen genügenden Religionsunterricht unmöglich machen und die sittlichen Grundlagen des Staates untergraben müsste.* Sie fordert die Erhaltung des kirchlichen Selbstbesteuerungsrechts und fordert, *daß der theologischen Fakultät in Heidelberg ihre bisherige Stellung als theologische Fakultät innerhalb der Universität als wesentlicher Bestandteil der Geisteswissenschaften gewahrt bleibe.* Sie erklärt aber ihre Bereitschaft *den neuen Verhältnissen und Aufgaben in Staat und Gemeinde Rechnung zu tragen auch in der Umbildung der Verfassung unserer Landeskirche; sie verwahrt sich aber gegen jeden übereilten Sturz des Alten, damit nicht wertvoll Überkommenes der Kirche verloren gehe.*[35]

Das Land Baden war das einzige Land, das nach dem Ersten Weltkrieg sich bereits vor der Reichsverfassung eine Verfassung beschlossen hat.[36] Die Forderungen der Generalsynode haben darin weitgehend ihren Niederschlag gefunden. Besonders umstritten war in den Kommissionsberatungen die Frage der Gewissensfreiheit in § 18.[37] Ebenso wie später die Reichsverfassung garantierte die badische Verfassung aber in Art. 18 neben der ungestörten Gewissensfreiheit die bisherige Stellung der Kirchen als Körperschaften des öffentlichen Rechts und das kirchliche Selbstbestimmungsrecht *im Rahmen der Staatsgesetze*, einschließlich der Rechts zur Selbststeuerung. Die in der Regierungsvorlage vorgesehene Regelung, alle Aufwendungen aus öffentlichen Mitteln für kirchliche und religiöse Zwecke für unzulässig zu erklären, wurde gestrichen.[38]

V. Die Beschlüsse der Nationalversammlung

Die staatskirchenrechtlichen Artikel

Aufgrund der gegensätzlichen Positionen kam es in der Nationalversammlung schließlich zu einer Lösung, die Ulrich Stutz[39] später als „hinkende Trennung" bezeichnet hat, eine griffige Charakterisierung, die sich in der Folge als besonders wirkmächtig erwiesen hat, obwohl sie an eher versteckter Stelle in einer ursprünglich auf die belgische Verfassung gemünzten Anmerkung enthalten ist.[40] Die wesentlichen Merkmale dieses Kompromisses sind die Gewährleistung der vollen Glaubens- und Gewissensfreiheit und der ungestörten Religionsausübung in Art. 135 WRV, die grundsätzliche

---

[35] Ebd.
[36] Den Wortlaut der badischen Verfassung vom 21. März 1919 siehe in: Hans Fenske, 175 Jahre badische Verfassung, Karlsruhe 1993, 150–163.
[37] Vgl. dazu: Fenske, ebd. 91–92.
[38] Vgl. ebd., 92.
[39] Ulrich Stutz (1868–1938) war Professor in Freiburg, Bonn und Berlin und gilt als einer der bedeutendsten Rechtshistoriker und katholischen Kirchenrechtler der 20. Jahrhunderts.
[40] Ulrich Stutz, Die päpstliche Diplomatie unter Leo XIII. Nach den Denkwürdigkeiten des Kardinals Domenico Ferrata, Berlin 1926, 54, Anm. 2; zur Problematik solcher Charakterisierungen vgl. Kurt Bielitz, Kurzbegriffe zur Kennzeichnung des Verhältnisses von Staat und Kirche nach dem Grundgesetz, ZevKR 29 (1984), 101–111.

Trennung von Staat und Kirche in Art. 137 Abs. 1 WRV bei gleichzeitiger Aufrechterhaltung und Anerkennung einer hervorgehobenen Stellung der Religionsgemeinschaften als Teil der öffentlichen Ordnung, die sich vor allem in ihrem Status als Körperschaft des öffentlichen Rechts (Art. 137 Abs. 5 WRV) und dem damit verbundenen Recht zur Erhebung von Kirchensteuern (Art. 137 Abs. 6 WRV) ausdrückt. Garantiert wurde außerdem die Freiheit der Vereinigung zu Religionsgemeinschaften und die Abschaffung der bis dahin bestehende Beschränkungen einer staatlichen Konzessionierung (Art. 127 Abs. 2 WRV).[41] Als tragende Säule des staatskirchenrechtlichen Systems der Weimarer Verfassung kommt hinzu, dass Art. 137 Abs. 3 WRV den Religionsgemeinschaften das Recht zuerkennt, ihre Angelegenheiten *innerhalb der Schranke des für alle geltenden Gesetzes*[42] *selbstständig zu ordnen und zu verwalten sowie ihre Ämter ohne Mitwirkung des Staates oder der bürgerlichen Gemeinde zu verleihen.*

Für die Kirchen von besonderer Bedeutung war die Gewährleistung des Eigentums und anderer Rechte *an ihren für Kultus- und Unterrichts- und Wohltätigkeitszwecke bestimmten Anstalten, Stiftungen und sonstigen Vermögen* (Art. 138 Abs. 2 WRV). Auf der Linie einer Trennung von Staat und Kirche und dem Ziel einer Entflechtung der finanziellen Beziehungen war aber in Art. 138 Abs. 1 WRV vorgesehen, die auf Gesetz, Vertrag oder besonderen Rechtstiteln beruhenden Staatsleistungen abzulösen. Hier lag tatsächliche ein „dilatorischer" Kompromiss vor, weil die Ablösung von Grundsätzen abhängig gemacht worden ist, die das Reich später aufstellen sollte. Zum Erlass dieser Grundsätze ist es aber nie gekommen, so dass dieser Verfassungsauftrag bis heute unerfüllt geblieben ist. Die Auflösung des „dilatorischen Formelkompromisses" steht also auch nach hundert Jahren noch aus.[43]

Zu den kirchen- und religionsfreundlichen Bestimmungen der WRV, die ins Grundgesetz Eingang gefunden haben, gehören schließlich auch noch der verfassungsrechtliche Schutz des Sonntags und der anerkannten Feiertage *als Tage der Arbeitsruhe und der seelischen Erhebung* (Art. 139 WRV) sowie das Recht zur Vornahme religiöser Handlungen im Heer,[44] in Krankenhäusern, Strafanstalten und sonstigen öffentlichen Anstalten, soweit das Bedürfnisse nach Gottesdiensten und Seelsorge besteht (Art. 141 WRV).

---

[41] Zur Entstehungsgeschichte des Grundrechts auf Vereinigungsfreiheit von Kirchen und Religionsgesellschaften vgl. Peter Landau, Friedrich Wilhelm IV. von Preußen und die Religionsfreiheit, Juristen-Zeitung 1995, 909–920.

[42] Bei der Interpretation dieser Einschränkung hat sich die von Johannes Heckel 1932 im Rahmen eines Literaturberichts entwickelte Formel als besonders wirkmächtig erwiesen, nach der nicht jedes für die Allgemeinheit gültige Gesetz dem Selbstbestimmungsrecht Grenzen setzt, sondern, „nur zwingende Interessen des deutschen Gesamtvolkes dürfen zu einer Verengung der kirchlichen Autonomie führen." Vgl. Das staatskirchenrechtliche Schrifttum der Jahre 1930 und 1931, Verwaltungsarchiv 37 (1932), 281–284, wieder abgedruckt in: Johannes Heckel, Das blinde, undeutliche Wort „Kirche". Gesammelte Aufsätze, hg. von Siegfried Grundmann, Köln, Gratz 1964, 590–593. Vgl. dazu im Übrigen Jörg Winter, Staatskirchenrecht der Bundesrepublik Deutschland. Eine Einführung mit kirchenrechtlichen Exkursen, 2. völlig neu bearbeitete Auflage, Köln 2008, 180–187.

[43] Vgl. dazu Johannes Braun, Staatsleistungen an die Kirchen unter besonderer Berücksichtigung der Evangelischen Landeskirche in Baden, Diss. Heidelberg 2014.

[44] Vgl. dazu Jörg Ennuschat, Militärseelsorge in Deutschaland: Verfassungsrechtliche und rechtspolitische Perspektiven, in; ZevKR 64 (2019), 107–127; Hans Markus Heimann, Zukunftsperspektiven der Militärseelsorge, in: ZevKR 64 (2019), 125–142.

Zu beachten ist bei alldem, dass die genannten Rechte und Gewährleistungen allen „Religionsgesellschaften" zuerkannt worden sind, sofern sie bestimmte Voraussetzungen erfüllen, wie z. B. hinsichtlich ihrer Verfassung, der Zahl ihrer Mitglieder und der Gewähr der Dauer, wenn sie den Status einer Körperschaft des öffentlichen Rechts erhalten wollen (Art. 137 Abs. 5 WRV). Zu beachten ist darüber hinaus, dass Art. 137 Abs. 7 WRV den Religionsgemeinschaften solche Vereinigungen gleichstellt, die sich die gemeinschaftliche Pflege einer Weltanschauung zu eigen gemacht haben. Auch darin wird deutlich, dass der Nationalversammlung am Grundsatz der Gleichbehandlung sehr gelegen war und eine Privilegierung der großen Kirchen vermieden werden sollte.

Die Schulartikel

In der Gesamtschau der Bestimmungen über das Verhältnis des Staates zu den Religionsgemeinschaften ist zunächst festzustellen, dass es dem Zentrum und den rechtsgerichteten Parteien mit Unterstützung vor allem von Friedrich Naumann und der DDP im Ergebnis gelungen ist, die kirchenpolitischen Interessen der Kirchen einschließlich der Sicherung ihrer materiellen Existenz und der Anerkennung ihrer öffentlichen Wirksamkeit weitgehend durchzusetzen. Der Erfolg war ihnen beschieden, weil ihnen bei der Sozialdemokratie angesichts anderer politischer und sozial-ökonomischer Probleme, deren Lösung sie als wichtiger und vordringlicher ansah, „ein letztlich weitgehendes Desinteresse an kirchenpolitischen Fragen gegenüberstand, das in mangelndem Gestaltungswillen auf dem kirchenpolitischen Sektor in der Verfassung kulminierte."[45] Im Sinne eines politischen Tauschgeschäfts, war der Sozialdemokratie mehr daran gelegen, eine weitgehende Entkirchlichung des öffentlichen Schulwesen zu erreichen, was ihr mit der Etablierung der öffentlichen Einheitsschule unter der Aufsicht des Staates als Regelfall auch weitgehend gelungen ist (Art. 143/144 WRV).[46] In diesen Artikeln wird „unter Ablehnung aller kirchlicher Ansprüche" die staatliche Herrschaft und der Gedanke der „reinen Weltlichkeit des öffentlichen Unterrichtswesens" zum Ausdruck gebracht.[47] Allerdings musste die Sozialdemokratie auch hier einen Kompromiss dergestalt akzeptieren, das in Art. 146 Abs. 2 WRV die Möglichkeit eröffnet worden ist, in den Gemeinden nach Maßgabe der Landesgesetzgebung und nach den Grundsätzen eines Reichsgesetzes auf Antrag der Erziehungsberechtigten Volksschulen ihres Bekenntnisses oder ihrer Weltanschauung einzurichten, „soweit hierdurch ein geordneter Schulbetrieb […] nicht beeinträchtigt wird".

Auch in Art. 149 WRV, der bestimmte, dass der Religionsunterricht in den Schulen mit Ausnahme der bekenntnisfreien (weltlichen) Schulen ein *ordentliches Unterrichtsfach* ist, kommt zum Ausdruck, dass sich die Sozialdemokratie mit ihrem Konzept, den Einfluss der Kirchen auf das Schulwesen zurückzudrängen, nicht vollständig hat durchsetzen können. Der Unterricht war „in Übereinstimmung mit den Grundsätzen der betreffenden Religionsgemeinschaften unbeschadet des Aufsichtsrechts des Staa-

---

[45] Richter, Kirche und Schule (wie Anm. 8), S. 640.
[46] Zu den Schulartikeln vgl. ebd., 654.
[47] Giese, Die Verfassung des Deutschen Reichs (wie Anm. 1), 378.

tes", d. h. „in konfessioneller Positivität und Gebundenheit"⁴⁸ zu erteilen. Obwohl die Verfassung die Verantwortung für die Erteilung eines bekenntnisgemäßen Religionsunterrichts einschließlich seiner Finanzierung⁴⁹ dem Staat zuwies, wurde nicht nur eine Einsichtnahme der Kirchen in den Unterricht für verfassungsrechtlich zulässig gehalten, sondern: „Es widerspricht der Verfassung auch nicht, wenn zu diesem Zwecke den Religionsgesellschaften die ‚Leitung' des Religionsunterrichts […] die ‚Besorgung und Überwachung' (so: badisches Schulgesetz v. 7. Juli 1910, § 40 Abs. 2) ja selbst die E r t e i l u n g desselben übertragen wird, immer vorsausgesetzt, daß dabei das staatliche Aufsichtsrecht ‚unbeschadet' bleibt.⁵⁰ Von dem Grundsatz, daß der staatlichen Schulaufsicht alles unterliegt, was in der Schule gelehrt und gelernt wird, (Art. 144), macht […] der Religionsunterricht keine Ausnahme."⁵¹

Zusammenfassend lässt sich deshalb sagen: „Der Artikel 149 verbürgte den Kirchen eine der wichtigsten Positionen öffentlicher Gestaltungsmacht im staatlich-gesellschaftlichen Raum. Die Grundsätze christlicher Ethik blieben so als Fundament der Bildungsidee, zu der die Reichsverfassung sich bekannte, auch für die Teile der Gesellschaft bestimmend, in denen die kirchlichen Bindungen gelockert oder aufgehoben waren."⁵² Art. 149 Abs. 2 WRV stellte aber als Konsequenz aus der in Art. 135 WRV garantierten Glaubens- und Gewissensfreiheit im Sinne ihrer „negativen" Variante, die das Recht einschließt, sich nicht zu einer Religion zu bekennen oder von ihr in Anspruch genommen zu werden, klar, dass „die Erteilung religiösen Unterrichts und die Vornahme kirchlicher Verrichtungen der Willenserklärung der Lehrer" und „die Teilnahme an religiösen Unterrichtsfächern und an kirchlichen Feiern und Handlungen der Willenserklärung desjenigen" überlassen bleibt, „der über die religiöse Erziehung des Kindes zu bestimmen hat."⁵³ Auch diese Regelungen über den Religionsunterricht sind zwar nicht in Form der Verweisung in Art. 140 GG, aber inhaltlich durch Art. 7 in das Grundgesetz der Bundesrepublik Deutschland übernommen worden.

---

[48] Anschütz, Die Verfassung des deutschen Reichs (wie Anm. 1), 691.
[49] Vgl. dazu Jörg Winter, Die staatlichen Ersatzleistungen für den evangelischen Religionsunterricht in Baden, ZevKR 29 (1984), 235–254 (Festheft für Günther Wendt).
[50] Bereits die badische Verfassung vom 21. März 1919 wies die Leitung des Religionsunterrichts den Kirchen und religiösen Gemeinschaften zu, überließ die weiteren Regelungen aber dem Schulgesetz. Siehe dazu heute Art. 18 der baden-württembergischen Landesverfassung: Der Religionsunterricht ist an den öffentlichen Schulen ordentliches Lehrfach. Er wird nach den Grundsätzen der Religionsgemeinschaften und unbeschadet des allgemeinen Aufsichtsrechts des Staates von deren Beauftragten erteilt und beaufsichtigt. Zum Verständnis dieser Bestimmung und ihrem Verhältnis zu Art. 7 GG vgl. Jörg Winter, Die Kompetenzen des Schulleiters bei der Aufsicht über den Religionsunterricht und die Lehrkräfte, die ihn erteilen nach baden-württembergischem Landesrecht, in: Verwaltungsblätter für Baden-Württemberg 1981, 287 – 290.
[51] Anschütz, Die Verfassung des Deutschen Reichs (wie Anm. 1), 692 (Sperrung im Original).
[52] Richter, Kirche und Schule (wie Anm. 8), 666.
[53] Siehe dazu Ernst-Rudolf Huber, Deutsche Verfassungsgeschichte seit 1789, Bd. VI: Die Weimarer Reichsverfassung, Stuttgart 1981, 866; zu den Einzelheiten siehe das Gesetz über die religiöse Kindererziehung vom 15. Juni 1921, dessen § 5 die bis heute gültige Regelung enthält, dass dem Kinde nach Vollendung des vierzehnten Lebensjahrs die Entscheidung darüber zusteht, zu welchem religiösen Bekenntnis es sich halten will.

Zusammenfassung

In der Gesamtbetrachtung der religionsrechtlichen Bestimmungen der Weimarer Reichsverfassung ist festzuhalten: Trotz der weitgehenden Sicherung der kirchlichen Interessen ist das überkommene deutsche Staatskirchenrecht durch die Weimarer Verfassung auf eine völlig neue Grundlage gestellt worden. Ihre Bestimmungen markieren „einen tiefgreifenden Einschnitt und markanten Wendepunkt in den rechtlichen Beziehungen zwischen Staat und Kirche."[54] Im Übergang vom monarchischen Obrigkeitsstaat zur parlamentarischen Demokratie „verkörperten die kirchenpolitischen Beschlüsse der Nationalversammlung den entscheidenden Schritt auf dem Weg einer Überführung der Kirchen in einen neuen Zustand korporativer Autonomie und setzten so auch im Binnenverhältnis des Staates zu den Religionsgemeinschaften den Markstein auf dem Weg zu einer freiheitlichen Ordnung."[55]

VI. Die Weimarer Artikel im Gefüge des Grundgesetzes

Was die Übernahme der staatskirchenrechtlichen Bestimmungen aus der Weimarer Reichsverfassung in das Grundgesetz der Bundesrepublik Deutschland angeht,[56] hat Rudolf Smend schon frühzeitig festgestellt:

„Der Art 140 ist nicht das Ergebnis einer klar bewußten grundsätzlichen staatspolitischen Entscheidung des Parlamentarischen Rates, sondern gehört mehr unter die Verlegenheitsergebnisse verfassungsgebender Parlamentsarbeit, er ist nicht weit entfernt vom Typus der sogenannten Formelkompromisse. Das ändert aber nichts an seinem Inhalt und seiner Geltung: auch das Ausweichen einer konstituierenden Versammlung vor einer grundlegenden Entscheidung oder ihr mangelndes Bewußtsein von ihrer Tragweite ändert, wenn sie trotzdem beschlossen wird, nichts an ihrem objektiven Geltungsinhalt und Gewicht – im Falle des Art. 140 auch nichts daran, daß angesichts der veränderten Lage der Dinge die wörtlich übernommenen Sätze der Weimarer Verfassung in der Welt der wirklichen Geltung unbeabsichtigt, aber unvermeidlich etwas anders besagen als früher im Zusammenhang der Weimarer Verfassung."[57]

Seither gehört die These von einem „Bedeutungswandel" der staatskirchenrechtlichen Bestimmungen aus der Weimarer Verfassung im Kontext des Grundgesetzes[58] und die Frage nach „Kontinuität und Wandlung" des deutschen Staatskirchenrechts

---

[54] Richter, Kirche und Schule (wie Anm. 8), 643.
[55] Ebd.
[56] Über das Zustandekommen der Inkorporation im Parlamentarischen Rat vgl. BVerfGE 19, 218.
[57] Rudolf Smend, Staat und Kirche nach dem Bonner Grundgesetz, in: ZevKR 1 (1951), 4 (11).
[58] Kritisch dazu Stefan Korioth, Vom institutionellen Staatskirchenrecht zum grundrechtlichen Religionsverfassungsrecht? Chancen und Gefahren eines Bedeutungswandels von Art. 140 GG, in: Michael Brenner, Peter M. Huber, Markus Möstl (Hgg.), Der Staat des Grundgesetzes – Kontinuität und Wandel. Festschrift für Peter Badura, Tübingen 2004, 727–747.

zum festen Bestandteil der wissenschaftlichen Diskussion.[59] Auch das Bundesverfassungsgericht hat sich der Auffassung angeschlossen, *nach der die einzelnen Artikel des Grundgesetzes so ausgelegt werden müssen, daß sie mit den elementaren Grundsätzen des Grundgesetzes, insbesondere den Grundrechten und seiner Wertordnung vereinbar sind [...]. Vornehmstes Interpretationsprinzip ist die Einheit der Verfassung als eines logisch-teleologischen Sinngebildes, weil das Wesen der Verfassung darin besteht, eine einheitliche Ordnung des politischen und gesellschaftlichen Lebens der staatlichen Gemeinschaft zu sein.*[60] Deshalb ist das Verhältnis zwischen den inkorporierten Kirchenartikeln und anderen im Grundgesetz unmittelbar betroffenen Regelungen *aus dem Zusammenhang der grundgesetzlichen Ordnung selbst zu bestimmen, wobei von Bedeutung ist, daß das Grundgesetz nicht alle Bestimmungen der Weimarer Verfassung über die Beziehungen von Kirche und Staat, insbesondere nicht den Art. 135 WRV, übernommen hat.*[61]

Art. 135 WRV gewährte zwar allen Bewohnern des Reiches die volle Glaubens- und Gewissensfreiheit und das Recht zur ungestörten Religionsausübung, fügte aber hinzu: *Die allgemeinen Gesetze bleiben hiervon ungerührt.* Insofern galt in der Weimarer Verfassung der Grundsatz „Staatsgebot geht vor Religionsgebot".[62] Im Unterschied dazu gewährt Art. 4 des Grundgesetzes diese Rechte ohne einen solchen Vorbehalt und unterwirft sie nur den sog. „verfassungsimmanenten Schranken". Die allgemeinen Gesetze haben daher im Grundgesetz keinen automatischen Vorrang vor der Glaubens- und Gewissenfreiheit, sondern sind jeweils im Lichte und unter Berücksichtigung des Grundrechts aus Artikel 4 zu interpretieren. Die Religionsausübungsfreiheit muss außerdem gegenüber ihrem historischen Inhalt extensiv ausgelegt werden.[63] Auf der Grundlage dieser Grundsätze ist das Bundesverfassungsgericht 1965 zu der Auffassung gelangt, dass die Heranziehung von juristischen Personen zur Kirchenbausteuer auf Grund des badischen Ortskirchensteuergesetzes und die Verpflichtung eines Arbeitnehmers, der keiner Kirche angehört, für die Kirchensteuern seines Ehegatten aufzukommen, wie es im baden-württembergischen Kirchensteuerecht früher vorgesehen war, verfassungswidrig sind, unabhängig davon, ob diese Möglichkeit nach den Bestimmungen der Weimarer Reichsverfassung bestanden hat. In dieser frühen Rechtsprechung ist bereits die Tendenz zur „Vergrundrechtlichung" der aus der Weimarer Zeit übernommenen Artikel über das institutionelle Verhältnis des Staates zu den Religionsgemeinschaften angelegt, die sich bis heute weiter ausgebaut hat. So stellte das Bundesverfassungsgericht in seiner Entscheidung über den Körperschaftstatus der Jehovas Zeugen vom 19.12.2000 in einer allgemeingültigen Form fest, dass die Gewährleistungen der Weimarer Kirchenartikel *funktional auf die Inanspruchnahme und Verwirklichung des Grundrechts der Religionsfreiheit angelegt*[64] sind. Auch der Status der Religionsgemeinschaften als Körperschaften des öf-

---

[59] Vgl. dazu Martin Heckel, Kontinuität und Wandlung des deutschen Staatskirchrechts unter den Herausforderungen der Moderne, in: ZevKR 44 (1999), 340–384.
[60] BVerfGE 19, 220.
[61] Ebd., 219.
[62] Anschütz, Die Verfassung des Deutschen Reichs (wie Anm. 1), 621; siehe dazu Stephan Sünner, Staatsgesetz vor Religionsgebot? Eine Analyse mit Bezug zum englischen Recht und zur Rechtsprechung des EGMR, (Schriften zum Staatskirchenrecht 48), Frankfurt a.M. u. a., 2010.
[63] BVerfGE 24, 236 (246).
[64] BVerfGE 102, 69.

fentlichen Rechts nach Art. 140 GG i.V.m. Art. 137 Abs. 5 ist damit dem Verdacht, nur das Relikt einer 1919 nicht vollständig vollzogenen Trennung von Staat und Kirche zu sein, enthoben, denn: *Im Kontext des Grundgesetzes ist der den Religionsgemeinschaften angebotenen Status einer Körperschaft des öffentlichen Rechts ein Mittel zur Entfaltung der Religionsfreiheit.* [65]

VII. Zusammenfassung

Im Rückblick auf die in der Weimarer Nationalversammlung gefundene Lösung ist aus heutiger Sicht festzuhalten:

„Das Staatskirchenrecht der Weimarer Reichsverfassung (WRV) im GG war und ist keine bloße ‚Verlegenheitslösung' (Rudolf Smend sen.), erst recht kein ‚dilatorischer Formelkompromiss' (Carl Schmitt) zur dezisionistischen Verfügung künftiger Machthaber. Er verkörpert vielmehr den 1919 geglückten normativen Ausgleich zwischen liberalen, konservativen, sozialistischen und kirchlich geprägten Kräften und Konzeptionen, der diese seine Teilmomente im politischen Kompromiß verband und normativ verschmolz."[66]

Frontstellungen, die die Auseinandersetzungen in der Nationalversammlung 1919 noch beherrscht haben, sind heute weitgehend obsolet geworden. So ist das Postulat einer Trennung von Kirche und Staat, wie es in Art. 137 Abs. 1 WRV in dem Satz *Es gibt keine Staatskirche* seinen verfassungsrechtlichen Ausdruck gefunden hat, von den Kirchen längst akzeptiert. Für die evangelische Kirche ist nicht zuletzt an die dritte These der Barmer Theologischen Erklärung von 1934 zu erinnern, in der in Abwehr der Übergriffe des nationalsozialistischen Staates in die inneren Angelegenheiten der Kirche die falsche Lehre verworfen wird *als solle und könne der Staat über seinen besonderen Auftrag hinaus die einzige und totale Ordnung menschlichen Lebens werden und also auch die Bestimmung der Kirche erfüllen.* Und auch umgekehrt: *Wir verwerfen die falsche Lehre, als solle und könne sich die Kirche über ihren besonderen Auftrag hinaus staatliche Art, staatliche Aufgaben und staatliche Würde aneignen und damit selbst zu einem Organ des Staates werden.*[67] Restaurative Tendenzen zur Wiederherstellung eines monarchischen Obrigkeitsstaates und den damit verbundenen kirchlichen Privilegien, die es 1919 noch abzuwehren galt, sind längst historische Vergangenheit. Die christlichen Kirchen haben sich nicht nur mit der repräsentativen parlamentarischen Demokratie arrangiert, sondern gehören heute zu den Kräften, die deren Errungenschaften und Wertvorstellungen nachhaltig verteidigen.[68] Das Reli-

---

[65] Ebd., 70.
[66] Martin Heckel. Der Rechtsstatus des Religionsunterrichts im pluralistischen Verfassungsstaat, Tübingen 2002, 5–6.
[67] Zu den damit zusammenhängen Fragen der Zusammenarbeit von Staat und Kirche im Bereich sozialstaatlicher Aufgaben vgl. Jörg Winter, Die Bedeutung der Barmer Theologischen Erklärung von 1934 für die Arbeit der Diakonie im sozialen Rechtsstaat, in: Jahrbuch der Diakonie 1988/89, 273–279.
[68] Siehe dazu Jörg Winter, Die Stellung der Kirchen und Religionsgemeinschaften zu den Grundwerten und Grundsätzen des Art. 6 EUV, in: Peter Christian Müller-Graff, Heinrich Schneider (Hgg.), Kir-

gionsverfassungsrecht bietet den Religionsgemeinschaften den freiheitlichen verfassungsrechtlichen Rahmen, der sie nicht in die Privatsphäre abdrängt, sondern ihnen Raum gibt, sich in den öffentlichen Diskurs der in der pluralistischen Gesellschaft tätigen Akteure einzubringen.

Auch im Bereich des Schulwesens darf daran erinnert werden, dass die Streitfrage der Schulform als staatliche Gemeinschaftsschule oder Bekenntnisschule, die in der Weimarer Nationalversammlung noch so heftig umstritten war, in Baden bereits 1876 im Sinne der ersten Variante entscheiden worden ist und im Jahre 1967 durch Art. 15 der Landesverfassung als christliche Gemeinschaftsschule badischer Prägung für das gesamte Land Baden-Württemberg verbindlich festgelegt worden ist.[69] Soweit sich das Bundesverfassungsgericht mit der Zulässigkeit dieser Schulform beschäftigen musste,[70] ging es nicht mehr um die Frage der gemeinsamen Erziehung von Kindern unterschiedlicher Konfession, sondern darum, ob eine Schule im weltanschauliche neutralen Staat sich am Christentum orientieren darf, was das Gericht im Sinne der Fortdauer der christlichen Kulturtradition unter Beachtung des Toleranzgebots gegenüber anderen Glaubensrichtungen als verfassungsrechtlich zulässig angesehen hat.

Nicht zuletzt durch die Rechtsprechung des Bundesverfassungsgerichts haben die in Art. 140 GG in das Grundgesetz übernommenen Artikel der Weimarer Verfassung über ihren historischen Inhalt hinaus eine Substanz erhalten, die zu einer bruchlosen Integration in das pluralische, an den Grundrechten orientierte freiheitliche System des demokratischen Rechtsstaates im heutigen Verständnis geführt hat. Der Staat ist als *Heimstatt aller seiner Bürger* zwar ohne Ansehen der Person zur religiös-weltanschaulichen Neutralität verpflichtet,[71] das bedeutet allerdings nicht, dass er sich von jeder positiven Berührung mit oder gar Förderung von Religion fernhalten muss. Seine Aufgabe ist vielmehr, den Dialog der in der Gesellschaft wirksamen Kräfte, zu denen auch die Religionsgemeinschaften gehören, zu fördern und aktiv zu unterstützen. Die dem Staat gebotene religiös-weltanschauliche Neutralität ist also als eine offene und übergreifende, die Glaubensfreiheit für alle Bekenntnisse gleichermaßen fördernde Haltung zu verstehen. Das deutsche Religionsverfassungsrecht unterscheidet sich damit bewusst von einem „Laizismus", wie er sich ein Frankeich auf Grund der Besonderheit seiner Geschichte entwickelt hat.[72]

---

chen und Religionsgemeinschaften in der Europäischen Union (Schriften des Arbeitskreises Europäische Integration e.V. 50), Baden-Baden 2003, 157–168.

[69] Zur badischen Gemeinschaftsschule vgl. Franz Schmidt, Die badische Volksschule, 2. Aufl., Karlsruhe 1931, 98–102.; Paul Feuchte, Verfassung des Landes Baden-Württemberg, Stuttgart u .a. 1987, Art. 15, Rd.Nr. 1; Huber/Huber, Staat und Kirche (wie Anm. 10), Bd. 2, Berlin 1976, 253–258f und 742 -744; Alexander Hollerbach, Fragen zum Schulrecht in Baden-Württemberg, in: Ricarda Dill, Stephan Reimers, Christoph Thiele (Hgg.), Im Dienste der Sache, Liber amicorum für Joachim Gaertner (Schriften zum Staatskirchenrecht 8), Frankfurt a. M. 2003, 327–336.; Michael Frisch, Zur christlichen Gemeinschaftsschule in Baden-Württemberg, Verwaltungsblätter für Baden-Württemberg (BlBW) 2005, 286–289.

[70] Siehe BVerfGE 41, 29–64.

[71] BVerfGE, 19, 206 (216); die weiteren Nachweise vgl. bei Stefan. Huster, Die ethische Neutralität des Staates, (Jus Publicum 90), Tübingen 2002, 14, Anm.34.

[72] Vgl. dazu Fritz Lienhard, Laizismus und Laizität, aus französischer Perspektive, in: Fritz Lienhard/ Christian Grappe (Hgg.), Religiöser Wandel und Laizität, (Heidelberger Studien zur praktischen Theologie 22), Berlin 2016, 75–111 und Jörg Winter, Die weltanschauliche Neutralität des Staates im deutschen Grundgesetz, ebd., 113–121.

Diesem Verständnis kommen die aus der Weimarer Reichsverfassung übernommenen Artikel gerade deshalb entgegen, weil sie den Kirchen und Religionsgemeinschaften eine rechtliche Sonderstellung nicht um ihrer selbst willen eingeräumt haben, sondern weil sie die Religionsfreiheit des Einzelnen institutionell umhegen, d. h. sie gegenüber dem Staat schützen und stärken.[73]

Für die Vergangenheit kann damit festgestellt werden: „Das deutsche Staatskirchenrecht erscheint elastisch genug, auch den Herausforderungen des modernen Pluralismus zu genügen – eben weil es nicht nur die Beziehungen der im Staat verfassten Sozialgemeinschaft zu den Kirchen regelt, erst recht nicht, weil es kirchliche Privilegien festschreibt, sondern weil es bestrebt ist, einen freiheitlichen Ordnungsrahmen für das sozialverträgliche Wirken aller Religions- (und Weltanschauungs-)gemeinschaften bereitzustellen."[74]

VIII. Ausblick

Es bleibt die Frage nach der Tragfähigkeit der Bestimmungen in der Zukunft. Was Ihren formalen Bestand angeht, bedarf es keiner großen Prophetie, anzunehmen, dass der „dilatorische Formelkompromiss", der die Umbrüche von 1933, 1945 und 1989/90 überstanden hat, auch über seinen 100. Geburtstag hinaus in seinem Wortlaut bis auf Weiteres Bestandteil des Grundgesetzes bleiben wird. Eine verfassungsändernde Mehrheit im Deutschen Bundestag, die das ändern wollte, ist in absehbare Zeit jedenfalls nicht in Sicht. Das bedeutet aber nicht, dass das deutsche Staatskirchenrecht oder in der neueren Terminologie das Religionsverfassungsrecht sich in seiner Substanz auf längere Sicht behaupten kann. Gefahr droht hier unter anderem durch die Europäische Union, obwohl diese für die Regelung des Verhältnisses ihrer Mitgliedstaaten keine originäre Rechtsetzungskompetenz hat und außerdem in Art. 17 EUV versprochen hat, den Status, den Kirchen und religiöse Vereinigungen in den Mitgliedstaaten nach deren Rechtsvorschriften genießen, zu achten und nicht zu beinträchtigen. Vor allem das Selbstbestimmungsrecht nach Art. 140 GG i.V.m. Art. 137 Abs. 3 WRV ist in jüngster Zeit durch die Rechtsprechung des Europäischen Gerichtshofs zu der im Jahre 2000 ergangenen Richtlinie des Rates zur Festlegung eines allgemeinen Rahmens für die Verwirklichung der Gleichbehandlung in Beschäftigung und Beruf unter erheblichen Druck geraten. Die europäische Rechtsprechung und ihre Übernahme durch das Bundesarbeitsgericht ist zu einem Einfallstor geworden, das geeignet ist, zu einem Paradigmenwechsel im kirchlichen Arbeitsrecht zu führen mit möglicherweise weiterreichenden Folgen für das deutsche Religionsverfassungsrecht

---

[73] Vgl. Alexander Hollerbach, Grundlagen des Staatskirchenrechts, in: Josef Isensee/Paul. Kirchhof (Hgg.), Handbuch des Staatsrechts, Bd. VI: Freiheitsrechte, 2. Aufl., Heidelberg 2001, 473; siehe dazu auch Martin Morlok/Michael Heinig, Parität im Leistungsstaat – Körperschaftsstatus nur bei Staatsloyalität? Neue Zeitschrift für Verwaltungsrecht 1999, 700.
[74] Link, Kirchliche Rechtsgeschichte (wie Anm. 4), 281.

im Ganzen.[75] Man darf gespannt sein, wie das Bundesverfassungsgericht über die dagegen von der Evangelische Kirche eingelegte Verfassungsbeschwerde entscheiden wird. Davon wird abhängen, ob es auch künftig möglich ist, das in der Weimarer Verfassung entwickelte Modell des Verhältnisses des Staates zu den Religionsgemeinschaften in der Ausprägung, die es in Rechtsprechung und Lehre in der Vergangenheit erhalten hat, als einen Ausdruck der deutschen Verfassungsidentität,[76] zu verteidigen und in seiner Substanz zu erhalten.

---

[75] Siehe dazu ausführlich Peter Unruh, Die Dekonstruktion des Religionsverfassungsrechts durch den EuGH im Kontext des kirchlichen Arbeitsrechts, in: ZevKR 64 (2019), 188-215.
[76] Vgl. dazu Jörg Winter, Das Verhältnis von Staat und Kirche als Ausdruck der kulturellen Identität der Mitgliedsstaaten der Europäischen Union, in: Joachim Bohnert u. a. (Hgg.), Verfassung – Philosophie – Kirche, Festschrift für Alexander Hollerbach zum 70. Geburtstag, Berlin 2001, 893–905.

Dienst nach Vorschrift in den Pfarrämtern?
Das Berufsbeamtengesetz (1933) und seine Konsequenzen für eine Funktionalisierung der Familienforschung in der Evangelischen Kirche in Baden im „Dritten Reich"

Heinrich Löber

I. Der Auslöser: Das Berufsbeamtengesetz vom 7. April 1933

Mit dem Machtantritt der Nationalsozialisten 1933 war ein außerordentliches Interesse des Staates an den Kirchenbüchern entstanden. Deren Auswertung hatte das fatale Ziel, die „Rassezugehörigkeit der Volksgenossen" über Abstammungsnachweise festzustellen, damit „sich die Volksgemeinschaft im nationalsozialistischen Staat konstituieren konnte."[1] Kein Vierteljahr nach der Machtergreifung der Nationalsozialisten wurde am 7. April 1933 das so genannte Berufsbeamtengesetz[2] erlassen, das von den Staatsbediensteten den Nachweis der „arischen" Herkunft verlangte. Mit diesem Gesetz wurde es ermöglicht, jüdische und politische unliebsame Beamte in den Ruhestand zu versetzen oder zu entlassen. In den Folgejahren wurden zahlreiche Durchführungsbestimmungen erlassen, die auch Richter, Lehrer, Hochschullehrer und Notare als Beamte im Sinne dieses Gesetzes benannten[3] und schließlich auch Angestellte und Arbeiter des Öffentlichen Dienstes, aber auch der Reichsbank und Reichsbahn einbezogen.

Der Nachweis der „arischen" Herkunft wurde durch beglaubigte Abschriften christlicher Taufen und Trauungen von Eltern und Großeltern aus den Kirchenbüchern erbracht und in einem „Ahnenpass" eingetragen (s. Abb. 1 bis 3). War ein solcher Nachweis nicht zu erbringen oder belegte der Kirchenbuchauszug Informationen über die Taufe eines Juden, so war die „Nichtdeutschblütigkeit" ermittelt. Die „Rassezugehörigkeit" wurde also durch die Konfession der Vorfahren nachgewiesen – ausschlaggebend war demnach nicht, ob es sich um „bekennende" Juden handelt, sondern ob sich unter den Vorfahren auch Konvertiten befinden.

---

[1] Stephan Linck, Wie die Kirche die Judenverfolgung unterstützte – Die Altonaer Judenkartei, in: abgestaubt ... aus den Archiven in der Nordkirche 4 (2016), 36–60, Zit. 36.
[2] Reichsgesetzblatt I (1933) Nr. 34, vom 7. Apr., 175–177. Online: http://alex.onb.ac.at/cgi-content/alex?aid=dra&datum=1933&page=300&size=45 [aufgerufen am 16.07.2019]
[3] Ebd. Nr. 48, vom 6. Mai, 245–252. Online: http://alex.onb.ac.at/cgi-content/alex?aid=dra&datum=1933&size=45&page=370 [aufgerufen am 16.07.2019]

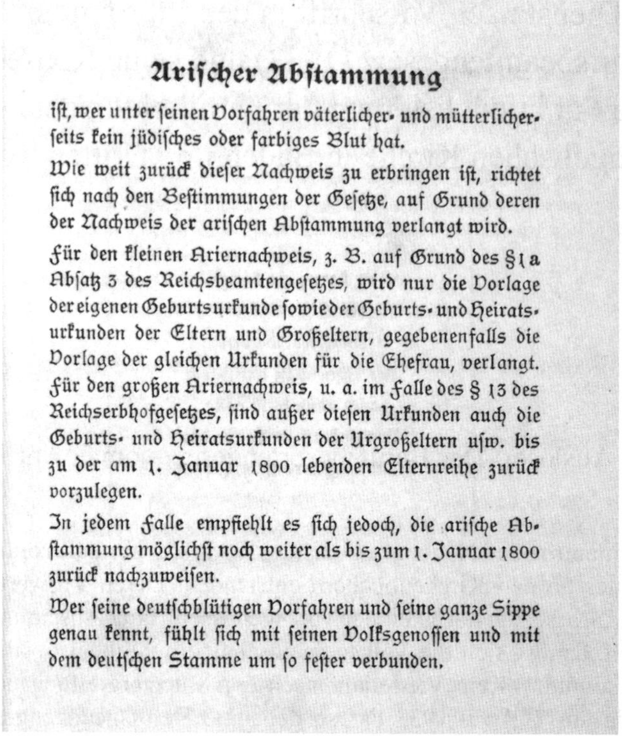

> **Arischer Abstammung**
>
> ist, wer unter seinen Vorfahren väterlicher- und mütterlicherseits kein jüdisches oder farbiges Blut hat.
>
> Wie weit zurück dieser Nachweis zu erbringen ist, richtet sich nach den Bestimmungen der Gesetze, auf Grund deren der Nachweis der arischen Abstammung verlangt wird.
>
> Für den kleinen Ariernachweis, z. B. auf Grund des § 1 a Absatz 3 des Reichsbeamtengesetzes, wird nur die Vorlage der eigenen Geburtsurkunde sowie der Geburts- und Heiratsurkunden der Eltern und Großeltern, gegebenenfalls die Vorlage der gleichen Urkunden für die Ehefrau, verlangt.
>
> Für den großen Ariernachweis, u. a. im Falle des § 13 des Reichserbhofgesetzes, sind außer diesen Urkunden auch die Geburts- und Heiratsurkunden der Urgroßeltern usw. bis zu der am 1. Januar 1800 lebenden Elternreihe zurück vorzulegen.
>
> In jedem Falle empfiehlt es sich jedoch, die arische Abstammung möglichst noch weiter als bis zum 1. Januar 1800 zurück nachzuweisen.
>
> Wer seine deutschblütigen Vorfahren und seine ganze Sippe genau kennt, fühlt sich mit seinen Volksgenossen und mit dem deutschen Stamme um so fester verbunden.

Abb. 1:
Auszug aus einem Ahnenpass (LKA, ohne Sign. [Standort: Lesesaal]; Foto: Anna Eifler)

In der Folge mussten die Kirchengemeinden und Pfarrämter, wo die Kirchenbücher zumeist lagerten, die Hauptlast bei der Ausstellung der Unterlagen für den Abstammungsnachweis tragen – schlagartig hat seit April 1933 die Zahl der „genealogischen" Anfragen zugenommen.[4] Man kann behaupten, dass mit dem „Berufsbeamtengesetz" „ein ‚flächendeckendes Arbeitsbeschaffungsprogramm' für genealogische Forschungen im Auftrag von Partei und Staat" geschaffen wurde.[5] Am Beispiel des Tätigkeitsberichts der Mecklenburgischen Sippenkanzlei Schwerin für die ersten fünf Jahre (1. Mai 1934 bis 30. April 1939) lässt sich die Größenordnung veranschaulichen: In dieser Zeit wurden 418.872 Eingänge bearbeitet und ca. 1 Million Urkunden ausgestellt, und es waren 18.127 Personen für eigenständige Forschungen vor Ort tätig.[6]

---

[4] Vgl. Linck, Judenverfolgung (wie Anm. 1), 37–39; Manfred Gailus, Karl Themel – ein Berliner Pfarrer als Sippenforscher im „Dritten Reich", in: Ders. (Hg.), Täter und Komplizen in Theologie und Kirche 1933 – 1945, Göttingen ²2015, 197–215, hier 203f.

[5] Vgl. Raimund Haas, „Insbesondere die evangelische Kirche bemüht sich nun darum, die Kirchenbuchfrage in der Auseinandersetzung zwischen Staat und Kirche zu benutzen, um gegen den Staat Stimmung zu machen". Kirchenarchivare im Spannungsfeld zwischen Kooperation und Enteignung 1933–1943, in: AeA 46 (2006), 61–91, Zit. 64 mit Bezug auf Diana Schulle, Das Reichssippenamt. Eine Institution nationalsozialistischer Rassenpolitik, Berlin 2001 [zugl. Diss. Greifswald 1999], 79.

[6] Vgl. Johann Peter Wurm, Kirchenbücher im Dienst der NS-Rassenpolitik. Pastor Edmund Albrecht und die Mecklenburgische Sippenkanzlei, in: AeA 46 (2006), 33–60, hier 58.

Das „Berufsbeamtengesetz" „bezweckte bekanntlich das genaue Gegenteil von dem, was sein Name vortäuschte", nämlich die „Entfernung ‚nicht arischer' sowie politisch unliebsamer Beamter aus dem öffentlichen Dienst", was in der Konsequenz die gesellschaftliche Ausgrenzung von Menschen „nichtarischer" Herkunft bedeutete.[7]

Den Kirchenbüchern kam also für die nationalsozialistische Rassenpolitik eine Schlüsselrolle zu und die Kirchen wussten das auch. Wie sah dies nun in der Evangelischen Landeskirche in Baden aus? Hat man sich dieser Anforderung gefügt und ist, wie Beispiele anderer Landeskirchen zeigen, schuldig geworden, indem man sich aktiv an der Identifizierung und Ausgrenzung von Christen jüdischer Herkunft beteiligt hat?[8]

II. Die Entwicklung in der Evangelischen Kirche in Baden

1. Die Gesetzeslage und Praxis in Kirchen- und Standesbuchfragen

Auf die Anfrage des Präsidenten des Landeskirchenamtes Hannover an die obersten Behörden der evangelischen Kirchen vom 5. Februar 1936, welche Bekanntmachungen und Verordnungen über das Kirchenbuchwesen gültig seien, antwortete der Evangelische Oberkirchenrat Karlsruhe (EOK) am 15. Februar: *Neuere Verordnungen oder Bekanntmachungen über die Führung der Kirchenbücher sind [...] im Bereiche unserer Landeskirche nicht ergangen. Von älteren Verordnungen und Bekanntmachungen sind heute noch in Kraft:*

a. *Verordnung vom 13/11.1894, die kirchl. Trauung und die Führung der Kirchenbücher betr., V.O.Bl. S. 186;*
b. *Bekanntmachung vom 7. Febr. 1906 die Führung der Kirchenbücher betr., V.O.Blatt S. 23;*
c. *Verordnung vom 11. Septbr 1897, die Geschäftsführung der Dekanate, Pfarrämter und Pastorationsstellen, sowie die Ordnung der Registraturen betr., VV.O.Blatt S. 129/30 und 156 ff.*
d. *Bek. vom 3/5.1895, die Vornahme der Trauung durch einen nicht zuständigen Pfarrer betr., V.O.VBlatt S. 98*

[...] Desgleichen fügen wir noch 3 Blätter bei, die neuere Bekanntmachungen über das Verfahren bei der Einsichtnahme und Aufbewahrung der Kirchenbücher enthalten [Hervorhebung im Original].[9]

---

[7] Vgl. ebd. und Zit., 33.
[8] Vgl. das Beispiel der Mecklenburgischen Landeskirche: ebd., 60; der Schleswig-holsteinischen Landeskirche: Linck, Judenverfolgung (wie Anm. 1); der Rheinischen Landeskirche: Haas, Kirchenarchivare (wie Anm. 5), 77–88; der Berlin-brandenburgischen Landeskirche: Gailus, Themel (wie Anm. 4); hier auch Verweise auf die Hannoversche und Thüringische Landeskirche (213f).
[9] LKA Generalakte (GA) 3943: Kirchenbücher. Die Führung der Kirchenbücher und Standesbücher. Bd. 6: 1925 bis 1938. – Eine Parallelüberlieferung ist durch die 1938 eingerichtete so genannte Finanzabteilung beim EOK mit GA 7329 vorhanden. Vgl. Anm. 19.

Fast zwei Jahre später, am 13. Dezember 1937, forderte der Rat der Evang.-luth. Kirche Deutschlands die Kirchenleitungen auf, Stellung zu beziehen zu § 70 Abs. 2 des Personenstandsgesetzes vom 3. November 1937,[10] wo es heißt, dass die Reichsminister der Justiz und des Innern ermächtigt werden, Bestimmungen zu treffen, u. a. *über die Aufbewahrung, Fortführung und Benutzung der vor dem 1. Januar 1876 von Religionsgesellschaften geführten Kirchenbücher und Register.*[11] Am 23. Dezember antwortete der EOK dem Rat der Evang.-luth. Kirche Deutschlands: [...] *Die Benutzung der Kirchenbücher sowohl durch berufsmässige Sippen- und Familienforscher, Beauftragte des Reichsnährstandes, der Reichsstelle für Sippenforschung u.s.w., als auch durch Laien, hat sich bis jetzt trotz grösster Inanspruchnahme stets reibungslos vollzogen. Dazu hat nicht zuletzt auch das von der Reichsstelle für Sippenforschung herausgegebene Merkblatt über Sippenforschung und Pfarrämter beigetragen, das jedem Sippen- und Familienforscher vor Beginn der Arbeit zur genauen Beachtung übergeben wird.*

Wir sind der Auffassung, dass im Bereiche unserer Landeskirche alle zur Sicherung und Erhaltung der Kirchenbücher notwendigen Vorkehrungen getroffen sind und dass keine Veranlassung besteht, irgendwelche einengenden Bestimmungen zum Nachteil der Kirche zu erlassen. Obwohl noch nicht feststeht, welcher Art die von dem Reichsminister der Justiz und des Innern zu erlassenden Vorschriften sein werden, sollte doch jetzt schon vorbeugend auf dieses Grundsätzliche hingewiesen werden.

Die Kirche hat den Wert der Kirchenbücher von jeher erkannt und dieselben durch die Jahrhunderte hindurch sorgsam geführt und behütet, als man sich auf Seiten des Staates noch nicht dafür interessierte. Denn ohne diese Fürsorge würde es heute einfach nicht möglich sein, den Nachweis der deutschblütigen Abstammung zu erbringen. Da die Kirche auch weiterhin ihrer Verpflichtung bewusst sein wird, das wertvolle Gut dem deutschen Volke zu erhalten, wäre es ein Akt der Unbilligkeit und Unfreundlichkeit, wenn ihr nun etwa von Seiten des Staates das Recht auf Aufbewahrung, Fortführung und Benutzung der Kirchenbücher eingeschränkt oder gar genommen würde. In diesem Sinne halten wir auch diese Stellungnahme für unbedingt erforderlich.[12]

Im weiteren Verlauf äußerte sich der EOK zu § 8 des Personenstandsgesetzes,[13] dass er [d]*ie Vorstellungen, die die DEK – Kirchenkanzlei – bei den zuständigen Ministerien erhoben hat,* [...] für berechtigt hält und *Inhaltlich* [...] *dem, was die Kirchenkanzlei ausgeführt hat, nichts hinzuzufügen* hat. Im Ergebnis kam Anfang 1938 eine gemeinsame Stellungnahme auf DEK-Ebene gegenüber den zuständigen Ministerien in Fragen des Personenstandsgesetzes vom 3. November 1937 zustande.[14] Auch die badische Landeskirche äußerte also erhebliche Vorbehalte gegenüber einer Einmischung des NS-Staates in genuin kirchliche Belange wie die des kirchlichen Standesbuchwesens.

---

[10] RGBl I, 1146–1152. Es ist in Kraft getreten am 01.07.1938.
[11] Zitiert in dem Schreiben des Rats der Evang.-luth. Kirche Deutschlands an die dem Rat angeschlossenen Kirchenleitungen, in: LKA GA 3943.
[12] Ebd. Entwurf vom 21. Dez., abgeschickt am 23.12.1937. Zu genanntem Merkblatt ‚Sippenforscher und Pfarrämter' der Reichsstelle für Sippenforschung, 1935 vgl. Anm. 56.
[13] Die Eheschließung soll in einer der Bedeutung der Ehe entsprechenden würdigen und feierlichen Weise vorgenommen werden.
[14] Vgl. LKA GA 3943. Dort auch Zit.: Antwort des EOK Karlsruhe an den Rat der Evang.-luth. Kirche Deutschlands vom 25.01.1938.

Auch im innerkirchlichen Bereich war in Kirchenbuchfragen Wesentliches in Bewegung geraten. Am 6. Dezember 1938 erreichte den EOK Karlsruhe eine zweite Erinnerung des Beauftragten der Deutschen Evangelischen Kirchenkanzlei für das kirchliche Archiv- und Kirchenbuchwesen in Breslau,[15] auf dessen Rundfrage vom 12. September zu antworten, wo in den einzelnen Landeskirchen bereits Kirchenbuchämter eingerichtet worden seien. Die Antwort auf diese Anfrage verließ am 14. Dezember den EOK: *In den Kirchengemeinden Karlsruhe, Mannheim, Heidelberg, Pforzheim und Freiburg sind jetzt schon die Kirchenbücher sämtlicher Sprengel bezw. Pfarreien zusammengezogen und werden die angeforderten Buchauszüge von einem hauptamtlichen Angestellten gefertigt. Insofern liegt in den genannten Gemeinden bereits ein Ansatz für ein Kirchenbuchamt vor. Der endgültigen organisatorischen Ausgestaltung wollen wir erst nähertreten nach Anstellung eines hauptamtlichen Kirchenarchivars. Die erforderlichen Massnahmen zur Errichtung der Stelle und zur Berufung einer geeigneten Persönlichkeit haben wir, wie wir dem Herrn Beauftragten bereits mit Schreiben vom 15. Nov. 1938 N°. 18117 mitgeteilt haben, bereits veranlasst. Leider ist uns, wie auch in anderen Sachen, von der Finanzabteilung*[16] *die beantragte Zustimmung bis heute noch nicht zugegangen, sodass wir vorerst nicht in der Lage sind, die Angelegenheit weiter zu treiben.*[17]

3 ½ Jahre später verdeutlicht ein Rundschreiben des nun so genannten Archivamts der Deutschen Evangelischen Kirchenkanzlei in Breslau[18] vom 20. Mai 1942 an die obersten Kirchenbehörden, dass der Krieg spürbare Auswirkungen hat, weil *viele Pfarrämter infolge Kriegsvertretungen nicht mehr in der Lage sind, die Anträge auf Erteilung von Kirchenbuchurkunden und von Auskünften zu bewältigen*. Neue Maßnahmen seien zu ergreifen: Anträge auf private Familienforschung seien für die Dauer des Krieges vollständig zurückzustellen. Die *Ausstellung von Abstammungsurkunden ist [...] für die Partei und Gliederungen [...] bis auf weiteres überhaupt aufgehoben. Nur die SS verlangt die Vorlage, aber auch nur bis zu den Grosseltern.* Gleiches gelte für die Beamten und Angestellten des gehobenen und höheren Dienstes der öffentlichen Verwaltungen und die Wehrmacht. Darüber seien die Pfarr- und Kirchenbuchämter zu unterrichten. Diese sollten *nach wie vor allen Volksgenossen bei dem Nachweis der Abstammung jede mögliche Hilfe und Unterstützung gewähren und nur dann Anträge [...] zurückstellen, wenn dies wegen der besonderen Kriegsverhältnisse nicht anders möglich ist. Dabei weisen wir darauf hin, dass die Möglichkeit zu persönlicher Einsichtnahme in die Kirchenbücher[,] wenn auch in geringerem Umfang[,] so doch überall[,] gewährt werden müsste.*[19]

Im März 1943 schickte der EOK eine Zahlungsaufforderung an das Reichssippenamt (Zentralstelle für jüdische Personenstandsregister) in Berlin für die durch die

---

[15] Es handelt sich um den Konsistorialpräsidenten der schlesischen Kirchenprovinz, den Juristen Dr. Johannes Hosemann (1881–1947). Vgl. Haas, Kirchenarchivare (wie Anm. 5), 71; Dietmar Neß, Schlesisches Pfarrerbuch, Bd. 1, Leipzig 2011, 42 sowie Bd. 10, Leipzig 2018, Nr. 301 (Bild).

[16] Zur Finanzabteilung beim Evangelischen Oberkirchenrat Karlsruhe s. Kap. II. 2.

[17] LKA GA 3943.

[18] Es ist das Nachfolgeamt des „Beauftragten der Deutschen Evangelischen Kirchenkanzlei für das kirchliche Archiv- und Kirchenbuchwesen". Der Amtsleiter war nach wie vor Johannes Hosemann. Vgl. Anm. 15.

[19] LKA GA 7329: Kirchenbücher – Führung, Aufbewahrung und Einsicht. 1938 bis 1945 (Provenienz: Finanzabteilung beim EOK).

Versendung der jüdischen Standesbücher entstandenen Kosten in Höhe von 30,15 RM. Diese bei *den Pfarrämtern geführten jüdischen Standesbücher wurden nach Vereinbarung mit dem Reichssippenamt diesem auf seine Kosten leihweise überlassen*.[20] Der Hintergrund war die planmäßig eingeführte und 1933 durch die Dienststelle des ‚Sachverständigen für Rasseforschung' begonnene Sicherungsverfilmung. Erst zehn Jahre später wurde in Baden mit der Verfilmung – vorzugsweise der jüdischen Standesbüchern – begonnen.[21] Dabei handelte es sich zum einen um Maßnahmen der Bestandserhaltung, zum anderen aber auch und vor allem um Maßnahmen der Nationalsozialisten für eine weitere, zentrale Möglichkeit der Auswertung im Sinne einer Erweiterung der „familiengeschichtlichen Sammlungen" des Reichssippenamtes.

2. Die Finanzabteilung beim Evangelischen Oberkirchenrat und ihre Maßnahmen zur Erbringung des „Ariernachweises"

Die Finanzabteilung (FA) beim Evangelischen Oberkirchenrat war eine – wie in anderen Landeskirchen auch – vom nationalsozialistischen Staat eingerichtete Verwaltungseinheit zur Kontrolle der kirchlichen Finanzen.[22] Ab dem Jahre 1935 wurde versucht, die evangelische Kirche auf administrativem und staatskirchenhoheitlichem Weg in den NS-Staat einzufügen, nachdem die vorherigen Gleichschaltungsversuche gescheitert waren.[23] In der Evangelischen Kirche in Baden gab die Finanzabteilung am 25. Mai 1938 in einem Rundschreiben an alle nachgeordneten kirchlichen Stellen ihre Einsetzung bekannt, die auf Beschluss des Reichskirchenministers fußte. Den Anlass bot die vorgeschobene Frage der Aufstellung eines rechtmäßigen Haushaltsplanes.[24] Ihre Absicht war es, die Vermögensverwaltung fortan selbst durchzuführen, denn auf die Finanzabteilung sei nunmehr *die gesamte Vermögensverwaltung der […] Landeskirche Badens* übergegangen, ebenso wie die *alleinige Befugnis […], die […]*

---

[20] Ebd.
[21] Vgl. Haas, Kirchenarchivare (wie Anm. 5), 70f; Heinrich Löber, Geschichte und Überlieferung der evangelischen Kirchenbücher Badens, in: JBKRG 11 (2017), 326. – Zu den jüdischen Standesbüchern vgl. unten Kap. IV. 1. c).
[22] Zur Finanzabteilung in Baden vgl. Udo Wennemuth (Bearb.), Die Einrichtung und die Arbeit der Finanzabteilung beim Evangelischen Oberkirchenrat in Karlsruhe, 1938–1945, in: Die Evangelische Landeskirche in Baden im Dritten Reich. Quellen zu ihrer Geschichte [= ELBDR], hg. v. Gerhard Schwinge u. a., Bd. IV: 1935–1945 (VVKGB 60), Karlsruhe 2003, 189–298; Johannes Frisch, Einsetzung und Wirken der Finanzabteilung in Baden 1938–1945, in: Unterdrückung – Anpassung – Bekenntnis. Die Evangelische Kirche in Baden im Dritten Reich und in der Nachkriegszeit, hg. von Udo Wennemuth u. a. (VVKGB 63), Karlsruhe 2009, 67–81.
[23] Hauke Marahrens, Praktizierte Staatskirchenhoheit im Nationalsozialismus. Die Finanzabteilungen in der nationalsozialistischen Kirchenpolitik von Hannover, Braunschweig und Baden (AKiZ B 59), Göttingen 2014, 13.
[24] Vgl. Rückblick auf die Einsetzung der FA durch den Vorsitzenden der FA, den Mosbacher Bürgermeister Dr. Theophil Lang, (25. Juni 1940), in: LKA GA 7477: Finanzabteilung beim Oberkirchenrat allgemein. 1940 bis 1945 (Provenienz: FA beim EOK), abgedruckt in: ELBDR IV, 194f. Vgl. auch: ELBDR VI: Generalregister (VVKGB 62), Karlsruhe 2005, 428. – Theophil Lang (1904–1944), 1930 Rechtsanwalt Adelsheim, 1933 Bürgermeister Mosbach, 1938 Bruchsal, 1941/42 1. Beigeordneter Mühlhausen i. E. Er war nur bis Ende 1939 Vorsitzender der FA, bevor er zur Wehrmacht einberufen wurde. 1944 fiel er in Rußland. Vgl. Marahrens, Praktizierte Staatskirchenhoheit (wie Anm. 23), 622.

Landeskirche rechtswirksam zu vertreten.[25] Damit konnte die Kirchenleitung finanziell relevante Entscheidungen nicht mehr selbständig treffen.[26]

Dazu passt es, dass die Finanzabteilung auch in der „Judenfrage" die NS-Politik annahm, indem sie erklärte, *dass die Forderung des nationalsozialistischen Staates in Bezug auf die Rassenfrage ein Staatsgesetz ist.* Entsprechend ausgerichtet war die Finanzabteilung in der „Judenfrage".[27]

In der Evangelischen Kirche in Baden hatte sich bis dato die Kirchenleitung „nur" Versicherungen von den Betreffenden als „Ariernachweis" eingeholt, während nun die Finanzabteilung formelle Bescheinigungen verlangte. Seit Ende 1940 sollten auch alle nichtbeamteten Mitarbeiter der FA sowie nichtbeamteten hauptamtlichen Mitarbeiter in den Gemeinden, zumindest in Gemeinden, in denen ein FA-Bevollmächtigter eingesetzt war, einen „Ariernachweis" führen.[28]

Insgesamt sah die Finanzabteilung die antijüdischen Maßnahmen im „Dritten Reich" als *ein mit historischer Folgerichtigkeit sich entwickelndes Schicksal eines Ausbeuter- und Schmarotzervolkes,* welches es *unter Betonung des Zusammenhanges zwischen Sünde und Schicksal […] als unvermeidlichen Zwangslauf der Geschichte* zu begreifen gelte, so der Vorsitzende der FA, der Fabrikant Dr. med. Leopold Engelhardt[29], in einem Schreiben an den EOK vom 24.05.1943. Es bedürfe keiner besonderen Betonung, *welche Schuld das Judentum am 1. und 2. Weltkrieg und an der jahrzehntelangen inneren Zersetzung des Deutschtums trägt.*[30] Für Engelhardt wurde die Verfolgung der Juden zu „Volksabwehr".

Aber nicht nur die kirchlichen Mitarbeiter jüdischer Herkunft bekamen es mit der Finanzabteilung zu tun. Getaufte Juden sollten generell keinen Platz mehr in der Kirche haben. Die Finanzabteilung hatte sich dabei an den gesetzlichen Regelungen in DC-Landeskirchen orientiert und eine eigene Anordnung entworfen. Sie griff dabei diejenigen Aspekte heraus, für die sie meinte, zuständig zu sein. So sollten die so genannten Judenchristen *nicht steuerpflichtige Mitglieder* der Landeskirche sein

---

[25] Bekanntgabe der Einrichtung der FA an die Evang. kirchl. Bezirksvermögensverwaltungen, die Evang. Dekanate, Pfarrämter und Kirchengemeinderäte, in: LKA GA 9075: Evangelischer Oberkirchenrats – Finanzabteilung. 1938 bis 1944 (Provenienz: Handakte O. Friedrich), abgedruckt in: ELBDR IV, 193. Im Umgang mit „nichtarischem" Personal gleicht die badische Landeskirche der württembergischen Landeskirche, die beide 1933 den „Arierparagraphen" nicht eingeführt hatten. Vgl. Protokoll des Evangelischen Oberkirchenrats vom 11.04.1933, in: LKA GA 3479: Sitzungen des Evangelischen Oberkirchenrats mit Register. 1933, abgedruckt in: ELBDR I, 572.

[26] Vgl. Rolf-Ulrich Kunze, „Möge Gott unserer Kirche helfen!". Theologiepolitik, Kirchenkampf und Auseinandersetzung mit dem NS-Regime: Die Evangelische Landeskirche Badens 1933–1945 (VBKRG 6), Stuttgart 2015, 80.

[27] Vgl. Marahrens, Praktizierte Staatskirchenhoheit (wie Anm. 23), 504f mit Anm. 655. Dort auch Zit. aus: FA Baden an den Reichskirchenminister am 18.10.1940.

[28] FA-Rundschreiben vom 13.11.1940, in: LKA GA 8048: Bevollmächtigte der Finanzabteilung beim Oberkirchenrat. 1938 bis 1945 (Provenienz: FA beim EOK). Vgl. Marahrens, Praktizierte Staatskirchenhoheit (wie Anm. 23), 505 mit Anm. 660f.

[29] Leopold Engelhardt (1885–1972), techn. Leiter, Gründer und Mitinhaber versch. Fabriken: 1913–1927 Soyama-Werk, 1922/23 Kondima-Werk Bad Homburg, 1923–1945 Kondima-Werk Karlsruhe, 1945 selbständiger „ernährungshygienischer Privatgelehrter" und stiller Gesellschafter der Fabrik; 1934 DAF-Mitglied, 1943 Gauhauptabteilungsleiter, 1935 Mitglied in der NS-Volkswohlfahrt, 1937 NSDAP-Mitglied, 1937–1943 DC-Mitglied, 1941 Kirchenaustritt, 1943–1945 Vors. der FA Karlsruhe. Vgl. Marahrens, Praktizierte Staatskirchenhoheit (wie Anm. 23), 462f. 612.

[30] Der Vorsitzende der FA an den EOK betr. Disziplinarverfahren zur Amtsenthebung von Hermann Maas, in: LKA 2.0., Nr. 4350, abgedruckt in: ELBDR IV, 405–413, Zit. 409f.

können, also Kirchensteuern von ihnen nicht mehr erhoben werden. Die Finanzabteilung machte deutlich, *dass nach den für das 3. Reich maßgebenden rassischen Gesichtspunkten eine weitere Zugehörigkeit von Juden zur* <u>Deutschen</u> *Evang. Kirche untragbar ist und mit dem nationalsozialistischen Volksempfinden daher unvereinbar ist. Solange es an einem entsprechenden Kirchengesetz mangelt, muss wenigstens die Erhebung von Kirchensteuern bei evangelischen Juden unterbleiben* [Hervorhebung im Original].[31] Dabei bediente sich die Finanzabteilung teilweise wörtlich den Formulierungen des Kreisrechtsamtleiters der NSDAP-Kreisleitung Braunschweig, Oberregierungsrat Ludwig Hoffmeister, an den Reichskirchenminister vom 23.05.1939, welche abschriftlich der badischen FA zugegangen waren.[32] Zudem sah sie vor, dass zur *Vornahme von Amtshandlungen an [...] Juden kirchliche Räume und Einrichtungen nicht benutzt werden* dürften.[33] Die vorliegende Form beanstandete der Reichskirchenminister nach Rücksprache mit der Kirchenkanzlei: Die Finanzabteilung sei nicht befugt, über die Kirchenmitgliedschaft oder die Ausführung von Amtshandlungen eigene Bestimmungen zu treffen; dies sei Sache der Kirchenleitung. Ein knappes Jahr später blieb von dem ursprünglichen Entwurf nur noch übrig, dass Kirchensteuern von Judenchristen nicht mehr erhoben würden: Am 28. Mai 1940 wurde die Anordnung erlassen.[34] Es war der Finanzabteilung nicht gelungen, die Kirchenmitgliedschaft von Judenchristen in Frage zu stellen. Über diese Anordnung zeigte sich der EOK verwundert, denn *Staatssteuern* werden *von Nichtariern im gleichen Umfang wie von Deutschen erhoben*.[35]

III. Die Auseinandersetzungen zwischen dem Evangelischen Oberkirchenrat und der Finanzabteilung

Die Einrichtung der Finanzabteilung ging entscheidend auf den radikalen kirchenfeindlichen Kurs des badischen Kultusministeriums[36] zurück und hatte eindeutig kirchenpolitische Beweggründe: Die „Aushöhlung" der Kirchenleitung und Okkupation

---

[31] Der stellvertretende Vorsitzende der FA, OKR Dr. Emil Doerr, an den EOK vom 18.04.1940, in: LKA GA 7066: Kirchliche Stellung und Steuerpflicht der Juden. 1939 bis 1942 (Provenienz: FA beim EOK), abgedruckt in: ELBDR IV, 436; Hermann Rückleben, Evangelische ‚Judenchristen' in Karlsruhe 1715–1945. Die badische Landeskirche vor der Judenfrage (VVKGB 37), Karlsruhe 1988, 82, sowie Marahrens, Praktizierte Staatskirchenhoheit (wie Anm. 23), 508.

[32] In: LKA GA 7065: Aufnahme von Juden – Kirchenmitgliedschaft. 1939 (Provenienz: FA beim EOK). Vgl. auch Marahrens, Praktizierte Staatskirchenhoheit (wie Anm. 23), 508 mit Anm. 676.

[33] Entwurf einer rechtsverbindlichen Anordnung über die Steuerpflicht evangelischer Juden vom Juni 1939, in: LKA GA 7066 (wie Anm. 31), abgedruckt in: Rückleben, Evangelische ‚Judenchristen' (wie Anm. 31), 122f. Vgl. auch Marahrens, Praktizierte Staatskirchenhoheit (wie Anm. 23), 507 mit Anm. 672f.

[34] Rechtsverbindliche Anordnung über die Steuerpflicht evangelischer Juden vom 28. Mai 1940, in: GVBl. 1940, 43, abgedruckt auch in: ELBDR IV, 436.

[35] Schreiben an die FA Baden vom 12.04.1940, in: LKA GA 7066.

[36] Allen voran durch das Bestreben von Otto Wacker (1899–1940), 1933 badischer Kultusminister, 1933/34 zugl. Justizminister, 1937–1939 zugl. Leiter des Amtes Wissenschaft im Reichserziehungsministerium. Vgl. Kunze, „Möge Gott unserer Kirche helfen!" (wie Anm. 26), 79f; Marahrens, Praktizierte Staatskirchenhoheit (wie Anm. 23), 632.

möglichst vieler kirchlicher Angelegenheiten – von der Nutzung kirchlicher Räume bis hin zu Fragen der Pfarrstellenbesetzung. Der Widerstand der Kirchenleitung wuchs, blieb aber zumeist fruchtlos. Fortan rangen Oberkirchenrat und Finanzabteilung, die sich gegenseitig Legalität und Legitimität absprachen, um die Behauptung ihres kirchenpolitischen Standpunkts und verkehrten, obwohl sie unter einem Dach residierten, nur noch per Post und unter strengster Beachtung bürokratischer Formen wie zwei fremde Behörden. Der Geschäftsgang nicht nur der Kirchenleitung war dadurch weitestgehend gelähmt. Alles in allem entwickelte sich ein zerstörender, „schwer erträglicher, die gesamte Landeskirche extrem polarisierender Zermürbungskrieg mit allen Mitteln amtlicher Schikanierung, der Denunziation und Diversion, vor allem aber der kirchenpolitischen Mobilisierung des jeweils eigenen Anhangs in den Gemeinden der Landeskirche."[37] So setzte die Finanzabteilung Pfarrer wie Gemeinden finanziell unter Druck, z. B. durch Sperrung von Bezügen oder Baugeldern oder durch Einflussnahme bei Pfarrstellenbesetzungen bei Personen, die sich an dem schriftlichen Protest der bekenntnisorientierten Pfarrerschaft gegen die FA beteiligt hatten und daran festhielten.[38] Im weiteren Verlauf setzte die Finanzabteilung rund 50 Bevollmächtigte ein, um anpassungsunwillige Gemeinden zu disziplinieren, und betrieb damit eine Polarisierung.[39] In der Landeskirche entfaltete sich daraufhin „das gesamte Verhaltensspektrum von widerwilliger Kooperation bis zu offenem Widerstand."[40]

---

[37] Vgl. Kunze, „Möge Gott unserer Kirche helfen!" (wie Anm. 26), 79–83, Zit. 80; Udo Wennemuth, Die badische Kirchenleitung im Dritten Reich, in: Unterdrückung – Anpassung – Bekenntnis (wie Anm. 22), 35–65, hier 59. 61.

[38] Schreiben des badischen Landesbruderrats an das Reichskirchenministerium und fünf weitere Reichsministerien, Karlsruhe/Heidelberg/Freiburg, 31.05.1938, in: LKA GA 9075, abgedruckt in: ELBDR IV, 198.

[39] In der Kirchengemeinde Singen a. H. gab es beispielsweise besonders heftige Auseinandersetzungen. Bereits die Einführung eines Finanzbevollmächtigten wurde vom Ortspfarrer Dr. Helmut Bier, der grundsätzlich nationalsozialistisch eingestellt war, verweigert. Erst mit polizeilicher Hilfe und Einschaltung des Landrats konnte die Amtseinführung stattfinden. Dem Singener Vikar Wilhelm Hertenstein (1912–1994) hatte die FA im Juli 1939 das Gehalt gesperrt, da er die ablehnende Haltung der Gemeinde und des Pfarrers gegenüber der FA mittrug. Vgl. Aufrechterhaltung und Bestärkung des Protests der Kirchengemeinde Singen gegen die „rechtswidrige" FA vom 21.10.1938, die der Pfarrer Bier mit *Bier. Soldat, alter Kämpfer und Christ* unterschrieb, sowie Protest gegen die Bestellung eines Bevollmächtigten der FA für die Evang. Kirchengemeinde Singen a. H. vom 4.12.1938, in: LKA GA 9075, abgedruckt in: ELBDR IV, 238f. 255f. Vgl. Kunze, „Möge Gott unserer Kirche helfen!" (wie Anm. 26), 442f.
Die FA forderte vom EOK Dr. Biers Versetzung, die aber letztlich vom Reichskirchenminister zurückgewiesen wurde. Vgl. insgesamt Marahrens, Praktizierte Staatskirchenhoheit (wie Anm. 23), 477f. mit Anm. 474 sowie 494f. mit Anm. 591.
Helmut Bier (1893–1977), Kriegsteilnehmer I. Weltkrieg, 1922 Rezeption, Vikar Niefern, 1923 Schwetzingen, Hoffenheim, 1924 Pfarrverwalter, 1926 Pfarrer Königsbach, 1930 Religionslehrer Gewerbeschule Durlach, 1932 Pfarrverwalter, 1933 Pfarrer Maulburg, 1935 Singen, 1942 Adelsheim, 1945 zugl. Dek. Kirchenbezirk Adelsheim, 1958 i. R., 1929 Dr. phil. Erlangen. Vgl. LKA 2.0., Nr. 4436.
S. auch unten die Disziplinierungsmaßnahmen gegenüber Pfarrer Theodor Oestreicher. In Heidelberg war mit Otto Soellner ein DC-naher, besonders radikaler Bevollmächtigter eingesetzt. Vgl. Anm. 44f.

[40] Vgl. Kunze, „Möge Gott unserer Kirche helfen!" (wie Anm. 26), 79–83, Zit. 81. So erkannten die Gemeinden in Heidelberg die Rechtmäßigkeit der FA per Mitteilung von 9./10.11.1938 an; die oben (vgl. Anm. 39) erwähnte Kirchengemeinde Singen a. H. wiederum brach jede Verbindung mit dem Finanzbevollmächtigten per Schreiben vom 12.03.1939 ab, in: LKA GA 9075, abgedruckt in: ELBDR IV, 248f. 263f.

Dieser durch die Finanzabteilung provozierte innerkirchliche Zwiespalt zwischen ihr und dem EOK einerseits und den Gemeinden andererseits zeigte sich auch in Fragen der Führung, Aufbewahrung und Einsichtnahme der Kirchenbücher. In den Akten finden sich zahllose Beispiele, die diesen unerquicklichen Widerstreit dokumentieren, wie folgender Fall: Eine Beschwerde über Pfarrer Bauer in Kandern[41] durch die NSDAP-Kreisleitung Müllheim im August 1938 wegen der Nicht-Ausstellung eines Kirchenbuchauszuges war Anlass für die Finanzabteilung, disziplinarrechtliche Maßnahmen zu ergreifen, die der Oberkirchenrat aber in Frage zu stellte. Daraus entwickelte sich eines dieser unendlich vielen Tauziehen zwischen dem EOK und der FA über Kompetenzen in dieser Sache. Der EOK forderte die FA am 28. November 1938 auf, nachdem sie gegen Pfarrer Bauer eine Ordnungsstrafe von 30 RM verhängt hatte, *künftig derartige Massnahmen zu unterlassen.*[42] Am 13. Januar 1939 wandte sich der EOK wiederum an die FA in Bezug auf die Gebührenerhebung für die Ausstellung von Kirchenbuchauszügen: *Dem Referenten der Finanzabteilung scheint nicht bekannt zu sein, daß die sogen. Gebühren [...], den Geistlichen persönlich zukommen als ein Entgelt für Arbeit und Auslagen, die sie für die Erledigung dieser Kirchenbuchanfragen in reichlichem Maße aufwenden müssen. Es handelt sich also hier auch von der Gebührenseite her betrachtet keineswegs um „Verwaltung des Vermögens und der Kirchensteuermittel der Kirchengemeinde".* Dem vorausgegangen war eine Belehrung des EOK durch die FA am 3. Dezember 1938, dass *die Ordnungsstrafe gegen den genannten Pfarrer [...] selbstverständlich nicht in Ausübung des uns nicht zustehenden Disziplinarrechts, sondern lediglich auf Grund des § 7 Ziff. 3 der Vorschriften für die Verwaltung und das Rechnungswesen des örtlichen evang. Kirchenvermögens vom 17.7.1908, deren Kenntnis wir mindestens bei dem rechtskundigen Mitglied des Oberkirchenrates glaubten voraussetzen zu dürfen*, erfolgte. Damit war der juristische Oberkirchenrat D. Dr. Otto Friedrich[43] gemeint, mit dem sich die FA seit ihrer Einrichtung in ständigem Geplänkel befand. Friedrich antwortete darauf am 22. Dezember: *Es ist uns nicht verständlich, wie die Ausstellung eines Kirchenbuchauszuges als Verwaltung des Vermögens und der Kirchensteuermittel einer Kirchengemeinde angesehen werden kann. Die Anwendung von § 7 [...] ist infolgedessen rechtsirrig erfolgt [...]. Demnach gehen die ganzen Darlegungen [...] fehl, und wir müssen nochmals feststellen, daß die Finanzabteilung durch die Verhängung einer Ordnungsstrafe gegen Pfarrer Bauer ihre Zuständigkeit überschritten hat.* Das wollte die FA so nicht stehen lassen und antwortete dem EOK per Schreiben vom 25. Januar 1939, dass *die dortigen Ausführungen [...] uns keinen Anlass zur Aenderung unseres Standpunktes geben. [...] wir werden auch in Zukunft von unserer Befugnis, gemäss § 7, Ziff. 3 der Verwaltungsvorschriften Ordnungsstrafen zu verhängen, Gebrauch machen. Damit ist die Angelegenheit für uns endgültig erledigt.* Ein am Tage zuvor gemachter Aktenvermerk der Finanzabteilung in dieserAngelegenheit verweist auf die *ganz an-*

---

[41] Walter Bauer (1903–1988), 1928 Vik. Heidelberg-Neuenheim, 1931 Pfarrverwalter, 1932 Pfarrer Kandern, 1968 i. R. LKA 2.0., Nr. 6276/77.
[42] Alle Zit. aus: LKA GA 7329.
[43] Otto Friedrich (1883–1978), Studium der Theologie und Jura, Referendar in Elsaß-Lothringen, 1912 Diss. jur. Straßburg, 1932 D. theol. h.c. Heidelberg, 1924 Oberkirchenrat (Rechtsreferent) in Karlsruhe, 1933 Lehrbeauftragter der Theol. Fakultät Heidelberg, 1937 Entzug des Lehrauftrages, 1945 wieder Lehrauftrag, 1953 i. R., 1963 Honorarprofessor der Theol. Fakultät Heidelberg. LKA 2.0., Nr. 6577. Vgl. auch: ELBDR VI, 403.

deren Umstände[n] [...] und *umwälzenden Veränderungen* [...], *die aus völkischen Notwendigkeiten heraus auf diesem Gebiet des kirchlichen Urkundenwesens entstanden, und die dem Volksgenossen der Kirchengemeinde gegenüber einen Anspruch auf Ausstellung solcher Urkunden einräumen und damit diese Ausstellung seitens der für die Kirchengemeinde handelnden und das Pfarramt verwaltenden Geistlichen zu einer Amtshandlung machen* [...]; *es handelt sich vielmehr auch bei dieser Leistung um eine finanzielle Angelegenheit, die die Kirchengemeinde selbst betrifft.* Diesem Aktenvermerk wurde am 11. Februar 1939 durch Friedrich widersprochen, indem er weniger auf pfarramtliche, öffentlich-rechtliche Belange eingeht, sondern wiederum die Kompetenzfrage behandelt: *Selbstverständlich ist die Ausstellung eines Kirchenbuchauszuges, selbst wenn die Gebühren der Kirchengemeinde zufliessen würden, kein Akt der Verwaltung des Kirchenvermögens und untersteht demnach auch nicht der Aufsicht der Finanzabteilung. Die ganzen Folgerungen, die daher der Sachbearbeiter der Finanzabteilung zieht, sind demnach falsch.*

Reichlich zwei Jahre später sah sich OKR Friedrich wieder genötigt, sich gegenüber der Finanzabteilung in Fragen der Kirchenbuchführung zu Wort zu melden. Anlass war die Verweigerung des Heidelberger Pfarrers D. Oestreicher,[44] der Aufforderung des Bevollmächtigten der Finanzabteilung für die Kirchengemeinde Heidelberg, Prof. Otto Soellner,[45] nachzukommen, das von ihm geführte Taufbuch zu schließen und dem Kirchengemeindeamt auszuhändigen. Das zeigte der Pfarrer dem Oberkirchenrat an. Der Finanzbevollmächtigte der Kirchengemeinde Heidelberg wandte sich daraufhin am 23. Mai 1941 an die Finanzabteilung mit der Bitte, *dem Pfr. D. Oestreicher zu erklären, daß er sich im Irrtum befindet, wenn er glaubt, meine im sachlichen Interesse wohlüberlegten Bemühungen stören zu müssen.* Am selben Tag schrieb er auch an Pfarrer Oestreicher und begründete die Aufforderung zur Herausgabe. Der Oberkirchenrat erklärte am 30. Mai der Finanzabteilung beim EOK: *Die Einstellung des Finanzbevollmächtigten ist sowohl grundsätzlich, wie auch in besonderem Falle falsch.* Otto Friedrich weist (erneut) die Finanzabteilung darauf hin, *daß er* [= der Bevollmächtigte] *sich um die Führung der Kirchenbücher und die Erteilung von Kirchenbuchauszügen nicht zu kümmern hat. In dem erwähnten Schreiben des Finanzbevollmächtigten vom 23. Mai 1941 sagt der Bevollmächtigte: „Das haben Sie überdies dem Oberkirchenrat berichtet. Ich verstehe ja, daß Sie gerne dem unerwünschten Bevollmächtigten damit einen Verstoß gegen die guten Sitten nachweisen wollen, und der Oberkirchenrat wird gleich Ihnen darüber ‚entrüstet' sein." Wir ersuchen die Finanzabteilung* [...], *dem Finanzbevollmächtigten mitzuteilen, daß wir uns derartige unhaltbare Behauptungen verbitten. Das Ganze ist bezeichnend für den Geist, in dem dieser Finanzbevollmächtigte glaubt, sein Amt führen zu müssen, und charak-*

---

[44] Theodor Oestreicher (1876–1948), 1899 Rezeption, Vikar, 1902/03 Studienreise London, 1906 Pastorationsgeistl. Triberg, 1907 Lehrer Theol. Schule Bethel, 1916 Aushilfsgeistl. Furtwangen, Sindolsheim, Bofsheim und Karlsruhe, 1927 2. Pfarrer Heiliggeist Heidelberg, auch Dekanstellv., Ephorus Theol. Studienhaus, 1942 i. R., 1926 Dr. theol. h.c. Münster. LKA 2.0., Nr. 1730. Vgl. auch ELBDR VI, 440.

[45] Otto Soellner (* 1892), Kriegsteilnehmer I. Weltkrieg, 1919 Rezeption, bis 1923 Vikar, 1923 staatlicher Religionslehrer, 1927 Professor in Karlsruhe und 1937 in Heidelberg, 1938 mit Lehrauftrag am Predigerseminar, 1938–1945 nebenamtl. Finanzbevollmächtigter für Heidelberg, 1934 Landessynodaler (DC, ernannt), DC-Kreispropagandaleiter, bald Landespressewart der DC und Landespropandaleiter. LKA 2.0., Nr. 6066. Vgl. auch ELBDR VI, 455f.

teristisch für die gegensätzliche Einstellung, die dieser Finanzbevollmächtigte der ordnungsmäßigen Kirchenbehörde gegenüber einnimmt. Aus dieser Korrespondenz ist eindrücklich der polemisierende Umgangston beider Behörden herauszulesen.

Nach knapp zwei Jahren nimmt die Finanzabteilung ohne ersichtlichen Grund den Fall wieder auf und schreibt dem Finanzbevollmächtigten für die Kirchengemeinde Heidelberg am 19. März 1943 grundsätzlicher Natur: *Wir nehmen Bezug auf den Bericht des Herrn Bevollmächtigten [...] vom 23.5.1941 Nr. 2758. [...] Wegen der grundsätzlichen Seite der Angelegenheit möchten wir sagen, dass die Führung der Kirchenbücher eine Angelegenheit des Kirchenbuchführers ist, welcher als Leiter des Kirchenbuchamts dem Evang. Oberkirchenrat unmittelbar untersteht. Dem Bevollmächtigten der Finanzabteilung stehen jedoch insofern gewisse Befugnisse zu, als er darauf zu achten hat, dass das Kirchenbuchamt seine Aufgaben mit möglichst geringem Aufwand an Geldmitteln erfüllt. Der Bevollmächtigte kann selbstverständlich auch darüber wachen, dass das Kirchenbuchamt mit möglichst geringem Aufwand an Zeit seine Aufgaben erfüllt. Glaubt der Bevollmächtigte in der Hinsicht Änderungen der Organisation vorschlagen zu sollen, so ist er selbstverständlich hierzu befugt und kann sie in der Weise erzwingen, dass er die Bereitstellung von Mitteln für das Kirchenbuchamt sperrt, wenn es seinen Anregungen und Weisungen ohne Begründung keine Folge leistet. Im übrigen muss aber daran festgehalten werden, dass die Kirchenbuchangelegenheiten nicht in die Zuständigkeit des Bevollmächtigten der Finanzabteilung gehören.*

Das war der Abschluss der Auseinandersetzungen zwischen Kirchenleitung und Finanzabteilung um Zuständigkeiten in Fragen der Führung, Aufbewahrung der Kirchenbücher und Einsichtnahme in dieselben. Diese können beispielhaft stehen für die schweren Konflikte um die Rolle und Funktion der Finanzabteilung sowie insgesamt für die Abgrenzungsschwierigkeiten zwischen ihr und dem EOK.[46]

IV. Die Praxis der „Familienforschung" in den Gemeinden und Kirchenbuchämtern in der archivischen Überlieferung

Lässt sich jenseits der Spannungen zwischen der Kirchenleitungsebene des Oberkirchenrats und der Finanzabteilung aus der Aktenüberlieferung heraus ein Bild ableiten, wie die Gemeinden mit den aufgrund des „Arierparagraphen" des Berufsbeamtengesetzes gestellten Anträgen an ihre Pfarrämter umgegangen sind? Und: Wie „dienstbeflissen" wurde eigentlich vor Ort und in den Kirchenbuchämtern nach „Nichtariern" recherchiert?

---

[46] Die Ernennung Engelhardts zum Vorsitzenden der FA im Febr. 1943 brachte allerdings keine Beruhigung der Lage. Landesbischof Kühlewein beklagte sogar eine Verschärfung der Gegensätze. Vgl. Marahrens, Praktizierte Staatskirchenhoheit (wie Anm. 23), 462–469, hier 465f.; Udo Wennemuth, Die badische Kirchenleitung (wie Anm. 37), 58–62.

1. Die Überlieferung der Zentralakten (General- und Spezialakten)

Zunächst sollen die Akten der zentralen Überlieferung des Oberkirchenrates unter die Lupe genommen werden. Lässt sich aus ihr herauslesen, auf welche Art und Weise eine „Sippenforschung" in den Pfarrämtern ablief?

a.) Kirchenbücher und die Fragen der Einsichtnahme, Abschriften, Auszüge und Gebühren

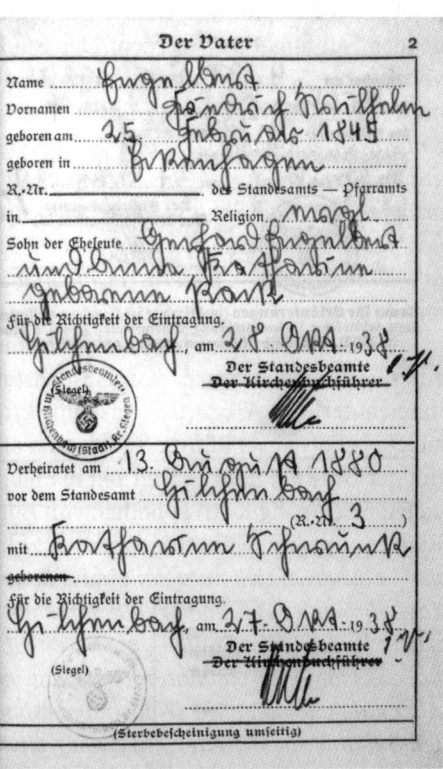

Abb. 2:
Einbanddeckel eines Ahnenpasses

Abb. 3:
Stammblatt ‚Der Vater' aus einem Ahnenpass

(beide: LKA, ohne Sign. [Standort: Lesesaal]; Fotos: Anna Eifler)

Die eine zentrale Überlieferung des Oberkirchenrats sind die Generalia, d. h. der Aktenbestand, der die gesamte Landeskirche betrifft. In diesen Generalakten sind etliche Bände zum Thema „Aufbewahrung der Standes- und Kirchenbücher, Einsichtnahme, Abschriften, Auszüge, Gebühren".[47] Darin zeugen zahllose Korrespondenzen von Problemen in einzelnen Gemeinden in Bezug auf die Auskunftserteilung und Auszugserstellung aus Kirchenbüchern. So erreichte z. B. den EOK mit Schreiben vom 21. Februar 1934 eine Beschwerde des NSDAP-Ortsgruppenleiters Dossenheim, Erwin Merkel, über das Pfarramt Feudenheim wegen Nicht-Bearbeitung eines Gesuchs

---

[47] Allein für die Jahre 1934–1945 gibt es fünf Bände (Bde. 3 bis 7: GA 3939–3941, 5719, 11047). Vgl. Onlinefindmittel zu den Generalakten: https://www.ekiba.de/html/aktuell/aktuell_u.html?&cataktuell=&m=9407&artikel=3742&stichwort_aktuell=&default=true [aufgerufen am 16.07.2019]

mit folgender Begründung: *Da mein Termin zur Vorlage an meine vorgesetzte Parteideinststelle [!] bereits verstrichen ist und ich mich im Verzuge befinde, wurde ich unter Druck gesetzt. Da ich vom Pfarramt bis heute keine Nachricht bekommen habe, bin ich gezwungen, meine Bitte an Sie zu richten.* Am 5. März verließ den EOK eine Antwort, die sich schützend vor das Pfarramt stellte: *[…] Unsere Pfarrämter werden mit familiengeschichtlichen Anfragen z. Zt. derart überhäuft, daß es ihnen ohne Benachteiligung ihres pfarramtlichen Dienstes nicht mehr möglich ist, sie alle rechtzeitig zu erledigen. […].*[48]

Als ein Beispiel aus Sicht eines Pfarramts, also für die „andere Seite", kann folgender Fall angeführt werden: Das Stadtpfarramt Schiltach wendete sich in Person von Pfarrer Schropp[49] am 6. März 1934 an den EOK und bestätigte das vom EOK nach außen hin vertretene Bild: *Wir haben in den letzten 14 Tagen 27 Anfragen […] zu bearbeiten gehabt. Die allermeisten Gesuche sind derart, dass zugleich der ganze Stammbaum […] und […] wegen angeblicher Dringlichkeit schleunigste Erledigung erfolgen soll. Der Schluss lautet fast regelmäßig: „Indem wir im Voraus bestens danken, fügen wir Rückporto bei." – Wir fragen an, ob die Pfarrämter bei der Arbeitsfülle in den Tagen vor Ostern verpflichtet sind, derartigen Anforderungen nachzukommen […].*

Aus der Korrespondenz der Pfarrämter mit dem EOK ist immer wieder herauszulesen, dass die Pfarrer von Gesuchstellenden regelrecht bedrängt werden und die ihnen auferlegte Arbeit der Auskunftserteilung eigentlich unzumutbar ist. So wendet sich beispielsweise Pfarrer Schultheiss aus Epfenbach[50] am 7. April 1934 an den EOK mit der Bitte *um nähere Weisung* in einem besonders aufdringlichen Fall. Es handelte sich dabei um die Korrespondenz mit Eugen Rüder, Hamburg, der auf die Antwort des Pfarrers vom 26. März folgendes per Schreiben 6. April erwidert: *[…] Sie hatten mir ja ausdrücklich mitgeteilt, dass Sie weder an Ostern, noch die darauffolgenden 2 Tage für mich zu sprechen sind. Ich kann Sie versichern, dass alle anderen […] in Betracht kommenden Stellen, mir bereitwilligst und schnellstens die Auskünfte gegeben haben. Von einer Gebührenforderung irgendwelcher Art hat man selbstverständlich Abstand genommen, in Waldwimmersbach sogar trotz der Anordnung der vorgesetzten Behörde; mein Vetter hat dann freiwillig RM. 1,-- entrichtet. […]*

Ich stehe auf dem Standpunkt, dass ich, als alter Kämpfer der N.S.D.A.P. von jeder Behörde im heutigen Staat und damit auch von Ihnen verlangen kann, dass Sie mir diesen Dienst gebührenfrei erweisen. […]

Meiner vorgesetzten Parteiinstanz habe ich von diesem aussergewöhnlichen Vorfall noch keine Mitteilung gemacht, da ich annehme, dass ich in Ihrer Person einen nationalsozialistisch denkenden und fühlenden evangelischen Pfarrer vor mir habe, der sich sehr gern zur Abwicklung dieser Familienforschungen, in der sich bald abflauenden anstrengenden Zeit zur Verfügung stellen wird.

---

[48] Alle Zit. aus LKA GA 3939: Kirchenbücher. Aufbewahrung der Standes- und Kirchenbücher, Einsichtnahme, Abschriften, Auszüge, Gebühren. Bd. 3: 1934/35.

[49] Herbert Schropp (1901–1961), 1924 Rezeption, Vikar Waldangelloch, 1925 Schopfheim, Johanniskirche I Mannheim, 1930 Pfarrer Schiltach, 1939 Dekan Kirchenbezirk Hornberg, 1946 beurlaubt, 1948 auf Antrag auch Verlust der Rechte, Studienrat Alzey. Vgl. LKA 2.0, Nr. 2174.

[50] Rudolf Schultheiss (1890–1987), 1914 Rezeption, Vikar Eppingen, 1917 Sinsheim, 1922 Eberbach, 1923 Pfarrer Epfenbach, 1955 i. R. Vgl. LKA 2.0, Nr. 5886.

Ich möchte Ihnen persönlich gar keinen Vorwurf machen, da ja die Anordnung von Ihrer vorgesetzten Dienststelle kommt, aber nicht versäumen, Sie darauf hinzuweisen, dass eine grosse Zahl von führenden Parteigenossen die Köpfe darüber schütteln, wie gerade so etwas von der Kirche passieren kann [sic]. [...]
Ich muss die Urkunden <u>auf alle Fälle schnell</u> hier haben und wenn Sie glauben, die Gebühren nicht umgehen zu können, dann tun Sie das unter Nachnahme. Ich versichere Sie aber im voraus, dass dieser Nachnahmeabschnitt im Beschwerdegang bei der Partei von mir weitergeleitet wird [...] [Hervorhebung im Original].

Wir reagierte der EOK auf diese harsche Kritik am kirchlichen Verwaltungshandeln und das Drohgebaren in diesem speziellen Fall? Er antwortete dem Pfarramt Epfenbach mit Schreiben vom 14. April mit dem Verweis auf die landeskirchlichen Bekanntmachungen und Erlasse, *deren genaue Beachtung wir auch für die Zukunft empfehlen* und rät zudem zur Ausdehnung der Gebührenfreiheit und weist dabei ausdrücklich auf *das Ermessen des zuständigen Pfarrers* hin. Des Weiteren betonte der EOK ausdrücklich, *daß durch die dadurch verursachten Arbeiten der eigentliche Dienst des Pfarrers, das Pfarramt und die Seelsorge auf keinen Fall notleiden* sollen. *Wir können verlangen, daß die Gesuchsteller hierfür das nötige Verständnis aufbringen und sind überzeugt, daß auch die zuständigen Behörden und Parteidienststellen in dieser Beziehung nichts Unmögliches verlangen werden.* Auch mit dieser Antwort stellte sich der Oberkirchenrat schützend vor das Pfarramt und sprach seinem Geistlichen Ermutigung zu.

Auch Pfarrer Otto Hopp[51] aus Neckarbischofsheim wandte sich im Frühjahr 1934 an den EOK, nachdem ihn eine Beschwerde erreicht hatte. Das Beschwerdeschreiben schickte er angeblich als Anlage mit und schilderte in seinem Anschreiben die Belastung und den Ärger durch die Anträge auf Kirchenbuchauszüge auf seine eigene Art sehr anschaulich: *Hiesige Gemeinde hat in einem Jahrhundert fast 700 Menschen durch Abwanderung verloren. Auch waren und sind hier viele Beamte. So kommt es, daß das Pfarramt ganz unmöglich den Stammbaumwünschen nachkommen kann.*

Die meisten Schreiben sind so ungenau gehalten, daß es fast unmöglich ist[,] *etwas zu finden. Geburtszeugnisse sind nicht Sache des Pfarramtes. Den Anfragen, die beginnen mit „Sie haben ..."*[.] *liegt meistens kein Rückporto bei.*

Die zuständige Stelle [...] *ist <u>das jew. Amtsgericht</u>. Dort macht man es sich bequem. Am 12.4.34 schrieb das Amtsgericht hier einem Bittsteller in dieser Sache: Angaben ohne genaue Daten beanspruchen zu viel Zeit. <u>Den Beteiligten steht es frei, dies selbst zu tun</u>!*

Ich lege die Schreiben des Beschwerdeführers K. Remmele bei u. bemerke, daß ich erfuhr, daß seine Voreltern sich <u>Römmele</u> schrieben, so auch sein Vater! Es war nicht einfach[,] *die Daten festzustellen. Ziemlich komisch wirkt es, wenn der Klageführer Verwandte hier hat, u. er es nicht für nötig hält*[,] *sich an sie zu wenden, sondern mir zumutet*[,] *ich solle es tun.* [...]

Jetzt kommen noch die Schulen u. verlangen Stammbäume!

Schließlich ist man außer Verwaltungsbeamter auch noch Pfarrer [Hervorhebungen im Original].

---

51 Otto Hopp (1891–1972), Kriegsteilnehmer I. Weltkrieg, 1921 Rezeption, Vikar Mannheim-Rheinau, 1922 Efringen, Freiamt Brettental, 1925 Hornberg, 1926 2. Pfarrer Neckarbischofsheim, 1934 Blankenloch, 1946 Strümpfelbrunn, 1947 dienstenthoben, 1948 i. R. Vgl. LKA 2.0., Nr. 6693.

Welche Antwort der EOK in diesem Fall gab, ist nicht überliefert. Als Aktenvermerk ist zu lesen: *Da der bez. Referent nicht entscheiden kann, ob dem Wunsch des Pfarramts entsprochen werden muß, geht die Angel. an 7 zur frdl. Behandlung.*[52] Auch die Anlage, die Beschwerde des genannten K. Remmele an das Pfarramt Neckarbischofsheim, ist nicht überliefert.

Viele genealogische Anfragen erreichten auch direkt den Oberkirchenrat, aber auch Anliegen von Gemeinden in Fragen der Bestandserhaltung, also den Zustand, die Aufbewahrung, Sicherung und Restaurierung der Kirchenbücher betreffend.

Zudem war die Gebührenfrage immer wieder ein Thema. Das veranlasste auch Reichsbischof Müller[53], sich in dieser Frage zu Wort zu melden. Per Schreiben vom 5. November 1934, das offenbar auch den obersten Kirchenbehörden zuging, wandte er sich an den Reichsminister des Innern: *[...] Es kann eine Befreiung von Gebühren pp., die nicht ausdrücklich auf kirchliche Gebühren pp. ausgedehnt wird, überhaupt nicht auf kirchliche Gebühren bezogen werden, weil die Kirche ihre Angelegenheiten selbst verwaltet. [...]*

Es wäre deshalb wünschenswert gewesen[,] bevor man solche Gebührenbefreiungen anordnete, mit der Kirche darüber ins Benehmen getreten wäre [...]. Trotz des äußerst weitgehenden Entgegenkommens der Kirche ist nun der Eindruck entstanden, als sei die Kirche schuld an den gegenwärtigen erheblichen Stockungen in der Erbringung der Ariernachweise, ja, es wird aus diesem Anlaß der Kirche und ihren Pfarrern vielfach sogar mangelnde Treue gegenüber dem Staat nachgesagt. [...]
Die Erfüllung meiner Bitte, meine Pfarrer und Kirchenbeamten von kirchenfremder Arbeit zu befreien und sie für die kirchliche Aufgabe frei zu machen, liegt daher nicht nur im Belange der Kirche, sondern durchaus auch im eigenen Belange des nationalsozialistischen Staates.[54]

Mit einem Ersuchen wandte sich der Beauftragte für das Kirchenbuchwesen bei der Kanzlei der DEK am 20. Juli 1935 an die obersten Kirchenbehörden mit der Bitte um Stellungnahme, ob man den als Anlage vorgeschlagenen einheitlichen Gebührensatz zu einer Anwendung bringen wolle. Dieser Gebührenvorschlag entstand am 2. Juli bei einer Besprechung in der Reichsstelle für Sippenforschung in Berlin, Schiffbauerdamm 26, mit Vertretern der evangelischen und katholischen Kirche. Der EOK Karlsruhe antwortete mit Schreiben vom 24. Juli: *Obwohl im Bereich unserer Landeskirche bezügl. der Gebührenerhebung insbesondere für familiengeschichtliche Forschungen abweichende Sätze von den mitgeteilten Richtlinien bestehen, sind wir im Interesse einer Vereinheitlichung des Gebührenansatzes mit dem gemachten Ge-*

---

[52] LKA GA 3939.
[53] Ludwig Müller (1883–1945), 1905 Lehrvik. Gütersloh, 1908 Röhlinghausen, 1908 Pfarrer Rödinghausen, 1914 Marinepfarrer, 1920 Marineoberpfarrer Wilhelmshaven, 1926–1933 Wehrkreispfarrer Königsberg. 1931 NSDAP, Mitbegründer und Landesleiter der DC Ostpreußen. Erlangte 1933 als Vertrauensmann Adolf Hitlers für Kirchenfragen die höchsten Ämter in der DEK: altpreußischer Landesbischof, dann Reichsbischof und preuß. Staatsrat. Seine im Sinne der DC geführte diktatorische Politik zielte auf Gleichschaltung der Landeskirchen. Müllers Verstöße gegen die Kirchenverfassung provozierten in der Kirche eine wachsende Opposition und führten 1934 zur Bildung der BK, die ihn nicht anerkannte. Als Resultat erwuchs ein Schisma innerhalb der DEK. Daher war Müller seit 1935 ohne Befugnisse und faktisch entmachtet, behielt aber seinen Titel bis 1945. Vgl. Carsten Nicolaisen, Art. ‚Müller, Ludwig', in: RGG[4], Bd. 5, Tübingen 2002, Sp. 1573.
[54] LKA GA 3939.

bührenvorschlag einverstanden. So kam es dann auch. Im Nachgang wurden am 9. September die neu festgesetzten Gebührensätze veröffentlicht:

1. für einen einmaligen Auszug aus den Büchern . . . . 0,60 RM
 [bisher in Baden . . . . 1,00 RM]
2. bei größeren Nachforschungen für die Arbeitsstunde . . . . 1,50 RM
 [bisher in Baden . . . . 3,00 RM]
3. für Einsichtnahme des Privatbenutzers für die erste Stunde . . . . 1,00 RM
 für die zweite und dritte Stunde je . . . . 0,50 RM
 für einen halben Tag (4 h). . . . . 2,00 RM
 für einen ganzen Tag (8 h) . . . . 4,00 RM
 [bisher in Baden nur pro Tag . . . . 3,00 RM].[55]

Man erhoffte sich in der Badischen Landeskirche dadurch, in der leidlichen Gebührenfrage durch den nun möglichen Verweis auf eine reichsweit einheitliche Lösung weniger in Erklärungsnöte zu geraten als es bislang der Fall war.

Die vielfachen Beschwerden von Pfarrämtern und Sippenforschern, die gegeneinander erhoben wurden, führten seitens des EOK zu häufigen Rücksprachen mit der Reichsstelle für Sippenforschung. Ausgelöst durch immer wieder aufgetretene Probleme auch in allen anderen Landeskirchen veranlasste die Reichsstelle für Sippenforschung die Herausgabe eines Merkblatt (s. Abb. 4).[56] Die Badische Landeskirche bezog im Oktober 1935 6.000 Stück und versandte im November an jedes Pfarramt zehn Stück. Man erhoffte sich, dass dieses Merkblatt vor allem den Wünschen der Pfarrämter entspräche, weil es in deren Sinne verfasst wurde. Eine Verbreitung dieser Schrift an die Sippenforscher übernahm wiederum die Reichsstelle für Sippenforschung.[57]

Die „Anfrageflut" riss auch in den Folgejahren nicht ab. Pfarrer Thieringer[58] aus St. Georgen fragt am 21. Oktober 1939 die Finanzabteilung an, ob eine Vergütung für die Erstellung von Registern der Kirchenbücher vor 1870 möglich wäre: *Ein junger Mann von hier wäre bereit, in seiner Freizeit die Alphabete zu diesen Büchern zu fertigen unter Aufsicht des Pfarramts.* Die Antwort der Finanzabteilung fällt positiv aus und empfiehlt, dass die Kirchenbücher *in Karteiform bearbeitet werden* und *gibt zu erwägen, [...] diese Kirchenbuchkartei gleich so anzulegen, daß sie einzelne Familien (Sippen) zusammenfassend wiedergibt. Jedenfalls sollte die Kartei so gestaltet werden, daß sie allen Anforderungen entspricht und ein sicheres Arbeiten ermöglicht. [...] Der entstehende Kostenaufwand kann auf die örtliche Evang. Kirchenkasse übernommen werden.*[59]

---

[55] Vgl. die alten Gebührensätze der Bekanntmachung vom 25.03.1929 Die Aufbewahrung und Einsichtnahme der alten Kirchenbücher und sonstige Archivalien betr., Abschn. D Abs. 2 in: GVBl. 1929, 16f. sowie die neuen Gebührensätze der Bekanntmachung vom 09.09.1935 in: ebd. (1935), 92. Vgl. insgesamt LKA GA 3939.
[56] Sippenforscher und Pfarrämter. Merkblatt der Reichsstelle für Sippenforschung, 1935, in: LKA GA 3939.
[57] Ebd.
[58] Kurt Thieringer (1900–1988), 1923 Rezeption, Vik. Jugendpfarramt Mannheim, 1925 Lahr, 1926 Offenburg, 1928 Pfarrverwalter, 1929 Pfarrer Buchenberg, 1933 St. Georgen, 1945 franz. Kriegsgefangenschaft, 1946 suspendiert, 1947 entlassen, 1958 Pfarrvik. Freiburg-St. Georgen, Pfarrer Lukaspfarrei Freiburg, 1968 i. R. Vgl. LKA 2.0., Nr. 6374/75.
[59] LKA GA 7329.

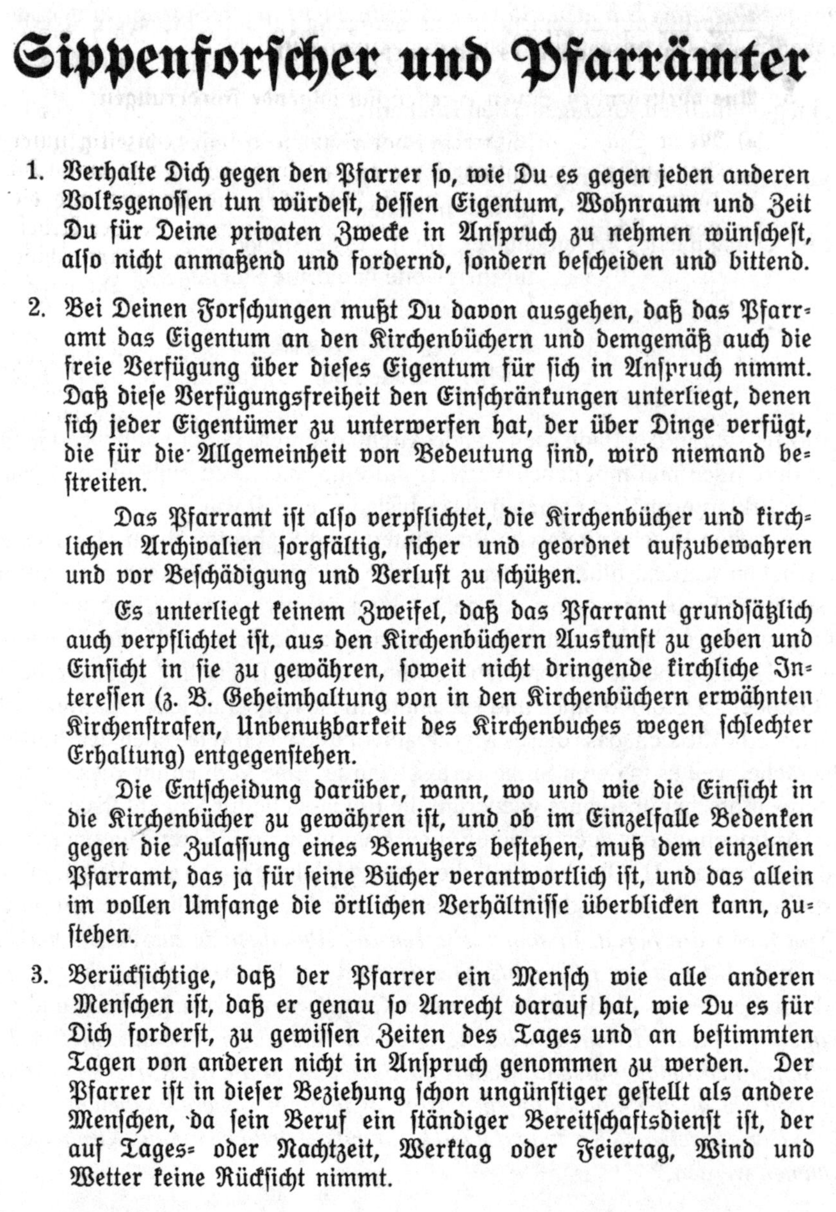

Sippenforscher und Pfarrämter

1. Verhalte Dich gegen den Pfarrer so, wie Du es gegen jeden anderen Volksgenossen tun würdest, dessen Eigentum, Wohnraum und Zeit Du für Deine privaten Zwecke in Anspruch zu nehmen wünschest, also nicht anmaßend und fordernd, sondern bescheiden und bittend.

2. Bei Deinen Forschungen mußt Du davon ausgehen, daß das Pfarramt das Eigentum an den Kirchenbüchern und demgemäß auch die freie Verfügung über dieses Eigentum für sich in Anspruch nimmt. Daß diese Verfügungsfreiheit den Einschränkungen unterliegt, denen sich jeder Eigentümer zu unterwerfen hat, der über Dinge verfügt, die für die Allgemeinheit von Bedeutung sind, wird niemand bestreiten.

   Das Pfarramt ist also verpflichtet, die Kirchenbücher und kirchlichen Archivalien sorgfältig, sicher und geordnet aufzubewahren und vor Beschädigung und Verlust zu schützen.

   Es unterliegt keinem Zweifel, daß das Pfarramt grundsätzlich auch verpflichtet ist, aus den Kirchenbüchern Auskunft zu geben und Einsicht in sie zu gewähren, soweit nicht dringende kirchliche Interessen (z. B. Geheimhaltung von in den Kirchenbüchern erwähnten Kirchenstrafen, Unbenutzbarkeit des Kirchenbuches wegen schlechter Erhaltung) entgegenstehen.

   Die Entscheidung darüber, wann, wo und wie die Einsicht in die Kirchenbücher zu gewähren ist, und ob im Einzelfalle Bedenken gegen die Zulassung eines Benutzers bestehen, muß dem einzelnen Pfarramt, das ja für seine Bücher verantwortlich ist, und das allein im vollen Umfange die örtlichen Verhältnisse überblicken kann, zustehen.

3. Berücksichtige, daß der Pfarrer ein Mensch wie alle anderen Menschen ist, daß er genau so Anrecht darauf hat, wie Du es für Dich forderst, zu gewissen Zeiten des Tages und an bestimmten Tagen von anderen nicht in Anspruch genommen zu werden. Der Pfarrer ist in dieser Beziehung schon ungünstiger gestellt als andere Menschen, da sein Beruf ein ständiger Bereitschaftsdienst ist, der auf Tages- oder Nachtzeit, Werktag oder Feiertag, Wind und Wetter keine Rücksicht nimmt.

Abb. 4:
Erste Seite Merkblatt „Sippenforscher und Pfarrämter" (LKA, GA 3939; Foto: Anna Eifler, Landeskirchliches Archiv Karlsruhe)

In der Tat wurden in den Folgejahren in zahlreichen Gemeinden Register für ihre älteren Kirchenbücher erstellt, in der Regel maschinenschriftlich, und in die Bücher eingebunden. Die Benutzbarkeit der Bücher wurde damit wesentlich verbessert.[60]

---

[60] Vgl. Löber, Geschichte (wie Anm. 21), 330–332.

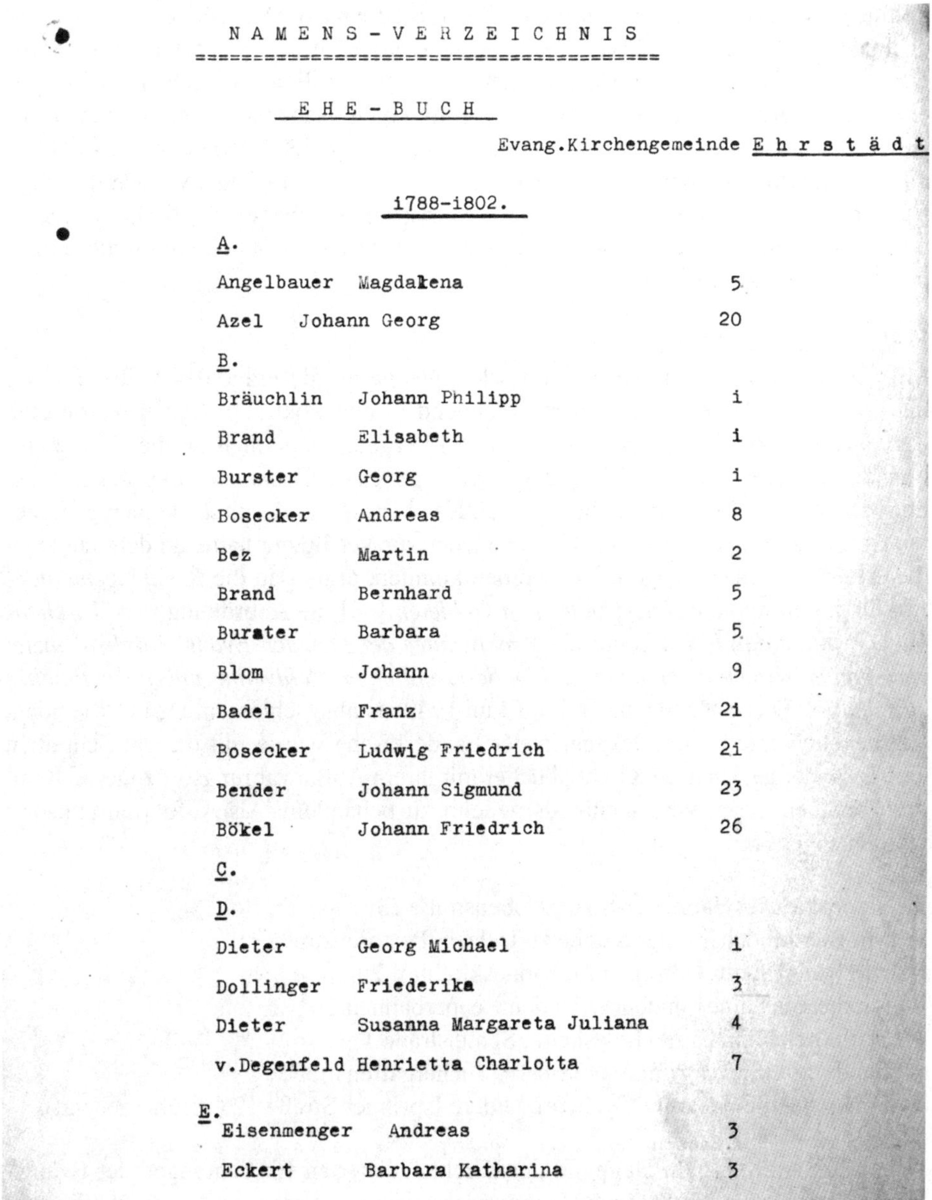

```
             N A M E N S - V E R Z E I C H N I S
             =========================================

                  E H E - B U C H
                                    Evang.Kirchengemeinde E h r s t ä d t

                         1788-1802.

             A.

             Angelbauer    Magdalena                    5
             Azel          Johann Georg               20

             B.

             Bräuchlin     Johann Philipp              1
             Brand         Elisabeth                   1
             Burster       Georg                       1
             Bosecker      Andreas                     8
             Bez           Martin                      2
             Brand         Bernhard                    5
             Buraer        Barbara                     5
             Blom          Johann                      9
             Badel         Franz                      21
             Bosecker      Ludwig Friedrich           21
             Bender        Johann Sigmund             23
             Bökel         Johann Friedrich           26

             C.

             D.

             Dieter        Georg Michael               1
             Dollinger     Friederika                  3
             Dieter        Susanna Margareta Juliana   4
             v.Degenfeld   Henrietta Charlotta         7

             E.
             Eisenmenger   Andreas                     3
             Eckert        Barbara Katharina           3
```

Abb. 5:
Registereinträge ‚A-E' zum lutherisschen Traubuch Ehrstädt 1788–1802 (LKA, 045.01. Kirchenbücher [Deposita]; Foto: Anna Eifler)

In diesen Zusammenhang fällt der Ursprung der Gattung der so genannten Ortssippenbücher, die seit Ende der 1930er Jahre reichsweit erschienen sind und denen eine so genannte Verkartung vorausging. Diese Bücher sind Transkriptionen von Kirchenbüchern einer Gemeinde, geordnet nach Familien. Sie werden je nach Größe der Gemeinde und Überlieferung der Kirchenbücher über einen unterschiedlich langen

Zeitraum verfasst. So gibt es für die größeren Städte nur in Ausnahmefällen Ortssippenbücher und das beschränkt auf wenige Jahrzehnte; in der Hauptsache sind sie für Dorfgemeinden verfasst. Ortssippenbücher sind für familienhistorische Forschungen ein bedeutendes Nachschlagewerk, weil sie mit einem Handgriff nicht nur den Nachweis einer Ortsansässigkeit einer Familie, sondern zugleich Verwandtschaftsverhältnisse innerhalb eines derartigen Mikrokosmos erbringen. Bis heute werden derartige Bücher bearbeitet. In Baden sind etwa 350 Ortssippenbücher evangelischer Gemeinden erschienen. Das älteste badische evangelische Ortssippenbuch fällt in diese Zeit, das der Gemeinde Bickensohl.[61]

b) Kriegsbedingte Maßnahmen
Mit der Gefahr und dem Ausbruch des Krieges geriet die Frage der Aufbewahrung und Sicherung der Kirchenbücher zunehmend in den Fokus. In Baden wurde eine Zentralarchivierung angestrebt. Im Juni 1940 erging schließlich an die Kirchengemeinden ein Schreiben des EOK, das *zugleich eine Art Gesamtempfangsbestätigung* über die Abgabe ihrer Kirchenbücher war. Da aber die Landeskirche keinen geeigneten Aufbewahrungsort für ihre Kirchenbücher zur Verfügung hatte, an dem zugleich die erforderlichen Auszüge erteilt werden konnten, erging an die *Kirchengemeinderäte in den durch den Krieg bedrohten Gebieten […] die Anordnung, ihre Kirchenbücher an die durch den Leiter des Archivamtes der Deutsch-Evang. Kirchenkanzlei vermittelten Kirchenbuchämter und landeskirchlichen Archive im Innern des Reiches zu schicken.* Diese Maßnahme galt im Juni 1940 als abgeschlossen. Den Gemeinden, Kirchenbuchämtern und Dekanaten der Landeskirche wurde mit diesem Schreiben eine Liste der gesicherten Kirchenbücher mit ihrem Aufbewahrungsort zugesandt mit der Vorgabe, dieses Verzeichnis als geheim zu behandeln. Als Aufbewahrungsorte wurden angegeben:

- Sippenkanzlei Hannover-Stadt, Ubbenstraße 23;
- Ministerialbücherei der Kirche zu Uelzen, Pastorenstraße 6;
- Kirchenbuchamt Göttingen, Johanneskirchhof 2;
- Kirchenbuchamt Lüneburg, An den Reeperbahnen 1;
- Stadtkirchenbuchamt Hildesheim, Schuhstraße 1;
- Landeskirchliches Archiv Nürnberg, Tuchergartenstraße 7;
- Evang. Gemeindeamt Pforzheim, Untere Ispringer Straße 12 (vorübergehend).

Dabei fällt auf, dass ein Hauptteil der Kirchenbücher an Einrichtungen der Evang.-luth. Landeskirche der Provinz Hannover abgegeben wurden; einzig der Aufbewahrungsort Landeskirchliches Archiv Nürnberg ist einem anderen Sprengel zuzuordnen. Die Liste umfasst zwölf Seiten mit Kirchenbüchern vor allem aus mittel- und südbadischen Gemeinden.

Als Ersatz für die laufend geführten und nun abgegebenen Kirchenbücher war fortan *hilfsweise ein Kirchenbuch, wenn auch nur in Heftform, anzulegen und die künftigen kirchlichen Amtshandlungen ordnungsgemäß einzutragen. […] Ob diese hilfsweise angelegten Kirchenbücher später in die bisher geführten Kirchenbü-*

---

[61] Helmuth Meerwein, Die Stammbäume der Familien der Gemeinde Bickensohl am Kaiserstuhl. Nach dem Stand vom 1. September 1936, Karlsruhe (1936).

cher übertragen werden, wird seiner Zeit entschieden werden [Hervorhebung im Original].[62] Ein nicht geringer Teil der badischen Gemeinden hatte also bereits im ersten Kriegsjahr ihre Bücher abgegeben. Damit entfiel für die Pfarrer die Arbeit der Auszugserteilung. Zugleich kam zwar das Führen eigens angelegter Hefte, die als Kirchenbuchfortschriften galten, hinzu, bedeutete aber in der Summe eine immense Entlastung der pfarramtlichen Pflichten. Allerdings blieb die Arbeit der Weiterleitung der Anträge an die die Kirchenbücher aufbewahrende Einrichtung sowie das Erstellen einer Abgabenachricht an den Antragsteller.

Doch dieser Zustand währte nur kurz, denn sechs Wochen später, am 31. Juli 1940, erging eine als „geheim" gezeichnete Anordnung des EOK an alle Kirchengemeinden, die ihre Kirchenbücher abgegeben hatten, *daß die Kirchenbücher, die in den verschiedenen Kirchenbuchämtern, Landeskirchlichen Archiven und Pfarrämter[n] aufbewahrt wurden, jetzt wieder im Einvernehmen mit der Reichsbahndirektion Karlsruhe zurückgeschickt werden.* Warum wurde so kurze Zeit später diese groß angelegte Aktion wieder rückgängig gemacht? Durch ein Schreiben des EOK an den Minister des Kultus und Unterrichts vom 15. Juli erfahren wir: *Wenn man gewusst hätte, daß der Krieg im Westen so rasch zu Ende ging, so hätte man schliesslich für einige Wochen die Bücher auch nur in feuersicheren Räumen einschliessen und mit der Ausstellung für Kirchenbuchauszüge warten können. Da aber doch mit einer längeren Dauer des Krieges im Westen und mit einer Beschiessung des in Frage kommenden Gebietes gerechnet werden konnte, blieb gar kein anderer Weg übrig, die Kirchenbücher sicherzustellen, als sie den in Frage kommenden Archivämtern zugehen zu lassen.*[63]

Nachdem am 28. August 1941 die Anordnung des Oberkirchenrates *Die Kirchenbuchführung betr.* vom 14. Juli veröffentlicht wurde – in der es unter 1 c) heißt: *In Kirchengemeinden mit höherer Seelenzahl [...] kann auf Antrag [...] eine geeignete Persönlichkeit zum Kirchenbuchführer ernannt werden. Der [...] mit der Ausstellung der Kirchenbuchauszüge Beauftragte hat diese Auszüge zu unterzeichnen:*

*Ort, den 19
Evang. Pfarramt
I. A.*

....

Kirchenbuchführer.[64]

–, erreichten den EOK in den nächsten Monaten zahlreiche Anträge auf Berechtigungserteilung zum Kirchenbuchführer, in der Hauptsache für Frauen. Darunter be-

---

[62] LKA GA 8053: Handakten. Einsichtnahme und Aufbewahrung der alten Kirchenbücher, Gebühren etc. betr. (Verordnungen und Runderlasse). 1929–1940.
[63] LKA GA 5340: Kriegssache. Die Sicherung der Kirchenbücher in den durch den Krieg bedrohten Gebieten betr. Bd. 2. 1.06. bis 31.12.1940. Diese Akte und auch ihr Vorband (GA 5339: 1939 bis Mai 1940) besteht ausschließlich aus Unterlagen der groß angelegten Sicherungsverwahrung, d. h. Bestätigungsschreiben der Kirchenbuchämter, Dekanate und Pfarrämter über die Abgabe und den Empfang der Bücher sowie entsprechende Schreiben des EOK. Die Sicherungsverwahrmaßnahme begann mit der Mobilmachung im August 1939. Eine Parallelüberlieferung ist mit GA 7335 vorhanden: Kriegssache. Die Sicherung und Weiterbenutzung der Kirchenbücher im Operationsgebiet betr. 1939 bis 1945 (Provenienz: FA beim EOK).
[64] GVBl. 1941, 55.

findet sich der Antrag des Ittersbacher Pfarrers Schweikhart[65] vom 31. August: *Da ich wieder zum Heeresdienst eingezogen bin und meine Frau die Verwaltungsgeschäfte des Pfarramts besorgt, bitte ich den Ev. Oberkirchenrat, ihr die Berechtigung zur Führung und Unterzeichnung der Kirchenbucheinträge, sowie =Auszüge zu erteilen.* Durch den vermehrten Einzug zum Kriegsdienst auch von Pfarrern wurden diese Maßnahmen immer wichtiger. Der EOK hat anstandslos alle Anträge bewilligt.[66]

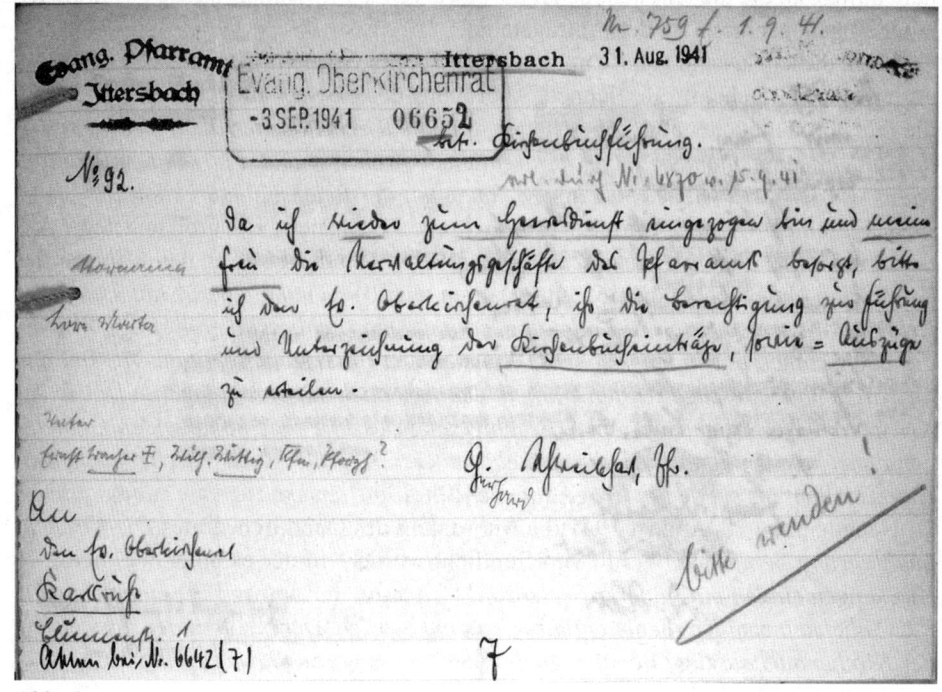

Abb. 6:
Antrag auf Kirchenbuchführerberechtigung von Pfarrer Schweikhart, Ittersbach, für seine Ehefrau, 31.08.1941 (LKA, GA 7735; Foto: Anna Eifler, Landeskirchliches Archiv Karlsruhe)

Allerdings wies der EOK per Rundschreiben an sämtliche Dekanate vom 15. April 1943 nochmals ausdrücklich darauf hin, *dass, wenn Pfarrfrauen oder dritte Personen für die Ausstellung von Kirchenbuchauszügen herangezogen werden müssen, dies erst nach Erteilung eines besonderen Auftrags erfolgt. […] Die anstelle des Pfarrers zu beauftragende Person muss allerdings […] die Gewähr bieten, dass sie die Abschriften mit peinlichster Genauigkeit anfertigt*. Eine weitere Antragsflut erreichte daraufhin den EOK.

Fortan beschäftigte man sich hauptsächlich mit der Frage, wie die durch die Bombenangriffe Gefallenen in den Kirchenbüchern einheitlich zu führen seien. So wurde

---

[65] Gerhard Schweikhart (1911–2007), 1934 Rezeption, IV. Vikar Pforzheim, 1935 Schloßpfarrei Karlsruhe, 1937 Pfarrverwalter, 1938 Pfarrer Ittersbach, 1951 Pauluspfarrei Karlsruhe, 1976 i. R. Vgl. Personalakte, Registratur des EOK Karlsruhe.

[66] LKA GA 7735: Dienstanweisungen und Vorschriften zur Führung der Kirchenbücher und der bürgerlichen Standesbücher, Gebühren der Geistlichen für Taufen, Trauungen und Beerdigungen, Bd. 7: 1939 bis 1960.

ab 1943 aus den Dienstanweisungen und Vorschriften zur Beauskunftung der Kirchenbücher kriegsbedingt die Führung derselben wieder zur Hauptsache.[67]

c) Die so genannten Judenregister

Keine zwei Wochen nach Ausbruch des Krieges startete das Archivamt der DEK in Breslau per Schreiben vom 14. September 1939 an alle obersten Kirchenbehörden eine Umfrage, ob und welche so genannten Judenregister überliefert sind, um diese *einstweilen der Reichsstelle für Sippenforschung zuzuleiten. Die Register werden später endgültig den zuständigen Landratsämtern, bei denen Kreissippenämter eingerichtet werden, zugeleitet werden.*

Der EOK Karlsruhe gab diese Anfrage unmittelbar (19. September) an sämtliche Gemeinden der Landeskirche weiter mit einer Frist zur Erledigung von einer Woche (26. September) und hatte bereits am 2. Oktober ein Verzeichnis mit 136 dieser jüdischen Standesbücher aus 71 Gemeinden erhoben (s. Abb. 7).[68]

Natürlich stellt sich die Frage, warum überhaupt so genannte Judenregister im kirchlichen Bereich überliefert sind. Kurz nach der Entstehung des Großherzogtums Baden (1806) wurden per Edikt im Jahre 1808 die Staatsangehörigen israelitischer Religion zu Staatsbürgern erklärt. Die Rabbiner waren dabei für die Führung entsprechender Standesbücher vorgesehen. Da aber nicht alle Rabbiner das Schreiben der deutschen Sprache hinreichend gut beherrschten, musste schon bald darauf angeordnet werden (1811), dass die Pfarrer in den Dörfern die israelitischen Standesbücher führten. Nur in den Städten wurde die Führung der israelitischen Standesbücher weiterhin den Rabbinern zugesprochen. Aber auch das änderte sich einige Zeit später (1817): Auch in den kleineren Städten sollten fortan die Ortspfarrer des Hauptbekenntnisses die israelitischen Standesbücher aus dem genannten Grunde führen. Lediglich in Mannheim (ab 1784), Karlsruhe (ab 1812), Bruchsal (ab 1822) und Heidelberg (ab 1810) blieb die Standesbücherführung den Rabbinern vorbehalten. So ist ab 1811/1817 bis 1870 eine derartige Überlieferung neben den Kirchenbüchern in den Pfarrarchiven vorhanden. Dass die Führung der israelitischen Standesbücher den christlichen Pfarreien oblag, stieß bei den Pfarrern und der (christlichen und jüdischen) Bevölkerung auf Widerspruch; von daher ist sie nicht immer zuverlässig.[69]

Der EOK gab in seiner Antwort an das Archivamt zu bedenken, *dass von allen 136 […] Büchern Duplikate bei den heute dafür zuständigen Amtsgerichten liegen, […], sodass also alles, was in diesen bei unseren Pfarrämtern befindlichen jüdischen Standesbüchern steht, auch in den Standesbüchern der Amtsgerichte eingetragen ist. Es erhebt sich darum für uns die Frage, wer die […] Judenregister […] einstweilen der Reichsstelle für Sippenforschung zuzuleiten hat, zumal die bei den Pfarrämtern aufbewahrten Aufzeichnungen nur den Zeitabschnitt von 1810 bis 1870 umfassen,*

---

[67] Ebd. Dort auch Zit.
[68] LKA GA 6939: Kirchenbücher. Die Behandlung der Judenregister. Bd. I: 1939 bis 1968. Hier auch der Entwurf eines Antwortschreibens an das Archivamt der DEK vom 2. Oktober 1939 mit dem Verzeichnis der jüdischen Standesbücher, das am 26.10. und 14.12. Ergänzungen mit weiteren, insgesamt neun Standesbüchern erfuhr. Hier auch Zit. aus dem Schreiben des Archivamts der DEK vom 14.09.1939.
[69] Vgl. insgesamt Hermann Franz, Die Kirchenbücher in Baden (Inventare der nichtstaatlichen Archive in Baden-Württemberg 4), Karlsruhe ³1957, 36f.

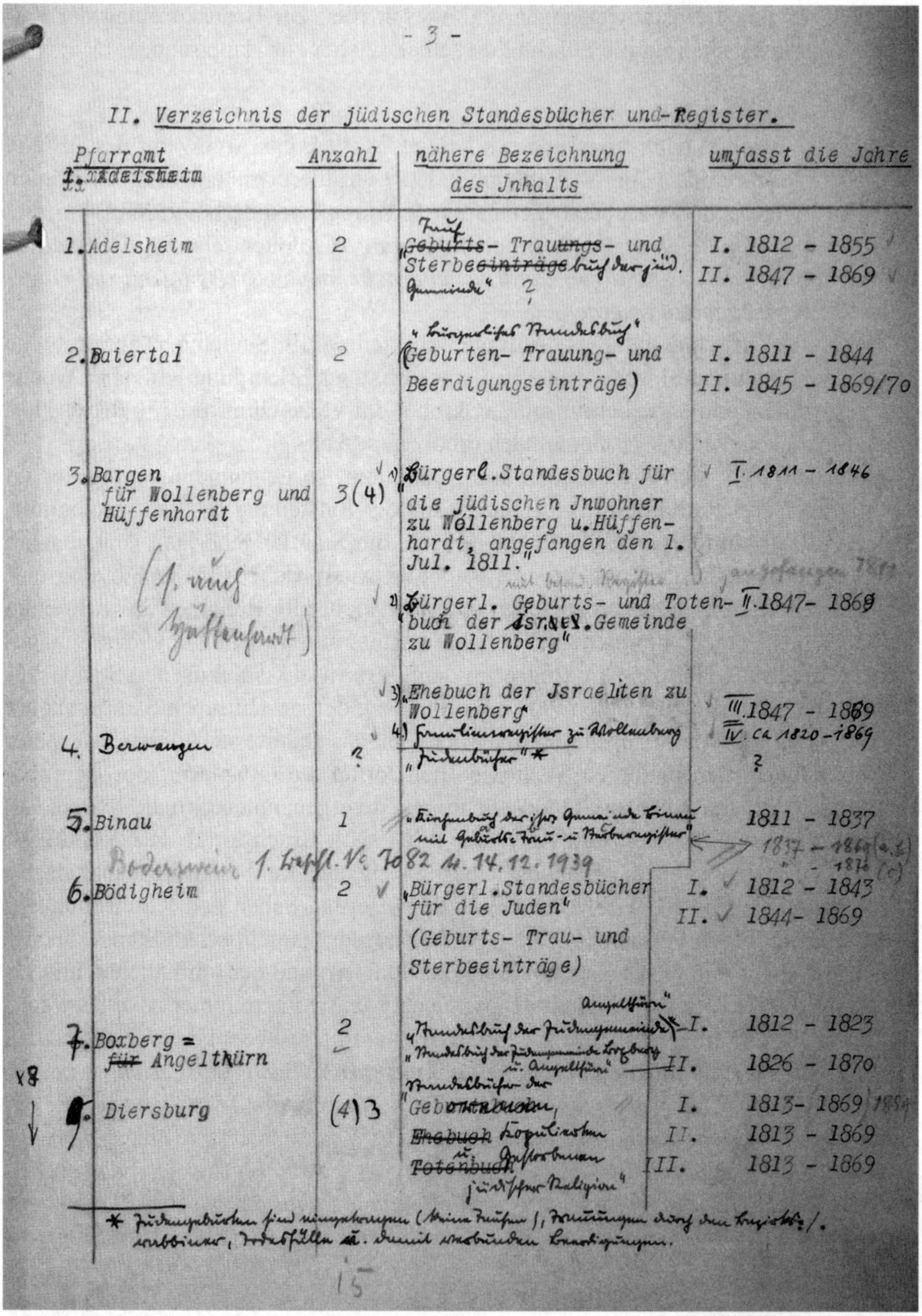

- 3 -

II. Verzeichnis der jüdischen Standesbücher und-Register.

Pfarramt	Anzahl	nähere Bezeichnung des Jnhalts	umfasst die Jahre
1. Adelsheim	2	Geburts- Trauungs- und Sterbeeinträge	I. 1812 - 1855 II. 1847 - 1869
2. Baiertal	2	(Geburten- Trauung- und Beerdigungseinträge)	I. 1811 - 1844 II. 1845 - 1869/70
3. Bargen für Wollenberg und Hüffenhardt	3(4)	1) "Bürgerl. Standesbuch für die jüdischen Jnwohner zu Wöllenberg u. Hüffenhardt, angefangen den 1. Jul. 1811." 2) "Bürgerl. Geburts- und Toten- buch der israel. Gemeinde zu Wollenberg" 3) "Ehebuch der Jsraeliten zu Wollenberg" 4)	I. 1811 - 1846 II. 1847 - 1869 III. 1847 - 1869 IV. ca 1820 - 1869
4. Berwangen	?	"Judenbücher"	?
5. Binau	1		1811 - 1837
6. Bödigheim	2	"Bürgerl. Standesbücher für die Juden" (Geburts- Trau- und Sterbeeinträge)	I. 1812 - 1843 II. 1844 - 1869
7. Boxberg = für Angelthürn	2		I. 1812 - 1823 II. 1826 - 1870
8. Diersburg	(4)3	"Geburtenbuch, Ehebuch, Totenbuch jüdischer Religion"	I. 1813 - 1869 II. 1813 - 1869 III. 1813 - 1869

Abb. 7:
Auszug aus dem im Sept. bis Dez. 1939 erstellten Verzeichnis jüdischer Standesbücher und Standesregister (LKA, GA 6939; Foto: Anna Eifler)

während bei den Amtsgerichten auch die sog. Nebenregister der Standesämter auch heute noch sowieso liegen.[70]

Zu einer Übergabe der bei den evangelischen (und katholischen) Pfarrämtern vorhandenen israelitischen Standesbücher an die Zentralstelle für jüdische Personenstandsunterlagen beim Reichssippenamt kam es erst 1942. Das Archivamt der DEK meldete sich beim EOK mit Schreiben vom 19. August im Auftrag des Reichssippenamtes, alle Judenregister einzuholen und zu prüfen sowie anschließend an das Reichssippenamt weiterzuleiten. Erst nach Rückfrage des Archivamtes vom 22. Oktober schrieb der EOK am 31. Oktober die 90 in Frage kommenden Pfarrämter und einzelne Amtsgerichte an und erteilte eine Vierwochenfrist zur Erledigung. Mit Schreiben vom 3. Dezember 1942 schickte der EOK 71 jüdische Standesbücher und -register an das Reichssippenamt, die aber nur die reichliche Hälfte der 1939 erhobenen Anzahl (136) darstellte. Mit Sendung vom 6. Januar 1943 erhielt das Reichssippenamt *die inzwischen weiter eingegangenen jüdischen Standesbücher*, nämlich 72 an der Zahl, sowie am 12. Februar und 10. März weitere 14 Bände. Damit überstieg die Anzahl der abgelieferten die der Erhebung von 1939 um 21 Bücher (157).

Das am selben Tag (10. März) gemahnte Pfarramt Neckargemünd antwortete durch Pfarrer und Dekan Bossert[71] am 19. März 1943 an den EOK: *Jüdische Standesbücher sind hier keine vorhanden. An dem „Stürmer"-Aushängekasten ist groß angeschrieben, daß Neckargemünd seit 1000 Jahren judenfrei ist.*[72]

Alle aus dem Reich eingezogenen Judenregister wurden auf Schloß Rathsfeld am Kyffhäuser gebracht und sind verloren gegangen. Jedoch sind die 3.400 Bände einer noch in Auftrag gegebenen Verfilmung bei der beauftragten Kopieranstalt[73] erhalten geblieben. Ende Oktober 1948 übernahm der EOK Karlsruhe Kopien der Verfilmungen der israelitischen Standesbücher der vormals in den evangelischen Pfarrämtern verwahrten Bücher in sein Archiv.[74]

Die andere zentrale Überlieferung des Oberkirchenrats, die Spezialia (Ortsakten), schweigt zu diesem Thema – weder unter den in Frage kommenden Aktenzeichen der ‚Amtshandlungen' noch unter ‚Kirchenbücher' findet man Akten, die ein Bild über die Zuarbeiten für die Erstellung von Ariernachweisen in den Pfarrämtern nachzeichnen ließen.

---

[70] LKA GA 6939.
[71] Friedrich Bossert (1883–1963), 1909 Rezeption, Vik. Blankenloch, 1910 Hemsbach, 1911 Fahrnau, 1918 Pfarrer Schönau, 1934 Neckargemünd, zugl. Dekan, 1955 i. R. Vgl. LKA 2.0., Nr. 5266.
[72] Insgesamt und Zit. LKA GA 6939.
[73] Es handelt sich hierbei um die Fa. Gebrüder Gatermann Abt. Bildstelle in Duisburg-Hamborn, Kaiser-Wilhelm-Straße 305. Vgl. ebd.
[74] Am 20.10.1948 wurden die Filme per Einschreiben nach Karlsruhe auf die Reise geschickt mit der Bemerkung von Heinrich Gatermann: Sollten Sie die Absicht haben, von diesen Filmen neue Bücher anfertigen zu lassen, bitte ich höflichst[,] ein entsprechenden Angebot von mir anfordern zu wollen. Am 2.11. wurde der Empfang durch den Archivleiter Hermann Erbacher bestätigt. Vgl. LKA GA 6939. Vgl. auch Franz, Kirchenbücher (wie Anm. 69), 38.
Die Verfilmungen der israelitischen Standesbücher sind wie die der Kirchenbücher auch im Landeskirchlichen Archiv Karlsruhe recherchierbar: LKA 155, Filme 216–255. Weil sie nur noch schwer lesbar sind, wurde jedoch von einer Digitalisierung dieser Filme Abstand genommen.

2. Die Überlieferung vor Ort in den Gemeinden (Pfarrarchive)

Lassen sich aus der Überlieferung der Pfarrämter verallgemeinernde Aussagen treffen, auf welche Art und Weise eine Auszugerstellung zum Nachweis der arischen Abstammung vor Ort in den Gemeinden ablief?

Nicht in allen, aber in der Mehrzahl der Pfarrarchive befinden sich Akten mit dem Titel „Familienforschung", „Ariernachweise", „Auszüge aus den Kirchenbüchern" o. ä.[75] Diese Akten wurden angelegt, um einmal erstellte genealogische Nachweise wie Stammtafeln und -bäume, aber auch Auszüge bei Bedarf nachlesen oder fortschreiben zu können. Zumeist wurden die Unterlagen alphabetisch, nicht chronologisch abgelegt. Man hat den Eindruck, dass sich der Gehalt der Überlieferung je nach „Gewissenhaftigkeit" des Pfarrers oder der angestellten Hilfskraft ergibt. So gibt es Pfarreien, die sich eigene Vordrucke für die Erstellung des „Ariernachweises" haben herstellen lassen und die auch entsprechend akkurat verwendet wurden, wie das Beispiel der Gemeinde Uiffingen[76] zeigt.

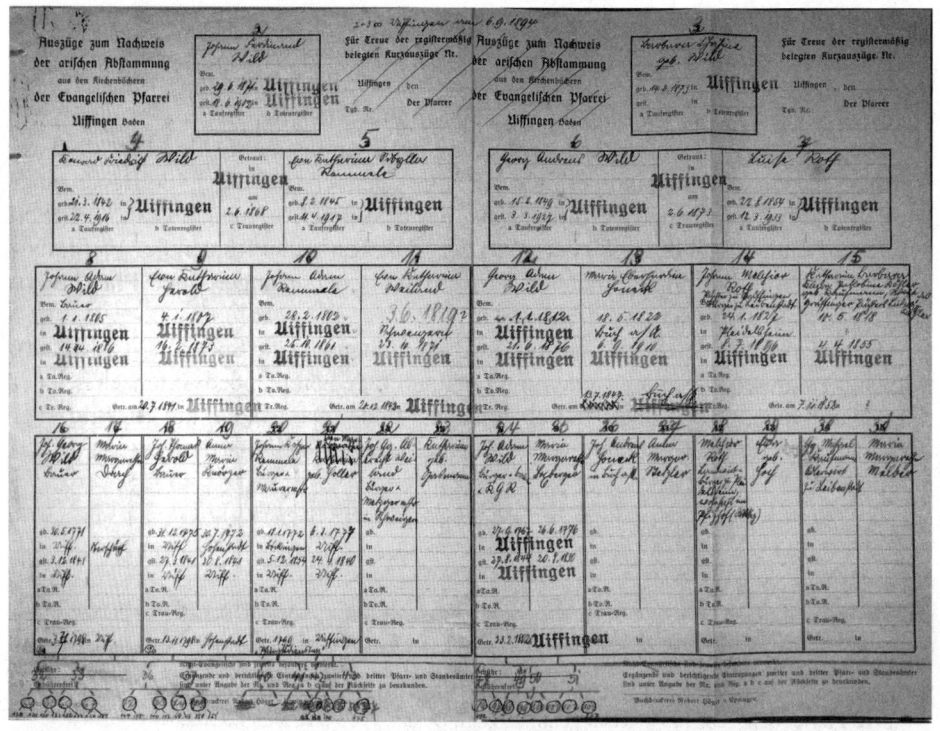

Abb. 8:
Ausgefüllter Vordruck des Uiffinger Pfarramts einer sechzehnteiligen aszendierenden Stammtafel (V. Generation), hier sogar mit einer Fortschreibung bis in die VII. Generation (LKA, Bestand Ortssippenbücher, ohne Sign., aus: PfA Uiffingen; Foto: Anna Eifler, Landeskirchliches Archiv Karlsruhe)

---

[75] Abgelegt unter Aktenzeichen 43/5 „Kirchenbücher. Einsichtnahme, Auskunftserteilung, Familienforschung" und entsprechend klassifiziert in den Findbüchern. Vgl. Onlinefindbücher von Pfarrarchiven auf www.ekiba.de/archiv, eingestellt in die Beständeübersicht.

[76] Diese Akte wurde bei der Erschließung des Pfarrarchivs Uiffingen (1987) ausgesondert und in den Bestand Ortsfamilienbücher inkl. ortsfamilienhistorische Sammlungen aufgenommen. Vgl. auch Anm. 77.

Aber auch penibel angelegte Stammbaumverzeichnisse sind überliefert, die nicht nur genealogische Unterlagen bündeln, sondern sorgsam mit einem Register erschlossen und dadurch komfortabel nutzbar sind. Im Pfarrarchiv Eichtersheim ist eine derartige Akte überliefert, die auch heute noch genealogisch Forschenden durchaus gute Dienste leisten kann.

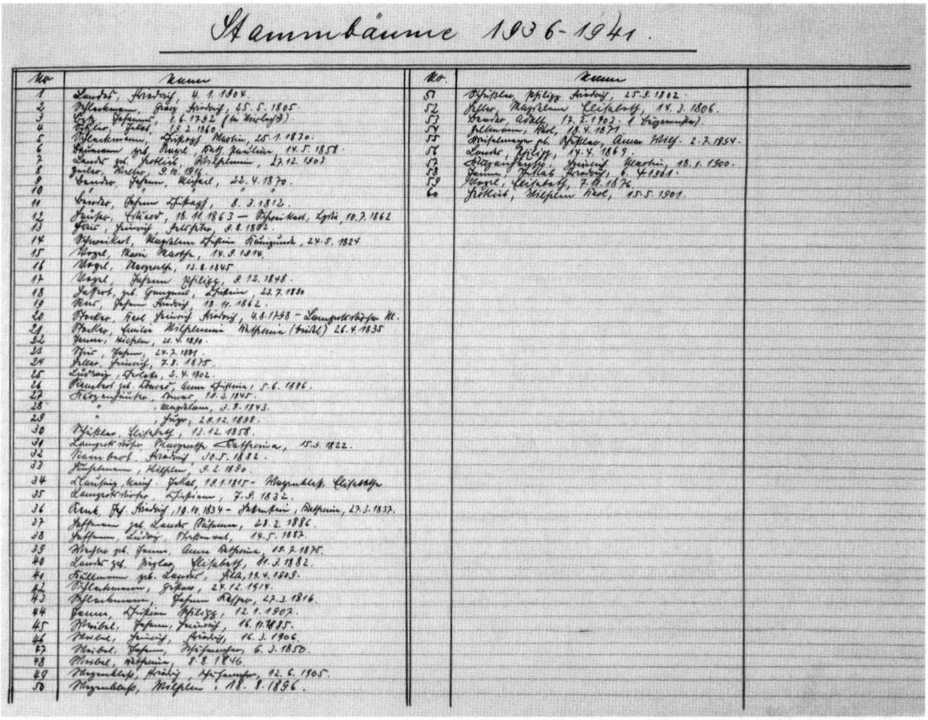

Abb. 9:
Register über 60 Stammbäume Eichtersheimer Personen, erstellt 1936–1941 (LKA, 044. Eichtersheim, Nr. 245 [Depositum]; Foto: Anna Eifler, Landeskirchliches Archiv Karlsruhe)

Aus dem Pfarrarchiv Gernsbach sind drei Ordner bzw. Akten überliefert, die die Briefwechsel mit Gesuchstellenden und den eigens erstellten genealogischen Unterlagen aszendierend bis zum Überlieferungsbeginn der Kirchenbücher im 16. Jahrhundert beinhalten, alphabetisch sortiert nach Familien und damit schnell recherchierbar. Eine auch heute noch herausragende Sammlung (s. Abb. 10 u. 11).[77]

---

[77] Wie die erwähnte Akte aus dem Pfarrarchiv Uiffingen (vgl. Anm. 76) wurden diese Akten bei der Erschließung des Pfarrarchivs Gernsbach (1990) ausgesondert und in den Bestand Ortsfamilienbücher inkl. ortsfamilienhistorische Sammlungen aufgenommen, die im Präsenzbestand des Lesesaals des Landeskirchlichen ihren Platz gefunden haben und mit einem Onlinefindmittel recherchierbar sind.

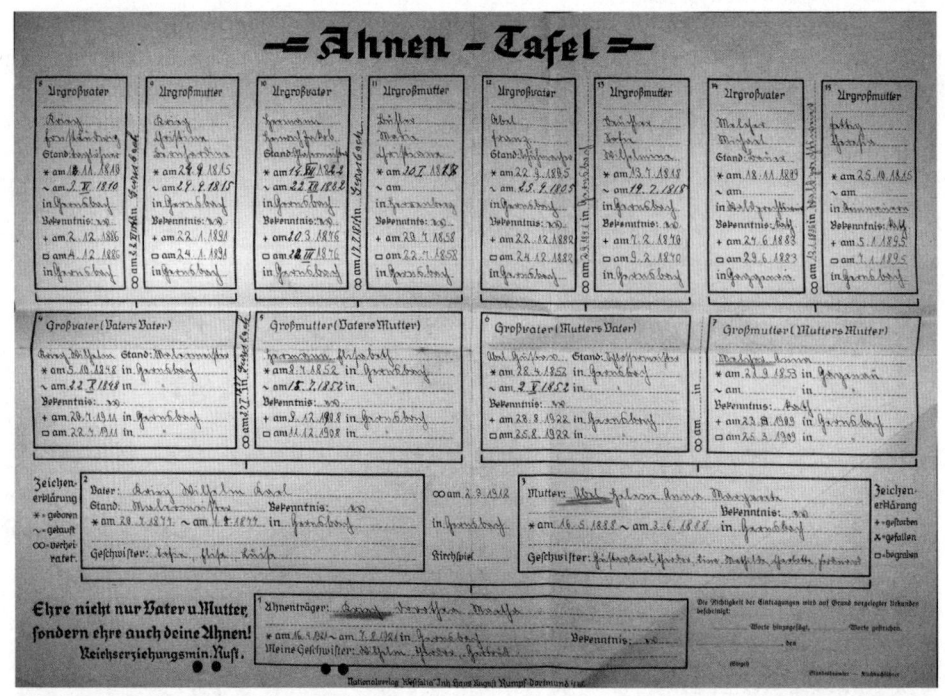

Abb. 10 und 11: Ausgefüllter Vordruck einer achtteiligen aszendierenden Ahnentafel (V. Generation) sowie handschriftliche Fortschreibung mit Anmerkungen zur Stundenabrechnung: *2½ – 3 Stunden (Gerhard) 1 ½ St. (Margarete) 13. III. 1935 erl. M 10- berechnet. H. Diemer (Dokumente beigelegt[)]*. (LKA, Bestand Ortssippenbücher, ohne Sign., aus: PfA Gernsbach; Foto: Anna Eifler, Landeskirchliches Archiv Karlsruhe)

Daneben gibt es nicht wenige Gemeinden, in denen keine derartigen Unterlagen überliefert sind. Das kann unterschiedliche Gründe haben: Entweder wurden sie schlichtweg weggeworfen, weil ihnen keine Bedeutung beigemessen wurde. Oder es wurden gar keine Akten erst gebildet, da kaum genealogisch gearbeitet wurde und man von daher den Stellenwert entsprechend gering einstufte.

Unterlagen, die ein zuverlässiges Bild von den in den Pfarrämtern erbrachten Zuarbeiten für eine Ausstellung der Ariernachweise vermitteln, gibt es nicht. Die angezeigte heterogene Überlieferung der Gemeinden lässt aber den Rückschluss zu, dass es nicht wenige durchaus beflissene Pfarrer und Hilfsarbeiter gab, die alles daran setzten, die verlangten *Nachweis*[e] *der deutschblütigen Abstammung zu erbringen*, wie der EOK diesen Dienst Ende 1937 nannte.[78] Daneben sind die Gemeinden zu stellen, aus deren Akten sich keine Rückschlüsse auf eine tatkräftige Unterstützung der nationalsozialistischen Behörden in Fragen des Ariernachweises und damit auf eine konkrete Funktionalisierung kirchlichen Standesüberlieferung schließen lassen.

---

[78] Zit. vgl. Anm. 12.

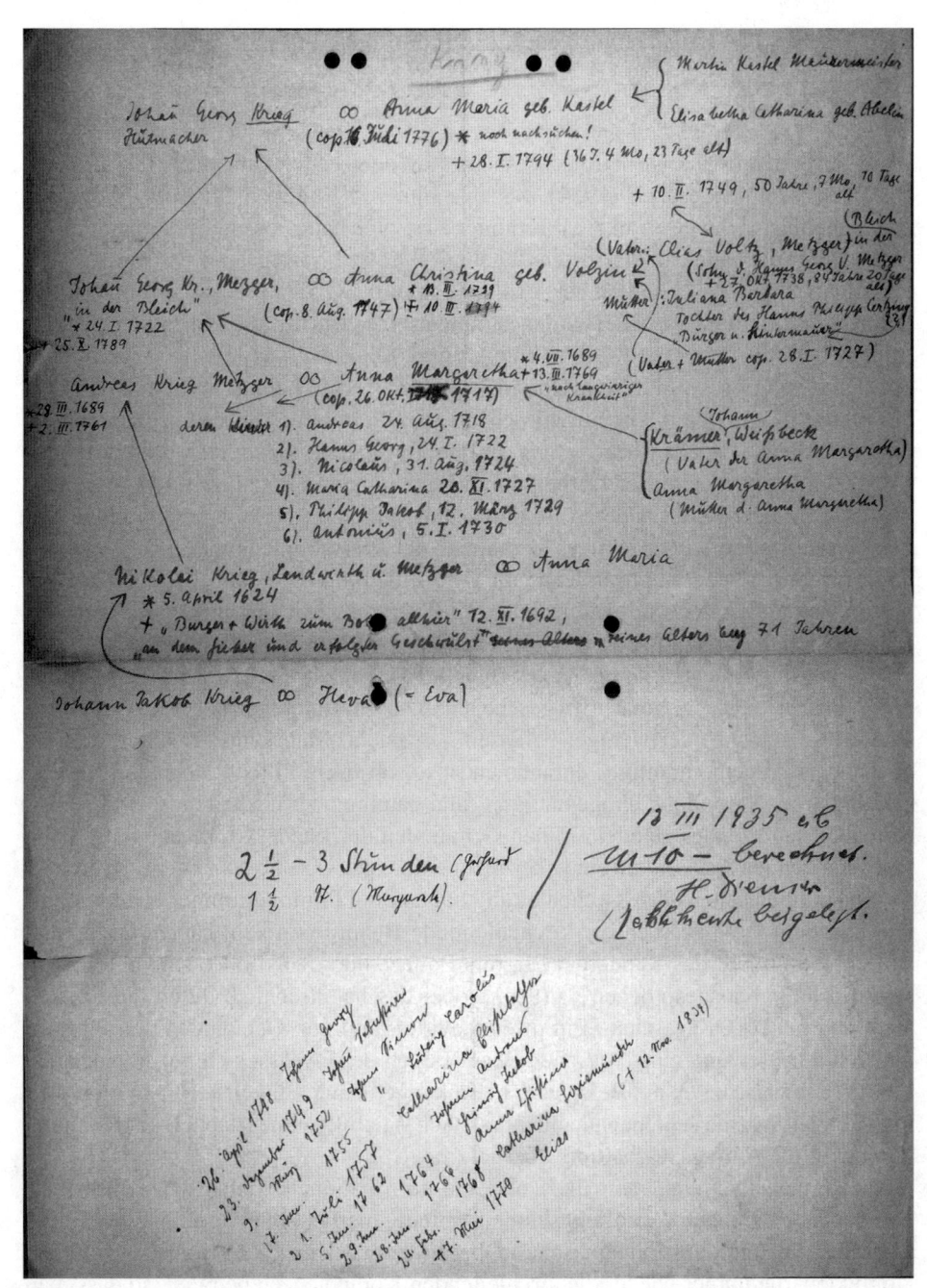

Abb. 11

V. Zusammenfassung: Dienst nach Vorschrift?

Schließlich ist man außer Verwaltungsbeamter auch noch Pfarrer. Kann dieses Zitat von Pfarrer Hopp aus Neckarbischofsheim aus dem ersten Jahr nach Inkrafttreten des Berufsbeamtengesetzes (1934), das eine Flut von Anträgen auf Ausstellung von Abstammungsnachweisen an die Pfarrämter zur Folge hatte, als eine allgemeingültige Aussage für die badische Pfarrerschaft gelten?[79]

Angaben über die Quantität der Auskunftserteilung sind in den Akten zahllos überliefert – mit Inkrafttreten des Berufsbeamtengesetzes wurden die Pfarrämter mit Anfragen überhäuft. Über die Qualität und Art und Weise der Ausstellung von Kirchenbuchauszügen ist sowohl in den Generalakten des Oberkirchenrats als auch den Akten der Pfarrarchive zweierlei herauszulesen: Es gab Pfarrämter, die eine „gewissenhaft-pflichterfüllende" Antragsbearbeitung an den Tag legten, indem sie Hilfskräfte einstellten und die genealogische Arbeit durch Erstellung von Registern und Stammbäumen vorantrieben. Zum anderen ist durch die zahlreich überlieferten Beschwerden von Gesuchstellern ein „säumiges Verhalten" der Pfarrer aktenkundig. Dazu gehört, dass sich immer wieder Pfarrämter an die Kirchenleitung gewandt haben mit der Bitte um Entlastung bei der „Sippenforschung im Pfarramt". Mit Beginn des Krieges verschärfte sich die Situation durch Einberufungen von Pfarrern zur Wehrmacht.

Nach Aktenlage und somit nach offizieller Lesart ist die „Ariernachweiserstellung" insgesamt nach Vorschrift geschehen: Die Pfarrämter haben die verlangten Nachweise – mehr oder weniger beflissen – erbracht. Man kann der Überlieferung aber nichts Allgemeingültiges entnehmen, also, ob diese Pflicht „über die Maßen" erfüllt wurde, oder ob gar ein gemäßigtes, und damit ein zurückhaltendes und gewissermaßen schützendes Handeln in den Gemeinden der Landeskirche überwog. Fälle von schützenden Auskünften sind aber nicht aktenkundig.

Mahnungen seitens der Kirchenleitung haben die Pfarrämter immer wieder erhalten, nachdem Beschwerden die kirchenleitende Behörde erreicht haben. Ordnungsstrafen wie im Fall des Kanderner Pfarrers Bauer[80] oder Sanktionen sind aber nur in seltenen Fällen ausgesprochen worden, wobei das hauptsächlich durch die Finanzabteilung beim EOK geschah. Ein offener Widerstand von Gemeinden und Pfarrern gegen die Einsetzung eines örtlichen Beauftragten der FA lässt sich nur in einzelnen Fällen nachweisen, wie am Beispiel der Kirchengemeinde Singen a. H.[81] In nicht wenigen Fällen ist eine schleppende oder erst nach – teilweise mehrfacher – Ermahnung durchgeführte Antragsbearbeitung überliefert.

Die Finanzabteilung beim EOK als eine vom nationalsozialistischen Staat eingerichtete kirchliche Verwaltungseinheit spielte hierbei eine unrühmliche Rolle. Zwischen ihr und dem Evangelischen Oberkirchenrat kam es zu massiven internen Konflikten, die immer wieder die kirchleitenden Kompetenzen betrafen, so dass man von kirchenleitender Seite viel zu sehr mit sich selbst beschäftigt war, als dass man „nach außen" *eine* Sprache gesprochen hätte und damit handlungsfähiger gewesen wäre. Das hatte für die eher „säumigen" Gemeinden Vorteile; für die „linientreuen"

---

[79] Zit. vgl. Anm. 52.
[80] Vgl. Kap. III. mit Anm. 41f.
[81] Vgl. oben Kap. III. mit Anm. 39f.

Gemeinden und ihre Pfarrer sowie die FA-Bevollmächtigten aber bot dieser Zustand immer wieder eine Angriffsfläche, bei der Kirchenleitung vorstellig zu werden.

Diese Lage der Dinge spiegelt die innerkirchliche Zerrissenheit auf allen Ebenen wider und gibt dem Urteil von Rolf-Ulrich Kunze Recht, dass durch die Disziplinierungsmaßnahmen der Finanzabteilung die Gemeinden in der badischen Landeskirche extrem polarisiert wurden.[82] Es bleibt aber festzuhalten, dass die „breite Masse" der Kirchengemeinden stillschweigend den ihr auferlegten Dienst einer „Sippenforschung im Pfarramt" genüge getan hat. Daneben gab es die mit dem Nationalsozialismus systemkonformen und entsprechend dienstbeflissenen Mitarbeiter v. a. in der Finanzabteilung, aber auch in den Gemeinden. Das trat z. B. durch offen judenfeindliche Äußerungen wie die des Neckargemünder Dekans Bossert zu Tage.[83] Sie bilden aber in der schriftlichen Überlieferung eine Ausnahme.

Wie kann man mit einem solchen Befund umgehen? Der berlin-brandenburgische Landesbischof Wolfgang Huber formulierte in seiner Bußtagspredigt am 20. November 2002 in der Zehlendorfer Pauluskirche, bezogen auf die Rolle seiner Landeskirche im „Dritten Reich", ein Schuldbekenntnis: *Wir klagen uns an, dass die Leitung unserer Kirche sie* [die Nichtarier, H.L.] *nicht geschützt und unsere Gemeinden sie nicht geborgen haben.* Er rief seine Kirche und die Gemeinde auf, Erinnerungsarbeit zu leisten, *um die Namen, Biografien und Schicksale der verfolgten „nichtarischen" Gemeindeglieder zu würdigen*.[84] Mit diesem Aufruf fand Huber deutliche Worte zu der teils beschämenden kirchlichen Praxis während der NS-Zeit, aber auch zu dem jahrzehntelangen Schweigen *von ihren schrecklich vielen Irrläufern und deren Machenschaften und Entgleisungen* [...]. *Vergangenheitsangst ist kein guter Ratgeber für eine Kirche von heute, die eine moderne Hauptstadtkirche im 21. Jahrhundert werden will.*[85] In der berlin-brandenburgischen Kirche lagen die Verhältnisse anders als in Baden, aber eine breite Mitläuferschaft der Pfarrer und Gemeinden ist auch für die Evangelische Kirche in Baden zu konstatieren. Insofern ist Hubers Aufruf auch für die badische Landeskirche übertragbar: Sie hat in der Breite geschwiegen und unweigerlich „Dienst nach Vorschrift" geleistet.

---

[82] Vgl. Kap. III mit Anm. 39f.
[83] Vgl. Kap. III.c mit Anm. 72.
[84] Zit. nach Gailus, Themel (wie Anm. 4), 215; vgl. auch Christoph Markschies, Ein Nachwort zu „Täter und Komplizen" aus theologischer Sicht, in: Gailus, Täter und Komplizen (wie Anm. 4), 251.
[85] Zit. nach Gailus, Themel (wie Anm. 4), 215.

Neuanfang nach 1945?
Badische DC-Pfarrer nach dem Zweiten Weltkrieg sowie Ende, Kontinuität und Neubeginn innerhalb der Kirchenleitung 1945/46

Gerhard Schwinge

In der deutschen Nachkriegsgeschichte spielte immer wieder die Frage eine Rolle: Wie konnte es dazu kommen, dass ehemalige überzeugte Nationalsozialisten nach dem Kriegsende 1945 in Politik und Regierung bald ihre Tätigkeit in herausgehobener Position fortsetzen konnten? Zwei der bekanntesten Beispiele waren Hans Globke und Hans Filbinger. Globke, Jurist und hoher Regierungsbeamter im Dritten Reich, war unter Bundeskanzler Adenauer ein einflussreicher Politiker; bei der Entnazifizierung 1947 aufgrund unwahrer persönlicher Angaben als „unbelastet" eingestuft, wurden seine – auch judenfeindlichen – Verstrickungen in das NS-Regime erst spät, zu spät, öffentlich bekannt.[1] Filbinger, als NSDAP-Mitglied vielfach aktiver Marinerichter im Dritten Reich, einschließlich der Verhängung von politischen Todesurteilen, war nach 1945 dann CDU-Politiker und baden-württembergischer Ministerpräsident, der erst 1978 zurücktreten musste, als seine Vergangenheit bekannt geworden war („Filbinger-Affäre").[2] Zwei andere Beispiele: Das „Rosenberg-Projekt" des Bundesjustizministeriums untersuchte personelle und sachliche Kontinuitäten nach der NS-Zeit. Daran schließt sich jetzt eine institutseigene Studie „Die Bundesanwaltschaft und die NS-Zeit" an.[3]

Wie war es mit der „Vergangenheitsbewältigung" in der badischen Landeskirche? Wie ging man nach dem Ende des Dritten Reichs mit den ehemaligen NSDAP-Mitgliedern und Deutschen Christen (DC) unter den Pfarrern um? Auch in der Landeskirche wurde in vielfach unterschiedlichen Verfahrensweisen eine Entnazifizierung durchgeführt.[4] Wie konnten ehemalige DC-Pfarrer nach 1945 wieder jahrelang den Pfarrdienst ausüben? An ausgewählten Beispielen soll das dargestellt werden. – Wel-

---

[1] Vgl. Klaus Bästlein, Der Fall Globke. Propaganda und Justiz in Ost und West, Berlin 2018.
[2] Vgl. Wolfram Wette (Hg.), Filbinger, eine deutsche Karriere, Springe 2018.
[3] Manfred Görtemaker/Christoph Safferling, Die Akte Rosenberg. Das Bundesministerium der Justiz und die NS-Zeit, München 2016; zur Bundesanwaltschaft vgl. die Sendung des SWR vom 2. Juli 2019 (Radioreport Recht).
[4] Vgl. Kirsten Muster, Die Reinigung der Evangelischen Landeskirche in Baden 1945–1950, Heidelberg 1989, 353 S. (Diss. Kiel 1990); Hermann Erbacher, Erste Schritte eines Neuanfangs 1945/46, in: Geschichte der badischen evangelischen Kirche seit der Union 1821 in Quellen, Konzeption u. Redaktion Gerhard Schwinge (VVKGB 53), Karlsruhe 1996, 414–429; Gerhard Lindemann, Die Entnazifizierung in der Evangelischen Landeskirche in Baden, in: Unterdrückung – Anpassung – Bekenntnis. Die evang. Kirche in Baden im Dritten Reich und in der Nachkriegszeit, hg. von Udo Wennemuth (VVKGB 63), Karlsruhe 2009, 299–317.

che Veränderungen gab es zudem in der Kirchenleitung durch Beendigung, Kontinuität oder einem Neubeginn der Tätigkeit von kirchenleitenden Amtsträgern?[5]

Die Kirchenleitung 1945/46[6]

Nach 1945 endete die Amtszeit folgender Mitglieder der Kirchenleitung:

Julius Kühlewein (1873–1948)[7], seit Sommer 1933 Landesbischof, bei anfänglicher Begeisterung für den Neuanfang 1933 und bald darauf durch das Zugeständnis der Deutschen Christen auf Lebenszeit zum Landesbischof gewählt, während der NS-Jahre als meist lavierend beurteilt, musste im November 1945 gegen seinen Willen, in seinem 73. Lebensjahr zum Rücktritt gedrängt werden. Kühlewein war kein NSDAP-Mitglied gewesen, stand jedoch andererseits der Badischen Bekenntnisgemeinschaft (Bekennende Kirche) distanziert gegenüber. Bibel- und bekenntnistreu mit geistlichem Führungsanspruch, von irenischem, zögerlichem Charakter und konsensorientiert, war er immer wieder bemüht, Konfrontationen zu vermeiden, und bereit zu Kompromissen. Die Oberkirchenräte Bender, Rost und Friedrich unterstützten ihn dabei.

Karl Bender (1881–1961)[8], Mitglied der Kirchlich-Positiven Vereinigung, war von 1933 bis 1945 Oberkirchenrat und ständiger Vertreter des Landesbischofs, 1933–1939

---

[5] Vgl. auch generell: Die Evangelische Landeskirche in Baden im Dritten Reich [ELBDR]. Quellen zu ihrer Geschichte, Bd. V, hg. von Gerhard Schwinge (VVKGB 61), Karlsruhe 2004, S. 347–413 (Der Neuanfang in der Landeskirche nach dem Ende des Zweiten Weltkriegs, Juni 1945 bis Februar 1946, Bearbeiter: G. Schwinge); ELBDR. VI: Generalregister, mit Zeittafel u. Bibliographie, Rückblicken u. Biogrammen, hrsg. von G. Schwinge (VVKGB 62), Karlsruhe 2005, 501 S.

[6] Vgl. Udo Wennemuth, Die badische Kirchenleitung im Dritten Reich, in: Unterdrückung (wie Anm. 4), 35–65. – Hier kann es nur um kurze Biogramme gehen; in den Fußnoten weiterführende Literatur, die mehr die Zeit nach, als bis 1945 behandeln. Dabei wird, wenn möglich, nach 2000 erschienene, oft nur die neueste Literatur aufgeführt; archivalische Quellen, v. a. Personalakten, werden nur unten bei den ehemaligen DC-Pfarrern genannt. Von den zehn hier im Kapitel Kirchenleitung Genannten sollen sieben demnächst in einem Lebensbild dargestellt werden (vgl. Anm. 7).

[7] Vgl. Schwinge, Biogramm J. K. in: ELBDR VI (2005), 425–427; Wennemuth, Kirchenleitung (wie Anm. 6), 49–52; Caroline Klausing, Die Bekennende Kirche in Baden. Machtverhältnisse und innerkirchliche Führungskonflikte 1933–1945 (VBKRG 4), Stuttgart 2014, 143–145 u. oft passim; Schwinge, Art. J. K. in: BBKL 38 (2017), Sp. 849–854; Roland Löffler, Lebensbild J. K., in: Lebensbilder aus der evang. Kirche in Baden im 19. u. 20. Jh., Bd. I: Kirchenleitung, hg. von Udo Wennemuth, Heidelberg u. a. in Vorber. (2019/20) – Art. in Wikipedia – Zu Kühlweins Nachfolger wurde Julius Bender gewählt; dazu siehe unten. Zu Kühlweins Widerpart in der BK Karl Dürr und zu seinen Oberkirchenratskollegen Karl Bender, Gustav Rost und Otto Friedrich siehe unten.

[8] Vgl. Karl Bender, Meine geistliche Laufbahn 1933 – 1945, Auszug aus einem persönlichen Rückblick, 1946, in: ELBDR VI (2005), 239–250, dazu S. 251: Schwinge, Nachbemerkung; Günter Opitz, Art. K. B. in: Baden-Württembergische Biographien [BWB] 2 (1999), 35–37; Schwinge, Biogramm K. L. B. in: ELBDR VI (2005), 387f.; Wennemuth, Kirchenleitung (wie Anm. 6), 41–43; Klausing, Bekennende Kirche (wie Anm. 7), S. 149–151 u. oft passim; Rolf-Ulrich Kunze, „Möge Gott unserer Kirche helfen!" Theologiepolitik, Kirchenkampf und Auseinandersetzung mit dem NS-Regime. Die evang. Landeskirche Badens 1933–1945 (VBKRG 6), Stuttgart 2015, 448–451; Udo Wennemuth, Lebensbild K. L. B. in: Lebensbilder Bd. I (wie Anm. 7), in Vorber.

Mitglied der NSDAP, dann aus der Partei ausgeschlossen, u. a. wegen mangelnder Zusammenarbeit mit der staatlich eingesetzten Finanzabteilung beim Oberkirchenrat. Er war kein Mitglied der BK. 1945 ordnete die Militärregierung wegen seiner (zeitweiligen) Parteimitgliedschaft seine Entlassung an, was Kühlewein in eine Zurrruhesetzung abändern konnte.

Emil Doerr (1882–1948)[9], Dr. phil., liberaler Oberkirchenrat seit 1924 und seit 1933 Hauptvertreter des NS-Regimes in der Kirchenleitung, schon 1927 Mitglied der NSDAP, 1933 Mitglied der DC, 1938 maßgeblicher stellvertretender Vorsitzender der staatlichen Finanzabteilung beim Oberkirchenrat. Doerr wurde 1945 von der Militärregierung des Dienstes enthoben; seit September wurden seine Bezüge eingestellt. Später urteilte eine staatliche Spruchkammer dennoch, dass er nicht als „Hauptschuldiger" oder als belastet anzusehen sei, woraufhin er vorzeitig in den Ruhestand versetzt wurde.

Fritz Voges (1896–1967) – siehe unten unter: Neubeginn von DC-Pfarrern

Über die Zäsur von 1945 hinaus dauerte die Amtszeit folgender Mitglieder der Kirchenleitung an:

Otto Friedrich (1883–1978)[10], aus dem Reichsland Elsass stammend, war von 1924 bis 1953 juristischer Oberkirchenrat und die legalistische „graue Eminenz" der Kirchenleitung im Hintergrund, loyal zu Landesbischof Kühlewein stehend, ein Feind der DC und stets in Auseinandersetzung mit der staatlichen Finanzabteilung beim Oberkirchenrat. Im Ruhestand war er maßgeblich mit der Erarbeitung der neuen Grundordnung der Landeskirche von 1958 befasst, neben seinem langjährigen Lehrauftrag für Kirchenrecht an der Universität Heidelberg.

Gustav Rost (1884–1958)[11], als gebürtiger Westfale war er von 1908 bis 1920 lutherischer Pfarrer in reichsdeutschen elsässischen Gemeinden, unterbrochen durch seinen Dienst als Feldgeistlicher im Ersten Weltkrieg; anschließend im badischen Kirchendienst, von 1922 bis 1933 in Mannheim und 1932/33 positives Mitglied des Erweiterten Oberkirchenrats. 1933 wurde er unter Landesbischof Kühlewein zum hauptamtlichen Oberkirchenrat berufen. Weil er von moderatem Charakter war, konn-

---

[9] Vgl. Hermann Rückleben, Art. E. D. in: Badische Biographien Neue Folge [BB NF] 3 (1990), 61f; Schwinge, Biogramm E. D. in: ELBDR VI (2005), 396; Wennemuth, Kirchenleitung (wie Anm. 6), S. 44f.; Klausing, Bekennende Kirche (wie Anm. 7), 154f u. passim. – Nachlass im LKA.

[10] Vgl. Jörg Winter, Art. O. F. in: BBKL 17 (2000), Sp. 406–409; Otto Friedrich, Darstellung der Eingriffe des Staates in die Angelegenheiten der Vereinigten Evang.-prot. Landeskirche Badens, insbesondere durch Einsetzung einer Finanzabteilung, verfasst 23. Mai 1945, in: ELBDR VI (2005), 159–177 (nach LKA GA 6227); Ders., Die kirchen- und staatskirchenrechtliche Entwicklung der Evang. Landeskirche Badens von 1933–1953, ebd., S. 179–237 (Nachdruck von: ZevKR 3 (1953/54), überarb.); Schwinge, Biogramm O. F. in: ELBDR VI (2005), 403; Wennemuth, Kirchenleitung (wie Anm. 6), 47f; Klausing, Bekennende Kirche (wie Anm. 7), 149–151 u. oft passim; Winter, Lebensbild O. F., in: Lebensbilder Bd. I (wie Anm. 7), in Vorber. – Nachlass im LKS.

[11] Vgl. Schwinge, Biogramm G. R. in: ELBDR VI (2005), 447; Wennemuth, Kirchenleitung (wie Anm. 6), S. 45; Klausing, Bekennende Kirche (wie Anm. 7), 157–159 u. passim; Schwinge, Art. G. R. in: BBKL 37 (2016), Sp. 967–970; Ders., Art. G. R. in: BWB 6 (2016), 419–421. – Hans-Georg Dietrich, Die evangelische Kirchengemeinde Freiburg 1933–1945 in der Begegnung mit dem Nationalsozialismus. Aspekte eines schwierigen Jahrzwölfts, in: Schau-ins-Land. Zeitschrift des Breisgau-Geschichtsvereins 110 (1991), 213–255.

te er, trotz seiner kritischen Distanz zum NS-Regime, doch als Mitglied der NSDAP bis 1939, die gesamte Zeit des Nationalsozialismus über in diesem Amt bleiben. Nach Ende des Kriegs kandidierte er 1945 auf der Vorläufigen Brettener Synode, wie auch Julius Bender, Karl Dürr und Hermann Maas, vergeblich für das Bischofsamt („als Repräsentant der kompromissbereiten Landeskirche", Hans-Georg Dietrich, 1991), wurde aber als Oberkirchenrat bestätigt und ständiger Vertreter und Vertrauter des neuen Landesbischofs Bender. Seit 1949 im Ruhestand.

Neu gewählt und ernannt wurden beim Neubeginn 1945/1946 folgende kirchenleitende Amtsträger[12]:

Am 3. Juli 1945 ernannte Landesbischof Kühlewein zu Mitgliedern des Erweiterten Oberkirchenrats (alphabetisch): Pfarrer Julius Bender, Nonnenweier, Professor D. Martin Dibelius, Heidelberg, Pfarrer Karl Dürr, Freiburg, Bankdirektor Erich Lechler, Lörrach, Pfarrer Hermann Maas, Heidelberg, Professor Dr. Erik Wolf, Freiburg. Die drei ernannten Pfarrer gelangten bald in neue kirchenleitende Ämter.

Landesbischof und Oberkirchenräte

Julius Bender (1893–1966)[13], als positiv-erwecklicher Theologe von 1946 bis zum Ruhestand 1964 im 71. Lebensjahr gewählter Landesbischof. – Im Ersten Weltkrieg diente Bender als Kriegsfreiwilliger, zuerst als Kavallerist, dann als Jagdflieger, im Zweiten Weltkrieg wiederum in der Luftwaffe als Major d. Res. Nach dem Theologiestudium vor und nach dem Krieg war er seit 1920 Vikar und Pfarrverwalter in verschiedenen Gemeinden. Aus der Ehe mit einer Schwester des späteren Deutschen Christen Fritz Kiefer (siehe unten) gingen zehn Kinder hervor. Von 1928 bis 1946 war Bender Diakonissenhauspfarrer in Nonnenweier. Während des Dritten Reichs zeigte er sich als Gegner des Nationalsozialismus und der Deutschen Christen und war zeitweilig im Bruderrat der Badischen Bekenntnisgemeinschaft, leistete allerdings 1938 den von den Geistlichen geforderten Eid auf den Führer, freilich „gebunden an das Ordinationsgelübde". – Im August 1945 nahm Bender als Mitglied des Erweiterten Oberkirchenrats an der von Dürr initiierten Oberländer synodalen Zusammenkunft in Freiburg und an der Vorläufigen Landessynode vom 27.–29. November 1945 in Bretten teil, auf der er gegen drei Mitkandidaten (Gustav Rost, Karl Dürr, Hermann Maas) zum Landesbischof gewählt wurde. (Er „war sicherlich nicht der Wunschkandidat der Mehrheit der Freiburger BK-Leute". Hans-Georg Dietrich, 1991.)

---

[12] Auf Vorschlag der Landessynode vom November 1945 ernannt durch den Erweiterten Oberkirchenrat im Februar 1946, ELBDR V (2004), 383. 406.
[13] Vgl. Schwinge, Biogramm J. B. in: ELBDR VI (2005), 387; Klausing Bekennende Kirche (wie Anm. 7), 123–125 u. passim; Schwinge, Art. J. B. in: BBKL 36 (2015), Sp. 133–137 (Angaben zur Primär- u. Sekundärliteratur); Rolf-Ulrich Kunze, Lebensbild J. B., in: Lebensbilder Bd. I (wie Anm. 7), in Vorber. – Art. in Wikipedia. – Zur Brettener Synode vgl. Gerhard Schwinge, Zum Neuanfang in der badischen Landeskirche vor 60 Jahren – nach Nationalsozialismus und Zweitem Weltkrieg. Die Vorläufige Landessynode vom 27.–29. November 1945 in Bretten, in: Bad. Pfarrvereinsblätter 2006, Nr. 1 (Januar), 3–17; Jörg Thierfelder, Die vorläufige Landessynode von Bretten 1945, in: JBKRG 8/9 (2014/18), 97–127.

Karl Dürr (1892–1976)[14], war seit 1925 positiver Gemeindepfarrer in Pforzheim und von 1935 bis 1945 in Freiburg Pfarrer der Pauluspfarrei. Während der gesamten Zeit des Dritten Reichs engagierte er sich als Gegner des Nationalsozialismus, aber auch in Distanz zu Landesbischof Kühlewein und dem Oberkirchenrat. Er war der (nicht unumstrittene) ehrgeizige Vorsitzende der Badischen Bekenntnisgemeinschaft und Teilnehmer an den deutschlandweiten Synoden der Bekennenden Kirche sowie Mitglied der Widerstandsgruppe „Freiburger Kreis"[15]. – [Warum werden in der Literatur zu Freiburg[16] Hermann Weber (1925–1937† BK-Pfarrer in der Christuspfarrei) und Fritz Kölli (1934–1942† DC-Pfarrer in der Ludwigspfarrei) mehr berücksichtigt als Dürr und dieser auf seine Führerschaft in der Bekenntnisgemeinschaft reduziert, die hier nicht das Thema ist?] – Nach Kriegsende initiierte er die Oberländer synodale Zusammenkunft am 1. August 1945 und kandidierte auf der Vorläufigen Landessynode vom November 1945 in Bretten vergeblich für das Amt des Landesbischofs („wegen seiner schwierigen Persönlichkeit bei vielen unbeliebt", Hans-Georg Dietrich, 1991); es gab vier Kandidaten, in der Reihenfolge der erreichten Stimmzahl: Julius Bender, Hermann Maas, Karl Dürr, Gustav Rost).[17] Von 1946 bis zum Ruhestand 1958 war er Oberkirchenrat, seit 1949 als Nachfolger von Gustav Rost ständiger Vertreter des Landesbischofs Bender.

Weitere ernannte Oberkirchenräte[18]:

Oberfinanzrat Dr. jur. **Friedrich Bürgy** (1901–1964) aus Heidelberg und
Dekan Pfarrer **Hans Katz** (1900–1974) aus Lörrach.

---

[14] Vgl. Günther Wendt, Art. K. D. in: BWB (wie Anm. 8) 2 (1999), 95–97; Caroline Witt, Karl Dürr – Pfarrer der Bekennenden Kirche und deutsch-nationaler NS-Gegner, in: Rolf-Ulrich Kunze (Hg.), Badische Theologen im Widerstand (1933–1945), Konstanz 2004, 45–62; Dies., Art. K. D. in: BBKL 25 (2005), Sp. 306–311; Schwinge, Biogramm K. D. in: ELBDR VI (2005), 397f; Christoph Lang, Lebensbild K. D., in: Lebensbilder (wie Anm. 7) Bd. II: Kirchenpolitische Richtungen, hg. von Johannes Ehmann, Heidelberg u. a. 2010, 444–469.; Klausing, Bekennende Kirche (wie Anm. 7), 109–114 u. oft passim; Kunze, „Möge Gott unserer Kirche helfen!" (wie Anm. 8), 469–471 – Nachlass im LKA (mit Findbuch).

[15] Vgl. Bernd Martin, Universität – Bekennende Kirche – Widerstand. Der Freiburger Kreis, in: In Gottes Wort gehalten. Die Evang. Kirchengemeinde Freiburg 1807–2007, hg. von R. Overmans u. a., Freiburg 2006, 45–50; Ders., Universität – Kirchen – Freiburger Kreis, in: Peter Kalchthaler u. a. (Hgg.), Nationalsozialismus in Freiburg. Begleitbuch zur Ausstellung des Augustinermuseums in Kooperation mit dem Stadtarchiv, Petersberg bei Fulda 2016, 34–41.

[16] Vgl. Hans-Georg Dietrich, Die evangelische Kirchengemeinde Freiburg 1933–1945 (wie Anm. 11), 213–255; Ders., „Halleluja oder Heil Hitler!" Die evang. Kirche in Freiburg 1933–1945, in: In Gottes Wort gehalten (wie Anm. 15), 39–44.

[17] Am 8. Juli 1945 hatte Dürr, in zweifelhafter Weise, warum auch immer, einen langen Brief an den württembergischen Landesbischof Theophil Wurm geschrieben – ELBDR V (2004), 366–368 –, in dem er sich im Blick auf eine künftige Kirchenleitung offen über damalige Mitglieder der Kirchenleitung äußerte: *Kühlewein (ist in den letzten Jahren nicht frischer und zupackender geworden, um so zu führen, wie es nötig wäre), Karl Bender (müßte entweder sich pensionieren lassen oder ein Pfarramt übernehmen, wenn er noch gesund und willens dazu ist), Rost (wäre zu ertragen),* Friedrich *(müßte wohl aus verschiedenen Gründen im Oberkirchenrat bleiben, weil er für die Verwaltung nicht entbehrt werden kann). Wir meinen aber, daß die BK die Verantwortung und Leitung in unserer Kirche übernehmen muß.* Am 21.1.1946 schrieb Dürr ungehörigerweise erneut einen Brief an Wurm über badische Interna.

[18] ELBDR V (2004), 406.

Neue Kreisdekane bzw. Prälaten:

Hermann Maas (1877–1970)[19] war 30 Jahre lang, von 1915 bis 1945, also während des Ersten Weltkriegs, der Weimarer Republik und des Dritten Reichs, liberaler Gemeindepfarrer an der Heidelberger Heiliggeistkirche. Während der Nazi-Herrschaft rettete er als Anwalt der Verfolgten selbstlos und bei persönlicher Gefährdung zahlreiche Juden und Judenchristen. – Auf der Vorläufigen Landessynode vom November 1945 in Bretten kandidierte er (wie Rost und Dürr) vergeblich für das Amt des Landesbischofs („weil er immer noch als Liberaler galt", Hans-Georg Dietrich, 1991). Stattdessen war er von 1946 bis zum Eintritt in den Ruhestand 1965 (mit 88 Jahren – er hielt sich anscheinend für unersetzlich) Kreisdekan für Nordbaden (seit 1956: Prälat). In dieser Zeit galt Maas auch deshalb als „Judenfreund", weil er einer der ersten Brückenbauer zwischen dem schuldbeladenen Deutschland und dem neuen, zionistischen Staat Israel sein konnte, welcher ihn vielfach ehrte. Ebenso war Maas auf internationaler und ökumenischer Ebene engagiert, verbunden mit zahlreichen Reisen, beginnend schon 1914 mit seiner Teilnahme an der Gründungsversammlung des Weltbunds für Freundschaftsarbeit der Kirchen in Konstanz. – Maas starb mit 93 Jahren.

Otto Hof (1902–1980)[20] war positiver Pfarrer, seit 1930 in Friedrichstal (Kirchenbezirk Karlsruhe-Land) und seit 1937 Pfarrer der Christuspfarrei in Freiburg, seit 1941 zugleich Studentenpfarrer. Er war seit 1933 Mitglied des Pfarrernotbunds und der von Dürr geführten Badischen Bekenntnisgemeinschaft und des 1938 von ihm mitbegründeten Freiburger Kreises von Widerständlern. Nach 1945 erhielt er zunächst 1946 das Amt des Kreisdekans für Südbaden und seit 1953 bis zum Ruhestand 1967 das eines Oberkirchenrats. Als Lutherforscher war er 1949–1970 Honorarprofessor an der Universität Freiburg, außerdem 1946–1967 Mitglied des Verfassungsausschusses der Landeskirche.

Abbruch und Neubeginn nach 1945

Es ist zunächst unerlässlich, sich die Situation in Deutschland und damit auch im Gebiet der badischen Landeskirche nach dem Ende des Kriegs am 8. Mai 1945 zu vergegenwärtigen. Von den vier eingerichteten Besatzungszonen der alliierten Sie-

---

[19] Vgl. Peter Noss, Art. H. M. in: BBKL 5 (1993), Sp. 505–510; Leben für Versöhnung. Hermann Maas – Wegbereiter des christl.-jüd. Dialogs, hg. von W. Keller u. a., bearb. von M. Riemenschneider (Edition Zeitzeugen), Karlsruhe 1997, 169 S., sw. Abb.; Schwinge, Biogramm H. M. in: ELBDR VI (2005), 432f; Markus Geiger, Hermann Maas – eine Liebe zum Judentum. Leben und Wirken des Heidelberger Heiliggeistpfarrers und bad. Prälaten (Buchreihe der Stadt Heidelberg 17), Heidelberg u. a. 2016, 472 S., sw. Abb.; Eckhart Marggraf, Lebensbild H. M., in: Lebensbilder Bd. I (wie Anm. 7), in Vorber. – Nachlass im LKA (mit Findbuch) – Art. in Wikipedia.

[20] Vgl. Schwinge, Biogramm O. H. in: ELBDR VI (2005), 414f; Gerd Schmoll, Biogramm O. H. in: In Gottes Wort gehalten (wie Anm. 15), 232f, Bildnis; Klausing, Bekennende Kirche (wie Anm. 7), 135–139 u. passim; Schmoll, D. Otto Hof, Pfarrer an der Christuskirche in Freiburg (1937–1953), in: Freiburger Universitätsblätter 57 (2018), Nr. 219, 141–157; Ders., Lebensbild O. H., in: Lebensbilder Bd. I (wie Anm. 7), in Vorber. – Nachlass im LKA – Art. in Wikipedia.

germächte mit ihren Militärregierungen betrafen zwei die Landeskirche: die französische für den größeren südlichen Bereich, die amerikanische für den kleineren nördlichen Bereich. Allgemein herrschten, mindestens bis zur Währungsreform 1948 und der Gründung der Bundesrepublik Deutschland in Westdeutschland 1949, aber meist ebenso noch in den 1950er Jahren, große wirtschaftliche Not und persönliche Existenzsorgen. Städte und selbst Dörfer waren vielfach zerstört. Entsprechend war die Wohnungsnot groß. Aus dem Osten strömten Flüchtlinge und Vertriebene in den Westen. Aus Krieg und Gefangenschaft kehrten ehemalige Wehrmachtsangehörige oft als körperlich und seelisch Schwerkranke zurück, wenn die Familien aus Frauen und Kindern nicht sogar ihre Ernährer als Kriegstote zu beklagen hatten. Die Ernährung konnte nur notdürftig mit Hilfe von Lebensmittelkarten und Schulspeisungen einigermaßen gesichert werden.[21]

Für die Landeskirche und die Kirchengemeinden traf dies alles in gleicher Weise zu. Die Kirchenleitung zumal sah sich vor große Herausforderungen gestellt: Pfarrermangel generell, kriegsgeschädigte oder überalterte oder kranke oder durch ihr Verhalten während der Zeit des Nationalsozialismus belastete Pfarrer („Viele ehemalige Deutsche Christen wurden stillschweigend integriert, denn man war auf ihre Mitarbeit angewiesen." Hans-Georg Dietrich, 1991). Bei der Kirchenleitung in der Karlsruher Blumenstraße – seit 1944 bis Juli 1945 hatte der Oberkirchenrat wegen Bombenschäden am Gebäude nach Bad Herrenalb ausweichen müssen – herrschten Materialmangel und ebenfalls Personalengpässe; Dienstreisen waren, wie Reisen überhaupt, noch sehr erschwert. – Erst 1958 wurde, neun Jahre nach dem Grundgesetz der Bundesrepublik Deutschland, die Grundordnung der badischen Landeskirche verabschiedet und damit ihre Neuordnung in der unmittelbaren Nachkriegszeit abgeschlossen.

„Reinigung", „Selbstreinigung" – kirchliche Entnazifizierung[22]
„Wiederherstellung eines bekenntnisgebundenen Pfarrstandes"

Sehr bald nach der Kapitulation am 8. Mai 1945 begannen die Besatzungsmächte, alle politisch wichtigen Stellen in der Gesellschaft zu „reinigen" (so wörtlich), in diesem Zusammenhang auch die Kirchen. Das heißt, es wurden – ziemlich wahllos – auch an Pfarrer und Kirchenbeamte Fragebogen versandt. Die ungeordnete Uneinheitlichkeit des Vorgehens wurde in Baden noch dadurch erhöht, dass das Gebiet der Landeskirche etwa in der südlichen Hälfte zur französischen, in der nördlichen Hälfte zur amerikanischen Besatzungszone gehörte. Vieles geschah so 1945 noch in einem

---

[21] Solches hat auch der Verfasser als 10- bis 15-jähriger Ausgebombter in Berlin und als Flüchtling vor den Russen von Hinterpommern nach Westdeutschland persönlich erlebt.

[22] Quellen: LKA GA 4960; GA 4791. – Literatur: Muster, Reinigung (wie Anm. 4) und Lindemann, Entnazifizierung (wie Anm. 4). Lindemann referiert v. a. mit vielen, langen Zitaten die Protokolle der Sitzungen des Erweiterten Oberkirchenrats im August, Oktober und November 1945, auf denen schier endlose Diskussionen stattfanden. Personalakten berücksichtigt er nicht. – Das Folgende nach der Darstellung ELBDR V (2004), 357 (Verf.: Schwinge).

rechtsfreien Raum und ungeregelt. Erst nach Monaten, meist von 1946 an, wurde das Vorgehen bei der dann so genannten Entnazifizierung auf gesetzliche Grundlagen gestellt und allmählich nach einheitlichen Regelungen durchgeführt.

Auch die Landeskirche bemühte sich sehr bald um „Selbstreinigung" oder wurde dazu von den verschiedensten Seiten gedrängt. Sie versuchte zum Beispiel, sich in das Ausfüllen und Zurückschicken der Fragebogen der Militärregierungen einzuschalten. Aber auch hier verlief zunächst fast alles mehr zufällig. Die Quellen- und Materiallage ist daher ungenügend.[23] – Als Möglichkeiten standen zur Verfügung, wurden aber zum Teil von der Militärregierung abgeändert: (vorläufige) Suspendierung, Zurruhesetzung, Entlassung. Von der Militärregierung wurde meist das Letzte gefordert, mit Wegfall aller Altersversorgungsansprüche. Die Vorgänge zogen sich, zum Teil auf Grund von Einsprüchen, jahrelang hin.

Allgemein bestand in der Kirchenleitung die Tendenz, zwischen strenger zu beurteilenden entschiedenen DC-Pfarrern und solchen Pfarrern zu unterscheiden, welche „nur" NSDAP-Mitglieder waren, eventuell sogar nur zeitweilig, und darum milder zu behandeln waren. Das für die Selbstreinigung zuständige kirchenleitende Organ war der Oberkirchenrat: zunächst noch mit Landesbischof Kühlewein, ab Februar 1946 mit Landesbischof Bender an der Spitze, mit den langjährigen Oberkirchenräten Rost und Friedrich und anfangs noch Karl Bender und später zusätzlich mit den neuen Oberkirchenräten Dürr und Katz. Aus den Fallakten ist ersichtlich, dass Friedrich sich meist formal-legalistisch verhielt, Rost zurückhaltend, Dürr am wenigsten versöhnungsbereit, Bender dagegen gerade dieses.

Aufschlussreich sind die Protokolle der ersten Nachkriegssitzungen des Oberkirchenrats am 3. und 10. Juli[24] und am 7. August 1945. Am 3. Juli wurden bereits die Suspendierungen von fünf Pfarrern beschlossen, darunter die von Kurt Thieringer (siehe unten) und von Albert Kramer (siehe unten). Am 7. August wurde ein Dekan, nämlich Karl Rose (siehe unten) *mit dem Ziel der Entlassung sofort vom Amt suspendiert*, zwei DC-Pfarrern, nämlich Fritz Kiefer (siehe unten) und Andreas Duhm, wurde von Landesbischof Kühlewein die gewünschte Aussprache *nach allem Vorausgegangenen und als zwecklos* abgelehnt.[25] Die Protokolle – anfangs meist nur handschriftlich dokumentiert, wiederholt von Oberkirchenrat Bender verfasst – zeigen im Übrigen, wie schwer in diesen Monaten Pfarrstellen besetzt und Gemeinden mit Pfarrern versorgt werden konnten, deshalb durch Versetzungen, durch Vikare und Ruheständler.

Auf der Vorläufigen Landessynode in Bretten wurde dann am 29. November 1945 ein Kirchengesetz „Die Wiederherstellung eines bekenntnisgebundenen Pfarrstan-

---

[23] Muster, Reinigung (wie Anm. 4), 9f.
[24] Diese fanden noch in Bad Herrenalb statt, weil das Oberkirchenratsgebäude in Karlsruhe seit 1944 schwer bombenbeschädigt war.
[25] LKA GA 4791: Protokoll vom 7.8.1945, Ziffer 3. – Dr. Andreas Duhm (1883–1975) in Mannheim-Seckenheim, „einer der radikalsten Deutschen Christen Badens", war ein Schwager von Oberkirchenrat Otto Friedrich. Vgl. Jörg Thierfelder in: ELBDR VI (2005), 306 u. 336. Ebd., 320, Anm. 133: Duhm war zugleich Schwiegersohn des liberalen Karlsruher Pfarrers Franz Rohde; Karl Bender (siehe oben) war Schwager des DC Hermann Teutsch; Julius Bender (siehe oben) war Schwager des DC Fritz Kiefer (siehe unten).

des" beschlossen.[26] Damit entsprach man den vom Rat der Evangelischen Kirche in Deutschland am 19. Oktober 1945 herausgegebenen „Richtlinien für eine Verordnung zur Wiederherstellung eines bekenntnisgebundenen Pfarrerstandes".[27] Paragraph 1 lautet: *Geistliche, welche Parteigenossen waren oder der nationalkirchlichen Einung Deutsche Christen [...] angehört haben oder nahegestanden sind, werden aus dem Amt vorläufig oder endgültig entlassen, wenn sie in einem solchen Maß unter dem Einfluß der nationalsozialistischen Weltanschauung oder der deutsch-christlichen Lehren standen, daß nach ihrem Reden und Handeln eine bekenntnisgebundene Weiterführung ihres Amtes unglaubwürdig geworden ist.* – Stichworte der folgenden Paragraphen: Wartezeit, Unterhaltszuschuß oder Ruhegehalt, vertrauliche Rücksprachen, gütliche Regelungen, Entscheidung durch eine kirchliche Spruchkammer nach mündlicher Verhandlung, nach eingelegter Berufung endgültige Entscheidung durch den Spruchsenat der Landeskirche.[28] – Eine allgemeine Amnestie gab es nicht, wohl aber einzelne Gnadenentscheidungen.

DC-Pfarrer nach 1945, eine Auswahl[29]

Im Folgenden soll an den „Fällen" von elf, aus -zig Fällen ausgewählten Pfarrern mit NS- und DC-Vergangenheit und ihre Wiederbeschäftigung oder Entlassung verdeutlicht werden.[30]

Geschildert werden *Fünf Sonderfälle*. Von denen blieb ein Pfarrer unbehelligt in seinem Pfarramt, einer wurde staatlicher Religionslehrer, einer wechselte in die württembergische Landeskirche, einer schied schon 1936 aus dem landeskirchlichen Dienst aus, wurde NS-Funktionär und konvertierte nach 1945 zur katholischen Kirche, einer blieb trotz vieler Fürsprachen entlassen.

---

[26] Bekanntgemacht im Kirchlichen Gesetzes- und Verordnungsblatt (GVBl.) vom 29.12.1945 (8 Paragraphen); siehe ELBDR V (2004), 403f.

[27] Vgl. Muster, Reinigung (wie Anm. 4), 252–254 und Lindemann, Entnazifizierung (wie Anm. 4), 304.

[28] Wieweit die genannte Spruchkammer (zwei Geistliche und ein Jurist) oder gar ein landeskirchlicher Spruchsenat (drei Geistliche und zwei Juristen) tätig werden mussten, ist aus den Akten nur schwer ersichtlich. Nach einem Zwischenbericht vom Mai 1946 hat ein Pfarrer die Spruchkammer angerufen – Lindemann, Entnazifizierung (wie Anm. 4), 306.

[29] Zahlenangaben schwanken. Ende September 1946 berichtete Landesbischof Bender der Landessynode, zwei Pfarrer seien entlassen worden, ca. 30 habe man suspendiert (was immer das im Einzelfall heißt: vorläufig aus dem Dienst genommen oder in den Ruhestand versetzt); vgl. Lindemann, Entnazifizierung (wie Anm. 4), 307. Das wären wohl etwa 8 Prozent der damaligen Pfarrer der Landeskirche. – 1948 wurden der Landessynode folgende Zahlen genannt: Von 350 Pfarrern wurden 3 entlassen, 16 zur Ruhe gesetzt und 16 suspendiert; also 10 Prozent; ebd., S. 313. – In einer abschließenden Bilanz von 1952 ist von einer Entlassung, 22 Ruhestandsversetzungen und 12 Wiederanstellungen die Rede; ebd., S. 317. – DC-Pfarrer dürften es 1933 und danach aber wohl in weit größerer Zahl gewesen sein.

[30] Dafür werden herangezogen: die Personalakten (PA) und ggf. Spezialakten (SpA), wie z. B. Visitationsakten, und ggf. Generalakten (GA) im Landeskirchlichen Archiv Karlsruhe (LKA), das sechsbändige Quellenwerk ELBDR (1991–2005) sowie einschlägige Literatur. Generell ist dabei jedoch die Zeit nach 1945 im Blick.

Rudolf Löffler (1900–1976)[31] war seit 1929 Pfarrer in Gaggenau gewesen, bevor er von 1938 bis zum Ruhestand 1966 Pfarrer der Südpfarrei an der Christuskirche Karlsruhe wurde, freilich unterbrochen durch Kriegsdienst während der gesamten Zeit des Zweiten Weltkriegs, zuletzt als Hauptmann d. Res.; ebenfalls hatte er als Freiwilliger 1917/18, also in jugendlichem Alter, im Ersten Weltkrieg gedient.[32] Waren dies die Gründe dafür, dass Löffler 1945 nicht sofort suspendiert wurde? Bekanntermaßen hielt sich das Militär meistens möglichst auf Distanz zur Politik des NS-Staats. Andererseits war Löffler 1933, voller Illusionen wie viele, in die NSDAP eingetreten und Ortsleiter der NS-Volkswohlfahrt geworden und hatte sich als Bezirksleiter der DC für den Kirchenbezirk Baden-Baden den Deutschen Christen angeschlossen.[33] Nach 1945 zog sich deswegen seine Entnazifizierung lange hin, bis er im Juli 1947 von der Spruchkammer schließlich als „Mitläufer" eingestuft wurde, mit der Auflage einer Sühnezahlung von 1000 Reichsmark. – Doch „büßte er seine Verirrung durch aufopfernde Tätigkeit für Kirche und Gemeinde" (Wennemuth), wie ihm 1958 auch im Visitationsbescheid, unterschrieben ausgerechnet von Prälat Hermann Maas, bezeugt wurde.

Paul Gäßler (1898–1957)[34], 1923 rezipiert und seit 1929 Pfarrer in Wollbach (Kirchenbezirk Lörrach), war einer der aktivsten Deutschen Christen in mehreren Leitungsämtern innerhalb der Landeskirche mit agitatorisch-aggressiver Propagandatätigkeit, zudem bereits seit 1931 Mitglied der NSDAP und seit März 1935 SS-Hauptscharführer. Den Parteioberen schien Gäßler besonders geeignet zum Religionslehrer. So wurde er gleich 1933 aus dem Kirchendienst beurlaubt und Religionslehrer im Staatsdienst am Karlsruher Humboldt-Gymnasium, seit 1936 zudem Hochschullehrer für Lehrerbildung. 1941 schied er auf eigene Initiative hin *grundsätzlich und dauernd* aus dem Kirchendienst aus. Von 1945 bis 1947 war er als politischer Häftling im Internierungslager in Darmstadt, seit 1946 dort als Lagerpfarrer tätig. Trotz seiner herausragenden NS-Aktivitäten konnte Gässler, freilich nach langwierigen Verhandlungen, durch Spruchkammerbeschluss vom 13.12.1948 schließlich als Mitläufer eingestuft werden. Dagegen teilte Landesbischof Bender ihm im März 1949 mit, dass eine Wiederaufnahme in den Pfarrdienst nicht möglich sei. 1950 konnte Gäßler jedoch als Religionslehrer in den staatlichen Schuldienst zurückkehren, den er bis zu seinem frühen Tod ausübte (erst in Pforzheim, dann in Karlsruhe, seit 1953 als Studienrat).

Fritz Kiefer (1893–1955)[35] war eine der seltsamsten Persönlichkeiten der neueren badischen Kirchengeschichte: „Schwärmerische Frömmigkeit und deutschchristlicher Radikalismus" kennzeichneten ihn (Udo Wennemuth, 2010). In seiner

---

[31] LKA 2.0., Nr. 6556 – Vgl. Udo Wennemuth in: 100 Jahre Christuskirche Karlsruhe, 1900–2000, Karlsruhe 2000, 140f.

[32] Ähnliches galt für Julius Bender – siehe oben.

[33] ELBDR I (1991), 669. – Kurt Thieringer bewahrte der Kriegsdienst zwischen 1939 und 1945 nicht vor der Entlassung – siehe unten.

[34] Lka 2.0., Nr. 2347. – Vgl. Schwinge, Biogramm P. G. in: ELBDR VI (2005), 404f; Kunze, „Möge Gott unserer Kirche helfen!" (wie Anm. 8), 457f.

[35] Personalakten: LKA 2.0., Nr. 5292 und LKA Stuttgart: Nr. 51775. – Vgl. Rückleben, Art. F. K. in: BWB (wie Anm. 5), I (1994), 175f; Udo Wennemuth, Geschichte der evangelischen Kirche in Mannheim (Quellen u. Darstellungen zur Mannheimer Stadtgeschichte 4), Sigmaringen 1996, sehr oft passim, s. Register; bes. 407–422; Schwinge, Biogramm F. K. in: ELBDR VI (2005), 420f; Lindemann, Entnazifizierung (wie Anm. 4), 300, 306, 312; Wennemuth, Lebensbild F. K. in: Lebensbilder (wie Anm. 5), Bd. II, 2010, 470–505; Schwinge, Art. F. K., in: BBKL 37 (2016), Sp. 596–600.

Jugend wurde er durch die Schüler-Bibelkreise geprägt. Im Ersten Weltkrieg leistete er zeitweise freiwillig Militärdienst. Im November 1932 hob der Prälat Kühlewein, der spätere Landesbischof, seine *treue und hingebende Tätigkeit* in der Mannheimer Krankenhausseelsorge hervor. Von 1933 bis 1945 war Kiefer dann Pfarrer der Oberen Pfarrei der Trinitatiskirche Mannheim. – Neben der Arbeitslast in einer großen städtischen Pfarrei und trotz seiner lebenslangen Herzschwäche war Kiefer während der NS-Herrschaft höchst aktiv. Seit 1932 Mitglied der NSDAP und führender DC wie radikaler Propagandaleiter der Glaubensbewegung Deutsche Christen, wurde er 1934 vorübergehend (wie Helmuth Bartholomä – siehe unten – und andere) aus den DC ausgeschlossen wegen angeblicher Intrigen gegen den zu liberalen DC-Leiter Fritz Voges (siehe unten). Dennoch wurde er 1936, nach Heinrich Sauerhöfers (siehe unten) Abwanderung in die Kommunalpolitik, radikaler DC-Landesleiter für Baden. 1938 veranlasste er zusammen mit anderen DC die Einsetzung der staatlichen Finanzverwaltung beim Evang. Oberkirchenrat. Zuvor schon stand er wegen theologischer Äußerungen (Jesus: der größte Antisemit aller Zeiten, Paulus: ein Rassejude) und wegen angeblicher finanzieller Unregelmäßigkeiten in steter Gegnerschaft zum Landesbischof und zum Oberkirchenrat. Auch soll er ein Spitzel der Gestapo gewesen sein. – Gleich im Mai 1945 wurde Kiefer vom Oberkirchenrat seines Dienstes enthoben und im Herbst dann endgültig aus dem Pfarrdienst entlassen. Landesbischof Kühlewein hatte zuvor *nach allem Vorausgegangenen und als zwecklos* ein Gespräch mit ihm abgelehnt.[36] Von der Militärregierung wurde Kiefer noch 1946 im württembergischen Kornwestheim interniert, wo er als Lagerseelsorger kirchliche Dienste leistete. Trotz reuevoller Bemühungen Kiefers konnte sich der Oberkirchenrat nicht für seine Wiederbeschäftigung entscheiden. 1948 wechselte Kiefer, wohl auch weil sein Schwager Julius Bender Landesbischof geworden war (seine Schwester war seit 1920 mit Julius Bender verheiratet, vgl. oben.), auf eigenen Wunsch in die württembergische Landeskirche, in der er als Minderbelasteter ab 1948 stufenweise in verschiedenen Gemeinden als Pfarrer wiederverwendet wurde.

Heinrich Sauerhöfer (1901–1953)[37] war nur rund sechs Jahre badischer Pfarrer (1930–1936), fast 20 Jahre seines 53 Jahre dauernden Lebens war er NSDAP-Mitglied und hochengagierter Parteifunktionär (1925–1945), währenddessen neun Jahre lang nach seiner eigenen Aussage gottgläubig (1936–1945), schließlich acht Jahre katholisch – ein wahrhaft unglaubliches Leben. Es ist hier nicht möglich, aber auch nicht notwendig (angesichts der vorliegenden biographischen Literatur), Sauerhöfers Aktivitäten während des NS-Regimes zu schildern, einschließlich seiner Stellung im NS-Pfarrerbund und der Querelen innerhalb der Glaubensbewegung Deutsche Christen und seiner außerordentlich häufigen publizistischen Aktivität in den Jahren 1932 bis 1936. Vielmehr geht es um seine Rolle in der Landeskirche. – Im Elsass geboren und aufgewachsen wie Otto Friedrich und Gustav Rost, war er 1930–1933 Pfarrer in Gauangelloch (Kirchenbezirk Neckargemünd) und 1933–1936 an der Christuskir-

---

[36] LKA GA 4791: Prototokoll der Sitzung des Oberkirchenrats am 7.8.1945, Ziffer 3.
[37] LKA 2.0., Nr. 1699 – H. Sauerhöfer, Confessio (autobiograph. Aufzeichnung), in: Joseph Logel, Victime du paradoxe, Colmar 1990, 319–326; Wennemuth, Geschichte (wie Anm. 35), 317–330 passim; Wennemuth in: 100 Jahre Christuskirche (wie Anm. 31), 134f (mit – physiognomisch bloßstellendem – Bildnis); Schwinge, Biogramm H. S. in: ELBDR VI (2005), 448f; Fred Ludwig Sepaintner/ G. Schwinge: Art. H. S. in: BWB (wie Anm. 5) 5 (2013), 333–336; Kunze, „Möge Gott unserer Kirche helfen!" (wie Anm. 8), 433–435.

che in Karlsruhe (als Nachfolger von Fritz Voges – siehe unten). Dann schied er aus dem Pfarrdienst und aus der Landeskirche aus, wurde Ortsgruppenleiter und Bürgermeister in Durlach und bald darauf NS-Kreisleiter in Kehl. 1940 wurde er SS-Unterscharführer und 1940–1944 im Elsass als NS-Kreisleiter eingesetzt. Nach Kriegsende floh er nach Bayern und konvertierte zum Katholizismus. – Sauerhöfer gilt als „einer der politischsten Pfarrer in streng nationalsozialistischem Sinne", als „einer der Protagonisten des radikalen DC-Flügels" und „unversöhnlicher Gegner der Kirchenleitung" (Wennemuth); als „einer der fanatischsten Nationalsozialisten Badens" (Kunze). – Eine „Confessio", eine „schriftliche Beichte" vor seiner Aufnahme in die katholische Kirche schrieb Sauerhöfer am 31. Mai 1945 in Mittenwald nieder: gut vier eng beschriebene Seiten lang eine apologetische, beschönigende Autobiographie und auf zwei Seiten eine peinliche, schwärmerische Anbiederung an die „Una Santa", die „Mutterkirche".[38]

Karl Rose (1884–1960)[39] – seit 1919 Lic. Rose, worauf er zeitlebens Wert legte – war von 1922 bis 1945 Pfarrer in Kenzingen in der Nähe des Kaiserstuhls, seit 1933 zugleich Dekan des Kirchenbezirks Emmendingen. Bereits 1931 trat in die NSDAP ein und wurde aktives Mitglied der Deutschen Christen. – Weil Landesbischof Kühlewein angeblich nicht erreichbar war, wandte sich Rose am 13. Juni 1945 an den (umstrittenen) Freiburger Erzbischof Dr. Conrad Gröber wegen seiner bevorstehenden Entlassung durch die Militärregierung mit der Bitte um Hilfe (Dürr: „ein starkes Stück") und behauptete seinen persönlichen Gegensatz zum NS-Regime – ein Verhalten, das ihm nach Kriegsende, neben dem frühen Parteieintritt und seiner zeitweisen DC-Mitgliedschaft, von der badischen Kirchenleitung besonders nachgetragen wurde. Außerdem war er für den Oberkirchenrat *vollends unhaltbar geworden*, weil er als Dekan für die Herbsttagung der Pfarrer seines Kirchenbezirks den *rabiaten DC-Mann* Pfarrer Kuno Schimmelbusch beauftragt hatte, ein Referat über „Die Zukunft der Kirche" zu halten.[40] So wurde schon im August 1945 seine Entlassung mit sofortiger Wirkung und die Einstellung der Gehaltsbezüge vorgenommen (unterzeichnet in Vertretung des Landesbischofs von Oberkirchenrat Rost). Trotz langer Verhandlungen mit dem Oberkirchenrat und trotz der zahllosen Eingaben und der Fürsprache von vielen Amtsbrüdern, Kirchengemeinderäten und Gemeindegliedern noch im August/ September 1945 und nach einer langen Aussprache Oberkirchenrat Friedrichs mit Rose im November blieb es wegen verschiedener Vorkommnisse und konkreter Verhaltensweisen Roses während der NS-Zeit zunächst bei der vorläufigen Entlassung. Im April 1946 wandelte die Kirchenleitung unter Landesbischof Bender jedoch die Suspendierung in eine Pensionierung um, räumte ihm 1949 sogar noch das Recht ein, Amtshandlungen zu vollziehen.

---

[38] Der Übermittler der Confessio, der elsässische Historiker Logel, schreibt dazu, dass er den Text von einer Tochter Sauerhöfers erhalten habe. Sauerhöfer habe katholischer Priester werden wollen, sei aber kurz vor seiner „Ordination" am 9. Oktober verstorben. Außerdem habe er, Logel, ein Manuskript Sauerhöfers erhalten über verschiedene Personen Schlettstadts und der Region in den Jahren 1940–1944, solche, die ihn unterstützten, und solche, die sich ihm widersetzten.

[39] LKA 2.0, Nr. 3950 – Erbacher, Biogramm K. R. in: Geschichte in Quellen, 1996 (wie Anm. 4), S. 590; Schwinge, Biogramm K. R. in: ELBDR VI (2005), 446f; Lindemann, Entnazifizierung (wie Anm. 4), 300; Kunze, „Möge Gott unserer Kirche helfen!" (wie Anm. 8), 420f.

[40] LKA GA 4791: Protokoll der Sitzung des Oberkirchenrats am 7. August 1945, Ziffer 2.

Sechs nach 1945 wiederbeschäftigte ehemalige DC-Pfarrer

Nicht wenige ehemalige DC-Pfarrer wurden nach 1945 früher oder später wieder im Pfarrdienst der Landeskirche beschäftigt, oft noch länger als zehn Jahre. Im Folgenden werden sechs herausragende Beispiele dargestellt.

Fritz Voges (1896–1967)[41] stand 37 Jahre lang im Dienst der Landeskirche, davon zehn Jahre als Vikar und Pfarrer in verschiedenen Gemeinden (1923–1933) und zwölf Jahre als Oberkirchenrat sowie nach 1948 bis zum Ruhestand 1963 noch einmal fünfzehn Jahre als Pfarrer, jetzt in Mannheim. – Bereits 1931 war Voges in die NSDAP eingetreten, 1932 in den NS-Pfarrerbund. Nachdem er darauf Leiter der Glaubensbewegung der DC geworden war, schickten ihn die DC 1933 in die nationalsozialistisch geprägte Karlsruher Christus-Kirchengemeinde. Doch als nach wenigen Monaten Kühlewein Landesbischof geworden war, berief dieser ihn in den Oberkirchenrat. Entscheidend wurde es für Voges' weiteren Berufsweg und für die Landeskirche, als er 1934 als badischer Vertreter zur Reichskirchenleitung nach Berlin delegiert wurde, aber sehr bald desillusioniert nach Karlsruhe zurückkehrte, was die Wiederausgliederung Badens aus der Reichskirche zur Folge hatte. Er selbst distanzierte sich fortan von den DC und wurde daraufhin unter Heinrich Sauerhöfer (siehe oben, Nachfolger von Voges an der Christuskirche) aus der Glaubensbewegung der DC ausgeschlossen, konnte aber als Oberkirchenrat bei weiter bestehender Parteimitgliedschaft bis zum Ende des NS-Regimes in der Kirchenleitung verbleiben. – 1945 auf Anordnung der Militärregierung aus dem Kirchendienst entlassen, gelang es 1947/48, nach der Einstufung bei der Entnazifizierung als „Mitläufer", ihn wieder als Pfarrer einzustellen. Von 1948 bis 1958 war Voges Pfarrer in seiner Geburtsstadt Mannheim, zuerst in der Jungbusch-Pfarrei, einer Arbeitergemeinde. Für diese Gemeinde konnte 1953 auf Voges' Initiative hin eine eigene Kirche gebaut und eingeweiht werden, die „Hafenkirche von der Barmherzigkeit Gottes". Fortan wurde von hier aus durch einen Schiffermissionar eine spezielle Binnenschifferseelsorge betrieben. Nach „zehnjähriger segensreicher Wirksamkeit" in der Jungbusch-Pfarrei übernahm Voges 1958 die Leitung des Gemeindedienstes Mannheim, die er bis zu seinem Eintritt in den Ruhestand 1963 innehatte. Schon vorher hatte er in Mannheim auf gesamtgemeindlicher Ebene mitgearbeitet, besonders in der Diakonie und in der kirchlichen Pressearbeit. In diesen 15 Mannheimer Jahren hat sich Voges bleibende Verdienste erworben (Wennemuth 1996, 506).

---

[41] Hier nur die wichtigsten Quellen- und neuesten Literaturangaben; das bisher umfangreichste Verzeichnis von beidem bei Schwinge, in: BBKL 39 (2018) (siehe unten). – LKA 2.0., Nr. 4878–4881 u. Nachlass 150.063; Geschichte in Quellen, (wie Anm. 4), passim, s. Register, 596f Biogramm; ELBDR I–VI (1991–2005) (wie Anm. 5), passim, s. S. 446f Biogramm u. Register. – Rückleben: Art. F. V. in: BB NF 2 (1987), 292f; Wennemuth, Geschichte (wie Anm. 34), passim, bes. S. 549–551; Ders., Biogramm F. V. in: 100 Jahre Christuskirche Karlsruhe (wie Anm. 30), 133f; Klausing, Bekennende Kirche (wie Anm. 7), passim, Kurzbiographie 151–154; Schwinge, Art. F. V. in: BBKL 39 (2018), Sp. 1504–1508; Wennemuth, Lebensbild F. V. in: Lebensbilder Bd. I (wie Anm. 7), in Vorber.

Helmuth Bartholomä (1898–1974)[42] stand, von seiner 1923 beginnenden Vikarszeit an, 43 Jahre lang im Pfarrdienst der Landeskirche,[43] davon von 1933 bis 1951 durchgehend in Sandhofen bzw. nach der Eingemeindung 1948 Mannheim-Sandhofen und dann von 1951 bis zum Eintritt in den Ruhestand 1966 in Wertheim (Obere Pfarrei), dort von Anfang an zugleich Dekan des Kirchenbezirks. Das ist insofern erstaunlich, als Bartholomä seit 1932 Parteigenosse der NSDAP war und sich zumindest bis 1934 bei den Deutschen Christen engagierte. In deren Zeitung *Kirche und Volk – der Deutsche Christ*, herausgegeben vom DC-Gau Baden, veröffentlichte er sogleich im ersten Jahrgang 1933 einen Aufsatz „Von der goldenen Internationale"[44], der als antisemitische Hetzschrift charakterisiert wird, und kurz darauf veröffentlichte er eine Polemik gegen Fritz von Bodelschwingh als Kandidaten für das Amt des Reichsbischofs[45]; hinzu kamen weitere Zeitungsartikel. 1934 jedoch wurde Bartholomä während der Auseinandersetzung zwischen der Mannheimer Opposition der positiven, also konsequenten DCler (außer Bartholomä auch Fritz Kiefer, Paul Rössger und Heinrich Brauß) und den liberalen DClern unter Fritz Voges aus der DC-Bewegung ausgeschlossen, woraufhin Bartholomä, obwohl weiterhin Parteigenosse und angeblich mit Verbindungen zur SA-Reiterstaffel, sich vorübergehend beim Pfarrernotbund und bei der Badischen Bekenntnisgemeinschaft andiente.[46] – Dass dieses Vorleben Bartholomäs nach 1945 eine gewichtige Rolle spielte und die Militärregierung gleich im Oktober 1945 seine Entlassung beantragte, erscheint als selbstverständlich. Doch Bartholomä wehrte sich, unter Einbeziehung eines Rechtsanwalts, woraus sich eine schließlich drei Jahre dauernde Auseinandersetzung mit der staatlichen Spruchkammer ergab. Dabei ging es vor allem um den Treueid auf den Führer. In einem Schriftsatz an die Militärregierung behauptete er nämlich umgehend, dass er durch ein Urteil des Parteigerichts der NSDAP vom 19. April 1937 aus der Partei entlassen wurde, weil er *sein Gelübde als Priester höher eingeschätzt* habe *als seinen Eid gegenüber dem Führer*, und dass er „kein Nazi" gewesen sei. Das jedoch kann zeitlich eigentlich so nicht stimmen, da ein vor dem jeweiligen Dekan zu leistender Treueid auf den Führer erst im Mai 1938 vom Oberkirchenrat (!) angeordnet wurde.[47] Die Ableistung dieses Eides gebunden an das Ordinationsgelübde wurde Bartholomä

---

[42] LKA 2.0., Nr. 6875 (1916–1945) u. 6876 (1946–1966, Dekanatsakte integriert). – Dekan Helmuth Bartholomä, in: AUFBRUCH, Evang. Kirchenzeitung für Baden 2 (1966), Oktober, zum Eintritt in den Ruhestand; Wennemuth, Geschichte (wie Anm. 34), passim, bes. 335–337; Schwinge, Biogramm H. B. in: ELBDR VI (2005), 385f mit Register; Lindemann, Entnazifizierung (wie Anm. 4), 312; Kunze, „Möge Gott unserer Kirche helfen!" (wie Anm. 8), 439f. – Helmuth ist die am häufigsten vorkommende Namensform, es tauchen aber auch Helmut und Hellmuth auf.

[43] 1964 erhielt er für 40 Jahre im Kirchendienst eine Jubiläumsgabe.

[44] Kirche und Volk 1 (1933), Nr. 15 vom 9. April, 117; abgedruckt in: ELBDR Bd. I (1991), 551f. – Vgl. Wennemuth, Geschichte (wie Anm. 34), 337 u. Kunze, „Möge Gott unserer Kirche helfen!" (wie Anm. 8), 439.

[45] Kirche und Volk 1 (1933), Nr. 24 vom 11. Juni. – Vgl. Kunze, „Möge Gott unserer Kirche helfen!" (wie Anm. 8), 439.

[46] Wennemuth, Geschichte (wie Anm. 34), 337 nennt ihn „eine der problematischen Pfarrerpersönlichkeiten in Mannheim im Dritten Reich". „Gleichwohl konnte er im deutsch-nationalen Milieu seiner Sandhofener Gemeinde allgemeine Anerkennung finden."

[47] Vgl. ELBDR IV (2003), 303–310; VI (2005), 337–339. – Selbst Julius Bender leistete 1938 diesen von den Geistlichen geforderten Eid, wie die meisten Pfarrer (vgl. oben; zu namentlich genannten Verweigerern siehe ELBDR IV, 310). – Auch forderte schon im Januar 1937 ein Reichsgesetz ein Treuegelöbnis der Beamten, welches im Juni auf die nichtstaatlichen Religionslehrer erweitert wurde.

am 2. Juli 1938 vom Dekan bestätigt. Ein Erhebungsbogen vom März 1939 weist Bartholomä als Nichtparteimitglied der NSDAP aus. Die Spruchkammer erkannte Bartholomä im September 1946 schließlich als „Minderbelasteten" an, was ihn freilich noch nicht ruhen ließ. – Im Juni 1951 wurde Bartholomä nach einer Kirchenvisitation in Mannheim-Sandhofen eine treue Amtsführung bestätigt. Im Oktober 1951 wurde er als Pfarrer der oberen Pfarrei nach Wertheim versetzt, verbunden mit der Übernahme des vakanten Dekansamtes. Nach der Dekanatsvisitation im September 1953 sprach der Oberkirchenrat (wie 1951 unterzeichnet von Katz) ihm seinen Dank aus; mit Umsicht, Geschick und Takt habe er sich das Vertrauen seiner Amtsbrüder und der Kirchengemeinderäte des Kirchenbezirks erworben. Am 1. Oktober 1966 trat Bartholomä seinen Ruhestand an, in dem er noch acht Jahre leben konnte. Weil Bartholomä sich ebenfalls auf landeskirchlicher Ebene engagiert hatte, so in der Landessynode, im diakonischen Bereich und in der Öffentlichkeitsarbeit, widmete ihm die 1965 gegründete Kirchenzeitung der Landeskirche „AUFBRUCH" zum Eintritt in den Ruhestand einen würdigenden Artikel.

Theodor Pfefferle (1896–1974)[48] stand von 1922 bis 1964 im Pfarrdienst der Landeskirche, einschließlich der ersten sechs unständigen Jahre in verschiedenen Gemeinden Mannheims und Heidelbergs, abzüglich des zeitweiligen Kriegsdienstes und der Suspendierung 1945 bis 1948, also etwa 35 Jahre: 1927–1943 in Kirchardt (Kirchenbezirk Sinsheim), 1943–1945 (als Nachfolger des entschiedenen DC-Pfarrers und frühen NSDAP-Mitglieds, des 1942 verstorbenen Fritz Kölli) in der Ludwigspfarrei Freiburg und schließlich rund 14 Jahre von 1950/51 bis zum Ruhestand 1964 in Münzesheim (Kirchenbezirk Bretten). – Als 19-jähriger Freiwilliger hatte Pfefferle ab 1915 Heeresdienst im Ersten Weltkrieg geleistet. Dies fand seine Fortsetzung in einer Karriere im Reservedienst der Wehrmacht: 1936 Feldwebel d. R., 1939 Oberleutnant, Kriegsdienst, 1944 Hauptmann d. R., 1945 Major d. R. Bei Kriegsende geriet er in amerikanische Kriegsgefangenschaft. – Wenige Wochen nach der Machtergreifung Adolf Hitlers beschwor Pfefferle in einer Predigt am 19. März 1933 das Deutschtum und dankte der neuen Reichsregierung als *Kraft der Nation*, die das Christentum in Schutz nehmen werde.[49] Im Mai 1934 bekannte er sich, nach Konflikten innerhalb der Gemeinde, im örtlichen Gemeindeblatt „offen als Deutscher Christ, als ein fanatischer Kämpfer für deren Ziele", dem es aber um das Evangelium gehe; das jetzige Deutschland sei einfach noch nicht christlich genug.[50] – 1945 wurde Pfefferle sogleich im Oktober von der französischen Militärregierung suspendiert, woraufhin er sich gegenüber dem Oberkirchenrat mit einer umfangreichen Erklärung verteidigte. Bis zum Dienstantritt in Münzesheim im Mai 1950, zunächst als Pfarrverwalter, zogen sich viele Verhandlungen hin: im März 1946 offizielle Amtsenthebung, dagegen erneut ausführliche Stellungnahme Pfefferles; im April Unterredung mit Landesbischof Bender und den Oberkirchenräten Rost und Katz, nach welcher Pfefferle die Suspendierung akzeptierte. Dennoch wurde er ab Dezember 1946 mit verschiedenen Dienstversehungen im Kirchenbezirk Boxberg beauftragt; 1950 verzichtete Pfefferle

---

[48] LKA 2.0., Nr. 6188/89 u. 6303 – Schwinge: Biogramm Th. Pf. in ELBDR VI (2005), 441 mit Register; Lindemann, Entnazifizierung (wie Anm. 4), 306; Kunze, „Möge Gott unserer Kirche helfen!" (wie Anm. 8), 444f. – LKA SpA 7742, Bd. 2: Kirchenvisitationen Münzesheim 1871–1955.
[49] ELBDR I (1991), 515–517, Kunze, „Möge Gott unserer Kirche helfen!" (wie Anm. 8), 444f.
[50] ELBDR III (1995), 2–5, hier 4; vgl. Kunze, „Möge Gott unserer Kirche helfen!" (wie Anm. 8), 444f.

wegen ungünstiger Ausbildungsmöglichkeiten für die vier zwischen 1934 und 1942 geborenen Kinder auf eine Berufung nach Obergimpern (Kirchenbezirk Neckarbischofsheim) und schrieb viele verschiedene vergebliche Bewerbungen auf andere Pfarrstellen; stattdessen wurde Pfefferle am 24.5.1950 als Pfarrverwalter nach Münzesheim versetzt (zuvor Auseinandersetzung mit dem Landesbischof). Selbst in seiner Zeit als Pfarrer in Münzesheim von Juli 1951 bis zum Beginn des Ruhestands am 1.12.1964 schrieb Pfefferle aus familiären Gründen noch weiterhin viele Bewerbungen auf vakante Pfarrstellen, wobei er 1957 und wiederholt auch seine Herzerkrankung als Grund nannte. Obwohl Pfefferle also Münzesheim immer wieder verlassen wollte, wurde ihm nach der Visitation 1953 in einem Bescheid des Prälaten Hermann Maas, unterstützt durch Kirchenälteste, ausdrücklich ein Dank für seine segensreiche Amtsführung ausgesprochen.

Kurt Thieringer (1900–1988)[51] ist insofern ein besonderer „Fall", als es 13 Jahre dauerte, bis Thieringer wieder im aktiven Dienst der Landeskirche verwendet und ihm für noch zehn Jahre, 1958–1968, eine neu gebildete Pfarrstelle übertragen wurde, woran sich ein zwanzigjähriger Ruhestand anschloss. Grund für die lange Verweigerungshaltung der Kirchenleitung war, dass Thieringer im Dritten Reich in seiner damaligen Gemeinde unter Mitwirkung der NSDAP eine Spaltung zwischen sich als Deutschem Christen und seinen Anhängern auf der einen Seite und bekenntnistreuen Gemeindegliedern und Vikaren, die der Bekenntnisgemeinschaft angehörten, auf der anderen Seite – etwa ein Drittel der Gemeinde – herbeigeführt und nicht ausgeräumt hatte. – Thieringer war sehr früh, schon Ende der Zwanzigerjahre den Nationalsozialisten beigetreten. Von 1929 bis 1933 war er Pfarrer der Gemeinde Buchenberg im Kirchenbezirk Hornberg, von 1933 bis 1945 im benachbarten St. Georgen im Schwarzwald. Hier wirkte er seit 1934 so fanatisch als aktiver DCler, dass die Kirchenleitung eingeschaltet werden musste und eine Minderheitsversorgung für die Gegner Thieringers eingesetzt wurde. – Thieringer war nach 1939 Kriegsteilnehmer und 1945–1947 in französischer Kriegsgefangenschaft, in der er nach seinen Worten als Lagerseelsorger wirkte, aber schließlich einen gesundheitlichen Zusammenbruch erlitt. Nach der Heimkehr wurde er 1947 aus dem Dienst der Landeskirche entlassen. Weil die Familie, die Ehefrau und zwei Kinder, die schon im September 1945 das St. Georgener Pfarrhaus hatte räumen müssen, in existenzbedrohlichen Verhältnissen lebte und Thieringer selbst krank war, gewährte der Oberkirchenrat ihm immerhin eine monatliche Unterstützung. In den zahlreichen Schriftsätzen und auch Aussprachen der sich über Jahre hinziehenden Auseinandersetzungen mit dem Oberkirchenrat[52] schwieg Thieringer über alle Vorkommnisse in der Vorkriegszeit, während die Landeskirche wegen seiner „Vergehen" im Kirchenkampf eine Wiederverwendung als Pfarrer immer wieder ablehnte. Landesbischof Bender schrieb ihm im November 1948: *Sie standen im Kirchenkampf der vergangenen Jahre an vorderster Stelle und sind für die notvollen Verhältnisse, die in der St. Georgener einst so innerlich geschlossenen Gemeinde herrschten und z. T. noch herrschen, in erster Linie verantwortlich.* 1950 setzen sich die Kirchengemeinderäte von Buchenberg – nicht die von

---

[51] LKA 2.0., Nr. 6374/75 – Muster, Reinigung (wie Anm. 4), 164–171 (anonymisiert als Fall P3); Schwinge: Biogramm K. Th. in ELBDR VI (2005), 460f mit Register.
[52] Thieringer erlebte drei Landesbischöfe: Julius Bender 1946–1964, Hans-Wolfgang Heidland 1964–1980 und Klaus Engelhardt seit 1980.

St. Georgen – beim Oberkirchenrat für ihren ehemaligen Pfarrer ein. Dennoch schrieb ihm Bender noch im Juni 1956 erneut: *Die Wirkung Ihrer Tätigkeit in St. Georgen ist – weit über die Gemeinde St. Georgen hinaus – nicht vergessen und in der Gemeinde selbst durch die 10 Jahre seit 1945 nicht aufgehoben.* Erst als der Prälat für Südbaden Hans Bornhäuser sich 1956 zweimal für Thieringer einsetzte und dieser endgültig genesen war, wurde er in der neu gegründeten Lukaspfarrei in Freiburg-St. Georgen eingesetzt, zunächst kurz als Pfarrverweser, dann als Gemeindepfarrer. Mitglieder der neuen Gemeinde stellten ihm ein gutes Zeugnis aus, obwohl es in der Gemeindearbeit auch Spannungen gegeben haben soll. Immerhin sprach der neue Landesbischof Hans-Wolfgang Heidland Thieringer bei dessen Eintritt in den Ruhestand 1968 ein Wort des Dankes aus: *Das letzte Jahrzehnt* [hat] *die vergangene Krisenzeit nicht nur zeitlich hinter sich gelassen.* Heidland und dessen Nachfolger Klaus Engelhardt schrieben Thieringer seit 1970 dann zu dessen runden Geburtstagen persönliche Briefe.

Albert Kramer (1887–1958)[53] ist ein weiteres Beispiel dafür, dass die Mitgliedschaft in der NSDAP und die Aktivität bei den DC einerseits und Nachkriegsäußerungen der Betreffenden andererseits wenig miteinander zu tun hatten. – Kramer studierte zunächst im Missionshaus Basel, dann in Heidelberg und war als Missionar der Basler Mission tätig bis zu seiner Internierung im Ersten Weltkrieg. 1921 wurde er auf eigenen Antrag hin unter die badischen Pfarrkandidaten aufgenommen, zurückdatiert auf 1915. Nach verschiedenen Vikariaten war er 1922–1927 Pfarrer in Buch am Ahorn (Kirchenbezirk Boxberg), 1927–1935 in Meißenheim (Kirchenbezirk Lahr) und 1935–1945 in der Bruchsaler Nordpfarrei. Seine politische „Karriere" begann bereits 1930 mit der NSDAP-Mitgliedschaft; es folgten Kassenwart des NS-Pfarrerbundes 1931, DC-Landeswahlleiter 1932, DC-Bezirksleiter 1933. Bis zur Auflösung des Erweiterten Oberkirchenrats war er dessen Mitglied, dann 1934 für die DC Mitglied der Landessynode. In einer umfangreichen handschriftlichen Eingabe an den Oberkirchenrat vom 23. November 1945 schreibt Kramer selbst: *Für die DC-Bewegung trat ich so lange aktiv ein, bis die Thüringer Richtung*[54] *Oberhand gewann. Dann erklärte ich 1936 meinen Austritt.* [...] *Auf stetes Drängen meiner DC-Kollegen ließ ich mich im Jahre 1938 überreden, wieder Mitglied der DC zu werden. Doch tat ich es, ohne mit ihren Grundsätzen je ganz übereinzustimmen. Die Einführung der ‚Gottesfeiern' lehnte ich als irrwegig jederzeit ab.* [...] *Ebenso verweigerte ich die Annahme irgendeines Amtes.* – Kramer wurde 1945 sogleich von der Militärregierung aus dem Kirchendienst entlassen. Nach seinen Eingaben vom 10. Oktober, in denen er vor allem seine prekäre familiäre Lage schilderte (nach der Ausbombung in Bruchsal), und vom 23. November 1945 sowie nach schriftlichen Fürsprachen Meißenheimer Kirchenältester (*Gewiß, er war ein großer Verfechter der NSDAP, aber wir sind überzeugt, daß er in gutem Glauben gehandelt und nur das Beste für das deutsche Volk gewollt hat.*) und ebenso seiner Schwester (Kramer zeige Reue und bitte um Gnade) wurde er 1946 vom Oberkirchenrat pensioniert. Dennoch wurde er wegen des großen

---

[53] LKA 2.0., Nr. 5525. – Schwinge, Biogramm A. K. in: ELBDR VI (2005), 424 mit Register; Kunze, „Möge Gott unserer Kirche helfen!" (wie Anm. 8), 454–456.

[54] Eine besonders fanatische, offen antijüdische DC-Bewegung, die in der thüringischen Landeskirche die Kirchenleitung übernahm und auf die DC-Gruppierungen in anderen Landeskirchen Ende der Dreißigerjahre mehr und mehr Einfluss ausübte.

Pfarrermangels in mehreren Gemeinden des Kirchenbezirks Boxberg zur Dienstversehung eingesetzt, ab 1948 dann bis 1958 in Korb bei Adelsheim.

Wilhelm Albert (1895–1977)[55] war 1922 Vikar an der Freiburger Christuskirche bei dem damaligen Pfarrer Julius Kühlewein, anschließend in Freiburg Wohlfahrts- und Jugendpfarrer. Während des Nationalsozialismus und des Weltkriegs, genauer 1932–1947 war Gundelfingen im Kirchenbezirk Freiburg seine Pfarrstelle. Schon seit 1931 war Albert NSDAP-Mitglied und seit 1932 und bis 1935 aktiver Deutscher Christ, so als DC-Bezirksleiter in Freiburg und vor allem als Schriftleiter der DC-Blätter *Kirche und Volk* bzw. *Der Deutsche Christ*. Hier veröffentlichte er zahlreiche Beiträge. Unter anderem agitierte er gegen die Kirchich-positive Vereinigung (*Eher kommt ein Altliberaler durchs Nadelöhr als ein Altpositiver ins Dritte Reich.*), gegen Landesbischof Kühlewein und die Badische Bekenntnisgemeinschaft. – 1945 wurde sogleich von der Militärregierung seine Zurruhesetzung verlangt. Dagegen und selbst gegen eine Suspendierung wandte sich im September und Oktober 1945 der Oberkirchenrat, unterzeichnet vom Juristen Otto Friedrich. Daran schlossen sich mit mehreren langen Schriftsätzen, einschließlich Übersetzungen ins Französische, viereinhalb Jahre dauernde Auseinandersetzungen zwischen Landeskirche und Militärbehörde an. Sie wurden erst nach einer schriftlichen Erklärung von Oberkirchenrat Dürr vom Januar 1950 beendet; dieser schrieb, wohl nach langem Zögern: *Als Vorsitzender der Bekennenden Kirche von 1933 bis Mai 1949* [!] *erkläre ich folgendes: Seit Ende 1936 hat sich Herr Pfarrer Albert zu dem von der Bekennenden Kirche durchgeführten Pfarrkonvent für den Freiburger Kirchenbezirk gehalten. Er hatte schon damals seine Mitgliedschaft bei den Deutschen Christen beendet. 1944 widmete mir Herr Pfarrer Albert ein Exemplar seiner Lieder „Kirche in Anfechtung". Später hörte ich von ihm, dass er wegen dieser Veröffentlichungen ein Verhör durch die Gestapo hatte.* […] *Ich bin nie Mitglied der NSDAP gewesen.* – Wie Bartholomä ist Albert ein Fall, in dem sich die Entnazifizierung jahrelang hinzog, bei gleichzeitig weiter gehender Gemeindearbeit des Betroffenen. Im April 1947 wurde Albert vom Oberkirchenrat nach Sexau (Kirchenbezirk Emmendingen) versetzt, trotz seiner Gegenwehr – Albert empfand das als Strafversetzung – und gegen den Wunsch der Gundelfinger Kirchengemeinde. In Sexau amtierte Albert bis zum Eintritt in den Ruhestand im Oktober 1964, also noch siebzehn Jahre lang. Dort scheint er dann doch heimisch geworden zu sein: Zur 1100-Jahr-Feier Sexaus 1962 veröffentlichte Albert im Auftrag der Gemeindeverwaltung eine Ortsgeschichte.[56] Sein Nachnachfolger im Pfarramt bescheinigte Albert 1992: „Nach dem Krieg initiierte Pfarrer Wilhelm Albert den Gemeindeauf-

---

[55] LKAA 2.0., Nr. 4430 – Schwinge: Biogramm W. A. in ELBDR VI (2005), 383 mit Register; Kunze, „Möge Gott unserer Kirche helfen!" (wie Anm. 8), 427–430. – LKA SpA 14696: Kirchenvisitationen 1873–1966.

[56] Wilhelm Albert, Sexau 862 – 1962. Zur 1100-Jahr-Feier hrsg. von der Gemeindeverwaltung Sexau 1962, 164 S. Abb. – In der Liste der Ortspfarrer seit der Reformationszeit nennt er sich an letzter Stelle (S. 110): „Georg Wilhelm Albert, von Karlsruhe, im 1. Weltkrieg schwerkriegsbeschädigt (Kopfschuss mit Hirnverletzung). Verfasser des Liedes 442 im Bad. Anhang des Evang. Kirchengesangbuches [Ausgabe für die Evang. Landeskirche in Baden 1951, mindestens 15 Auflagen] (Text und Melodie). Veröffentlichung: ‚Sonette ad majorem dei gloriam', Karlsruhe 1950." Die erste Strophe des 1949 von Wilhelm Alber geschriebenen und vertonten 5strophigen Chorals beginnt so: Komm, Herr Jesu, deine Nähe / ruft uns vor dein Angesicht.

bau, was die Kirchengemeinderäte, die heute die Verantwortung für die Gemeinde tragen, prägte."[57]

Zusammenfassende Feststellungen zur Frage: DC-Pfarrer in der Nachkriegszeit[58]

In der kirchengeschichtlichen Forschung zum 20. Jahrhundert stand stets die Zeit des Nationalsozialismus im Vordergrund, auch in Baden,[59] genauer sogar nur die Jahre bis 1939, bis zum Beginn des Weltkriegs. Die Nachkriegszeit seit 1945 stand dahinter zurück, erst recht die Übergangsphase von dem Einen zum Anderen. Allein die juristische Dissertation von Muster 1989 und der Aufsatz von Lindemann 2009 beschäftigten sich mit der „Entnazifizierung" im Raum der badischen Landeskirche.[60] – Hier wurde dagegen gefragt: Wie erging es ehemaligen DC-Pfarrern nach der Zensur von 1945?

Wie bei vielen Deutschen so gab es auch in der Pfarrerschaft anfangs weitverbreitet einen Glauben an die Sendung Adolf Hitlers für eine nationale Erneuerung Deutschlands. Die Folgen waren Parteieintritte in die NSDAP und Beitritte zur DC-Bewegung. Nicht alle, die solche Schritte vollzogen haben, konnten sich später angesichts der Radikalisierung der Nationalsozialisten wieder aus den inneren und äußeren Verstrickungen in das NS-Regime lösen.

Für die Beurteilung des jeweiligen Einzelfalls durch den Oberkirchenrat waren maßgebend: eine DC-Aktivität, wichtiger als eine NSDAP-Mitgliedschaft, in manchen Fällen die Situation in Gemeinden (so in St. Georgen im Schwarzwald unter Pfarrer Thieringer – siehe oben). Besondere Empörung erregte, dass Dekan Rose sich an den Erzbischof in Freiburg gewandt hatte (siehe oben).[61] Dabei gab es im Kollegium der Oberkirchenräte durchaus unterschiedliche Verhaltensweisen und Entscheidungsansätze: Friedrich verhielt sich mehr legalistisch, Dürr mehr unversöhnlich, Bender mehr seelsorgerlich. Letztlich kann jedoch weder von ausdrücklichem Vergeltungs- noch von Versöhnungshandeln durch die neue Kirchenleitung die Rede sein.[62]

---

[57] Rudolf Landau (1978–1987 Pfarrer in Sexau), in: Sexau, ein Dorf am Fuße der Burg, hg. von Gerhard A. Auer u. a., Sexau 1992, 425 S., Abb., hier 192; dort S. 186: „Pfarrer Wilhelm Albert hat mit Energie die Renovierung der Kirche in die Wege geleitet" (realisiert unter seinem Nachfolger 1974). S. 366 findet sich ein Gruppenfoto anlässlich eines Zusammentreffens mit der französischen Partnergemeinde Andlau im Elsass: mit Wilhelm Albert und u. a. seiner Tochter Erika Albert, Lehrerin.

[58] Die Themafrage: Ende, Kontinuität und Neubeginn in der Kirchenleitung wird hier außer Acht gelassen.

[59] Zuletzt mit den Büchern von Klausing, Bekennende Kirche (wie Anm. 7) und Kunze, „Möge Gott unserer Kirche helfen!" (wie Anm. 8).

[60] Siehe Anm. 4. Von Muster werden Personal-„Fälle" nur anonymisiert behandelt: P1, P2 usw. Lindemann referiert fast nur die Bemühungen des Oberkirchenrats um die Entnazifizierung und wertet keine Personalakten aus (vgl. Anm. 22).

[61] Im Oberkirchenratskollegium traf Oberkirchenrat Doerrs eindeutige Kollaboration mit der NSDAP und insbesondere mit der staatlichen Finanzabteilung auf geschlossene Gegnerschaft – siehe oben.

[62] Siehe das sog. Wiederherstellungsgesetz.

Die betroffenen DC-Pfarrer neigten nach 1945 dazu, ihr persönliches Verhalten in der NS-Zeit zu verdrängen und zu verschweigen; das heißt, sie kamen fast nie auf die Jahre von 1933 bzw. 1931 bis 1945 zu sprechen. Vielmehr verwiesen sie als aus Krieg und Kriegsgefangenschaft Heimgekehrte in ihren Eingaben an den Oberkirchenrat auf die akute Not ihrer Familien, auf eigene Krankheit durch Kriegsverletzungen, oder sie erinnerten an ihre kirchentreue Amtsführung im Dritten Reich. – Gegenüber ihren Kindern war die Zeit, soweit bekannt, vor 1945 meist ebenfalls kein Thema, obwohl diese als Kriegskinder Mitbetroffene waren.

Versorgungsengpässe in den Gemeinden, also Pfarrermangel und Vakanzen waren anscheinend oft ausschlaggebend für die Entscheidungen des Oberkirchenrats. – Es ist keine Gemeinde bekannt, die einen ehemaligen DC-Pfarrer abgelehnt hat. Vielmehr gab es vielfach Fürsprachen durch Dekane, Visitatoren, Kirchenälteste, Gemeindeglieder zugunsten der ehemaligen DC-Pfarrer mit Hinweisen auf deren Bekenntnistreue, biblische Verkündigung und Seelsorgeernst.

Kann bei dem allen von einem wirklichen Neuanfang gesprochen werden? War ein solcher, realistisch geurteilt, überhaupt möglich?

// "Die Kanzel ist das Thermopylä der Christenheit, da wird die Schlacht verloren oder gewonnen."[1] – Unerwartete Entdeckungen im Bescheid des Badischen Oberkirchenrates auf die Verhandlungen der Bezirkssynoden 1963

Ulrich Bayer

In den frühen 1960er Jahren standen Kirche und Gesellschaft am Beginn einer Ära der Reformen und der Aufbrüche. Mit dem Rücktritt Konrad Adenauers als Bundeskanzler und dem Beginn der Regierungszeit Ludwig Erhards im Oktober 1963 endete in der Bundesrepublik endgültig die Nachkriegszeit.[2] In der katholischen Kirche hatte kurz zuvor im Oktober 1962 unter Führung des reformorientierten Papstes Johannes XXIII. das Zweite Vatikanische Konzil begonnen mit seinem Versuch, die katholische Kirche für die Moderne zu öffnen. In der bisher gesamtdeutschen EKD hatte der Mauerbau vom August 1961 die Teilung des Protestantismus in Ost und West verschärft, in den DDR-Landeskirchen begann eine eigenständige Entwicklung, die am Ende des Jahrzehnts 1969 zur Gründung des Bundes der Evangelischen Kirchen in der DDR führte.[3] Auch in der Badischen Landeskirche endete 1964 mit dem Dienstbeginn von Hans-Wolfgang Heidland als Landesbischof eine Ära: die 18jährige Bischofszeit von Julius Bender, der sein Amt kurz nach Kriegsende Anfang 1946 angetreten hatte.

Die 1960er Jahre sind schon seit längerem Gegenstand intensiver Forschung der Kirchlichen Zeitgeschichte, deren Ergebnisse in verschiedenen Studien publiziert wurden wie zum Beispiel „Die Politisierung des Protestantismus. Entwicklungen in der Bundesrepublik Deutschland während der 1960er und 70er Jahre"[4], „Umbrüche. Der deutsche Protestantismus und die sozialen Bewegungen in den 1960er und 70er Jahren"[5] oder „Religion und Lebensführung im Umbruch der langen 1960er Jahre"[6].

Die im August 1965 im Gesetzes- und Verordnungsblatt abgedruckte Reaktion des Karlsruher Oberkirchenrates auf die Verhandlungen der Bezirkssynoden des Jahres

---

[1] Gesetzes- und Verordnungsblatt der Evangelischen Landeskirche in Baden (GVBl.) Nr. 8 vom 06. 08. 1965, 46. Bei der Schlacht an den Thermopylen 480 v. Chr. gelang es den Griechen, die überlegenen Perser an einem weiteren Vorstoß nach Griechenland zu hindern, besonders hervorgetan hatten sich in dieser verlustreichen Schlacht die Spartaner unter ihrem König Leonidas.

[2] Erhard hat dies in seiner ersten Regierungserklärung am 16. Oktober 1963 so auch explizit formuliert, vgl. Hans-Peter Schwarz, Die Ära Adenauer. Epochenwechsel. 1957–1963 (Geschichte der Bundesrepublik Deutschland 3), Stuttgart 1983, 324.

[3] Vgl. hierzu Ulrich Bayer, Die „Deutsche Frage" auf den EKD-Synoden 1958 bis 1963: Konsolidierung und Ernüchterung im Zeichen des Mauerbaus – Die Vertiefung der deutschen Teilung und das Ende der Einheit der EKD, in: Kirchliche Zeitgeschichte 3 (1990), 336–354.

[4] Hg. von Klaus Fitschen/Siegfried Hermle/Katharina Kunter/Claudia Lepp und Antje Roggenkamp-Kaufmann. Arbeiten zur Kirchlichen Zeitgeschichte (AKiZ). Reihe B 52, Göttingen 2011.

[5] Hg. von Siegfried Hermle/Claudia Lepp und Harry Oelke. AKiZ B 47, Göttingen 2007.

[6] Hg. von Claudia Lepp/Harry Oelke und Detlef Pollack. AKiZ B 65, Göttingen 2016.

1963 ist ein kenntnisreiches und einzigartiges Dokument der kirchlichen Situation in Baden in genau jener Zeit des beginnenden Aufbruchs. Manche der darin in einer erstaunlichen Offenheit vorgenommenen Analysen von Kirche und Gesellschaft beschäftigen die Kirchen bis in die heutige Zeit und sind deshalb von erstaunlicher Aktualität.

Leider wurde keiner dieser für die badische kirchliche Zeitgeschichte bedeutsamen Bescheide aus dieser Epoche in der 1996 zum 175jährigen Unionsjubiläum erschienenen Quellensammlung „Geschichte der badischen evangelischen Kirche seit der Union 1821 in Quellen" publiziert.

Die Bezirkssynoden beschäftigten sich alle drei Jahre in ausführlichen Verhandlungen mit der gesamtkirchlichen Lage, zuvor war dies in den Jahren 1957 und 1960 der Fall gewesen. Die beim Oberkirchenrat 1963 eingegangenen Berichte hatten höchst unterschiedliche Längen, der Umfang schwankte je nach Kirchenbezirk zwischen 6 und 74 Druckseiten.

Der Mensch und die Kirche von heute

In einem ersten Teil beschäftigte sich der oberkirchenrätliche Bescheid mit *dem Menschen und der Kirche von heute.*[7] Der moderne Mensch sei geprägt von der optimistischen Grundüberzeugung, dass das Leben immer leichter und schöner werde. Die boomende Wirtschaft verschafft dem modernen Menschen immer mehr und neue Gebrauchs- und Konsumgüter und bestärkt diese Grundhaltung. Dieser Mensch von heute wird in der Arbeit oft überbeansprucht, er lebt in der Masse, *sucht aber nicht die Gemeinschaft, er will in Ruhe gelassen werden und leidet doch unter der Einsamkeit.*[8] Diese Charakterisierung des Menschen als Wesen in der Masse erinnert an das damals populäre elitesoziologische Werk des spanischen Philosophen Ortega y Gasset „Aufstand der Massen".[9]

Die Situation der Kirche in der Gesellschaft

Der Kirche komme in der Gesellschaft des Wiederaufbaus äußerlich eine starke Stellung zu, ihr tatsächlicher Einfluss sei aber gering:

Und die „Kirche von heute"? Sie hat das alte Evangelium in der Welt von heute zu verkündigen und zu bewahren. Die Formen, in denen sie diesem Auftrag nachkommt, sind vielfältiger geworden als je in einer Zeit zuvor. Es gibt kaum ein Lebensgebiet, das sie nicht in ihre Verantwortung aufgenommen hat (Akademien). Wirtschaftlich

---

[7] Vgl. GVBl. Nr. 8 vom 06. 08. 1965, 42.
[8] Ebd.
[9] La rebelión de las masas, span. 1929, dt. 1931.

nimmt sie am allgemeinen Wohlstand teil. Ihre Bautätigkeit ist rege. In der Öffentlichkeit ist sie geachtet, ihre Anwesenheit bei allen kulturellen Angelegenheiten begehrt. Man bestreitet ihr Mitspracherecht bei allen wichtigen Fragen nicht. Sie hat Zugang zu Rundfunk und Presse. Ihre Verkündigung wird nicht behindert. Und dennoch entspricht ihr wirklicher Einfluß auf den „Menschen von heute" in keiner Weise dieser äußeren Erscheinung […] Der „Mensch von heute" hat ein schiedlich-friedliches Verhältnis zur Kirche. Er nimmt sie für bestimmte Anlässe in seinem Leben in Anspruch, im übrigen will er sich aber von ihr nicht in seine Privatsphäre hineinreden lassen.

Den gesellschaftlichen Wandel und damit auch den der kirchlichen Situation auf dem Land zu Beginn der 1960er Jahre beschreiben folgende Aussagen:

Das Dorf als geschlossene Lebens- und Arbeitsgemeinschaft der Bauernfamilie, deren Lebensordnung für den Werktag und für den Sonntag von der Sitte der Väter bestimmt war, ist eine Seltenheit geworden. Ernüchtert stellt der Bericht fest: *Diejenigen, die ihre Landwirtschaft aufgegeben haben und außerhalb arbeiten, nehmen nicht am kirchlichen Leben teil. Wir müssen damit rechnen, daß die soziale Strukturänderung auf dem Dorf sich auch auf das religiöse Leben auswirkt […] Die Jugend verläßt in zunehmendem Maße das Land oder wenigstens die Arbeit auf dem Hof, um in der Stadt mit mehr Freizeit leichter das Geld zu verdienen. Viele Bauerntöchter weigern sich, einen Landwirtssohn zu heiraten, weil ihnen die Arbeit in der Landwirtschaft zu schwer ist. Der Konkurrenzkampf innerhalb der EWG zwingt zu immer größeren Anstrengungen. Wer nicht mitmacht, bleibt zurück. Die höhere Leistung muß mit mehr Arbeit erkauft werden. Der Bauer, der mit der Zeit gehen will, wird zum Sklaven seines Betriebes […] Die Industrialisierung des Dorfes bewirkt auch einen Wandel im Denken. Die kirchliche Sitte ist im Schwinden, die Moral lockert sich, die religiöse Gleichgültigkeit nimmt überhand.*[10]

Noch kritischer sahen die Bezirkssynoden 1963 die Lage in der Stadt:

Der Städter lebt noch stärker in der Welt, die vom Menschen konstruiert ist und ihn immer weiter vom schöpfungsgemäßen Ablauf der Natur entfernt, so daß er überall seinem eigenen Werk begegnet und das „Dasein Gottes selbst in Frage stellt"[11] – wie etwa der Kirchenbezirk Baden-Baden formulierte. Selbstkritisch meint der Bericht weiter: *In vielen Berichten wird das Wirtschaftswunder für die Interesselosigkeit des heutigen Menschen an der Kirche und dem christlichen Glauben verantwortlich gemacht. Wir Pfarrer sollten allerdings mit dieser Vereinfachung vorsichtig sein, weil wir selbst an dem wachsenden Lebensstandard teilnehmen.*

Aus dem Kirchenbezirk Mannheim wurde darauf hingewiesen, dass viele Menschen eben nicht am Glanz des Wirtschaftswunders teilnehmen können und wirtschaftlich und sozial beiseite stehen. *Wir sollten diesem nach Wohlstand hungernden Menschen gegenüber barmherzig sein. Der Aufbau nach der Katastrophe hat ihn überbeansprucht, so daß das Materielle in den Vordergrund gerückt ist.*[12] *[…] Deshalb sollte nicht so sehr das Wirtschaftswunder angeklagt werden, als vielmehr die Hilfe aufgezeigt werden, die dieser ‚Wirtschaftswundermensch' heute braucht, um damit fertig zu werden […] Wir sind eben nun einmal in ein neues Stadium der*

---

[10] GVBl. Nr. 8 vom 06. 08 1965, 43.
[11] Ebd.
[12] Ebd., 43f.

Menschheitsgeschichte eingetreten, in das des Atomzeitalters, der Weltraumfahrt, der Massengesellschaft und der Automation, die der Menschheit große Macht in die Hände gibt, an deren Gefährlichkeit sie aber auch erkennt, welche Verantwortung sie trägt. Hier komme der Kirche eine große Verantwortung zu: *Gerade hier ist das rechte Wort der Kirche unerläßlich und darf in seinem Einfluß auf die Gestaltung dieser Welt und der Menschen in ihr nicht unterschätzt werden.*[13]

Über die traditionell enge Verbindung von Christentum und Stadtkultur schrieb der Oberkirchenrat: *Schon im Neuen Testament ist der Einfluß der Kirche auf die Welt von den Gemeinden der großen Städte ausgegangen. Das wird bei der heutigen Tendenz zur Urbanisierung auch zu beachten sein. Die Städte sind dem Auflösungsprozeß kirchlicher Sitte und Tradition viel stärker ausgesetzt als das Dorf.*[14] Als Konsequenz dieser Beobachtung forderte der Bericht neue Wege und Angebote in der Erwachsenenbildung, etwa in Form von Abendseminaren und Kursen zur Glaubensvermittlung – ein Programmentwurf für die Arbeit der evangelischen Erwachsenenbildung der folgenden Jahrzehnte.

Im weiteren Verlauf beschäftigte sich der Bescheid des Oberkirchenrates mit der Situation der Kirche und konstatierte kritisch eine eher un-evangelische starke Pfarrerfixierung der Kirchenmitglieder: *Zunächst muß festgestellt werden: Für die meisten Menschen ist „der Pfarrer die Kirche" (Neckarbischofsheim). Das klingt in unseren Ohren eigenartig, wo wir doch nach evangelischem Verständnis etwas vom allgemeinen Priestertum wissen. Jedenfalls wird vom Pfarrer viel erwartet. Er soll alles wissen, alles angreifen, jedem helfen können. Er soll die Kirche vorteilhaft repräsentieren und in allen heutigen Fragen orientiert sein. – Der ‚Mensch von heute' steht seiner Kirche nicht feindselig, sondern beziehungslos gegenüber. „Die Masse sieht in der Kirche einen Fremdkörper, der nicht in die Welt paßt" (Mannheim).*[15]

Die Jugend sei bereit, sich auf Kirche einzulassen, wenn sie spürt, dass die Kirche bereit ist, sich zu verändern: *Die Jugend ist aufgeschlossen der Kirche gegenüber, wenn sie merkt, daß sie anders ist wie bisher (Mannheim) und die Pfarrer nicht einfach „beati possidentes"*[16] *sind, sondern mit ihnen um die Wahrheit ringen […] Auf der einen Seite steht der heutige Mensch der Kirche also sehr gleichgültig gegenüber, auf der anderen Seite erwartet er sehr viel von ihr […] Man erwartet vor allem die Stellungnahme zu brennenden Problemen der Zeit und rechnet ihr das Schweigen als Schuld an. Spricht sie aber, dann werden ihre Äußerungen stark kritisiert. ‚Man hat keine Angst vor der Kirche mehr, sondern vor dem „Spiegel" und der „DM".*[17]

Genau im Jahr der Veröffentlichung des Bescheids, 1965, hat die Evangelische Kirche Deutschlands dann auch tatsächlich mit ihrer Denkschrift zur Vertriebenenfrage[18] und dem darin enthaltenen Verzicht auf die deutschen Ostgebiete massiv in den politischen Diskurs eingegriffen – keine Denkschrift vor und nachher hat so viel

---

[13] Ebd., 44.
[14] Ebd.
[15] Ebd.
[16] Im Besitz der Wahrheit befindlich.
[17] GVBl. Nr. 8 vom 06. 08. 1965, 44.
[18] Die Lage der Vertriebenen und das Verhältnis des deutschen Volkes zu seinen östlichen Nachbarn. Eine evangelische Denkschrift, Hannover 1965. Zur Wirkung der Denkschrift vgl. z.B. Ulrich Bayer/Hans-Georg Ulrichs (Hgg.), Anvertrautes. Klaus Engelhardt im Gespräch (VBKRG 8), Stuttgart 2018, 46f.

öffentliche Aufmerksamkeit, aber auch so viel massive Kritik und Anfeindung provoziert.

Der Gottesdienst

Beim Thema Gottesdienst mussten die Berichte aus evangelischen Kirchenbezirken Badens einen starken Rückgang der Gottesdienstbesuche konstatieren: während 1945 die Quote der Gottesdienstbesucher bei mehr als 14 % lag, sank sie bis 1960 auf 11%, um 1963 nur noch 9,5% zu erreichen.[19] Diese im Grunde deprimierende Entwicklung, die sich in der zweiten Hälfte der 1960er Jahre noch einmal verschärfen sollte, führte bei vielen Pfarrern zu Resignation: *Wir wollen nicht verschweigen, daß immer wieder neuer Glaubensmut und viel Treue zum Auftrag, den der Pfarrer in seiner Ordination übernommen hat, dazu gehört, um jeden Sonntag für eine oft kleine Schar auf die Kanzel zu steigen und wenig oder nichts von den Früchten seiner Bemühungen zu sehen. So kann es kommen, daß zwischen dem Verzehrtwerden und der Resignation oft nur noch eine dünne Wand ist.*[20] Allerdings wurde auch darauf hingewiesen, dass eine wachsende Zahl von Menschen die Gottesdienstübertragungen im Rundfunk verfolgte.

In der „Kerngemeinde" würden in auffallendem Maße die Männer fehlen, eine Entwicklung, die schon im 19.Jahrhundert beobachtet wurde.[21] Erstaunlich modern muten die Vorschläge zu neuen Gottesdienstangeboten an, die etwa in der Großstadtgemeinde Mannheim bereits 1963 existierten: *So gibt es Spätgottesdienste um 11 Uhr [...], Familiengottesdienste, Dialogpredigten, Kurzandachten an Werktagen im Stadtzentrum [...], Kurzgottesdienste bei Schichtwechsel [...]. Es ist noch alles im Stadium des Experimentierens, des Suchens. Doch es ist gut, daß die Frage der Mission in den Gemeinden aufgebrochen ist als eine Frage, die nicht nur den Sekten überlassen werden kann. Es ist die alte Erkenntnis ins Blickfeld getreten: Wenn die Leute nicht mehr in die Kirche kommen, muß die Kirche zu ihnen kommen.*[22]

Die veränderte gesellschaftliche Situation in den sechziger Jahren kommt in pointierter Form in folgender Beobachtung zum Ausdruck: *Es wird für den Pfarrer immer schwerer, die Leute überhaupt anzutreffen und einzuladen und wenn, dann stört er vielleicht beim Fernsehen.*[23]

Für den rückläufigen Gottesdienstbesuch wurde vor allem das relativ neue Phänomen der „Freizeit" ins Spiel gebracht. Es gäbe immer mehr Menschen mit immer mehr freier Zeit, immer mehr Menschen seien in ihrer Freizeit mit dem Auto unterwegs und deshalb seien am Sonntag immer weniger Menschen in den Gottesdiensten anzutreffen. Die daraus gewonnene Erkenntnis erscheint allerdings aus heutiger Sicht

---

[19] Vgl. GVBl. Nr. 8 vom 06. 08. 1965, 45.
[20] Ebd.
[21] Vgl. Lucian Hölscher, Geschichte der protestantischen Frömmigkeit in Deutschland, München 2005, 301.
[22] GVBl. Nr. 8 vom 06. 08. 1965, 45.
[23] Ebd.

in einem etwas eigenartigen Licht: *Die größte und erste aller Sorgen ist die der rechten Verkündigung, daß das Wort der Wahrheit in dieser sich wandelnden Welt gesagt wird. „Mit der Predigt steht und fällt der Gottesdienst [...] Sie bleibt die schwerste und verantwortungsvollste Aufgabe und Arbeit des Pfarrers. Die Kanzel ist das Thermopylä der Christenheit, da wird die Schlacht verloren oder gewonnen" (Bretten). Diesem Wort kann nur beigepflichtet werden.*[24]

Die Verhandlungen der Bezirkssynoden fanden 1963 in einer Zeit statt, in der die neue Gottesdienstordnung in allen Gemeinden eingeführt wurde, 1965 war dieser Prozess abgeschlossen und die seit 1930 gültige Agende trat außer Kraft. Dabei wurde die neue Agende mit ihrer reicheren Liturgie bewusst auch als Brücke verstanden zu den vielen neuen Mitgliedern der Landeskirche, die als Heimatvertriebene und Flüchtlinge nach 1945 in die Badische Landeskirche kamen.[25] Der Gottesdienst habe durch die neue Ordnung seinen monologischen Charakter verloren, das Element des Dialogs käme stärker zum Ausdruck. Kritik an der neuen Agende kam vor allem aus traditionell reformiert geprägten Gebieten, außerdem wurde bemängelt, dass die neue Agende auch ein großes Durcheinander bei den Gottesdienstordnungen hervorgerufen habe: *Es gibt kaum einen Kirchenbezirk, in dem eine ganz einheitliche Gottesdienstordnung besteht [...] „Ein Pfarrer, der in einer Nachbargemeinde vertritt, muß sich zunächst über die andere Ordnung informieren".*[26]

Beim Kyrie plädierte Karlsruhe-Stadt für folgende Lösung: *Ist kein Chor vorhanden, so wird ein Dialog zwischen Pfarrer und Gemeinde immer noch besser sein, „als das von piepsenden Konfirmanden vorgetragene Kyrie". Und da ein „singender Pfarrer in unseren badischen Gemeinden ein gewisses Befremden auslösen könnte", hat die Landessynode im Frühjahr 1964 einstimmig beschlossen, zu erlauben, daß bei Fehlen des liturgischen Chores oder eines Kantors die Gemeinde das „Kyrie" und das „Ehre sei Gott" als Choral vollständig durchsingt.*

Die große Zurückhaltung beim Einsatz von Gesten bei der Liturgie kam bei der Behandlung des Segens zum Ausdruck und mutet aus heutiger Sicht geradezu grotesk an: *Nach Einführung der neuen Agende bleibt nur noch die Frage nach der äußeren Form offen. Mit aufgehobenen Händen? Man weist auf die „Gebärdenarmut" unserer Kirche hin. Andererseits wird gesagt: Erhobene Hände, das entspricht nicht „der schlichten Sitte unserer Landeskirche" (Müllheim). Die Stimme eines Pfarrers: „Ich kann es nicht" (Kehl) soll nicht überhört werden. Wir schließen uns Neckargemünd an: „Wir sollten beim bisherigen Brauch bleiben, bis die Landessynode sich zu einer Änderung entschließt".*[27]

---

[24] Wie Anm. 1.
[25] Vgl. GVBl. Nr. 8 vom 06. 08. 1945, 46.
[26] Ebd. Ein ähnliches liturgisches Chaos entstand in der katholischen Kirche nach Abschluss des II. Vatikanischen Konzils (1962–1965): Jede Gemeinde hatte ihre eigene kopierte Gottesdienstordnung und auswärtige Priester mussten jahrelang im Vertretungsfall neu in die örtlichen Gegebenheiten eingewiesen werden.
[27] Ebd.

Kritik am Gesangbuch von 1951

Heftige Kritik gab es an dem seit 1951 in Baden benutzten Evangelischen Kirchen-Gesangbuch (EKG) – es wurde ab 1950 in allen Landeskirchen der EKD eingeführt und war das erste gesamtprotestantische Gesangbuch in Deutschland: *‚Wenn irgendwo, dann wird hier deutlich: Die Kirche ist die Kirche von gestern. Man sollte endlich eine Neuherausgabe vorbereiten mit einem Druck, der für Junge und Alte lesbar ist.* Die *museale Gestalt* und die veraltete Schrifttype des EKG – die „Schwabacher Drucktype" - wurden häufig kritisiert, viele Kirchenbezirke forderten die Einführung der Antiqua-Schrift, damit die Schulkinder das Gesangbuch besser verwenden könnten und damit das Gesangbuch auch im europäischen Kontext kommunizierbar und verständlich werde.[28] *Je länger das neue Gesangbuch benutzt wird, um so deutlicher stellten sich die Mängel heraus [...]. Es wird von „Glossolalie" [...], von „Historismus" [...] und „Archaismus" [...] gesprochen.* Anderseits wurde die Bedeutung des gemeinsamen Gesangbuchs für die in Ost und West geteilte Evangelische Kirche Deutschlands hervorgehoben: *Vor allem darf man nicht vergessen, was Mannheim sehr realistisch sagt: ‚Das Gesangbuch ist eine letzte Verbindung zwischen Ost und West. Den Gemeinden im Osten kann kein neues Gesangbuch zugemutet werden. Es muß 30 -40 Jahre bleiben'.*[29] Außerdem wurde der Vorschlag gemacht, einen Anhang zum Gesangbuch mit moderneren Liedern herauszugeben, was dann 1971 im Anhang '71 und 1977 im Anhang '77 erfolgte und 2018 im Anhang '18 „Wo wir dich loben, wachsen neue Lieder" zum 1995 erschienenen neuen Evangelischen Gesangbuch (EG) seine Fortsetzung fand.

Andere Formen des Gottesdienstes

Wie stark sich seit den 1960er Jahren das gottesdienstliche Leben in der Badischen Landeskirche verändert hat, kommt in einer Aufstellung zum Ausdruck, in der gottesdienstliche Sonderformen zusammengetragen wurden: *In einigen Gemeinden gibt es noch „Ernteandachten" (Lahr), auch „Gewitterfeiertage" (Adelsheim), „Hagelfeiertage" (Neckargemünd) und Gedenktage an Viehseuchen (Sinsheim). Diese verlieren aber immer mehr an kirchlicher Bedeutung. ‚Die Bauern machen an diesen Tagen ihren Jahresausflug' (Sinsheim).*[30] Neu seien in Hockenheim ein *Renngottesdienst* sowie in vielen Gemeinden Jazz-Gottesdienste unter starker Beteiligung der Jugend. Gleichzeitig wurde aber sofort wieder vor einem Überangebot dieser neuen Gottesdienstformen gewarnt: *Es darf dabei nicht verschwiegen werden, daß viele,*

---

[28] Vgl. GVBl. Nr. 8 vom 06. 08. 1965, 47. Vgl. hierzu auch Hermann Erbacher, Zur Geschichte der Gesang- und Choralbücher der badischen Kirche, in: Vereinigte Evangelische Landeskirche in Baden 1821–1971. Dokumente und Aufsätze, hg. von Hermann Erbacher, Karlsruhe 1971, 329–358, vor allem 355ff.
[29] GVBl. Nr. 8 vom 06. 08. 1965, 47.
[30] Ebd.

auch Jugendliche, über diese Experimente nicht sehr glücklich sind.[31] Die Frage der neu aufgekommenen Jazz-Gottesdienste wurde noch einmal an einer anderen Stelle des Bescheids im Zusammenhang mit dem Thema „Kirchenmusik" aufgenommen. Es gäbe Anhänger und Gegner dieser neuen Form: *Für uns erhebt sich die Frage, ob es ein echtes Anliegen unserer Gemeinden ist, neue gottesdienstliche Formen zu suchen, oder ob es nur Neuerungssucht ist, eine in uns alle sitzende Angst, den Anschluß an die sich schnell wandelnde Welt zu verpasssen [...] Den wahren Gründen sinkenden Gottesdienstbesuches muß erst noch nachgespürt werden. Ob ihm aber mit den krampfhaften Methoden von Jazz und Song, mit visuellen oder akustischen Knalleffekten aufgeholfen werden kann, möchten wir bezweifeln. [...] Mindestens der Sonntagshauptgottesdienst darf kein Platz für Experimente werden.*[32] Auffällig ist hier die schrille einseitige Kritik an den Jazzgottesdiensten, denen der Oberkirchenrat „akustische Knalleffekte" und „krampfhafte Methoden" vorwarf, das Credo „Keine Experimente" erinnerte an das konservativ-beharrende Motto der CDU-Wahlkämpfe der 1950er Jahre.

Neu war der Zulauf zu Gottesdiensten in der Nacht des 24. Dezember, diese Christnachtsfeiern gehörten 1963 zu den am besten besuchten Gottesdiensten im Kirchenjahr.

Ebenfalls unterschiedliche Meinungen bestanden gegenüber der Frage, ob sich die Kirche mit Gottesdiensten am Tag der Arbeit (1. Mai) oder am Tag der deutschen Einheit (17. Juni) einbringen sollte. Die früher gut besuchten Gottesdienste am Vormittag des Gründonnerstags würden nur noch in wenigen Gemeinden angeboten. Da der Reformationstag (31. Oktober) kein gesetzlicher Feiertag sei, gäbe es tagsüber weniger Gottesdienstangebote, wo dies der Fall sei, würden diese Gottesdienste aber gut angenommen, aus dem Kirchenbezirk Sinsheim wurde gemeldet: *Selbst Beamte lassen sich zu diesem Gottesdienst freigeben.*[33] Wo Abendgottesdienste am Reformationstag eingeführt wurden, wiesen diese eine rege Teilnahme auf. Keine Bedeutung käme dem Epiphaniastag zu. Die neu eingeführten Feiern zur Goldenen Konfirmation erfreuten sich großer Beliebtheit, gleiches könne über den Weltgebetstag der Frauen berichtet werden.

Stark rückläufig waren 1963 die Bibelstunden, früher ein Kernstück protestantischer Frömmigkeit. *Die ‚Bibelstunde' ist in der „Kirche des Wortes" zu einem Sorgenkind geworden. Ihre Krise offenbart aber zugleich die Krise unserer Kirche.*[34]

In Gottesdiensten unter der Woche seien fast nur ältere Frauen anzutreffen, hier reiße das Fernsehen immer größere Lücken. Wenn diese Frauen wegstürben, *„entsteht eine große Leere. Ich weiß keinen Weg. Innerlich bin ich oft zerbrochen", muß ein Pfarrer bekennen. [...] „Das Lesen der Bibel scheint in unserer evangelischen Kirche zum Stillstand gekommen zu sein".*[35] Kritisch wurde deshalb angefragt: *„Vielleicht war es ein Fehler der Bibelstunden der vergangenen Zeit, daß sie zu sehr ‚Erbauung' und zu wenig ‚informatio' waren"* (Konstanz). Deshalb wird heute lebhaft die Be-

---

[31] Ebd. Der erste Jazz-Gottesdienst Deutschlands fand 1960 in der evangelischen Paulusgemeinde Hamburg-Harburg statt. Im Südwesten gehörten Dieter Trautwein und Kurt Rommel zu den Pionieren dieser Gottesdienstform.
[32] GVBl. Nr. 8 vom 06. 08. 1965, 56f.
[33] Ebd.
[34] Ebd., 48.
[35] Ebd.

deutung von Bibelseminaren oder biblischer Erwachsenenbildung erörtert.[36] Positive Erfahrungen wurden dagegen mit den Bibelwochen gemacht: *„Die Bibelwoche ist nicht mehr wegzudenken" (Freiburg).*[37]

Veränderungen bei der Taufe

Bei der Taufe hatte sich zu Beginn der 1960er klar die Taufpraxis im Rahmen des Gemeindegottesdienstes am Sonntag-Vormittag durchgesetzt. Um die Bedeutung des Patenamtes hervorzuheben und zu stärken, forderten mehrere Kirchenbezirke die Einführung eines Patenscheins, wie er in anderen EKD-Landeskirchen üblich sei. Neu war die Öffnung gegenüber nichtprotestantischen Paten: *Im Zeitalter der Ökumene wird man zudem Paten anderer christlicher Kirchen nicht zurückweisen können.*[38] Breit erörtert wurde die Spannung zwischen Erwachsenentaufe und Kindertaufe, ausdrücklich erlaubt wurde die Taufe eines Kindes aus einer Ehe mit Nichtchristen, zum Beispiel Muslime, wenn der nichtchristliche Partner sich nicht gegen eine christliche Erziehung ausspräche.[39] Das ist umso erstaunlicher, da die katholische Kirche zur gleichen Zeit Katholiken/Katholikinnen, die einen Muslim/eine Muslima heirateten, aus der Kirche ausschloss.

Neuausrichtung des Abendmahls

In der gesamten Landeskirche wurde gefordert, *das Sakrament des heiligen Abendmahls aus seinem ‚Winkeldasein' herauszuholen.*[40] Die Abendmahlsfeiern im Anschluss an den Hauptgottesdienst hätten zur Folge, dass nur noch eine kleine Zahl zurückblieb: *‚Die meisten Gottesdienstbesucher gehen fort, wenn zum Abendmahl eingeladen wird'* [...] *oder es bleibt niemand zurück.*[41] Immerhin sei der Brauch, nur einmal im Jahr zum Abendmahl zu gehen, rückläufig, monatliche Abendmahlsfeiern seien in den meisten Gemeinden die Regel. Dennoch musste der Oberkirchenrat feststellen: *Es wird noch einiger Zeit bedürfen, bis auch in der evangelischen Kirche wieder erkannt wird, was für eine Gabe uns Menschen mit dem Altarsakrament gegeben ist.*[42] Immer stärker wurden Forderungen nach einem Gesamtgottesdienst mit integriertem Abendmahl: *Beim Abendmahl geht es nicht nur um die ‚Seelenspeise' des einzelnen, sondern um Gemeinschaft, Gemeinschaft mit dem Herrn und Gemeinschaft*

---

[36] Ebd.
[37] Ebd., 49.
[38] Ebd., 50.
[39] Vgl. ebd.
[40] Ebd.
[41] Ebd., 51.
[42] Ebd.

der Teilnehmenden untereinander. Deshalb ist der Wunsch verständlich und berechtigt, dieses Sakrament in den Gottesdienst hineinzunehmen. ‚Dieser, der alten Kirche entsprechende Gottesdienst muß sich unbedingt auch in der badischen Landeskirche Bahn brechen. Es ist einfach unwürdig, das heilige Abendmahl stets als Anhängsel an den Gottesdienst zu feiern und den Großteil der Gemeindeglieder mit dem Segen des Herrn zu entlassen' (Durlach). Andere Kirchenbezirke übten Kritik an der Idee eines Gesamtgottesdienstes, er entspreche nicht dem Wunsch der Gemeinden, sondern sei ein Produkt der Theologen: *‚Der Gesamtgottesdienst wird als Zwang empfunden.' (Mosbach).*[43] Positiv wurde die Neuerung, dass Helfer beim Abendmahl mitwirken, bewertet, wobei es in ländlichen Gemeinden Vorbehalte gab: *‚Man kennt einander zu gut und ist nicht bereit, sich von einem Verwandten oder Bekannten, von denen man doch so manches weiß, das Sakrament reichen zu lassen' (Sinsheim).* Außerdem wurde dafür plädiert, dass der Pfarrer sich das Abendmahl von einem Gemeindeglied/ Abendmahlshelfer reichen lässt: *Wenn der Abendmahlsempfang des Pfarrers auf die Pfarrkonferenzen beschränkt bleibt, außerhalb des Gesichtskreises der Gemeinde, wie soll da die Gemeinde zur Teilnahme ermuntert werden?*[44]

Kirchliche Trauung

Erstmals wurde hier die Frage von Trauungen mit ausländischen Arbeitnehmern aufgeworfen, die zumeist einem anderen Bekenntnis angehörten: *Zum Problem werden mehr und mehr die konfessionellen Mischehen mit Gastarbeitern aus **Spanien** und **Griechenland**[45] […]. Solche vor dem deutschen Standesbeamten geschlossenen Ehen sind nach dem deutschen Recht gültig, nicht aber nach spanischem und griechischem Recht. Nach diesem werden sie erst dann gültig, wenn sie durch einen örtlich zuständigen katholischen bzw. griechisch-orthodoxen Priester vorgenommen sind. Welche Schwierigkeiten und Nöte daraus dem deutschen Partner und den diesen Ehen entstammenden Kindern erwachsen können, braucht im einzelnen nicht beschrieben zu werden.*[46] Auch das Fotografieren während der Traugottesdienste wurde im Bescheid des Oberkirchenrates thematisiert, allerdings in einem anderen als heute üblichen Stil: *Das **Fotografieren**[47] während der Trauung wie während jeder gottesdienstlichen Handlung ist schon in einem Erlaß des Evang. Oberkirchenrats von 1934, später noch einmal von 1952 untersagt. Hier ist sogar bestimmt, im Notfall während des Gottesdienstes durch strikte Weisung dem Verbot Achtung zu verschaffen.*[48]

---

[43] Ebd.
[44] Ebd.
[45] Hervorhebungen im Original.
[46] GVBl. Nr. 8 vom 06. 08. 1965, 52.
[47] Hervorhebung im Original.
[48] GVBl. Nr. 8 vom 06. 08. 1965, 52.

Kirchliche Bestattung

Bei der Frage der Bestattung aus der Kirche Ausgetretener, die die Landeskirche schon seit Jahrzehnten beschäftigte, wurde erneut darauf hingewiesen, dass es hier nur zwei Alternativen gäbe: die Verweigerung des Pfarrers, an einem öffentlichen Begräbnis teilzunehmen oder das Angebot einer häuslichen Trauerfeier. Eine Bestattung Ausgetretener wurde weiterhin strikt abgelehnt. Der Bescheid des Oberkirchenrates fasste diese strenge Position folgendermaßen zusammen: *Diese Ordnung verstößt weder gegen die echte Freiheit noch gegen richtig verstandene Toleranz. Sie ist eine Forderung der Wahrhaftigkeit. Wer von dieser Ordnung abweicht, muß wissen, daß er den Brüdern im Amt in den Rücken fällt.*[49] Trotzdem gab es immer wieder abweichende Haltungen zu dieser strikten Sichtweise es Oberkirchenrates, man denke nur an die Traueransprache, die Hermann Maas 1925 bei der Beisetzung von Reichspräsident Friedrich Ebert auf dem Heidelberger Bergfriedhof gehalten hat – ein Verhalten, dass ihm schärfste Kritik seitens der Landeskirche sowie von rechten Parteien und Zeitungen eingebracht hat.[50]

Bedingt durch die Teilung Deutschlands käme es immer wieder vor, dass Flüchtlinge aus der DDR[51] wünschten, *daß in der Stunde, wo in der Heimat ein Glied der Familie auf dem Friedhof beigesetzt wird, eine Gebetsstunde gehalten werde. Einem solchen Wunsch werden wir uns gewiß nicht verschließen. Er spiegelt das traurige Schicksal unseres Volkes wieder.*[52]

Christenlehre

Die heutzutage weitgehend verschwundene Christenlehre war am Beginn der sechziger Jahre in der Badischen Landeskirche noch beinahe flächendeckend vorhanden. Neu kam nun der Aspekt der Internationalität hinzu: *Es ist ein guter Weg, wenn da und dort den Christenlehrkreisen praktische Aufgaben zugewiesen werden. In Neckargemünd hat die Christenlehrschar die Betreuung einer Familie in Hongkong übernommen [...] Warum sollte unsere begeisterungsfähige Jugend sich nicht erwärmen können für eine Sache, die ihrer Liebe, ihres Interesses, ihres Opfers wert ist! Welche lebendigen Beziehungen und Verbindungen könnten zu unseren Patengemeinden entstehen, zur Waldenserkirche, zur österreichischen Diaspora oder gar zur Kirche in Tanganjika. Wie lebendig könnte eine Christenlehrstunde werden im Briefverkehr hin*

---

[49] GVBl. Nr. 8 vom 06. 08.1965, 53.
[50] Zu Einzelheiten vgl. Markus Geiger, Hermann Maas – Eine Liebe zum Judentum. Leben und Wirken des Heidelberger Heiliggeistpfarrers und badischen Prälaten (Buchreihe der Stadt Heidelberg XVII), Heidelberg u.a. 2016, 171–181.
[51] Im Text ist von SBZ (Sowjetische Besatzungszone Deutschlands) die Rede.
[52] GVBl. Nr. 8 vom 06. 08. 1965, 53.

und her und im Gedankenaustausch mit den Brüdern. Lebendige Anschauungen der Kirche in aller Welt über den eigenen Kirchturm hinweg.[53]

Wachsende Bedeutung des Kindergottesdienstes

Offensichtlich gab es in 1960er Jahren die Tendenz zu einer deutlichen Höherbewertung des Kindergottesdienstes, wie es im entsprechenden Abschnitt des Bescheids von 1965 zu lesen war: *Das Recht des Kindergottesdienstes als Gottesdienst der Kinder ist in letzter Zeit mehr und mehr ins Blickfeld getreten. Die Zeit, wo man ihn freundlich oder geringschätzig übersehen hat, ist vorüber. Der Gottesdienst der Kinder ist so gut Gottesdienst wie jeder andere.*[54] Der Bescheid berichtete über die Gründung eines Arbeitskreises Kindergottesdienstarbeit auf Ebene der Landeskirche, in dem Pfarrer, Lehrerinnen und Lehrer sowie der zuständige Referent des Oberkirchenrates regelmäßig zusammentreffen. Erstmals gab es Rüstzeiten und Seminare für die Weiterbildung der Mitarbeitenden im Bereich des Kindergottesdienstes, eine neue Ära in der Fortbildung in der Kindergottesdienstarbeit war damit eingeleitet.

Krise des Schülergottesdienstes

Der regelmäßig einmal in der Woche am Mittwoch stattfindende Schülergottesdienst war zu einer Seltenheit geworden, an dessen Stelle gab es regelmäßig Gottesdienste zu Schuljahresbeginn und -ende sowie Schul-Anfängergottesdienste, eine Entwicklung, die sich bis in die Gegenwart durchgehalten hat. Aus verschiedenen Kirchenbezirken kam die Forderung nach ökumenischen Schulgottesdiensten: *Es muß doch möglich sein, trotz der Trennungen und Spannungen in Lehre und Herkommen Gott mit einer Stimme zu loben, ihm gemeinsam zu danken und in der Not, die uns bedrängt, miteinander um seine Hilfe zu bitten.*[55] Der Oberkirchenrat blieb hier sehr skeptisch, seine Reaktion dokumentierte, mit welchen Schwierigkeiten der ökumenische Aufbruch eben auch verbunden war: *Gewiß haben wir ähnliches im Krieg erlebt, und niemand vergißt das. Gewiß müssen mutige Schritte nach vorn gemacht werden. Aber wir möchten gerade unsere begeisterungsfähige Jugend vor Enttäuschungen bewahren. Wir wissen noch nicht, welche grundsätzliche Einstellung der katholische Episkopat zu den ‚Gemeinschaftsgottesdiensten' einnimmt und wie sich die Beschlüsse des Konzils in dieser Hinsicht auswirken. Wir können und dürfen uns nicht darüber täuschen, daß noch manche Schranken und Unterschiede vorhanden sind, die nicht einfach mit menschlicher Begeisterung zu überwinden sind. Sie müssen erst mühsam*

---

[53] Ebd., 54.
[54] Ebd.
[55] Ebd., 55.

und in ehrlicher Weise abgebaut werden. Jedenfalls kann die Kirchenleitung vorerst nur bitten, von gemeinsamen Gottesdiensten abzusehen. Laßt uns nüchtern bleiben.[56]

Kirchliche Arbeitsfelder im Umbruch:
Männerarbeit – Militärseelsorge – Frauenarbeit – Dorfarbeit

Ernüchternd musste der Bescheid 1965 bilanzieren: *In vielen Gemeinden gibt es überhaupt keine Männerarbeit mehr.*[57] Radio und Fernsehen führten dazu, dass die Familien am Abend lieber geschlossen zu Hause blieben, davon sei auch die Männerarbeit betroffen. Die Bereitschaft, an Männerkreisen regelmäßig teilzunehmen, sei stark rückläufig, wohingegen an punktuellen Angeboten wie etwa Vorträgen oder thematischen Abenden der Männerarbeit durchaus Interesse bestehe – auch hier lassen sich Konturen einer neuen Erwachsenenbildung erkennen.

Ein noch neuer Arbeitsbereich war die Militärseelsorge, die ja erst nach Abschluss des innerkirchlich höchst umstrittenen Militärseelsorge-Vertrages 1957 allmählich in der noch jungen Bundeswehr aufgebaut wurde.[58] Es gab in dieser noch jungen Phase der evangelischen Militärseelsorge Bestrebungen, die Soldaten stärker auch in die Ortsgemeinden am jeweiligen Standort einzubinden, etwa im Kirchenchor oder in der Jugendarbeit. *Von besonderer Wichtigkeit wird auch sein, daß die Pfarreien ihre zum Militär eingezogenen Söhne dem zuständigen Standortpfarrer benennen und mithelfen, die Kontakte zu schaffen. Im ganzen gesehen ist die Militärseelsorge eine einmalige und einzigartige Gelegenheit der Seelsorge überhaupt, die die Kirche mit allen Mitteln und mit ihren besten Kräften nutzen muß. Viele junge Männer kommen im Unterricht und im Gottesdienst erstmals seit ihrer Konfirmation mit der Kirche wieder in engere Beziehung.*[59]

Bei der Frauenarbeit konnte der Bericht des Evangelischen Oberkirchenrates feststellen, dass sich Jungmütterkreise wachsender Beliebtheit erfreuten, also eine Art Vorläufer der heutigen Mutter-Kind-Gruppen. In Mannheim wurde der Versuch gestartet, in großen Gemeinden Nachbarschaftsabende für zwei bis drei komplette Straßenzüge zu organisieren. Auf dieser kleinteiligen Quartiersebene gab es zudem auch Ausflüge, Freizeiten und gemeinsame Stadtteilfeste – auch dies wieder ein überraschend „modern" anmutender Ansatz.

---

[56] Ebd., 55f.
[57] Ebd., 57. Zur Männerarbeit in Baden in der Nachkriegszeit vgl. Udo Wennemuth, Zwischen Neubeginn und Neustrukturierung: Zur Männerarbeit in der Evangelischen Landeskirche in Baden, in: Praktische Theologie und Landeskirchengeschichte. Dank an Walther Eisinger, hg. von Johannes Ehmann (Heidelberger Studien zur Praktischen Theologie 12 = Sonderveröffentlichungen des Vereins für Kirchengeschichte in der Evangelischen Landeskirche in Baden 5), Berlin 2008, 333–347.
[58] Zum Streit um den Militärseelsorgevertrag vgl. Martin Greschat, Der Protestantismus in der Bundesrepublik Deutschland (1945–2005), Leipzig 2011, 60–66.
[59] GVBl. Nr. 8 vom 06. 08. 1965, 57.

Seelsorge in der Krise

Etwas ernüchternd musste man 1965 feststellen: *Warum wird der Pfarrer zur Seelsorge so wenig in Anspruch genommen? Durch alle Berichte geht die Feststellung, daß zwar die Seelsorge zum Auftrag des Pfarrers gehört, aber leider selten von ihm begehrt wird. Zwar wird der Besuch des Pfarrers im allgemeinen gern gesehen, wenn er nicht gerade eine spannende Fernsehsendung stört. Aber Entscheidendes geschieht dabei selten.*[60] Dabei sei die Seelsorge im Grunde gesucht: *Wenn nicht bei der Kirche, so doch etwa in den Fragekästen der Illustrierten und Zeitschriften. Das ist offensichtlich die heutige säkularisierte Seelsorge. Die Kirche ist nicht mehr oder selten der Zufluchtsort des angefochtenen Menschen.*[61] Der moderne Mensch erhoffe sich mit seinen Problemen scheinbar keine Hilfe mehr von der Kirche: ,*Darum wird der Arzt, der Jurist, die Fürsorgerin aufgesucht – denn was versteht schon der Pfarrer von diesen Dingen*' [...] *Wenn man Hilfe braucht, muß man zum Fachmann gehen. Ein Pfarrer ist Fachmann in Glaubensfragen. Aber wer wird von diesen existentiell bedrängt? Am ehesten wird der Pfarrer als Seelsorger bei Familien-, Ehe- und Erziehungsnöten angesprochen.*[62] Die Generalisten-Funktion des Pfarrers wurde immer stärker in Frage gestellt, klar sei, dass es mit dem *Ein-Mann-System heute nicht mehr zu schaffen ist.*[63]

Neu war für die badische Landeskirche die seit März 1961 in Mannheim und danach in einigen anderen Städten eingeführte Telefonseelsorge: *Viele Mitarbeiter teilen sich Tag und Nacht in die Besetzung der Anrufstelle. Neben Belanglosem kommt es zu echter Seelsorge. ,Bei der Scheu des modernen Menschen, sich dem Mitmenschen zu offenbaren, ist das Telefon eine bequeme Schwelle, um an einen Helfer und Ratgeber heranzukommen' (Mannheim).*[64] Eine umfassende Definition der seelsorgerlichen Tätigkeiten innerhalb der Landeskirche wagte die folgende zeitgenössische Beschreibung aus dem Jahr 1965, die beinahe einer evangelischen „Heerschau" glich:

Seelsorge in unlöslicher Verbindung mit Leibsorge vollzieht sich in weitem Maße in der Diakonie, durch die Gemeindedienste, durch Ehe- und Erziehungsberatungsstellen, durch die Jugendfürsorge, in den Heimen der Inneren Mission, den Mutterhäusern, auch in den Gefängnissen. Nicht vergessen dürfen wir die ,stillen Seelsorger', unsere Diakonissen und Schwestern in Krankenhäusern und auf den Gemeindestationen, die Gemeindehelferinnen, Fürsorgerinnen und nicht zuletzt unsere Pfarrfrauen.[65] Dass hier völlig selbstverständlich die Pfarrfrauen als Mitarbeiterinnen der Seelsorge subsumiert wurden, spiegelt das Bild der Zeit.

Über die Einzelbeichte konnte nur berichtet werden, dass sie immer noch eine Ausnahme geblieben war.[66]

---

[60] GVBl. Nr. 8 vom 06. 08. 1965, 58.
[61] Ebd.
[62] Vgl. ebd.
[63] Ebd., 59.
[64] Ebd. Zur Telefonseelsorge aus damaliger Sicht hochinteressant: Erich Stange, Telefonseelsorge, Kassel 1961.
[65] GVBl. Nr. 8 vom 06. 08. 1965, 59.
[66] Vgl. ebd.

Im Bereich der Volksmission wurde über verschiedene Arbeitsfelder wie etwa Schriftenmission oder Plakatmission berichtet, wobei als besonders erwähnenswert ein Plakat der Volksmission in Mannheim während der Fastnacht erachtet wurde mit der Aufforderung *Du sollst nicht ehebrechen*.[67]

Öffentlichkeitsarbeit der Kirche

Die wachsende Bedeutung kirchlicher Öffentlichkeitsarbeit kam in folgender Forderung zum Ausdruck: *Jede Gemeinde sollte ihren eigenen Berichterstatter für die kirchlichen Belange haben. Die Beauftragten sollten allerdings für ihre Aufgabe ausgerüstet werden.*[68] Zudem wurde das Fehlen einer evangelischen Presseschule ebenso beklagt wie das Fehlen eines Lehrstuhls für evangelische Journalistik.[69] In vielen Gemeinden bestand der Eindruck, dass die katholische Seite von der lokalen Presse bevorzugt würde. *Besonders auffallend wird der Unterschied in der Berichterstattung zwischen Neu-Delhi*[70] *und dem jetzigen Vatikanischen Konzil empfunden.*[71] *Es ist allerdings nicht zu bestreiten, daß die Katholische Kirche mehr „photogenes Material" liefern kann als wir.*[72]

Besonders positiv wurde hervorgehoben, dass es mir der neuen evangelischen Kirchenzeitung für Baden, „Aufbruch", gelungen sei, ein übergreifendes Periodikum in der Landeskirche zu schaffen anstelle von bisher vier regionalen Blättern. Darüber hinaus vermerkte der Bericht, dass die beiden großen evangelischen Wochenzeitungen „Christ und Welt" und das „Sonntagsblatt" in den Gemeinden weit verbreitet seien – in den 1960er Jahren gab es noch eine intakte katholische und protestantische Presselandschaft.[73]

Die *kirchlichen Büchereien* stellten einen *„Damm gegen Schmutz und Schund" (Mosbach)*[74] dar. Über die Arbeit des *kirchlichen Rundfunk- und Fernsehbeauftragten* beim Südwestfunk Baden-Baden wurde positiv berichtet. Bemängelt wurde, dass das *Wort zum Sonntag* an einem ungünstigen Zeitpunkt läge, in Gaststätten werde die Übertragung meist abgestellt.

---

[67] Vgl. ebd., 60.
[68] Ebd.
[69] Wie er mittlerweile an der Universität Erlangen als Institut für Christliche Publizistik existiert.
[70] 1961 III. Vollversammlung des Ökumenischen Rates der Kirchen.
[71] Vaticanum II: 11. 10. 1962 bis 07. 12. 1965.
[72] GVBl. Nr. 8 vom 06. 08. 1965, 60.
[73] Zur Bedeutung der konfessionellen Presse im Nachkriegsdeutschland vgl. Ulrich Bayer, „Als wenn es keinen Eisernen Vorhang gäbe". Die Deutsche Frage im Spiegel katholischer und protestantischer Presse 1949 bis 1955. Diss. theol. Universität Tübingen 1994.
[74] GVBl. Nr. 8 vom 06. 08. 1965, 60.

Kindergartenarbeit und Gemeindedienste

Die Ausweitung des Wohlfahrtsstaates führte am Beginn der sechziger Jahre dazu, dass die diakonische Arbeit im wachsenden Maße professionalisiert wurde. Im Bescheid des Oberkirchenrates von 1965 wurde die Diakonie ausdrücklich als zum Wesen der Kirche gehörig definiert. Allerdings mutet auch hier wieder die sprachliche Formulierung befremdlich an, wenn es im Bericht aus dem Kirchenbezirk Freiburg heißt: *Auch heute noch gelten Kindergärten und Krankenpflegestationen als „Frontdienste".*[75] Die Zahl der neugebauten Kindergärten wuchs in jenen Jahren geradezu dramatisch: 1963 gab es 39 Kindergarten-Neubauten und 1964 34 – dies bedeutet, dass in nur zwei Jahren 73 Kindergärten in der Badischen Landeskirche neu entstanden sind.

Kritisch wurde in vielen Berichten vermerkt, dass viele Kindergärten nur durch staatliche Zuschüsse finanzierbar seien: *Deshalb ist zu fragen, wieweit wir uns in finanzielle Abhängigkeit von außerkirchlichen Stellen begeben dürfen.*[76] Ein weiteres Problem bestand darin, dass es für Kindergärten auf dem Lande sehr schwer war, Erzieherinnen zu finden. Da viele Kindergärtnerinnen kaum noch Vorstellungen vom Wesen eines evangelischen Kindergartens hätten, wurden im Kirchenbezirk Mannheim regelmäßig Fachtagungen und Rüsttage für Erzieherinnen durchgeführt.

Im Bereich der *Gemeindedienste* kamen auf die Kirche durch das 1961 neu geschaffene Bundessozialhilfe- und Jugendwohlfahrtsgesetz neue Aufgaben zu. Die diakonische Arbeit war in der gesamten Landeskirche so komplex geworden, dass die Kirchenleitung die Bildung von Diakonie-Ausschüssen auf Ebene der Kirchenbezirke empfahl.

Wandel in der Ökumene

Trotz großer Hoffnungen und Erwartungen im Blick auf die damals angebrochenen Veränderungen im Bereich der katholischen Kirche stellte der Bericht fest: *Ökumene ist noch ein blutleerer Begriff.*[77] Das hinge vor allem damit zusammen, dass es noch zu wenig ökumenische Praxis gebe. Auch gegenüber kleineren christlichen Kirchen und Gemeinden müsse Ökumene auf Augenhöhe praktiziert werden: *Wer Ökumene sagt, muß aufhören, sich in den engen Grenzen seiner Landeskirche allein zu bewegen. Er muß in den Methodisten, Baptisten usw. wirklich seine Brüder in Christo sehen und muß aufhören mit der Annahme, seine Kirchenordnung oder seine Theologie seien die einzig möglichen [...] Ökumenisches Denken und Handeln ist vor allem für Unions-*

---

[75] Ebd., 61. Auch im innerkirchlichen Bereich wurde dieses Bild von der „Front" in dieser Zeit gerne bemüht. So erinnert sich Landesbischof i.R. Klaus Engelhardt, wie ihn 1966 der damalige Landesbischof Heidland dazu gedrängt habe, als Professor an die Pädagogische Hochschule Heidelberg zu gehen: „Bruder Engelhardt, Heidelberg, die PH – wenn ich zu wählen hätte, dann würde ich nur dorthin gehen! Das ist die Front, dort müssen Sie hin!" Siehe: Bayer/Ulrichs, Anvertrautes (wie Anm. 18), 49.
[76] Ebd.
[77] GVBL. Nr. 8 vom 06. 08. 1965, 62.

kirchen Auftrag und Verpflichtung.[78] Kritisch wurde in einem Bericht aus Heidelberg die Reserve gegenüber farbigen Mit-Christen konstatiert: *Obwohl sich hier Christen aus aller Herren Länder finden, auf Campingplätzen, als Studenten oder Angehörige der Besatzungsmacht*[79]*, läßt das Verhältnis „zwischen einheimischer Bevölkerung und Ausländern, besonders farbigen Christen und Nichtchristen noch in vielem zu wünschen übrig".*[80] Es gab aber auch Ansätze positiver ökumenischer Zusammenarbeit: *Unsere Kirchen werden ungarischen reformierten Flüchtlingen*[81]*, griechisch-orthodoxen Studenten oder der russisch-orthodoxen Gemeinde zur Verfügung gestellt. Unsere Gemeindedienste betreuen griechische, spanische und italienische Gastarbeiter. Ein Hindernis ökumenischer Begegnung in den Gemeinden ist die Sprachverschiedenheit.*[82]

Positiv wurde über die Weltgebetstags-Arbeit der Frauen berichtet, die sich ebenso wie ökumenische Arbeitskreise und Arbeitsgemeinschaften wachsenden Zuspruchs erfreuen könnten. Über das Verhältnis zur römisch-katholischen Kirche bilanzierte der Bescheid 1965:

Mit Spannung wird das endgültige Ergebnis des Zweiten Vatikanischen Konzils erwartet, vor allem, in welcher Weise es zu offiziellen Begegnungen zwischen katholischer Kirche und dem „Weltrat der Kirchen" kommt. Ein fruchtbares Gespräch wird nur möglich sein, wenn die katholische Kirche die in der Ökumene Zusammengeschlossenen nicht nur als Brüder anerkennt, sondern auch als Kirchen Jesu Christi.[83]

Der Internationalisierung kirchlicher Zusammenarbeit entsprach auch eine Information aus dem Kirchenbezirk Wertheim, wo *zwei Mädchen nach Übersee* abgeordnet wurden – ein Vorläufer des Freiwilligendienstes (FSJ) im Ausland.

Über *freikirchliche Gemeinschaften* wurde berichtet, dass es durch die Arbeit von pfingstlerischen Kreisen in den Kirchenbezirken Pforzheim-Land und Sinsheim zu Kirchenaustritten gekommen sei.[84]

Über *Sektenaktivitäten* bilanzierte der Bescheid: *Die Werbekraft der Sekten hat nachgelassen, nicht etwa, weil die Abwehrkraft der Gemeinde gestiegen wäre, sondern weil die Gleichgültigkeit in Glaubensfragen die Menschen „immun" macht.*[85]

---

[78] Ebd.
[79] Die „Besatzungszeit" war eigentlich mit der Gründung der Bundesrepublik Deutschland 1949 zu Ende gegangen, spätestens jedenfalls mit Inkrafttreten der vollständigen Souveränität der Bundesrepublik am 5. Mai 1955 waren die in Deutschland stationierten NATO-Streitkräfte keine Besatzungsmacht mehr.
[80] GVBl. Nr. 8 vom 06. 08. 1965, 62.
[81] Nach dem Ungarn-Aufstand von 1956 waren mehrere hunderttausend Flüchtlinge über Österreich in die Bundesrepublik gekommen. Im Landeskirchlichen Archiv Karlsruhe gibt es einen Bestand der Reformierten Kirche Ungarns in Deutschland.
[82] GVBL. Nr. 8 vom 06. 08. 1965, 62.
[83] Ebd., 63.
[84] Vgl. ebd.
[85] Ebd., 64.

Schwieriger Aufbruch: das Verhältnis zur katholischen Kirche

Ohne Zweifel hat eine Annäherung der beiden großen Konfessionen stattgefunden. Die liturgischen Reformen des Konzils mit der Aufnahme der Muttersprache kommen den Wünschen aus der katholischen Gemeinde entgegen. [...] Der Bericht vermerkte bei beiden Kirchen Veränderungen: *Auf katholischer Seite ist eine Bibelbewegung im Gange, die sogar vor einer gemeinsam herausgegebenen neuen Bibelübersetzung nicht zurückschreckt. Neuere exegetische Methoden und Erkenntnisse der protestantischen Bibelforschung werden aufgenommen.*[86] *Auf evangelischer Seite überdenkt man neu das Verhältnis von Schrift und Tradition. In der katholischen Kirche versucht man ein neues Lutherbild zu gewinnen, wogegen wir das unsere überprüfen.*[87]

Vom Konzil seien erstaunliche Töne zu vernehmen, allerdings wurde kritisch vermerkt, dass der zunächst fortschrittliche Entwurf des Ökumenismus-Dekretes[88] auf dem Konzil kurz vor seiner Verabschiedung im November 1964 noch einmal von Papst Paul VI. (1963–1978) persönlich einer Revision unterzogen wurde, so dass die nicht-römischen Kirchen weiterhin nicht gleichgestellt waren.

Auf der persönlichen Ebene habe sich das Verhältnis zwischen katholischen und evangelischen Pfarrern häufig verbessert und sei sogar teilweise herzlich geworden. *Es gibt gegenseitigen Austausch in Vorträgen, gemeinsame theologische und exegetische Arbeitsgemeinschaften, Gespräche zwischen Jugendkreisen. Die katholischen Schwestern unterstützen die Arbeit der Krankenhauspfarrer mehr als bisher. Ebenso ist die Zusammenarbeit bei gemeinsamen Belangen der Schule und der Öffentlichkeit besser geworden. Freilich kann die Last der Gespaltenheit nicht von heute auf morgen abgeschüttelt werden.* So stellt Mannheim fest: „*Das Verhältnis hat zwei Gesichter.*" Oder Konstanz: „*Was das konfessionelle Zusammenleben erschwert sind nicht die theologischen und dogmatischen Unterschiede, sondern das sind die Praktiken, mit denen man auf römischer Seite versucht, durch Besetzung von Schlüsselstellungen das politische, wirtschaftliche und kulturelle Leben in die Hand zu bekommen.*"[89]

Besonders kritisch sahen die Einzelberichte aus den badischen Kirchenbezirken das Thema der g*emischt-konfessionellen Ehen*: „*Die alte Praxis in der Mischehenfrage. Die evangelische Trauung wird diffamiert*" (Bretten). [...] *Wir hoffen auf den Tag, wo unsere evangelisch getrauten Ehen als gültig anerkannt werden. Wenn man uns schon „getrennte Brüder" nennt, dürften diese im Eherecht nicht wie Ketzer behandelt werden.* [...] *Auch wenn dem vor einem katholischen Priester abgegeben Versprechen hinsichtlich der Kindererziehung keine bürgerlich-rechtliche Wirkung zukommt, bleiben spätere schwere Gewissenskonflikte nicht aus.*[90]

---

[86] Dies war insbesondere nach der päpstlichen Enzyklika *Divino afflante Spiritu* aus dem Jahre 1943 möglich geworden, die eine vorsichtige Öffnung der katholischen Bibelforschung hin zur historisch-kritischen Exegese ermöglichte.
[87] GVBl. Nr. 8 vom 06. 08. 1965, 64.
[88] *Redintegratio Unitatis*.
[89] GVBl. Nr. 8 vom 06. 08. 1965, 64.
[90] Ebd., 65. Noch ein Jahrzehnt zuvor wurde das Mischehen-Problem im Bescheid des Oberkirchenrates von 1954 noch viel kritischer geradezu als Gefährdung der Ehe gesehen: *Das* **Mischehenproblem** [Hervorhebung im Original] *bleibt ebenfalls schwer und wird eigentlich immer schwerer* [...] *In zahlreichen Gemeinden bedeutet das geradezu eine große und schwer empfundene Not. Mehrfach wird in diesem Zusammenhang von einer ‚kalten Gegenreformation' gesprochen* [diese Bezeichnung

Religionsunterricht als Belastung und Chance

Die wachsende Belastung der Gemeindepfarrer durch den Religionsunterricht lohne sich dennoch, denn oft sei der Religionsunterricht die einzige Möglichkeit der Kirche, an weite Teile der Jugend heranzukommen. Die mangelnde Konzentrationsfähigkeit vieler Schüler belaste auch den Religionsunterricht in zunehmendem Maße: *Die Nöte beginnen mit der fast einmütigen Klage, daß die Konzentrationsfähigkeit der Schüler, aber auch der Wille zum Lernen und das Interesse nachlassen. Nervosität und Unruhe nehmen zu.* Der heutigen Klage über zu starken Handy- und Computerkonsum entsprach Mitte der sechziger Jahre die Kritik am neuen Medium Fernsehen: *Ist diese erschreckende Nervosität eine Folge der vielen auf die Kinder eindringenden Eindrücke durch Rundfunk, Fernsehen, Film und Straßenverkehr? Ein Test in Mannheim hat ergeben: „Fast alle Viertklässler starren täglich 60 – 90 Minuten, 10% sogar bis zu 2 ½ Stunden in die Röhre." Bevorzugt werden Kriminal- und Wildweststücke, die das Fernsehen reichlich anbietet. Dazu kommt, daß viele Eltern sich zu wenig Zeit für ihre Kinder nehmen.*[91]

Der Bescheid stellte fest, dass manche Disziplinarschwierigkeiten wegfallen würden, wenn die Religionsnote zur Versetzungsnote erhoben werde – was ja inzwischen in Baden-Württemberg seit Jahrzehnten der Fall ist. Andererseits gab es aus einzelnen Kirchenbezirken den Vorschlag, den Religionsunterricht an der Oberstufe der Gymnasien nach dem Prinzip der Freiwilligkeit zu unterrichten, was aber selbst von denen, die diese Idee aufgebracht hatten, selbstkritisch als unrealistisch eingestuft wurde.[92]

Kritisch wurde vermerkt, dass die meisten Lehrer, die Religionsunterricht gäben, der Kirche gegenüber insgesamt jedoch sehr reserviert eingestellt seien: *So entsteht das merkwürdige Bild, daß viele Lehrer, die Religionsunterricht erteilen, im Gottesdienst fehlen.*[93] Wichtig sei die Einbeziehung der staatlichen Lehrkräfte im Religions-

---

begegnet übrigens auch im Bezug darauf, dass die katholische Bevölkerung eine nicht unwesentlich höhere Geburtenzahl aufweist]. *Die Gefährdung der Ehe bei verschiedener Kirchenzugehörigkeit der Ehegatten und die seelische Belastung, zu der sie führen kann, ist offenkundig. Mancher Evangelische gab leichten Herzens die Zusage katholischer Kindererziehung und erlebt dann mit einem Male die innere Not, wenn das erste Kind geboren ist und getauft werden oder wenn er das heranwachsende Kind nach katholischer Art beten lehren soll. Und der in evangelischer Mischehe lebende Evangelische bekommt die Not und Gefährdung einer solchen Ehe zu fühlen, wenn sein katholischer Ehegatte und mit ihm er selber unter die beunruhigende Einwirkung indirekter oder direkter katholischer Mischehenpflege gerät.*

Verschiedentlich wird versucht, auf dem Wege von Ordnungsmaßnahmen gegen die Mischehennot anzugehen. Es gibt Gemeinden, in denen vor der Trauung einer Mischehe dem katholischen Teil ein Revers abgefordert wird, in welchem er sich zu evangelischer Kindererziehung verpflichtet. Anderwärts wird erwogen, ob man nicht gegen Evangelische, die in katholische Trauung und Kindererziehung willigen, mit Zuchtmaßnahmen vorgehen sollte, ob man ihnen nicht die evangelische Beerdigung versagen oder sie gar aus der evangelischen Kirche ausschließen sollte, wie das etwa in ausländischen evangelischen Kirchen geschieht. […] Der Grundtenor einer […] Behandlung der Mischehenfrage muß die Feststellung sein, daß jeder, der eine Mischehe eingeht, seinen Glauben und seine Bekenntnistreue in Gefahr bringt und daß jeder, der in katholische Trauung und Kindererziehung einwilligt, die evangelische Wahrheit verleugnet und den Treubruch gegenüber seiner Kirche vollzieht. In: GVBl. Nr. 4 vom 18. 05. 1954, 25.

[91] GVBl. Nr. 8 vom 06. 08. 1965, 65f.
[92] Vgl. ebd., 66.
[93] Ebd.

unterricht bei der Einführung des 9. Schuljahres. Ab 1966/67 wurden im Land Baden-Württemberg die bisher achtklassigen Volksschulen auf neunjährige Hauptschulen umgestellt,[94] was zu einem landesweiten Mehrbedarf an Unterrichtsstunden, gerade auch im Fach Religion führte.

Als Konsequenz der wachsenden Bedeutung des Religionsunterrichts wurde vom EOK die Berufung eines Oberkirchenrates als Schulreferenten beschlossen.

Konfirmation als Ausdruck einer noch (?) intakten Volkskirche

Zur organisatorischen Erleichterung des Konfirmandenunterrichts erhob der Oberkirchenrat die Forderung, das Kultusministerium solle zwei unterrichtsfreie Nachmittage im 8. Schuljahr erlauben. Der Konfirmanden-Unterricht wurde in den meisten badischen Kirchenbezirken damals im Herbst begonnen – eine weitgehend bis heutzutage übliche Praxis. Allerdings wurde einschränkend festgestellt: *Die Eltern, denen die Konfirmation ihrer Kinder noch lebensnotwendig erscheint, werden immer seltener […] Elternabende sind darum eine unabdingbare Notwendigkeit geworden. […] „Als gutes Zeichen ist zu bewerten, daß die Konfirmandenfreizeiten zunehmen und die Konfirmandenausflüge abnehmen (Emmendingen).“*[95] Zur Konfirmation selbst schlug der Oberkirchenrat eine Trennung von Konfirmationsprüfung und Konfirmation vor: *Wo Prüfung und Konfirmation voneinander getrennt werden, sind Eltern und Konfirmanden sehr darüber beglückt […], weil die Angst vor der Prüfung den Einsegnungstag nicht mehr überschattet.*[96]

Kirchliche Jugendarbeit

In der gesamten Landeskirche musste ein Rückgang kirchlicher Jugendarbeit festgestellt werden: *Die Jugend will sich nicht binden. Auf dem Lande werden die Jugendlichen von Vereinen und Kreislandwirtschaftsschulen in Anspruch genommen. Viele sind auswärts in der Lehre oder wandern ab. Sie interessieren sich kaum noch für etwas Tieferes, Ernsteres. „Bei Bibelarbeit wird abgeschaltet"* (Pforzheim-Stadt). Ernüchtert wurde festgestellt: *Wir haben keinen rechten Zugang zur Jugend. Sie ist uns fremd. […] Die Gemeinde hat oft kein Interesse an der Jugendarbeit. Die Jugend muß froh sein, wenn sie in den gemeindeeigenen Räumen geduldet wird. Eine Initiative der*

---

[94] Gemäß den Bestimmungen des von allen deutschen Bundesländern 1964 beschlossenen „Hamburger Abkommens", dass u.a. die bundeseinheitliche Einführung der Hauptschulen bis 1967 vorsah.
[95] GVBl. Nr. 8 vom 06. 08. 1965, 67.
[96] Ebd.

Jugend wird als störend empfunden [...] „Wir sehen im jungen Menschen viel zu sehr ein Missionsobjekt als den jungen Bruder".[97]

Als Verbesserungsvorschläge auf dem Gebiet der Jugendarbeit wurden neue Ansätze wie eine Offene Jugendarbeit und spezielle Jugendgottesdienste vorgeschlagen. Auch mehr hauptamtliche Jugendwarte seien notwendig. Positiv wurde aus dem Kirchenbezirk Neckargemünd berichtet: *Die Junge Generation stellt die treuesten und verantwortlichsten Mitarbeiter des Pfarrers.*[98]

Kollektenwesen und Wahlordnung

Es ist eine Illusion zu meinen, die Opferwilligkeit im Lande sei gestiegen. Selbstverständlich sind die Erträge der Sammlungen und Kollekten gut, teilweise sogar sehr gut – und doch sind sie nicht mit dem Wert des Geldes und den höheren Löhnen mitgegangen. Man kann es auch anders sagen: „Sie sind klein im Verhältnis zu den Ausgaben für Genußmittel" [...] „Die roten Pfennige wollen nicht weichen".[99]

Bei der großen Hilfsaktion *Brot für die Welt* wurde angeregt, mehr Informationsmaterial über die verschiedene Entwicklungsprojekte an die Gemeinden zu geben. Erstaunlich ist aus heutiger Sicht die Rolle, die in den 1960er noch Naturalienspenden hatten: Von großer Bedeutung seien *die Naturaliensammlungen der dörflichen Gemeinden für Häuser der Inneren Mission oder Heime des Melanchthonvereins* [für Schülerheime]. *Die Wagen, die im Herbst voll beladen in die Stadt fahren, werden nicht gezählt. Ihr regelmäßiges Erscheinen ist schon fast zur Selbstverständlichkeit geworden. Ihr Fehlen aber würde eine fühlbare Lücke bedeuten. Die Heime wissen, was sie ihren Freunden in den umliegenden Dörfern zu danken haben.*[100]

Die Bemerkungen zur kirchlichen Wahlordnung zeigten noch deutlich, dass die Erfahrungen der Kirche in der NS-Zeit noch sehr lebendig waren: *Da fremde Mächte jederzeit wieder über die Wahlen nach der Herrschaft in der Kirche streben können, ist diese Wahlordnung trotz einiger Kritik für die Kirche lebensnotwendig. Selbstverständlich ist die reine Verkündigung des Evangeliums der beste Schutz der Kirche vor der Irrlehre, trotzdem aber muß von der Ordnung der Kirche her alles Menschenmögliche geschehen, um einen Einbruch fremder Geister zu verhüten.*[101]

Anfang der 60er Jahre war die heute selbstverständliche Briefwahl eingeführt worden, außerdem wurde für einen größeren Frauenanteil unter den Kirchenältesten geworben: *Schließlich ist sehr zu wünschen und zu hoffen, daß bei der Wahl in diesem Jahr* [1965] *auch Frauen in das Ältestenamt berufen werden. Gerade sie sollten in größerer Zahl verantwortlich auch in der Landessynode mitarbeiten dürfen.*[102]

---

[97] Ebd., 68.
[98] Ebd.
[99] Ebd., 69.
[100] Ebd., 70.
[101] Ebd., 71.
[102] Ebd.

Über die neu eingeführte Praxis der *Gemeindeversammlungen* vermerkte der Bescheid positiv: *Die Gemeinde hört 52 Sonntage, jetzt kann sie einmal reden.*[103]

Pfarrfrauen – die „stillen Diakonissen im Pfarrhaus" und „Gehilfen des Pfarrers"

Über die Rolle der Pfarrfrauen herrschte beim Oberkirchenrat Mitte der 1960er Jahre noch eine sehr traditionelle Vorstellung: *Dann dürfen wir auch an unsere Pfarrfrauen denken und von ihnen sagen, sie sind die stillen Diakonissen im Pfarrhaus [...] Von der Mitarbeit im Frauenkreis über Haustüre, Telefon und Schreibmaschine bis hin zum inneren Ringen um die rechte Ausrichtung des aufgetragenen Amtes sind sie Gehilfen des Pfarrers.*[104]

Schwierigkeiten bei der Förderung des theologischen Nachwuchses

Ein sehr konventionelles Verständnis über die Förderung von theologischem Nachwuchs kam aus dem Kirchenbezirk Boxberg: *Der Nachwuchs kann auf dem Lande nur aus Pfarrhäusern kommen.*[105] Überraschend aktuell erscheint dagegen folgende Beobachtung zum Pfarrermangel: *Eine große Not besteht darin, daß viele zum Theologiestudium willige Abiturienten die alten Sprachen nachholen müssen, ein Umstand, der das Studium ungebührlich verlängert. [...] Man darf nicht vergessen, daß das ‚Berufsbild' des Pfarrers von der Jugend kritisch beobachtet wird, vor allem auch hinsichtlich der von ihm erwarteten Leistung, die kaum eine Begrenzung kennt. ‚Nachdem ich gesehen habe, was einem Pfarrer an Arbeit aufgebürdet wird, habe ich darauf verzichtet, Theologie zu studieren' (Schopfheim).*[106] Als Konsequenz aus dem andauernden Pfarrermangel wurde eindringlich für die Möglichkeit eines zweiten Bildungsweges plädiert.

Im letzten Kapitel kam der Bescheid noch auf den Nachwuchsmangel bei der Diakonissenschaft zu sprechen. Der insgesamt 33-seitige Bescheid des Oberkirchenrates auf die Verhandlungen der Bezirkssynoden des Jahres 1963 endete mit der Einschätzung: *Berichte und Bescheid sind ein geistliches Gespräch, ein Dialog zwischen Kirchenleitung und Gemeinden.*[107] Dass viele der Probleme aus dem Jahr 1963 auch mehr als ein halbes Jahrhundert danach die Agenda der Badischen Landeskirche bestimmen, bleibt die erstaunliche kirchenhistorische Erkenntnis dieses Bescheides.

---

[103] Ebd., 72.
[104] Ebd., 73. Zu den Veränderungen im Pfarrhaus und in der Rolle der Pfarrfrau ab Mitte der 1960er Jahre vgl. Ulrich Bayer, Die 68er und das Pfarrhaus, in: Das Evangelische Pfarrhaus im deutschsprachigen Südwesten, hg. von Jürgen Krüger, Hansmartin Schwarzmaier und Udo Wennemuth (Oberrheinische Studien Studien 32), Ostfildern 2014, 299–316.
[105] GVBl. Nr. 8 vom 06. 08. 1965, 73.
[106] Ebd.
[107] Ebd., 73.

Täufer am Oberrhein im 16. Jahrhundert – kirchenhistorische Impulse für die Gegenwart

Stephen Buckwalter

Als Mennonit über die Geschichte der Täufer zu referieren[1] birgt eine besondere Herausforderung. Kirchenhistoriker, zumal wenn sie sich gleichzeitig als Mitglied einer Kirche verstehen, stehen meines Erachtens in einem eigentümlichen Spannungsfeld. Diesen Vortrag halte ich heute Nachmittag vor Ihnen anders, als wenn ich zum selben Thema etwa bei einer Sektion des Historikertags zu sprechen gebeten worden wäre. Aber nicht, weil ich denke, dass hier weniger strenge wissenschaftliche Standards herrschen als bei Profanhistorikern.

Wer sich den Prinzipien wissenschaftlichen Arbeitens verpflichtet fühlt – und ich denke, das tun alle Kirchenhistoriker – wird sicherlich nicht der Versuchung erliegen, die Kirchengeschichte zur Legitimation einer heutigen menschlichen Institution zu missbrauchen.[2] Die meisten Kirchenhistorikerinnen und Kirchenhistoriker besitzen genügend Realitätssinn und Quellenkenntnis, um Identitätsmerkmale und Theologumena, die ihnen vielleicht heute sehr am Herzen liegen, nicht unbedacht in die Vergangenheit zu projizieren.[3] Doch auch wenn man gegen die Gefahr gefeit ist, aus der Kirchengeschichte eine Legitimationsinstanz oder eine Quelle von identitätsstiftenden Mythen zu machen, bleibt die Aufgabe des Kirchenhistorikers grundlegend anders als die eines Profanhistorikers. Mit ersterem untrennbar verbunden ist meines

---

[1] Dieser Aufsatz geht auf einen Vortrag zurück, den ich anlässlich der Jahrestagung des Vereins für Kirchengeschichte in der Evangelischen Landeskirche in Baden im Evangelischen Oberkirchenrat in Karlsruhe am 19. Oktober 2018 hielt. Für den Druck habe ich ihn leicht überarbeitet; der Vortragscharakter wurde aber weitgehend beibehalten.

[2] Gerade dies hat man der mennonitischen Historiographie zum Täufertum oft vorgeworfen. Vgl. etwa die scharfe Kritik, die der kanadische Forscher James Stayer in seiner klassischen Studie zur Gewalt im Täufertum an den apologetischen Tendenzen damaliger mennonitischer Historiker übte: James M. Stayer, Anabaptists and the Sword, Lawrence, Kansas 1976, 9–23; vgl. auch die Ausführungen Deppermanns in: Klaus Deppermann, Melchior Hoffman. Soziale Unruhen und apokalyptische Visionen im Zeitalter der Reformation, Göttingen 1979, 9–13; von einem erheblich kritischeren Umgang mit täuferischen Quellen zeugte bereits: Umstrittenes Täufertum 1525–1975. Neue Forschungen, hg. von Hans-Jürgen Goertz, 2. Aufl., Göttingen 1977; eine sachliche Zusammenfassung dieser Forschungskontroverse bietet John Roth, Recent Currents in the Historiography of the Radical Reformation, in: Church History 71 (2002), 523–535 (hier: 523–527); eine aufschlussreiche autobiographische Reflektion über diesen Vorgang findet man jüngstens in: Hans-Jürgen Goertz, Umwege zwischen Kanzel und Katheder. Autobiographische Fragmente, Göttingen 2018, 98–108, 195–197 et passim.

[3] Treffend spricht Gottfried Seebaß von der „Gefahr, kristalline Endformen einer Bewegung in die Zeit ihrer Bildung zurückzutragen"; vgl. Gottfried Seebaß, Der „linke Flügel der Reformation", in: Martin Luther und die Reformation in Deutschland. Vorträge zur Ausstellung im Germanischen Nationalmuseum Nürnberg 1983, hg. v. Kurt Löcher, Gütersloh 1988, 121–134 (hier: 122), Neudruck: Gottfried Seebaß, Die Reformation und ihre Außenseiter. Gesammelte Aufsätze und Vorträge, Göttingen 1997, 151–164 (hier: 152).

Erachtens eine gewisse Selbstverpflichtung, eine Art Rechenschaftspflicht gegenüber der eigenen Kirche, die nicht ohne Spannung bleibt. Doch diese Spannung kann heilsam sein und sie kann sogar der wissenschaftlichen Erkenntnis auf Wegen zu Gute kommen, die dem Profanhistoriker weniger bekannt sind.

Welche präzise Gestalt diese Bindung an die Kirche annehmen, wie die Wechselwirkung zwischen Wissenschaft und Kirche genau aussehen soll – dies zu reflektieren würde viel zu weit vom eigentlichen Thema meines heutigen Vortrags abweichen. Doch ich denke, dass mein Vortrag selbst ein Beispiel von diesem paradoxen Zusammenwirken bieten und zur Diskussion, vielleicht zum Widerspruch anregen kann.

Es ist ein dankbares Thema, über Täufer am Oberrhein zu sprechen. Dass die Täuferbewegung ausgerechnet in Zürich entstand und sich von dort aus schnell ausbreitete, machte den gesamten Oberrheingraben zu einem bevorzugten Gebiet für die Ansiedlung und das Gedeihen dieser Bewegung.[4] Die von Jean Rott und Manfred Krebs unermüdlich gesammelten und mustergültig edierten Quellen zur Geschichte der Täufer im Elsass[5], in Baden und in der Pfalz[6] belegen akribisch die Ausbreitung und Präsenz von Täufern in diesem gesamten Raum, vom Herzogtum Pfalz-Zweibrücken bis nach Konstanz, vom Sundgau bis in die Kurpfalz.

Ich möchte im Folgenden keinen enzyklopädischen Abriss der Geschichte der Täufer am Oberrhein im 16. Jahrhundert, wenn auch in komprimierter Form,[7] vornehmen, sondern stattdessen mich auf drei repräsentative Vignetten beschränken – drei aussagekräftige Beispiele, die uns diesem historischen Phänomen näherbringen. Aber zuerst möchte ich die Ursprünge der Täuferbewegung kurz rekapitulieren.

Am Beginn derselben stehen, wie wir alle wissen, ungeduldige Anhänger des Zürcher Reformators Ulrich Zwingli.[8] Es sind eifrige Mitstreiter, etwa Konrad Grebel, Felix Manz, Simon Stumpf und Jörg Blaurock, die von Zwingli für die Reformation gewonnen werden und ihren Meister bei der Durchsetzung der evangelischen Wahrheit konsequent zu unterstützen bereit sind. Dank der aufsehenerregenden Aktionen dieser Gruppe – Fastenbrechen, Predigtstörungen, Bilderstürme – kann Zwingli dem zaghaften Zürcher Rat bedeutende Konzessionen abringen. Zwischen dem Meister und seinen eifrigen Jüngern werden aber die Meinungsverschiedenheiten über die konkrete Anwendung der Heiligen Schrift auf Leben und Gottesdienst sowie über die

---

[4] Einen nützlichen Überblick bietet zuletzt C. Arnold Snyder, The Birth and Evolution of Swiss Anabaptism 1520–1530, in: Mennonite Quarterly Review 80 (2006), 501–646.

[5] Manfred Krebs und Hans-Georg Rott (Hgg.): Quellen zur Geschichte der Täufer, Bd. 7 (Elsaß I: Stadt Straßburg 1522–1532), Gütersloh 1959; Bd. 8 (Elsaß II: Stadt Straßburg 1533–1535), Gütersloh 1960. – Marc Lienhard, Stephen F. Nelson u. Hans Georg Rott (Hgg.), Quellen zur Geschichte der Täufer, Bd. 15 (Elsaß III: Stadt Straßburg 1536–1542), Gütersloh 1986; Bd. 16 (Elsaß IV: Stadt Straßburg 1543–1552), Gütersloh 1988.

[6] Manfred Krebs (Hg.), Quellen zur Geschichte der Täufer, Bd. 4 (Baden und Pfalz), Gütersloh 1951.

[7] Vgl. zuletzt Günther Krüger, Die Täufer. Eine Spurensuche, in: Kirchengeschichte am Oberrhein – ökumenisch und grenzüberschreitend, hg. von Klaus Bümlein u. a., Ubstadt-Weiher/Heidelberg/Basel 2013, 174–179.

[8] Zum Folgenden vgl. Hans-Jürgen Goertz, Die Täufer. Geschichte und Deutung, 2. Aufl., München 1988, 15–21. – Fritz Blanke, Brüder in Christo. Geschichte der ältesten Täufergemeinde (Zollikon 1525), Zürich 1975. – J. F. Gerhard Goeters, Die Vorgeschichte des Täufertums in Zürich, in: Studien zur Geschichte und Theologie der Reformation, hg. von Luise Abramowski/J. F. Gerhard Goeters/Ernst Bizer, Neukirchen-Vluyn 1969, 239–281.

Rolle der weltlichen Obrigkeit immer größer. Als im Oktober 1523 eine Ratsdisputation über die Abschaffung der Messe ohne konkrete Ergebnisse zu Ende geht und Zwingli seine Anhänger mit dem Hinweis vertröstet, dass der Rat schon für angemessene Maßnahmen sorgen werde, unterbricht ihn Simon Stumpf schroff: *Meister Ulrich! Ihr habt nicht Gewalt, der Obrigkeit das Urteil in die Hände zu geben, sondern das Urteil ist schon gegeben: der Geist Gottes urteilt!*[9] Der Kreis um Konrad Grebel wird zunehmend marginalisiert und beginnt, die christliche Kirche als verfolgte Gemeinde der Wenigen, die recht glauben und handeln, aufzufassen. *Rechte gläubige Christen sind Schafe mitten unter den Wölfen* schreibt Konrad Grebel an Thomas Müntzer am 5. September 1524. *Sie müssen in Angst und Not, Trübsal, Verfolgung, Leiden und Sterben getauft werden.*[10] Als die Frage der Kindertaufe auf die Tagungsordnung kommt, gelangt die Entfremdung mit Zwingli und dem Stadtrat zu ihrem höchsten Punkt. Am 18. Januar 1525 setzt sich der Rat durch und verfügt, dass alle Kinder innerhalb von acht Tagen nach der Geburt zu taufen sind, und am 21. Januar beschließt er ein Versammlungsverbot für Kindertaufgegner. Noch am selben Abend versammelt sich der Grebelkreis in einem Zürcher Privathaus. Nach gemeinsamem Gebet erhebt sich Jörg Blaurock und bittet, von Grebel getauft zu werden. Grebel tauft ihn, und darauf tauft Blaurock die übrigen Versammlungsteilnehmer.[11] Die Täuferbewegung wird geboren.

In den kommenden Jahren entstehen Täufergemeinden in fast allen reformatorischen Zentren.[12] Man kann zurecht das Täufertum als ein Kind der Reformation bezeichnen, denn sie speist sich aus demselben Enthusiasmus, der die Reformation zu einer Massenbewegung gemacht hatte, und sie bleibt in gewisser Hinsicht eine Begleiterscheinung der Reformation.[13] Doch alle Hauptreformatoren sind sich einig, dass die Ablehnung der Kindertaufe und das Bestehen auf eine Glaubenstaufe mit der reformatorischen Botschaft unvereinbar sind. Die Täufer werden außerdem als politische Gefahr empfunden, nicht zuletzt, weil die Grenzen zwischen ursprünglichem Bauernaufstand und späterer Täuferbewegung nicht immer deutlich sind. Im März 1526 ordnet der Zürcher Rat die Todesstrafe für Täufer an, im August 1527 beschließt Erzherzog Ferdinand dasselbe in den österreichischen Erblanden, und im Januar 1528 erlässt auch Kaiser Karl V. ein entsprechendes Mandat.[14] Auf dem Reichstag zu Speyer im April 1529 wird das Mandat Karls V., das für Täufer die Todesstrafe anordnete, formell zum Reichsgesetz erhoben und somit die Verfolgung der Täufer, die bereits begonnen hatte und sich in den kommenden Jahren und Jahrzehnten intensivieren würde, rechtlich legitimiert.[15] Weitere theologische Schwerpunkte der Täufer,

---

[9] Das frühneuhochdeutsche Original des oben modernisierten Zitates bietet: Zwingli Werke 2 (CR 89), 784,12–14.
[10] Zitiert nach Heinold Fast (Hg.), Der linke Flügel der Reformation. Glaubenszeugnisse der Täufer, Spiritualisten, Schwärmer und Antitrinitarier, Bremen 1962, 20. Edition des frühneuhochdeutschen Originals: Leonhard von Muralt/Walter Schmid (Hgg.), Quellen zur Geschichte der Täufer in der Schweiz I, Zürich 1952, 13–21 (hier: 17).
[11] Blanke, Brüder in Christo (wie Anm. 8), 21.
[12] Vgl. TRE 32, 598–613 (James M. Stayer).
[13] Auf strukturelle Gemeinsamkeiten zwischen Reformation und Täufertum weise ich im folgenden Aufsatz hin: Stephen Buckwalter, „So hatt er mir ouch nit zu verbieten, ein ewib ze nehmen". Die Täufer und die reformatorische Priesterehe, in: Mennonitische Geschichtsblätter 61 (2004), 15–30.
[14] Deutsche Reichstagsakten. Jüngere Reihe 7/1, 177,1–16 mit Anm. 1.
[15] Deutsche Reichstagsakten. Jüngere Reihe 7/2, 1325–1327.

etwa ihre Eidesverweigerung, ihre Ablehnung nicht nur des Waffengebrauchs, sondern auch der Bekleidung obrigkeitlicher Ämter, ihre Forderung nach einer strengen Gemeindezucht nach der Regel Christi von Matthäus 18, ihre gelegentliche Praxis der Gütergemeinschaft nach dem Vorbild von der Apostelgeschichte 2 und 4 und nicht zuletzt ihre Absonderung von den bestehenden reformatorischen Kirchentümern – sie alle verstärkten die Entwicklung des Täufertums zu einem vom Rest der Reformation radikal unterschiedenen und von seinem Umfeld misstrauisch beäugten Phänomen.[16]

I.

Doch kehren wir zum Oberrhein zurück und werfen wir ein erstes Schlaglicht auf die hiesige Täuferbewegung im 16. Jahrhundert. Ich möchte mit der Figur des Täufers Michael Sattler beginnen.[17] Aus dem vorderösterreichischen Staufen stammend, schon in frühen Jahren in das Kloster St. Peter in Schwarzwald eingetreten, brachte er es dort bis zum Prior, trat aber um 1524 unter dem Eindruck der Reformation und der Bauernunruhen aus dem Orden aus und verheiratete sich. Im Zürcher Raum kam Sattler erstmals mit dem Täufertum in Kontakt und wurde zusammen mit anderen Täufern im November 1525 aus der Stadt ausgewiesen. Im Frühsommer 1526 wird er aktenkundig als täuferischer Missionar im Zürcher Unterland. Wie so viele andere Täufer sucht er Ende 1526 Zuflucht in Straßburg und kommt sogar ins Gespräch mit den dort wichtigsten Kirchenmännern Wolfgang Capito und Martin Bucer. Wie intensiv der Gedankenaustausch zwischen ihm und den Straßburger Reformatoren gewesen sein muss, bezeugt der Abschiedsbrief, den Sattler wohl Ende 1526 oder Anfang 1527 an, wie er sie nennt, *sinen geliebten brüderen jnn gott Capitoni vnd Bucero* gerichtet hat.[18] Diese nüchterne, von einem ausgeprägten Dualismus zwischen Kirchen und Welt und einem stark ethischen Biblizismus gekennzeichnete Darlegung des Glaubens stellt ein klassisches Zeugnis täuferischer Theologie dar. Ich zitiere einige Thesen Sattlers: *Die Christen sind ganz gelassen und vertrauen ihrem Vater im Himmel ohne alle äusserliche und weltliche Rüstung. Im Himmel ist die Bürgerschaft der Christen, und nicht auf Erden. Die Christen sind Hausgenossen Gottes und Bürger der Heiligen, und nicht der Welt. Das sind die wahren Christen, die die Lehr Christi tun mit Werken* […] *In Summa: es ist nichts gemein Christo und Belial.*[19] Über Lahr führt Sattlers Weg nach Schleitheim bei Schaffhausen, wo er sich im Februar 1527 mit anderen

---

[16] Vgl. hierzu Goertz, Täufer (wie Anm. 8).
[17] Weiterhin grundlegend: C. Arnold Snyder, The Life and Thought of Michael Sattler (Studies in Anabaptist and Mennonite History 27), Scottdale, Pennsylvania 1984. Vgl. auch: Klaus Deppermann, Michael Sattler. Radikaler Reformator, Pazifist, Märtyrer, in: Ders., Protestantische Profile von Luther bis Francke. Sozialgeschichtliche Aspekte, Göttingen 1992, 48–64; James M. Stayer, Art. „Sattler, Michael", in: Mennonitisches Lexikon, Bd. V: Revision und Ergänzung, Teil 1: Personen (nur online: www.mennolex.de); TRE 30, 54–57 (C. Arnold Snyder).
[18] Edition in: Correspondance de Martin Bucer, hg. von Jean Rott, Bd. 2 (= BCor 2), Leiden 1989, 193–195 (Nr. 146) = Krebs/Rott, Elsaß I (wie Anm. 5), 68–70.
[19] Frühneuhochdeutsches Original: BCor 2 (wie Anm. 18), 194,40–47 und 50 = Krebs/Rott, Elsaß I (wie Anm. 5), 69,21–29 und 34.

Täuferführern trifft und maßgeblich an der Abfassung der „Brüderlichen Vereynigung etlicher kinder Gottes" beteiligt ist, besser bekannt unter dem Namen „Schleitheimer Bekenntnis".[20] Im ersten der sieben Schleitheimer Artikel heißt es: *Die Taufe soll allen denen gegeben werden, die über die Buße und Änderung des Lebens belehrt worden sind und wahrhaftig glauben, dass ihre Sünden durch Christus hinweggenommen sind, und [...] wandeln wollen in der Auferstehung Jesu Christi.* Die Kindertaufe wird ausdrücklich abgelehnt als *des Papstes höchster und erster Greuel.*[21] Die übrigen Artikel befassen sich mit einer streng durchzuführenden Gemeindedisziplin, beschreiben ein nüchtern symbolisches Verständnis des Abendmahls, sprechen von der Wahl von *Hirten der Gemein Gottes*, deren Aufgabe sein soll: *Lesen und Ermahnen und Lehren, Mahnen, Zurechtweisen, Bannen in der Gemeinde.*[22] Weiterhin unterstreichen die Artikel die Trennung der wahren Gemeinde von der Welt, die Ablehnung der Schwertgewalt und schließlich die Verweigerung des Eides.[23] Aktenkundig wird Michael Sattler wieder im März 1527 in Horb am Neckar, wo er und seine Frau von den vorderösterreichischen Behörden als Ketzer verhaftet werden. Am 21. Mai 1527 wird Sattler grausam gefoltert und lebendig verbrannt, seine Frau wird ertränkt.[24]

Capitos wenige Tage später geschriebener Brief an den Bürgermeister und den Rat der Stadt Horb[25] dokumentiert eindrucksvoll seine Bewunderung für diesen Täufer und sein Entsetzen über diese Hinrichtung. Zwar lehnt Capito das Taufverständnis Sattlers und dessen ethischen Rigorismus eindeutig ab, lobt aber Sattlers *dreflichen eyfer zu eren gottes vnd der gemein Christi* und verbürgt sich für seine Rechtgläubigkeit.[26] Auch Bucer, der eine entschieden strengere Haltung gegenüber den Täufern einnahm als Capito, zögerte nicht, Sattler als *eynen lieben frundt Gots* und *eynen marterer Christi* zu bezeichnen.[27]

Die maßgeblich von Sattler geprägten Schleitheimer Artikel entwickeln sich bald nach seinem Tod zu einem zentralen Referenztext der Täuferbewegung und erfahren eine weite Verbreitung. Auch die Gegner der Täufer nehmen die Schleitheimer Artikel ernst: Sowohl Zwingli[28] als auch Calvin[29] benutzen sie als Ausgangspunkt und Grundlage für ihre jeweiligen Kampfschriften gegen täuferische Lehre 1527 und 1544.

---

[20] Beatrice Jenny, Das Schleitheimer Täuferbekenntnis 1527, in: Schaffhauser Beiträge zur vaterländischen Geschichte 28 (1951), 5–81; Heinold Fast (Hg.), Quellen zur Geschichte der Täufer in der Schweiz II, Zürich 1973, 26–36; sprachlich modernisierte Fassung: Fast, Der linke Flügel der Reformation (wie Anm. 10), 60–71.

[21] Fast, Der linke Flügel der Reformation (wie Anm. 10), 62. frühneuhochdeutsches Original: Quellen zur Geschichte der Täufer in der Schweiz II (wie Anm. 20), 28.

[22] Fast, Der linke Flügel der Reformation (wie Anm. 10), 65; frühneuhochdeutsches Original: Quellen zur Geschichte der Täufer in der Schweiz II (wie Anm. 20), 31.

[23] Fast, Der linke Flügel der Reformation (wie Anm. 10), 64–71 = Quellen zur Geschichte der Täufer in der Schweiz II (wie Anm. 20), 29–35.

[24] Fast, Der linke Flügel der Reformation (wie Anm. 10), 71–77.

[25] Edition in: Krebs/Rott, Elsaß I (wie Anm. 5), 80–87 (Nr. 83).

[26] Krebs/Rott, Elsaß I (wie Anm. 5), 81,21f.

[27] Martin Bucers Deutsche Schriften (BDS), Bd. 2, 253,22 und 29f.

[28] In catabaptistarum strophas elenchus, 31. Juli 1527, Zwingli Werke 6.1, 21–196.

[29] Briève instruction pour armer tous bons fidèles contre les erreurs de la secte commune des anabaptistes, 1544, Calvini Opera 7, 45–142.

II.

Nun zu unserer zweiten Vignette, die der Figur von Hans Denck gewidmet ist.[30] Denck stammte aus Habach, Oberbayern, erfuhr eine humanistische Bildung in Ingolstadt, hörte in Basel Erasmus und wurde 1522 vom Basler Reformator Johannes Oekolampad für die Stelle eines Rektors an der St. Sebald Schule in Nürnberg empfohlen.[31] Dort lernte er die Schriften Thomas Müntzers und Andreas Karlstadts kennen und kam möglicherweise mit dem mystischen Müntzer-Anhänger und späterem Täufer Hans Hut zusammen. Aufgrund seiner hierbei gewonnenen heterodoxen Einsichten wurde er im Januar 1525 zusammen mit den sogenannten „drei gottlosen Malern" Barthel und Sebald Beham sowie Georg Pencz aus Nürnberg ausgewiesen. Es folgen Wanderungen durch die Schweiz, wo er zeitweilig gefangengenommen wird, dann ein Aufenthalt in Augsburg vom September 1525 bis Juni 1526. Dort spielte Denck eine leitende Rolle unter Augsburger Täufern, begegnete ein weiteres Mal Hans Hut, der inzwischen Müntzer-Schüler und ein Überlebender der Schlacht von Frankenhausen ist. Denck tauft Hut an Pfingsten 1526, bevor dieser als apokalyptischer Täufermissionar durch die Lande zog.[32] Aus Augsburg vertrieben, suchte Denck im Oktober 1526 Zuflucht in Straßburg, wo er auf andere Täuferführer traf, darunter Michael Sattler, mit dem er sich überhaupt nicht verstand.[33] Mit dem spiritualistischen Täufer Ludwig Hätzer, der damals bei Capito wohnte, begann er die alttestamentlichen Propheten ins Deutsche zu übersetzen.[34] Von Bucer hingegen wurde Denck am 22. Dezember 1526 zu einer Disputation vor 400 Zuhörern in der Straßburger Dominikanerkirche herausgefordert.[35] Denck konnte mittels ausweichender Antworten die Versuche Bucers, ihn der Irrlehre zu überführen, erfolgreich abwehren, wurde aber wenige Tage später aus Straßburg ausgewiesen.[36] Er zog durch die Pfalz, diskutierte in Bergzabern mit seinem Gastgeber, dem Prediger Nikolaus Thomae,[37] polemisierte öffentlich gegen die Kindertaufe in Landau, überwarf sich mit dem dortigen Prediger Johannes Bader[38] und erreichte im Februar 1527 Worms, wo er wieder auf Ludwig Hätzer und

---

[30] Zu ihm vgl. Clarence Bauman, The Spiritual Legacy of Hans Denck. Interpretation and Translation of Key Texts, Leiden 1991. – TRE 8, 488–490 (Werner O. Packull). – Geoffrey Dipple, Art. „Denck, Hans" in: Mennonitisches Lexikon, Bd. V: Revision und Ergänzung, Teil 1: Personen (nur online: www.mennlex.de).

[31] Ernst Staehelin (Bearb.), Briefe und Akten zum Leben Oekolampads. Zum viehundertjärigen Jubiläum der Basler Reformation, 2 Bde. (Quellen und Forschungen zur Reformationsgeschichte 10, 19), Leipzig 1927, 1934, (Repr. New York u. a. 1971), hier: Bd. 1: 1499–1526, 224 und 359.

[32] Vgl. hierzu: Gottfried Seebaß, Müntzers Erbe. Werk, Leben und Theologie des Hans Hut (Quellen und Forschungen zur Reformationsgeschichte 73), Gütersloh 2002, 195–203.

[33] Die Spannung zwischen Denck und Sattler thematisiert z. B. David C. Steinmetz, Reformers in the Wings. From Geiler von Kaysersberg to Theodore Beza, Oxford 2001, 148.

[34] J. F. Gerhard Goeters, Ludwig Hätzer (ca. 1500–1529). Spiritualist und Antitrinitarier. Eine Randfigur der frühen Täuferbewegung, Gütersloh 1957, 87–96.

[35] Krebs/Rott, Elsaß I (wie Anm. 5), 60f.

[36] Krebs/Rott, Elsaß I (wie Anm. 5), 62.

[37] Thomae berichtet darüber in seinem Brief an Johannes Oekolampad vom 1. April 1527: Staehelin, Briefe und Akten (wie Anm. 31), Bd. 2: 1527–1593, 51–55. Vgl. auch Johann Peter Gelbert, Magister Johann Bader's Leben und Schriften. Nicolaus Thomae und seine Briefe, Neustadt a.d. Haard 1868, 159–164.

[38] Vgl. Gelbert, Johann Bader's Leben und Schriften (wie Anm. 37), 164–170.

eine bestehende Täufergmeinde traf.³⁹ Der Wormser Drucker Peter Schöffer der Jüngere drängte beide, ihre in Straßburg begonnene Übersetzung der alttestamentlichen Propheten fertigzustellen. Hätzer und Denck stellten sich der Aufgabe, ließen sich möglicherweise von Mitgliedern der Wormser jüdischen Gemeinde beraten und vollendeten die Übersetzung bis April 1527, die unter dem Titel „Alle Prophetenn nach Hebreischer sprach verdeütscht"⁴⁰ erschien. Es handelte sich um die erste evangelische Prophetenübersetzung, und sie wurde innerhalb von wenigen Jahren zwölfmal nachgedruckt.⁴¹ Erst mit dem Erscheinen der ersten Zürcher Vollbibel 1531 sowie der eigenen Prophetenübersetzung Luthers 1532 geriet sie in den Hintergrund. Obwohl sowohl Luther als auch Zwingli gegen die Wormser Prophetenübersetzung aufgrund ihrer Nähe zur täuferischen Bewegung und wegen möglichen jüdischen Einflusses heftig polemisierten, ist ihr Einfluss besonders auf den Wortlaut des Buches Daniel der Zürcher Übersetzung unleugbar.⁴² Denck und Hätzer mußten Worms im Juli 1527 verlassen, gingen gemeinsam nach Augsburg, wo Denck von den Flügelkämpfen innerhalb des Täufertums zunehmend enttäuscht wurde. Er suchte schließlich Zuflucht bei seinem alten Mentor Oekolampad in Basel, verfasste eine Rechenschaft seines Glaubens und starb im November 1527 an der Pest. Oekolampad ließ diese nach Dencks Tod unter dem Titel „Widerruf" drucken.⁴³ Doch wenn Denck sich in dem Text auch von seiner täuferischen Vergangenheit distanziert, bleibt er bei seiner Ablehnung der Kindertaufe.

III.

Meine dritte und letzte Vignette ist einem Täuferführer gewidmet, der wie Denck nicht dem Oberrheingebiet entstammte, aber anders als Denck ganze dreieinhalb Jahre einer Täufergemeinde am Oberrhein vorstand, und zwar in Straßburg. Ich rede von Pilgram Marpeck.⁴⁴ Anders als Sattler und Denck hatte Marpeck keinen akade-

---

39   Goeters, Ludwig Hätzer (wie Anm. 34), 96–110.
40   Augsburg: Heinrich von Steiner, 1527 (VD16 B 3719).
41   Georg Baring, Die „Wormser Propheten", eine vorlutherische evangelische Prophetenübersetzung aus dem Jahre 1527, in: Archiv für Reformationsgeschichte 31 (1934), 23–41; Traudel Himmighöfer, Die Zürcher Bibel bis zum Tode Zwinglis (1531). Darstellung und Bibliographie, Mainz 1995, 322–331; Otto Kammer, Die Anfänge der Reformation in der Stadt Worms, in: Blätter zur pfälzischen Kirchengeschichte 68 (2001), 219–251; Die Wormser Propheten, hg. von Ulrich Bister, Hammerbrücke 2003, Ulrich Oelschläger, Die Wormser Propheten von 1527. Eine vorlutherische Teilübersetzung der Bibel, in: Der Wormsgau 25 (2007), 67–94. Zum Kontext vgl. Elmar Mittler, Der Wettlauf um die Vollbibel in der frühen Reformationszeit. Süddeutsche Übersetzer und Drucker in Konkurrenz zu Luther und Wittenberg, in: JBKRG 12 (2018), 11–50, bes. 12ff
42   Sabine Todt, Art. „Wormser Propheten", in: Mennonitisches Lexikon, Bd. V: Revision und Ergänzung, Teil 2: Geschichte, Kultur, Theologie (nur online: www.mennlex.de).
43   Fast, Der linke Flügel der Reformation (wie Anm. 10), 196–204. Frühneuhochdeutsches Original: Quellen zur Geschichte der Täufer, Bd. 6: Hans Denck, Schriften, hg. von Georg Baring und Walter Fellmann, 2. Teil: Religiöse Schriften, Gütersloh 1956, 104–110.
44   Zu ihm vgl. zuletzt Martin Rothkegel, Art. „Marpeck, Pilgram" in: Mennonitisches Lexikon, Bd. V: Revision und Ergänzung, Teil 1: Personen (nur online: www.mennlex.de); Ders., Pilgram Marpeck and the Fellows of the Covenant. The Short and Fragmentary History of the Rise and Decline of an

mischen Hintergrund, sondern war theologisch ein vollkommener Laie. Er übte das Amt eines Bergrichters in seiner Heimatstadt Rattenberg am Inn in Tirol aus. Unter dem Eindruck der strengen Verfolgung der Täuferbewegung im Inntal gab er sein Richteramt auf,[45] schloß sich einer Täufergemeinde in Mähren an und ließ sich dort möglicherweise auch taufen.[46]

Pilgram Marpecks Anwesenheit in Straßburg ist spätestens ab September 1528 belegt, als er das dortige Bürgerrecht erwarb.[47] Schon am 22. Oktober 1528 wurde er aber zusammen mit anderen Täufern festgenommen und verhört.[48] Dies hinderte Marpeck nicht daran, weiterhin in Straßburg zu bleiben und im Laufe der folgenden drei Jahre eine Täufergemeinde aufzubauen, der er vorstand, während er zugleich als Holzmeister und Wasserbauingenieur zum Zwecke der Holzversorgung und Stadtentwässerung in städtischen Diensten stand. Zu diesem Zeitpunkt hielten sich in Straßburg, einer Stadt von etwa 20.000 Einwohnern, nahezu fünfhundert Täufer auf, 80 % von ihnen Flüchtlinge.[49]

Im Dezember 1531 waren Bucer und die übrigen Prediger Straßburgs nicht mehr gewillt, das Bestehen einer separaten, von Marpeck geführten Täufergemeinde in der Stadt zu dulden und zitierten ihn deshalb zu einem Gespräch hinter verschlossenen Türen ins Rathaus. Nach zwei weiteren Gesprächen beschlossen am 18. Dezember 1531 die Ratsherren – sicherlich auf Veranlassung der Prediger – Marpeck und seine Frau sofort auszuweisen. Der Tiroler Täuferführer konnte aber einen Aufschub seiner Ausweisung erlangen und durfte darüber hinaus von Bucer eine eigens für ihn erstellte schriftliche Verteidigung der Kindertaufe einfordern. Nachdem Marpeck diese erhalten hatte, antwortete er auf sie in Form eines Glaubensbekenntnisses, das er am 10. Januar 1532 vorlegte.[50]

Dieses dreißigseitige Bekenntnis,[51] im Grunde eine weit ausholende Verteidigung der Erwachsenentaufe, macht von außerordentlich vielen Kontrastpaaren Gebrauch: etwa Verheißung und Erfüllung, Fleisch und Geist, Furcht und Liebe, Knechtschaft

---

Anabaptist Denominational Netword, in: Mennonite Quarterly Review 85 (2011), 7–36. Vgl. auch Stephen B. Boyd, Pilgram Marpeck. His Life and Social Theology (Veröffentlichungen des Instituts für Europäische Geschichte 147/Duke Monographs in Medieval and Renaissance Studies 12), Mainz 1992. – John D. Roth, Marpeck and the Later Swiss Brethren 1540–1700, in: A Companion to Anabaptism and Spiritualism 1521–1700, hg. on John Roth/James M. Stayer, Leiden/Boston 2007, 347–388. – Walter Klaassen/William Klassen, Marpeck. A Life of Dissent and Conformity (Studies in Anabaptist and Mennonite History 44), Waterloo, Ontario/Scottdale, Pennsylvania 2008. – TRE 22 (1992), 174–177 (Walter Klaassen).

[45] Boyd, Marpeck (wie Anm. 44), 21–24.
[46] Boyd, Marpeck (wie Anm. 44), 52.
[47] Le Livre de bourgeoisie de la ville de Strasbourg 1440–1530, hg. von Charles Wittmer und J. Charles Meyer, Bd. 2, Straßburg 1954, Nr. 8687.
[48] Elsaß I (wie Anm. 5), 184–186.
[49] Marc Lienhard, Religiöse Toleranz in Straßburg im 16. Jahrhundert (Abhandlungen der Akademie der Wissenschaften und der Literatur in Mainz. Geistes- und Sozialwissenschaftliche Klasse Jg. 1991, Nr. 1), Stuttgart 1991, 1–38 (hier: 11).
[50] Marpecks Bekenntnis ist kritisch ediert in BDS (wie Anm. 27), Bd. 14, 68–246 (gerade Seiten; auf den gegenüberliegenden, ungeraden Seiten 69–247 ist Martin Bucers Replik auf Marpecks Bekenntnis ediert).
[51] Zum Folgenden vgl. die Einleitung in BDS (wie Anm. 27), Bd. 14, 46–51 sowie Stephen Buckwalter, Die Bibelhermeneutik der Täufer, insbesondere Pilgram Marpecks, in: Auslegung und Hermeneutik der Bibel in der Reformationszeit, hg. von Christine Christ-von Wedel/Sven Grosse (Historia Hermeneutica. Series Studia 14), Berlin/Boston 2017, 381–391.

und Freiheit, irdisch und himmlisch, äußerlich und innerlich. Die augenfälligste Gegenüberstellung aber – und diejenige, die letztlich das ganze Bekenntnis beherrscht und auch implizit die Grundlage des Argumentationsduktus bildet – ist diejenige von Altem und Neuem Testament. Marpeck macht kein Hehl aus dem aus seiner Sicht heilsgeschichtlich unüberbrückbaren Unterschied zwischen beiden Testamenten. Was die evangelische Botschaft speziell auszeichnet ist nach Ansicht Marpecks gerade im „Neuen" des Neuen Testaments gegenüber dem Alten begründet. Das Christusereignis ist ein sehr konkret in der Zeit verankertes, punktuelles Ereignis: Es impliziert ein eindeutiges „Vorher" und ein von diesem klar unterschiedenes „Nachher". *Es ist der geist crissti kainem menschen […] geben worden vor dem sterben vnd leiden crissti.*[52] Erst das Kommen Christi versetzte die Menschen in die Lage, die Kindschaft Gottes zu erlangen. Kind Gottes zu werden ist für Marpeck ein präzis definierbarer Prozess: *Welhe nun also taufft […] werden*, so Marpeck, *muessen mennschen sein, die dj sundt vnd jr vnuermugen aus dem gsatz erkennt habn […], sölhen menschen, so vor durch das gsatz zerslagen, zerschnitten vnd zerbrochen sind, auf sölhe zerschneidung ist crisstus der Artzt vnd seligmacher.*[53] Und gerade weil Säuglinge vom Guten und Bösen nichts wissen und somit die eigene Sünde unmöglich erkennen und bereuen können, dürfen sie nach Ansicht Marpecks nicht getauft werden.

Lässt man ein Kind taufen, bevor *hoffart, lisst vnd aigner will vorhannden"* sind, dann hat die listige Schlange freie Hand, dem Getauften später zu suggerieren, er sei ein Christ, obwohl er tatsächlich in Sünde lebt, *wie man vasst, got erparms, an allen mennschen sicht, so in der kinthait taufft sind.*[54] Die fehlerhafte Meinung, *Wo man die kinder nit taufft, so sein sy verdambt* hält Marpeck deshalb für *nicht dj cleinist abgötterej in dem vermainten crisstenthumm […], ja vasst ain muetter vnd wurtzl der anndern aller.*[55]

Bucer nahm in seiner Replik eine diametral entgegengesetzte Position ein. Menschliches Heil sah er ausschließlich in Gottes gnädiger Bundeszusage und in seiner Erwählung begründet. Die in Gen 17,7 gemachte Zusage – von Bucer übersetzt als: *Ich will dein und der deinen Gott sein* – bürgt für Gottes unerschütterlichen Heilswillen, der sich gerade auch auf die Kinder der Gläubigen erstreckt. Gott hat die Seinen vor Grundlegung der Welt erwählt. Deshalb dürfe der Mensch sich nicht anmaßen, die Zugehörigkeit zu dieser Gemeinschaft durch eine äußere Taufhandlung zu bestimmen.

Aber das eigentliche Entscheidende am Irrtum der Täufer sah Bucer nicht in ihrer abweichenden Lehre, sondern in ihrem Separatismus, in ihrer Absonderung von der Mehrheitskirche, in ihrer Weigerung, Gemeinschaft mit ihr zu haben. Zwar bezichtigte Bucer sie der Häresie, aber er verstand Häresie nicht als Abspaltung in Lehrfragen, sondern als Preisgabe der Liebe. Um den Erlanger Kirchenhistoriker Berndt Hamm zu zitieren: „Das entscheidende Problem bei den Täufern ist daher in Bucers Augen ihre verletzende Lieblosigkeit und Unduldsamkeit, mit der sie den Andersdenkenden die brüderliche Gemeinschaft verweigern."[56]

---

[52] BDS (wie Anm. 27), Bd. 14, 104.
[53] BDS (wie Anm. 27), Bd. 14, 120.
[54] BDS (wie Anm. 27), Bd. 14, 76.
[55] BDS (wie Anm. 27), Bd. 14, 136.
[56] Berndt Hamm, Toleranz und Häresie, in: Martin Bucer zwischen Luther und Zwingli, hg. von Matthieu Arnold/Berndt Hamm (Spätmittelalter und Reformation. Neue Reihe 23), Tübingen 2003, 85–106 (hier: 100f).

Freilich sah Bucer keinen Widerspruch darin, die Unduldsamkeit der weltlichen Obrigkeit gegen diese täuferische Unduldsamkeit gelten zu lassen, so dass Marpeck und seine Frau schließlich Straßburg verlassen mußten. Deren Weg führte sie in die Schweiz, dann nach Austerlitz in Mähren, und schließlich 1544 zur Reichsstadt Augsburg, wo er zwölf Jahre lang neben seiner klandestinen Tätigkeit als Führer einer Täufergemeinde als Wasserbauingenieur in städtischen Diensten arbeitete und 1556 eines natürlichen Todes starb.

IV.

Ich habe Ihnen nun drei Vignetten, drei Episoden aus der Geschichte der Täufer am Oberrhein im 16. Jahrhundert präsentiert. Die sind für mich interessant nicht nur, weil sie von der Vielfalt dieser Bewegung Zeugnis geben. Diese drei Figuren sind auch interessant, weil sie ab der Mitte des 20. Jahrhunderts enorme Popularität als Identifikationsfiguren für Mennoniten, vor allem nordamerikanische Mennoniten, gewannen.

Vorausgegangen war eine Renaissance der wissenschaftlichen Täuferstudien in dieser Zeit, markiert 1930 etwa durch das Erscheinen des ersten Bandes der vom Verein für Reformationsgeschichte herausgegebenen „Quellen zur Geschichte der Täufer" – damals noch politisch unkorrekt „Wiedertäufer" genannt[57] – und die Promotion des amerikanischen Theologen Harold S. Bender bei Walther Köhler über ein täuferisches Thema 1936[58] in Heidelberg.[59] Bender, der die nordamerikanische mennonitische Kirche des 20. Jahrhunderts wie kein anderer Kirchenführer beeinflussen und gestalten sollte,[60] tat in der Folge sein Mögliches, um sein Leitbild eines friedlichen und separatistischen Täufertums zu popularisieren. Seine Vorstellungen fasste er 1944 in einem kleinen, wirkungsmächtigen Traktat „The Anabaptist Vision" zusammen.[61] Diese Popularisierungsversuche blieben nicht ohne Wirkung. In den Jahrzehnten ab den 1960er Jahren erlangten Figuren wie Michael Sattler, Hans Denck oder Pilgram Marpeck einen wachsenden Bekanntheitsgrad unter amerikanischen Mennoniten und wurden zu regelrechten Identifikationsfiguren, jeder auf seine eigene Art. Auf der Höhe des Vietnamkrieges gewann der biblizistische Pazifismus eines Michael Sattler Plausibilität für viele nordamerikanische Mennoniten, die in mühsamer Überwindung der jahrhundertelangen politischen Enthaltsamkeit ihrer Kirche erste Schritte eines öffentlichen Aktivismus gegen den Krieg wagten. Diese Identifikation hält noch an:

---

[57] Quellen zur Geschichte der Wiedertäufer, Band 1: Herzogtum Württemberg, hg. von Gustav Bossert, Leipzig 1930.
[58] Harold S. Bender, Conrad Grebel. Der erste Führer der Schweizer Täufer, Diss. theol. masch. Universität Heidelberg 1936.
[59] Albert N. Keim, Harold S. Bender 1897–1962, Scottdale, Pennsylvania/Waterloo, Ontario 1998, 195–251.
[60] Dies wird in der Biographie Albert Keims (wie Anm. 59) eindrücklich dargestellt.
[61] Harold S. Bender, The Anabaptist Vision, in: Church History 13 (1944), 3–24 und in: Mennonite Quarterly Review 18 (1944), 67–88. Deutsche Übersetzung: Das täuferische Leitbild, in: Das Täufertum. Erbe und Verpflichtung (Die Kirchen der Welt. Reihe B, Band II), hg. von Guy F. Hershberger, Stuttgart 1963, 31–54.

Seit 2006 vergibt das Deutsche Mennonitische Friedenskomitee alle drei Jahre einen Michael-Sattler-Friedenspreis an – ich zitiere – *Personen oder Gruppen, deren Arbeit vorbildlich ist im Einsatz für ein gewaltfreies Christuszeugnis.*[62] Andere Mennoniten, die Sattler als zu dogmatisch empfanden, von seiner biblizistischen Strenge eher abgeschreckt waren und unter dem Fehlen von mystischen und spiritualistischen Elementen in der eigenen Tradition litten, fanden in Hans Denck eine verwandte Seele.[63] Diesen stilisierten sie zu einem Vorkämpfer der Toleranz,[64] ja sogar des christlich-jüdischen Dialogs.[65] Seit einigen Jahrzehnten erfreut sich wiederum Pilgram Marpeck wachsender Popularität in mennonitischen Kreisen, vielleicht gerade wegen der beinahe bürgerlichen Unscheinbarkeit seines Lebens.[66] Marpeck gilt als Moderater unter den Täufern, als jemand, der die spröde Gesetzlichkeit der Schweizer Brüder ablehnte, sich aber auch vom extremen Spiritualismus eines Johannes Bünderlin oder Christan Entfelder distanzierte, ganz zu schweigen von der gewaltbereiten Apokalyptik eines Hans Hut. Marpeck wird heute als Mann der Mitte empfunden, als jemand, dessen inkarnatorische Theologie einen Mittelweg zwischen Spiritualismus und Biblizismus einschlug, und als jemand, dem es gelang, das täuferische Bemühen um radikale Nachfolge mit den praktischen Erfordernissen stadtbürgerlicher Pflichten zu versöhnen.

Aber so unterschiedlich wie Sattler, Denck und Marpeck auch sind, gemeinsam an deren Gedenken durch mennonitische Kreise in den letzten Jahrzehnten war ein Bewußtsein um deren Bedrängung und Verfolgung durch die kirchlichen und weltlichen Autoritäten ihrer Zeit, begleitet von einer manchmal unterschwelligen, manchmal offenkundigen Empörung darüber, dass es Christen der etablierten Kirchen waren, die deren Peinigung guthießen und theologisch legitimierten.[67]

V.

Vor fünf Jahren bin ich von der Evangelischen Kirche der Pfalz gebeten worden, einen kirchenhistorischen Vortrag anlässlich eines mennonitisch-protestantischen Begegnungstages zu halten. Die Initiative für diesen Begegnungstag, der unter dem Motto „Wechselnde Pfade – Schatten und Licht" stattfand, ging vom pfälzischen Kir-

---

[62] Vgl. www.michael-sattler-friedenspreis.de (abgerufen am 23.06.2019).
[63] Vgl. Werner O. Packull, Mysticism and the Early South German-Austrian Anabaptist Movement 1525–1531 (Studies in Anabaptist and Mennonite History 19), Scottdale, Pennsylvania 1977, 35–46 (dort die Überschrift: „Hans Denck: The Ecumenical Anabaptist").
[64] Edward J. Furcha, „Turks and Heathen Are Our Kin". The Notion of Tolerance in the Works of Hans Denck and Sebastian Franck, in: Difference and Dissent. Theories of Toleration in Medieval and Early Modern Europe, hg. v. Cary Nederman u. John Christian Laursen, Lanham, Maryland 1996, 83–99.
[65] Vgl. etwa Bauman (wie Anm. 30), 44–47.
[66] Zum Folgenden vgl. v.a. die Einleitung John Rempels zu: Later Writings of Pilgram Marpeck and his Circle, Bd. 1: The Exposé, A Dialogue, and Marpeck's Response to Caspar Schwenckfeld, translated by Walter Klaassen, Werner Packull and John Rempel (Anabaptists Texts in Translation 1), Kitchener, Ontario/Scottdale, Pennsylvania 1999, 16–18.
[67] Vgl. etwa die Ausführungen in Jan Gleysteen, Mennonite Tourguide to Western Europe, Scottdale, Pennsylvania/Kitchener, Ontario 1984, 87f.

chenpräsident Christian Schad aus. Ziel der Begegnung war es, Pfälzer Mennoniten und Protestanten die Gelegenheit zu geben, sich gegenseitig besser kennenzulernen und gemeinsam Gottesdienst zu feiern. Vor allem sollte es aber eine Gelegenheit sein, über die Zerwürfnisse der Reformationszeit zu reflektieren und bewusste Schritte der Versöhnung zu tun.[68] In seiner Predigt bat Kirchenpräsident Schad ausdrücklich um Vergebung für das Leid, dass Protestanten den Täufern einst zugefügt hatten.[69] Diese Schuld wurde nochmals in der Liturgie vor der Abendmahlfeier betont, doch nicht nur von protestantischer Seite.[70] Auch die mennonitischen Vertreter haben bekannt, dass ihre Vorfahren oft von der falschen Vorstellung geleitet waren, das rechte Verständnis gepachtet zu haben, und in blinder Selbstgerechtigkeit die Mehrheitskirche vorschnell verurteilt hätten.

Ich habe mir lange Gedanken darüber gemacht, was ich als Kirchenhistoriker in meinem einleitenden Referat im Rahmen jenes mennonitisch-protestantischen Begegnungstages vortragen sollte. Natürlich war es wichtig, das damals geschehene Unrecht, um das sich die ganze Veranstaltung letztlich drehte, anzusprechen. Ohne Zweifel war es ein tragischer Zufall, dass auf demselben Reichstag, auf welchem die zahlenmässig unterlegenen evangelischen Fürsten und Reichsstädte gegen den Mehrheitsbeschluss in Glaubensfragen mutig protestierten, und somit einen „nachhaltigen Schritt auf dem Weg zu neuzeitlicher Religionsfreiheit" machten,[71] sie zugleich ihre Zustimmung gaben, das Mandat Karls V. vom Januar 1528, das für Täufer die Todesstrafe anordnete, zum Reichsgesetz zu erheben.

Aber gegenüber meiner eigenen Kirche fand ich es auch wichtig, darauf hinzuweisen, dass täuferisch-mennonitische Historiographie nicht in der Aufzählung von erlittenem Unrecht aufgehen muss, und dass kirchengeschichtliche Forschung auch Ereignisse zu Tage fördern kann, die zu Dankbarkeit Anlass geben.

Deshalb war es mir wichtig, meinen damaligen Vortrag mit drei Beispielen zu schließen, in denen nach meinem Empfinden täuferisch-mennonitische Christen entscheidende Impulse gerade von protestantischen Christen bekommen haben. Mit diesen drei Beispielen möchte ich auch meinen heutigen Vortrag schließen.

Bereits vorhin erwähnte ich die Bereitschaft mancher Täufer, die in der Apostelgeschichte beschriebene Gütergemeinschaft der ersten Christen auch in der eigenen Gegenwart in die Tat umzusetzen. Keine täuferische Gruppierung hat dies im Laufe ihrer Geschichte konsequenter und eindrücklicher getan als die Gemeinschaft der Hutterer.[72] Ihre großen landwirtschaftlichen Kolonien in den USA und Kanada, die

---

[68] Der Begegnungstag ist dokumentiert in: Wechselnde Pfade – Schatten und Licht, Mennonitisch-protestantischer Begegnungstag 2013 (Protestantische Pfalz Texte, Nr. 21:), Speyer 2014. Der 48seitige Schrift kann als PDF-Datei heruntergeladen werden von: www.evkirchepfalz.de.
[69] Wechselnde Pfade – Schatten und Licht (wie Anm. 68), 23–26.
[70] Wechselnde Pfade – Schatten und Licht (wie Anm. 68), 33f.
[71] Gottfried Seebaß, Geschichte des Christentums III. Spätmittelalter, Reformation, Konfessionalisierung, Stuttgart 2006, 187.
[72] Zu den Hutterern vgl. John A. Hostetler, Hutterite Society, 2. Aufl., Baltimore, Maryland 1975. – Martin Rothkegel, Anabaptism in Moravia and Silesia, in: A Companion to Anabaptism and Spiritualism (wie Anm. 44), 163–215. – Leonard Gross, The Golden Years of the Hutterites. The Witness and Thought of the Communal Moravian Anabaptists During the Walpot Era, 1565–1578 (Studies in Anabaptist and Mennonite History 23), 2. Aufl., Kitchener, Ontario 1998. – Werner O. Packull, Die Hutterer in Tirol. Frühes Täufertum in der Schweiz, Tirol und Mähren (Schlern-Schriften 312), Innsbruck 2000. – Astrid von Schlachta, Hutterische Konfession und Tradition (1578–1619). Etabliertes

sogenannten Bruderhöfe, stellen noch heute ein bewundernswertes Beispiel praktizierter Gütergemeinschafts dar.[73] Ein hübsches literarisches Denkmal setzte ihnen der ZEIT-Reporter Michael Holzach mit dem kleinen Buch „Das vergessene Volk", das er im Anschluss an sein Jahr auf einer hutterischen Kolonie 1980 veröffentlichte.[74] Folgendes ist aber nur wenigen Mennoniten bewusst: Es war nur dank einer kleinen versprengten Gruppe von Lutheranern, dass diese im 16. Jahrhundert eingeführte Praxis der Gütergemeinschaft bis heute überlebt hat. Von Kärnten vertriebene lutherische Bauern stießen im Oktober 1755 zu den Hutterern in Siebenbürgen. Zu diesem Zeitpunkt hatten die Hutterer diese Praxis schon seit Jahrzehnten aufgegeben. Die eingewanderten Lutheraner waren aber derart vom hutterischen Ideal der Gütergemeinschaft fasziniert, von dem sie in den Büchern und Chroniken ihrer Gastgeber erfuhren, dass sie beschlossen, ihre Gastgeber zu überreden, dieses Ideal 1762 erneut in die Wirklichkeit umzusetzen.[75] So sorgte eine Gruppe exilierter Lutheraner dafür, dass sich ein authentisches Stück täuferischen Zeugnisses des 16. Jahrhunderts bis in die Gegenwart erhalten hat.

Ein zweites Beispiel: Es mutet bemerkenswert an, dass die beiden nordamerikanischen mennonitischen Theologen, die das, was wir heute unter täuferisch-mennonitischer Theologie verstehen, am profiliertesten und wirkungsreichsten herausgearbeitet und präzisiert haben, Harold S. Bender in den 1940er und 1950er Jahren und John Howard Yoder in den 1960er bis 1990er Jahren, ihre formelle theologische Ausbildung ausgerechnet bei protestantischen landeskirchlichen Theologen hier in Europa, ja genauer gesagt hier im Oberrheingebiet abgeschlossen haben, in dem einen Fall bei Walther Köhler in Heidelberg,[76] in dem anderen Fall bei Karl Barth in Basel.[77] Gewiss war das von Bender für seine Generation wiederentdeckte täuferische Leitbild und die von John Howard Yoder entwickelte Friedenstheologie nicht einfach von ihren jeweiligen akademischen Mentoren rezipiert, sondern in Auseinandersetzung, teilweise sogar in Opposition zu ihnen entstanden.[78] Das ändert nichts an der paradoxen Tatsache, dass protestantische Theologen bei der Herausarbeitung von Schlüsselkonzepten moderner mennonitischer Theologie Hebammendienste geleistet haben.

Leben zwischen Ordnung und Ambivalenz (VIEG Abteilung für Abendländische Religionsgeschichte 198), Mainz 2003.

[73] Astrid von Schlachta, Art. Hutterische Bruderhöfe, in: Mennonitisches Lexikon, Bd. V: Revision und Ergänzung, Teil 2: Geschichte, Kultur, Theologie (nur online: www.mennlex.de). Vgl. auch Johann Loserth, Der Communismus der mährischen Wiedertäufer im 16. und 17. Jahrhundert, in: Archiv für österreichische Geschichte 81, Wien 1895.

[74] Michael Holzach, Das vergessene Volk. Ein Jahr bei den deutschen Hutterern in Kanada, 3. Aufl., München 1983.

[75] Hostetler, Hutterite Society (wie Anm. 72), 75–78.

[76] Vgl. oben Anm. 59.

[77] Freilich wurde Yoder nicht bei Karl Barth, sondern auf der Grundlage einer von Ernst Staehelin betreuten kirchenhistorischen Dissertation promoviert (Täufertum und Reformation im Gespräch. Dogmengeschichtliche Untersuchung der frühen Gespräche zwischen Schweizerischen Täufern und Reformatoren, Zürich 1968). Aber Yoder besuchte zahlreiche Seminare Barths und entwickelte seine theologische Ethik vielfach in Auseinandersetzung mit den Positionen Barths. Vgl. Mark Thiessen Nation, Art. „Yoder, John Howard", in: Mennonitisches Lexikon, Bd. V: Revision und Ergänzung, Teil 1: Personen (nur online: www.mennlex.de).

[78] Vgl. etwa Yoders polemische Schrift The Pacifism of Karl Barth, Scottdale, Pennsylvania 1968.

Ein letztes Beispiel: Es ist kein Geheimnis, dass der heute mehrmals genannte Harold Bender vom Leben und Werk Dietrich Bonhoeffers tief beeindruckt war.[79] Vor allem dessen Werk Nachfolge, das 1948 in englischer Übersetzung unter dem Titel „The Cost of Discipleship" erschien, wurde von Bender enorm geschätzt und war Gegenstand unzähliger Lehrveranstaltungen und Seminare, die er in den 1950er Jahren hielt. Zur selben Zeit als Bender eine ganze Generation von nordamerikanischen mennonitischen Laien, Pastoren und Theologen für sein „Anabaptist Vision",[80] sein täuferisches Leitbild, gewann, machte er sie bewusst zu eifrigen Lesern der Werke Bonhoeffers. Vieles, was nordamerikanische Mennoniten unter täuferischer Nachfolge verstanden, ging in das über, was sie in den Werken Bonhoeffers über Nachfolge lasen. Eine ganze Generation von nordamerikanischen Mennoniten fand gewissermaßen über den lutherischen Theologen Dietrich Bonhoeffer den Weg zu ihren täuferischen Wurzeln zurück.

Als ich diese Beispiele anlässlich des vorhin genannten Pfälzer Begegnungstages vortrug, war es mir wichtig, folgende Schlussfolgerung daraus zu ziehen: Manchmal sind wir auf den anderen angewiesen, gerade um uns selber treu zu bleiben.

Schlussbetrachtung

Diese Täufergestalten des 16. Jahrhunderts, die ihre Spuren hier am Oberrhein hinterlassen haben, Figuren wie Michael Sattler, Hans Denck oder Pilgram Marpeck, werden auch künftig mennonitische Laien in ihren Bann ziehen. Hierbei werden gelegentlich kirchenhistorische und theologische Behauptungen aufgestellt werden, die uns Kirchenhistorikern aufgrund ihrer Schlichtheit und übergroßen Vereinfachung sauer aufstoßen werden. Diese Erfahrung mußten wir schon im Zuge des Reformationsjubiläums im vergangenen Jahr vielfach machen.

Doch sich als Kirchenhistoriker über die wissenschaftliche Verflachung und Banalisierung zu entrüsten, die fast unweigerlich im Zuge einer solchen Popularisierung geschieht, bringt meines Erachtens wenig. Die kirchenhistorische Zunft sollte sich vielmehr über dieses Interesse freuen und dann das respektvolle Gespräch mit den Laien suchen – ein Gespräch bei dem sich ausreichend Gelegenheit bieten wird, Präzisierungen zu treffen, manche Schieflage zu korrigieren, aber auch sich vom Enthusiasmus der Laien anstecken zu lassen.

---

[79] Keim, Harold S. Bender (wie Anm. 59), 418.
[80] Vgl. oben Anm. 61.

Familienstruktur, Gruppenbildung und Gemeindeorganisation mennonitischer Glaubensgemeinschaften am nördlichen Oberrhein (1636–1868)[1]

Frank Konersmann

I. Kursorische Betrachtungen zum Kenntnis- und Forschungsstand

Der gewählte Zeitraum zwischen 1636 und 1868 ist von zwei unterschiedlichen Vorgängen bestimmt. Die Darstellung setzt ein mit dem frühesten Nachweis der Einwanderung einzelner Täufer von 1636 an in den Kraichgau,[2] die – wie etwa Vertreter der Familie Landis – aus dem Züricher Oberland stammten. Mit ihrer Abwanderung entzogen sie sich den seit 1612 einsetzenden Bekehrungsversuchen und der restriktiven Gesetzgebung des Züricher Stadtrates und anderer Schweizer Stadtstaaten.[3] Nach dem Ende des Dreißigjährigen Krieges folgten ihnen mehrere Hundert Glaubensangehörigen aus der Schweiz und auch aus dem Elsass, um sich in Regionen am nördlichen Oberrhein niederzulassen. Zu diesen Gebieten gehörten neben dem Kraichgau solche in Rheinhessen und in der Pfalz, während erst zu Beginn des 18. Jahrhunderts auch in der Markgrafschaft Baden-Durlach täuferische Emigranten aufgenommen wurden.[4] Dabei waren die Motive des Wanderverhaltens unterschiedlich gelagert, denn die Emigranten unterschieden sich hinsichtlich Alter, sozialer Herkunft und Vermögen stark voneinander. Während die meisten anfänglich vor der obrigkeitlichen Verfolgung der Schweizer Stadtstaaten und des französischen Königs flüchteten, häuften sich im Zuge der 1664 erlassenen kurpfälzischen Konzession für die Ansiedlung von

---

[1] Den Ausführungen liegt ein Vortrag zugrunde, der auf der Jahrestagung des Vereins für Kirchengeschichte in Baden am 19.10.2018 gehalten wurde. Bei dem vorliegenden Essay handelt es sich lediglich um eine Ausarbeitung und Präzisierung des Vortrages.

[2] Diese vergleichsweise frühe Zeitangabe findet sich in der neueren Darstellung von Theodor Glück, Gemeinden in friedensstiftender Christusnachfolge, Bd. 2: Urchristliche Glaubensbekundung Kraichgauer Täufer und süddeutscher Mennoniten in Familie, Beruf, Gemeinde und Umwelt, Lage 2006, 81.

[3] Vgl. Ernst H. Corell, Das schweizerische Täufermennonitentum. Ein soziologischer Bericht, Tübingen 1925, 54–75; Hans Ulrich Pfister, Die Auswanderung aus dem Knonauer Amt 1648–1750. Ihr Ausmass, ihre Strukturen und ihre Bedingungen, Zürich 1987, 170.

[4] Vgl. Albrecht Strobel, Agrarverfassung im Übergang. Studien zur Agrargeschichte des Breisgaus vom Beginn des 16. bis zum Ausgang des 18. Jahrhunderts, Freiburg/München 1972, 29, 74; Michaela Schmölz-Häberlein/ Mark Häberlein, Die Ansiedlung von Täufern am Oberrhein im 18. Jahrhundert. Eine religiöse Minderheit im Spannungsfeld herrschaftlicher Ansprüche und wirtschaftlicher Interessen, in: Mark Häberlein/Martin Zürn (Hgg.), Minderheiten, Obrigkeit und Gesellschaft in der Frühen Neuzeit. Integrations- und Abgrenzungsprozesse im süddeutschen Raum, St. Katharinen 2001, 377–402; Michaela Schmölz-Häberlein, „Wiedertäufer, die wackere Leute sind". Täuferische Pächter auf dem baden-durlachischen Kameralgut Hochburg, in: Mennonitische Geschichtsblätter 60 (2003), 43–63.

Mennoniten dann Fälle der Abwanderung aus eigenem Antrieb, wobei manche täuferische Familie auch von reichsritterlichen Familien im Kraichgau gezielt abgeworben wurde. Das ist beispielsweise für die lutherischen Freiherrn von Venningen bezeugt, die 1650 den mennonitischen Prediger Hans Meili mit seiner Familie und drei seiner Verwandten in Dühren ansiedelten.[5]

Die Darstellung endet mit der Verabschiedung mehrere Gesetze 1867 und 1868 unter dem Einfluss des Norddeutschen Bundes, wodurch der insbesondere im Großherzogtum Baden bis dahin aufrechterhaltene privilegierte Status mennonitischer Glaubensgemeinschaften aufgehoben wurde.[6] Die konservative Mehrheit der Glaubensgemeinschaft sah sich durch die neue Gesetzeslage in ihrem Selbstverständnis elementar bedroht, denn sie hatte zur Konsequenz, dass Mennoniten ohne Ausnahme zukünftig Wehrdienst zu leisten, den staatsbürgerlichen Eid abzulegen und öffentliche Schulen zu besuchen hatten.[7] Diese staatsrechtliche Entscheidung konsequenter Gleichbehandlung der mennonitischen Glaubensgemeinschaften mit allen anderen gesellschaftlichen Minderheiten bildete gewissermaßen den Endpunkt ihrer formalen politischen Inklusion, als sich Ende der 1860er Jahre die Gründung des deutschen Nationalstaates abzeichnete. Ohnehin sahen sich die mennonitischen Glaubensgemeinschaften schon seit den 1820er Jahren – analog zu kulturellen, kirchlichen, beruflichen und politischen Gruppierungen – nolens volens dazu veranlasst, den Status eines religiösen Vereins anzunehmen und entsprechende rechtliche Bestimmungen für Körperschaften des öffentlichen Rechts zu akzeptieren.[8]

Insgesamt gesehen weisen die folgenden Ausführungen einen stark essayistischen Charakter auf und zielen auf eine interdisziplinär angelegte Betrachtung über Existenz-, Lebens- und Organisationsformen von Täufern und Mennoniten in ihrer Geschichte. Die Entscheidung für die offene Form des Essays ist zum einen dem bemerkenswert heterogenen Kenntnisstand über wesentliche Sachverhalte des zu behandelnden Themenfeldes, zum anderen dem auffallenden Mangel eines gesicherten Forschungsstandes geschuldet, der vor allem bei der Historiographie über Täufer und

---

[5] Denn 1650 siedelte sich nicht nur der mennonitische Prediger Hans Meili in Dühren an, sondern auch ein weiterer Hans Meili sowie Jakob und Martin Meili. Diese Informationen stammen aus der Dokumentation von Karl Diefenbacher/Hans Ulrich Pfister/Kurt H. Holz (Hgg.), Schweizer Einwanderer in den Kraichgau nach dem Dreißigjährigen Krieg, Ladenburg 1983, 202 mit den Personennummern 5260 bis 5263.

[6] Zu diesem Sachverhalt in jüngerer Zeit die Betrachtung von Diether Götz Lichdi, Zum Staatsverständnis der deutschen Mennoniten im 19. Jahrhundert. Von der Diskriminierung zur Gleichberechtigung, in: Mennonitische Geschichtsblätter 68 (2011), 37–58, hier 45f.

[7] Einschlägig hierzu Rudolf Muhs, „Das schöne Erbe der frommen Väter". Die Petition der badischen Mennoniten an die deutsche Nationalversammlung von 1848 um Befreiung von Eid und Wehrpflicht, in: Mennonitische Geschichtsblätter 42 (1985), 85–102, hier 95. Verwiesen sei auch auf ein unveröffentlichtes Typoskript aus der Feder von Paul Schowalter: Nationalbewusstsein und Kriege in den Augen der Mennoniten in Deutschland. Der Text befindet in der Bibliothek der Mennonitischen Forschungsstelle Weierhof bei Kirchheimbolanden. Er trägt die Signatur: Kel 34.3 Sc.

[8] Aus systematischer Perspektive dazu Frank Konersmann, Ketzer – Pioniere – Pazifisten: Gesellschaftliche Exklusion und Inklusion von Mennoniten als religiöser Minderheit (1660–1870), in: Monica Juneija/Margrit Pernau (Hgg.), Religion und Grenzen in Indien und Deutschland. Auf dem Weg zu einer transnationalen Historiographie, Göttingen 2008, 393–424, hier 406, 411. Diese öffentlichrechtlichen Veränderungen des Status der Mennonitengemeinden werden nur gelegentlich angesprochen in dem historiographischen Standardwerk von Horst Penner/Horst Gerlach/Horst Quiring, Weltweite Bruderschaft, Kirchheimbolanden/Woogmorgen, fünfte, überarbeitete und erweiterte Auflage 1995, 94–101.

Mennoniten in Südwestdeutschland festzustellen ist. Denn bis heute besteht – bei genauerer Sichtung und Überprüfung von Überblicken – eine auffallende Unsicherheit nicht nur über Größe, Zusammensetzung und Organisation von mennonitischen Glaubensgemeinschaften, sondern auch über deren soziale Strukturen und wirtschaftliche Grundlagen.

Diese Feststellung gilt ungeachtet dessen, dass, *erstens*, manche hilfreichen, zumeist genealogisch motivierten Dokumentationen seit den 1980er Jahren vorliegen.[9] Sie bieten zwar eine Vielfalt an Informationen zu Personen und Familien mit den Orten ihrer Herkunft und denen ihrer Ankunft, die aus diversen Archivalien und der Literatur zusammengetragen worden sind. Allerdings sind solche Informationen auffallend selten in Studien gezielt herangezogen worden, geschweige denn, dass sie – mit Ausnahme der Studie von Hans Ulrich Pfister – nach Maßgabe bestimmter Fragestellungen systematisch ausgewertet worden wären. Neben der Studie von Pfister ist auf zwei ältere Aufsätze des Pfarrers Heinz Schuchmann aus den 1960er Jahren zu verweisen, in denen er Sachverhalte wie etwa Beschäftigungsschwerpunkte von Personen – nicht nur solche täuferischen Glaubens – aus dem genealogischen Datenmaterial erschlossen und sich um ihre historische Einordnung bemüht hat.[10] Als geradezu vorbildlich ist die von Pfister 1987 vorgelegte Studie zu bezeichnen, denn er hat darin sowohl die Ursachen für die Auswanderung von Schweizern verschiedener Konfessionalität aus dem Knonauer Amt bei Zürich zwischen 1648 und 1750 als auch die Bedingungen ihrer Aufnahme in verschiedenen Territorialstaaten ermittelt und erläutert.[11] Der Anteil der Täufer an den allein in den Kraichgau zwischen 1638 und 1710 eingewanderten rund 4.500 Personen hat Heinz Schuchmann auf etwa 10 % und damit auf etwa 450 Personen geschätzt.[12]

Die Beobachtung zahlreicher Desiderate einer Sozialgeschichte von Täufergemeinschaften und von mennonitischen Glaubensgemeinschaften in Südwestdeutschland ist auch deshalb erstaunlich, weil schon seit längerem, *zweitens*, konzeptionell tragfähige und empirisch belastbare Untersuchungen vorliegen. Zu nennen ist insbesondere die von Ernst H. Corell bereits 1925 veröffentlichte Studie über die Entwicklung des „Schweizerischen Täufermennonitentums" vornehmlich im 17. und 18. Jahrhundert.[13] Denn sie sticht nicht nur wegen ihrer breiten empirischen Basis, sondern auch und gerade wegen ihrer systematischen Betrachtungsweisen bis heute aus

---

[9] Es handelt sich um die folgenden vier Dokumentationen: Dieffenbacher/Pfister/Hotz, Schweizer Einwanderer (wie Anm. 5); J. Lemar/Lois Ann Mast, Palatinate Mennonite Census Lists, 1664–1793, Elverson, PA 1987; Hermann Guth, Amische Mennoniten in Deutschland. Ihre Gemeinden, ihre Höfe, ihre Familien, Saarbrücken, fünfte verbesserte Auflage 1994; Heinz R. Wittner, Schweizer in der Vorder- und Südpfalz, Ludwigshafen 2003.

[10] Das gilt vor allem für die folgenden beiden Aufsätze Heinz Schuchmann, Die Einwanderung der Schweizer in der ehemaligen kurpfälzischen Kellerei Hilsbach im Kraichgau nach dem Dreißigjährigen Krieg, in: Badische Familienkunde 6 (1963), 7–30, und Ders., Einwanderung der Schweizer in das ehemalige kurpfälzische Oberamt Bretten nach dem 30jährigen Krieg, in: Brettener Jahrbuch für Kultur und Geschichte (1964/1965), 29–37.

[11] Vgl. Pfister, Die Auswanderung (wie Anm. 3).

[12] Vgl. Schuchmann, Die Einwanderung (wie Anm. 10), 19. Von diesen 450 Mennoniten lebten nach Darstellung Theodor Glücks zwischen 1652 und 1754 lediglich 173 Personen im „kurpfälzischen Streubesitz des Kraichgaus". Glück, Gemeinden (wie Anm. 2), 311. Inwiefern es sich hierbei vor allem um Haushaltsvorstände handelte, lässt sich seiner Darstellung allerdings nicht entnehmen.

[13] Vgl. Corell, Das schweizerische Täufermennonitentum (wie Anm. 3).

der deutschsprachigen Forschung besonders hervor. Darin hat Corell explizit – wie kaum ein anderer bisher – agrar- und rechtsgeschichtliche, religionssoziologische und auch theologische Fragestellungen und Interpretamente berücksichtigt und aufeinander bezogen. Diese von den beiden Sozialwissenschaftlern und Religionssoziologen Max Weber und Ernst Troeltsch sowie von dem Sozial-, Wirtschafts- und Landeshistoriker Eberhard Gothein seinerzeit angeregte und betreute Dissertation bezeichnete Corell im Untertitel selbst als „soziologischen Bericht". Unverkennbar wollte er neue Forschungsperspektiven eröffnen und gerade nicht den Eindruck erwecken, als habe er in jeder Hinsicht empirisch abgesicherte Erkenntnisse präsentiert, die keiner weiteren Betrachtung bedürften. In der mennonitischen Geschichtsschreibung wird diese Untersuchung jedoch in der Regel als unbestreitbare Darstellung missverstanden und zitiert, so dass eine kritische Rezeption seiner Befunde, Beobachtungen und Interpretationen bis heute nicht erfolgt ist und seine Betrachtungen daher auch nicht weiterentwickelt worden sind.

Dieses Schicksal des Vergessens und Verkennens ist den beiden großen Studien des Historikers Claus-Peter Clasen über die Geschichte von Täufergruppierungen in Südwestdeutschland, in der Schweiz, in Österreich und in Mähren während des 16. und 17. Jahrhunderts zwar erspart geblieben.[14] Diese 1965 und 1972 veröffentlichten Untersuchungen beruhen auf einer breiten Kenntnis und systematischen Auswertung diverser Quellen gemäß sozial- und wirtschaftsgeschichtlicher Fragestellungen, wobei seine 1965 vorgelegte Dissertation über Täufergruppierungen im Herzogtum Württemberg des 16. und frühen 17. Jahrhunderts von dem das Friedrich-Meinecke-Institut in Berlin seinerzeit leitenden Kirchen-, Verfassungs- und Wirtschaftshistoriker Carl Hinrichs angeregt worden war. Die grundlegenden Befunde Clasens insbesondere über Wohnorte, soziale Herkunft, berufliche Tätigkeit und Vermögenslage von Täufern, sodann über den Stellenwert von Familie und Verwandtschaft für die Glaubensgemeinschaft haben allerdings bis heute niemanden dazu motivieren und veranlassen können, an diese Befunde anzuknüpfen und sie für die Erforschung der folgenden Jahrhunderte zu nutzen. Diese Einschätzung gilt trotz manch ambitionierter jüngerer Untersuchung wie der von Päivi Räisänen kulturgeschichtlich angelegten Dissertation, die sie 2011 veröffentlicht hat.[15] Denn die entsprechenden Passagen etwa über Lebensbedingungen, Sozialstruktur und berufliche Tätigkeit täuferischer Familien im württembergischen Amt Schorndorf nahe der Residenzstadt Stuttgart sind auffallend unpräzise und weitläufig.[16] Solche Aspekte stehen freilich auch nicht im Zentrum ihrer Betrachtung, denn es geht ihr vordringlich um Prozeduren der Zuschreibung von Merkmalen auf Personen, die als Sympathisanten täuferischer Frömmigkeit verdächtigt wurden.[17] Ihre Befunde sind daher für die in diesem Essay zu behandelnden Sachverhalte der Familienstruktur, Gruppenbildung und Gemeindeorganisation von

---

[14] Vgl. Claus-Peter Clasen, Die Wiedertäufer im Herzogtum Württemberg und in benachbarten Herrschaften. Ausbreitung, Geisteswelt und Soziologie, Stuttgart 1965; Ders., Anabaptism. A Social History, 1515–1618. Switzerland, Austria, Moravia, South and Central Germany, Ithaca/London 1972.
[15] Vgl. Päivi Räisänen, Ketzer im Dorf. Visitationsverfahren, Täuferbekämpfung und lokale Handlungsmuster im frühneuzeitlichen Württemberg, Konstanz 2011.
[16] Vgl. Ebd., 79–95.
[17] In der Einleitung stellt die Autorin fest: „Die Täufer sind hier insbesondere als Diskussionsgegenstand bzw. Projektionsfläche interessant: So geht es in der vorliegenden Arbeit weniger um die Rekonstruktion täuferischer Lebens- und Glaubenswelten." Ebd., 15f.

mennonitischen Glaubensgemeinschaften am nördlichen Oberrhein zwischen dem 17. und dem 19. Jahrhundert nicht dienlich.

II. Systematische Problementfaltung und Gegenstandsbestimmung

Die insofern zu konstatierenden Kenntnislücken hinsichtlich der Existenz-, Lebens- und Organisationsformen von Täufern und Mennoniten in der späten Frühneuzeit, die vor allem in der deutschsprachigen mennonitischen Historiographie Südwestdeutschlands festzustellen sind, sind in mindestens zwei Hinsichten erstaunlich und bemerkenswert, zumal sie den Kern täuferischen und auch mennonitischen Selbstverständnisses betreffen.

Denn, *erstens,* verstanden sich mennonitische Glaubensgemeinschaften bis weit in das 19. Jahrhundert hinein als „Familienkirche" und sahen die „Gemeinde" als ihre wesentliche Organisationsform an, woran einer ihrer namhaften Historiker Diether Götz Lichdi 2003 erneut erinnert und aufmerksam gemacht hat.[18] Von daher müsste die historische Rekonstruktion von Gemeindestrukturen, Organisationsformen und Familienverhältnissen mennonitischer Glaubensgemeinschaften eigentlich auf der Agenda ihrer Geschichtsschreibung stehen. Immerhin hat sich der Mennonitische Geschichtsverein auf einer 2016 in Sinsheim stattgefundenen Tagung mit Blick auf die Verhältnisse im Kraichgau manchem Aspekt dieser Agenda angenommen, indem auch verschiedene Höfe, Familien und familiäre Verflechtungen Berücksichtigung gefunden haben.[19] Dass solche familiären Netzwerke als eine wesentliche Bedingung für die Ausprägung von Gemeinden und von regionalen Glaubensgemeinschaften der Mennoniten im Verlauf des 18. Jahrhunderts anzusehen sind, ist erst in jüngeren Forschungen ausdrücklich hervorgehoben und exemplarisch gezeigt worden.[20]

Darüber hinaus wird, *zweitens,* in der mennonitischen Historiographie, aber auch in der säkularen Geschichtsforschung bis heute vor allem die Vorstellung einer sich während der Reformation bildenden Gemeinschaft gläubiger Brüder und Schwestern kolportiert. Sie habe mit den von Michael Sattler in Absprache mit Wilhelm Reublin 1527 verfassten Schleitheimer Artikeln nahe Schaffhausen vor allem in Südwestdeutschland und in der Schweiz tatsächlich Gestalt angenommen,[21] wobei diese Arti-

---

[18] Diether Götz Lichdi, Die Täufer/Mennoniten im Kraichgau. Über Verfolgung und Duldung – Diskriminierung und Anpassung, in: Kraichgau. Beiträge zur Landschafts- und Heimatforschung 18 (2003), 63–74, hier 73.

[19] Vgl. Diether Götz Lichdi/Bernd Röcker/Astrid v. Schlachta (Hgg.), Schweizer Brüder in fremder Heimat. Mennoniten im Kraichgau, Bolanden-Weierhof/Sinsheim 2018.

[20] Dazu Frank Konersmann, Rechtslage, soziale Verhältnisse und Geschäftsbeziehungen von Mennoniten in Städten und auf dem Land. Mennonitische Bauernkaufleute in der Pfalz und in Rheinhessen (18.–19. Jahrhundert), in: Mannheimer Geschichtsblätter 10 (2003), 83–115, hier 98–102; Ders., Handelspraktiken und verwandtschaftliche Netzwerke von Bauernkaufleuten. Die mennonitischen Bauernfamilien Möllinger und Kägy in Rheinhessen und in der Pfalz (1710–1846), in: Mark Häberlein/Christof Jeggle (Hgg.), Praktiken des Handels. Geschäfte und soziale Beziehungen europäischer Kaufleute in Mittelalter und früher Neuzeit, Konstanz 2010, 631–662, hier 642–657.

[21] Eine frühe Edition der Schleitheimer Artikel hat der Kirchenhistoriker Walther Köhler vorgelegt, vgl. Walther Köhler (Hg.), Brüderliche Vereynigung etzlicher Kinder Gottes sieben Artikel betreffend.

kel mit Martin Bucer und Wolfgang Capito in Straßburg diskutiert worden waren.[22] Es sei eine neue Gemeinde christlicher Laien kreiert worden, die allein Gott dienen und Jesus Christus folgen wollte. Mit der dezidierten Vorstellung einer „visible, pure and disciplined community of true believers" hätten sich – so der amerikanische Historiker Thomas A. Brady kürzlich[23] – die Täufer in der Schweiz und in Südwestdeutschland deutlich von ihren Glaubensverwandten im Norden und Osten des Alten Reiches unterschieden, wo eine „invisible church of all individual believers" bevorzugt worden sei.[24] Mit dieser Konkretisierung der reformatorischen Idee des Laienpriestertums habe sich die neue Gemeinde sichtlich von allen christlichen Amtskirchen – einschließlich der sich ausprägenden neuen lutherischen und reformierten Kirchen – dezidiert abgesetzt und insofern – in den Worten des Täuferforschers Hans-Jürgen Goertz – dem seinerzeit virulenten „Antiklerikalismus" eine konkrete Alternative geboten.[25] Denn alle in dieser neuen Gemeinde anfallenden Aufgaben sollten von Laien für eine bestimmte Zeit übernommen werden, worüber alle Gemeindemitglieder per Wahl entschieden. Als wählbar sollten alle erwachsenen männlichen Gemeindemitglieder gelten, von denen niemand die Wahlentscheidung ablehnen konnte. Ob, wann, wo und wie diese – unverkennbar an den christlichen Urgemeinden des Neuen Testaments – angelehnten Vorstellungen allerdings unter den Bedingungen der Frühen Neuzeit von Täufern und Mennoniten insbesondere in Südwestdeutschland konkret verwirklicht wurden, ist m. W. bisher – wenn überhaupt – nur kursorisch in den Blick genommen worden.[26]

Dieses bemerkenswerte Dilemma in der deutschsprachigen Geschichtsschreibung und Geschichtsforschung über Täufer und Mennoniten ist nicht allein und nicht in erster Linie mit der heterogenen Quellenlage und mit dem spezifischen Zuschnitt einschlägiger Quellen wie etwa Gutachten, Visitationsakten und Gerichtsprotokollen zu erklären. Sie geben zwar in erster Linie Auskunft über die Perspektive von Vertretern der weltlichen Obrigkeiten und der Amtskirchen, gleichwohl enthalten sie aber auch aufschlussreiche Informationen über Individuen, Kreise und Gruppen der Glaubensgemeinschaft. Hauptsächlich ist dieses Dilemma jedoch auf fehlende oder kaum weiter entwickelte sozialwissenschaftliche und kirchenhistorische Konzepte sowie auf eine kaum entfaltete Forschungspraxis im Umgang mit gezielten Fragestellungen und erprobten Interpretamenten zurückzuführen, für die aber – wie erläutert – auf namhafte Vorbilder wie etwa Ernst H. Corell und Claus-Peter Clasen zurückgegriffen werden

---

Item ein Sendbrief Michael Sattlers an eine Gemeine Gottes samt seinem Martyrium, in: Otto Clemen (Hg.), Flugschriften aus den ersten Jahren der Reformation, Bd. 2, Leipzig 1908, ND Nieuwkoop 1967, 279–316, hier 305–316.

[22] Vgl. Köhler, Einleitung, ebd., 279–299, hier 281.
[23] Thomas A. Brady, The Cost of Contexts: Anabaptist/Mennonite History and the Early Modern European Past, in: Mark Jantzen/Mary S. Sprunger/John D. Thiesen (Ed.), European Mennonites and the Challenge of Modernity over Five Centuries: Contributors, Detractors, and Adapters, North Newton/Kansas 2016, 1–23, hier 2.
[24] Ebd.
[25] Zu verweisen ist auf den programmatischen Aufsatz von Hans-Jürgen Goertz, Antiklerikalismus und Reformation. Ein sozialgeschichtliches Erklärungsmodel, in: Ders, Antiklerikalismus und Reformation, Göttingen 1995, 7–20.
[26] Dazu knapp Glück, Gemeinden (wie Anm. 2), 99f. Einige Schlaglichter auf Konstellationen in Täufergemeinden wie beispielsweise in Straßburg bietet Marion Kobelt-Groch, Aufsässige Töchter Gottes. Frauen im Bauernkrieg und in den Täuferbewegungen, Frankfurt/New York 1993, 154–163.

könnte. Immerhin hat der Nestor der deutschen Täuferforschung, der Theologe und Historiker Hans-Jürgen Goertz, bereits 1979 auf einer internationalen Täufertagung in den USA[27] und dann erneut 2006 auf einer ähnlich interdisziplinär angelegten Tagung in Göttingen[28] zentrale Forschungsprobleme benannt und auch Anregungen für mögliche, freilich nur interdisziplinär zu beschreitende Lösungswege gegeben.

Bei einer dieser Anregungen, die er bereits 1994 auf dem Historikertag in Hannover erstmalig konkretisiert hat, geht er von der folgenden ernüchternden Einschätzung der Existenzbedingungen von Täufergemeinschaften zu Beginn der Frühen Neuzeit aus: „Selbst bei äußerster Anstrengung war es im 16. und 17. nicht möglich, Kirche auf autonome, aus eigenem Recht hergeleitete Weise am Leben zu erhalten. Eine Freikirche, die diesen Namen verdient hätte, hatte damals keine Chance."[29] Unter Berücksichtigung dieser historischen Einsicht hat Goertz ein auf die späte Frühneuzeit zugeschnittenes Konzept für die systematische Erforschung mennonitischer Glaubensgemeinschaften in den verschiedenen Herrschaftsgebieten des Alten Reiches entwickelt.

III. Das Konzept des „konfessionalisierten Täufertums" – Bekenntnisbildung und Gemeindeorganisation

Das von Hans-Jürgen Goertz vorgeschlagene Konzept geht von einer in mehreren deutschen Herrschaftsgebieten veränderten gesellschaftlichen Gesamtlage infolge des Dreißigjährigen Krieges aus, infolgedessen vor allem fürstliche Obrigkeiten verstärkt in Wettbewerb um Ressourcen aller Art traten, vornehmlich um menschliche Arbeitskraft und um besondere Fertigkeiten von Spezialisten.[30] In den Fokus rücken dabei vor allem fürstliche Reichsstände – allen voran die Kurpfalz, das Kurfürstentum Brandenburg und die Landgrafschaft Hessen-Kassel, die allesamt unter der Regie von Landesherren standen, die dem deutsch-reformierten Bekenntnis angehörten. Es sind aber auch einige expandierende Handels- und Gewerbestädte wie etwa Emden, Hamburg und Krefeld in diesem Zusammenhang von Bedeutung. Denn die Regierungen dieser Städte entfalteten einen neuartigen, politisch akzentuierten Gestaltungswillen, wofür – freilich reichlich verkürzt – die Stichworte ‚Neostoizismus', ‚Merkantilismus', ‚Kameralismus' und ‚Handelskapitalismus' stellvertretend stehen mögen, die Volker Sellin in seiner Studie am Beispiel der Finanzpolitik des pfälzischen Kurfürsten Karl

---

[27] Vgl. Hans-Jürgen Goertz, History and Theology: A Major Problem of Anabaptist Research Today, in: Mennonite Quarterly Review 53 (1979), 177–188.

[28] Vgl. Hans-Jürgen Goertz, Historie und Theologie in der Täuferforschung – ein altes Problem stellt sich neu. Geschichtstheoretische Überlegungen, in: Anselm Schubert/Astrid von Schlachta/Michael Driedger (Hgg.), Grenzen des Täufertums / Boundaries of Anabaptism. Neue Forschungen, Göttingen 2009, 21–48.

[29] Hans-Jürgen Goertz, Kleruskritik, Kirchenzucht und Sozialdisziplinierung in den Bewegungen der Täufer, in: Heinz Schilling (Hg.), Kirchenzucht und Sozialdisziplinierung im frühneuzeitlichen Europa, Berlin 1994, 183–198, hier 198.

[30] Instruktiv zu diesem Aspekt Oliver Volckart, Einleitung: Obrigkeitlicher Wettbewerb als Faktor der Wirtschaftsentwicklung, in: Ders. (Hg.), Frühneuzeitliche Obrigkeiten im Wettbewerb: Institutioneller und wirtschaftlicher Wandel zwischen dem 16. und 18. Jahrhundert, Baden-Baden 1997, 11–30.

Ludwig aufgegriffen hat.[31] Im Rahmen dieser politisch pragmatischen Perspektiven fiel religiösen und ethnischen Minderheiten eine gesellschaftlich relevante Schlüsselrolle zu, womit ihnen erstmals Perspektiven für einen dauerhaften Aufenthalt unter zwei Bedingungen eröffnet wurden: Insofern sie, *erstens*, die ihnen zugedachten ökonomischen Aufgaben zu lösen in der Lage sein würden, und, *zweitens*, insofern sie ihr religiöses und kulturelles Selbstverständnis dem zeittypischen Standard einer – modern gesprochen – konfessionsspezifischen Interessenvertretung gemäß zu modifizieren bereit sein könnten, d.h. dass sie sich analog zu den reichsrechtlich eingehegten Konfessionskirchen an die gesellschaftlichen Bedingungen anzupassen in der Lage sein sollten.[32]

Die Erfüllung der zweiten Bedingung setzte freilich eine Modifikation der mennonitischen Glaubensgemeinschaften im Sinne einer organisationsspezifischen Konsolidierung und auch Institutionalisierung mit den folgenden vier Merkmalen voraus: *Erstens* die Existenz eines schriftlich festgelegten und alle Mitglieder der Gemeinschaft verpflichtenden Bekenntnisses; *zweitens* eine Organisations- und Ämterstruktur mit klaren Aufgaben- und Zuständigkeitsbereichen; *drittens* ein hierarchisch aufgebautes Prozedere der Entscheidungsfindung; *viertens* eine klare Struktur der Verantwortlichkeit nach Innen und auch nach Außen, wobei im letzteren Fall die Verantwortlichkeit gegenüber der Regierung bzw. dem Landesherr von Ausschlag gebender Bedeutung war.

Nach Einschätzung von Hans-Jürgen Goertz spielte das 1632 in Dordrecht von flämischen Mennoniten verabschiedete Bekenntnis eine ganz wesentliche Rolle bei der Transformation der bis dahin reichlich heterogenen täuferischen und mennonitischen Gruppierungen in Richtung einer auf expliziten Grundsätzen beruhenden Glaubensgemeinschaft.[33] Dieses Bekenntnis soll nach Einschätzung des Kirchenhistorikers Gustav Adolf Benrath unter den Mennoniten während des 17. und 18. Jahrhundert den größten Verbreitungsgrad erreicht haben.[34] Eine konkretere Vorstellung von dem erhöhten Stellenwert bekenntnismäßiger Grundsätze in mennonitischen Gemeinden bietet das bis in die Gegenwart hinein mehrfach aufgelegte mennonitische Standardwerk „Die ernsthafte Christenpflicht" von 1708.[35] In diesem Kompendium ist nicht nur das Dordrechter Bekenntnis von 1632,[36] sondern auch der 1664 verfasste Bericht von Tieleman Tielen van Sittert, einem Ältesten der Gemeinde in Amsterdam, abgedruckt.[37] Diesem Bericht lässt sich der Verbreitungsgrad des Dordrechter Bekenntnis-

---

[31] Vgl. Volker Sellin, Die Finanzpolitik Karl Ludwigs von der Pfalz. Staatswirtschaft im Wiederaufbau nach dem Dreißigjährigen Krieg, Stuttgart 1978.

[32] Dieser funktionale Aspekt der Konfessionalisierung findet in dem neuen forschungskritischen Überblick von Thomas A. Brady überhaupt keine Beachtung, wobei er allerdings diesem Forschungskonzept generell wenig Erkenntnispotential abzugewinnen vermag; vgl. Brady, The Cost of Contexts (wie Anm. 23), 7. Zur Thematik der Bekenntnisentwicklung unter Mennoniten vgl. Karl Koop, Täuferisch-mennonitische Bekenntnisse: ein umstrittenes Vermächtnis, in: Mennonitische Geschichtsblätter 60 (2003), 23–42.

[33] Vgl. Goertz, Kleruskritik (wie Anm. 29), 194–196.

[34] Vgl. Gustav-Adolf Benrath, Die Lehre der Täufer, in: Carl Andresen (Hg.), Handbuch der Dogmen- und Theologiegeschichte, Bd. 2, Göttingen 1980, 611–664, hier 655.

[35] Die ernsthafte Christenpflicht enthaltend schöne geistreiche Gebete, LaGrange 1994[83].

[36] Glaubensbekenntnis des wehr- und rachlosen Christentums, ebd., 184–212.

[37] Tieleman Tielen van Sittert, Eine Kurze Darstellung des Glaubens des wehr- und rachlosen Christentums, und dessen Zustand, ebd., 147–183.

ses bis 1664 entnehmen, wonach es etwa von der *Brüderschaft und Gemeine im Elsaß* und auch in der Schweiz akzeptiert worden sei.[38]

Die in dem Dordrechter Bekenntnis festgelegten Grundsätze waren für alle Mitglieder bindend. Für deren Einhaltung und Befolgung war die von der gesamten Gemeinde gehandhabte Kirchenzucht entscheidend, bei der es sich nach Goertz ohnehin um die wesentliche „nota ecclesiae" bereits bei den frühen Täufern gehandelt habe.[39] Denn die Befugnis der Gemeinde zum Kirchenbann war schon für die ersten täuferischen Gruppierungen während der Reformation von herausragender Bedeutung, denn sie wird schon im zweiten Artikel der 1527 verabschiedeten sieben Schleitheimer Artikel ausführlich erläutert.[40] Unter den neuen politischen und rechtlichen Existenzbedingungen für mennonitische Glaubensgemeinschaften von der zweiten Hälfte des 17. Jahrhunderts an bildete die konsequent gehandhabte Kirchenzucht durch die Gemeinde nach Einschätzung von Goertz eine der wesentlichen Voraussetzungen für ihre obrigkeitliche Duldung.

Darüber hinaus dürfte das Dordrechter Bekenntnis auch für die sich in den mennonitischen Glaubensgemeinschaften während des 17. Jahrhunderts ausprägende Ämterstruktur maßgebend gewesen sein, ein Gesichtspunkt, den Goertz in seinem Konzept des „konfessionalisierten Täufertums" nicht eigens thematisiert hat.[41] Dieser Aspekt steht m. E. mit einem neuartigen Gemeindeverständnis in den mennonitischen Glaubensgemeinschaften im Zusammenhang. Die Beachtung der Ämterstruktur könnte daher in der Forschungspraxis künftig sogar als ein Indikator für die hier in Rede stehende institutionelle Transformation der Glaubensgemeinschaft nutzbar gemacht werden.[42] So ist insbesondere in dem neunten Artikel des Bekenntnisses von *Dienern in der Gemeinde* die Rede,[43] worunter ausdrücklich neben den *Aeltesten* auch *Diacone* und sogar *alte Wittwen* in der Funktion von „Dienerinnen" erwähnt werden, die zusammen mit den Diakonen alte und kranke Menschen sowie Waisen betreuen sollten.[44] Hingegen finden die beiden Laienämter des Predigers und des Schuldieners noch keine gesonderte Erwähnung, die gleichwohl bereits in manchen mennonitischen Gemeinden dieser Zeit wie etwa in den Städten Altona und Krefeld nachweisbar sind.[45]

Dass das Dordrechter Bekenntnis für die Ausprägung und Einführung von eigenen Laienämtern in mennonitischen Gemeinden von der zweiten Hälfte des 17. Jahrhunderts an von eminenter Bedeutung gewesen sein dürfte, lässt sich exemplarisch an den Ausführungen über das Laienamt des Diakons vor Augen führen. Denn die Formulierung im neunten Artikel des Bekenntnisses erweckt den Eindruck, dass alle

---

[38] Ebd., S. 166.
[39] Goertz, Kleruskritik (wie Anm. 29), 190.
[40] Vgl. Köhler, Brüderliche Vereynigung (wie Anm. 21), 307f.
[41] Vgl. Goertz, Kleruskritik (wie Anm. 29), 193. Solche Befunde sind in einem neuen Überblick nicht berücksichtigt worden: Thomas Kaufmann, Die Täufer. Von der radikalen Reformation zu den Baptisten, München 2019, 114–115.
[42] Diese Hypothese habe ich bereits vor einigen Jahren entfaltet, vgl. Konersmann, Ketzer (wie Anm. 8), 408–411.
[43] Glaubensbekenntnis (wie Anm. 36), 197–200.
[44] Ebd.
[45] Vgl. Rudolf Dollinger, Geschichte der Mennoniten in Schleswig-Holstein, Hamburg und Lübeck, Neumünster 1930; Peter Kriedte, Äußerer Erfolg und beginnende Identitätskrise: Die Krefelder Mennoniten im 18. Jahrhundert (1702–1794), in: Wolfgang Froese (Hg.), Sie kamen als Fremde: Die Mennoniten in Krefeld von den Anfängen bis zur Gegenwart, Krefeld 1995, 61–104.

mennonitischen Gemeinden ermuntert werden sollten, dieses Amt bei sich einzuführen, um etwa die Armenversorgung dauerhaft zu gewährleisten. Die Diakone sollten insbesondere die Spenden an *Almosen empfangen und wiederum an die armen Heiligen, so notdürftig sind, getreulich möchten austeilen mit aller Ehrbarkeit, als sich's geziemet.*[46] Offenbar war in manchen holländischen Gemeinden zu Beginn des 17. Jahrhundert die Einführung eines solchen Amtes notwendig geworden, nachdem sich unter den Mitgliedern immer deutlicher Vermögensunterschiede bemerkbar gemacht hatten, die ihrerseits sowohl auf eine bemerkenswerte soziale und berufliche Differenzierung innerhalb der Glaubensgemeinschaften als auch auf eine stark gewachsene Mitgliederzahl schließen lassen, strukturelle Veränderungen mithin, die eine erhöhte Organisationskompetenz erforderlich machten.[47]

Diese Einschätzung der Vorgänge in mennonitischen Gemeinden in niederländischen Gebieten nährt die Hypothese, dass der Nachweis von Diakonen als ein maßgeblicher Indikator für die Ausprägung dauerhafter Gemeindestrukturen bei mennonitischen Glaubensgemeinschaften und wohl auch für eine deutliche Zunahme der Mitgliederzahl angesehen werden kann. Eine solche Konstellation war in der Pfalz und in Rheinhessen erst in den 1730er und 1740er Jahren in verschiedenen Gemeinden der mennonitischen Glaubensgemeinschaft eingetreten.[48] Jüngste Recherchen in den eingangs erwähnten Dokumentationen über täuferische Einwanderer in den Kraichgau bestätigen im Prinzip diese Einschätzung. So lassen sich 1731 für die beiden Gemeinden Dühren und Michelfeld immerhin drei Personen nachweisen, nämlich Jacob und Samuel Meyer sowie Peter Behm, die das Amt des Diakons innehatten.[49] Eine geringfügige zeitliche Abweichung von diesem Befund ergibt sich durch den Nachweis des Diakons Martin Kreutter, der dieses Amt für die Täufergemeinde Ittlingen versah und in dieser Funktion bereits 1713 tätig gewesen sein könnte.[50]

Die inzwischen eingetretene Notwendigkeit eines solchen Amtes bzw. einer geregelten Armenversorgung in mennonitischen Gemeinden am nördlichen Oberrhein lässt sich einer Supplik vom 23. Februar 1746 entnehmen, die an den Kurfürsten im *Namen sämbtl*[ich] *in Churpfaltz* lebender Mennoniten gerichtet war.[51] Hierin baten Vertreter der Gemeinde in Mannheim den Kurfürsten um Beibehaltung des jährlichen Schutzgeldes in Höhe von sechs Gulden, weil unter ihren Gemeindemitgliedern die *mehrsten arme Menschen* seien.[52] Diese könnten das Schutzgeld gar nicht aufbringen,

---

[46] Glaubensbekenntnis (wie Anm. 36), 199.
[47] Zu solchen Hintergründen Mary S. Sprunger, Mutual Aid Among Dutch Waterlander Mennonites, 1605–1668, in: W. Swartley/D.B. Graybill (Ed.), Building Communities of Compassion, Scottdale 1998, 144–167.
[48] Vgl. Frank Konersmann, Existenzformen des asketischen Protestantismus. Innerweltliche Askese in Mennonitengemeinden deutscher Gebiete im Vergleich (1600–1850), in: Mennonitica Helvetica 31 (2008), 155–183, hier 163–168.
[49] Vgl. Heinz Schuchmann, Schweizer Einwanderer in reichsritterschaftlichen Orten des Kraichgaues (1650–1750), in: Mitteilungen zur Wanderungsgeschichte der Pfälzer (1963/1964), 393–400, hier 396, 399.
[50] Vgl. Ebd., 398. Zu dieser Person auch Dieffenbacher/Pfister/Holz, Schweizer Einwanderer (wie Anm. 5), 200, Person unter der Nr. 5213.
[51] Die Supplik vom 23.2.1746 war von den in der Residenzstadt Mannheim lebenden Mennoniten Johannes Schowalter, Jacob Dahlem und Johannes Ham unterschrieben, in: Generallandesarchiv Karlsruhe (= GLA), Best. 77, Nr. 4335, fol. 72–73.
[52] Ebd.

so dass die Glaubensgemeinschaft die Zahlung übernehmen müsse. Diese Beobachtung korrespondiert mit einer 1724 vorgenommenen Einschätzung der steuerlichen Leistungsfähigkeit mennonitischer Haushalte in den beiden kurpfälzischen Ämtern Dilsberg und Neustadt, wonach sich immerhin 55% in einem schlechten und nur 13% in einem guten Nahrungsstand befanden.[53] Demnach hatte sich unter den 1738 in der Kurpfalz befindlichen 336 mennonitischen Familien mit geschätzten 2006 Personen[54] eine starke soziale und ökonomische Differenzierung bemerkbar gemacht, die den Regulierungsbedarf in der Glaubensgemeinschaft erheblich ansteigen ließ. Ein ähnlicher, wenn auch deutlich abgeschwächter Strukturwandel ist auch für die mennonitischen Gemeinden im Herzogtum Pfalz-Zweibrücken anzunehmen, wo beispielsweise im Oberamt Zweibrücken 1742 mehr als ein Drittel der schätzungsweise 50 mennonitischen Haushaltsvorstände und ihrer Angehörigen als Tagelöhner und Weber ihr Auskommen finden mussten.[55]

IV. Schlaglichter auf Familienstruktur, Gruppenbildung und Gemeindeorganisation in mennonitischen Glaubensgemeinschaften am nördlichen Oberrhein seit den 1730er Jahren

Die Versorgung einer wachsenden Anzahl unterstützungsbedürftiger Glaubensangehöriger war den mennonitischen Gemeinden am nördlichen Oberrhein letztlich nur möglich, weil sich seit den 1730er Jahren unter den wohlhabenden Gemeindemitgliedern eine Gruppe von Familien herausschälte, die in der Agrarproduktion, im Agrargewerbe und im Agrarhandel zunehmend erfolgreicher agierte, indem sie ökonomische Nischen wie insbesondere die Branntwein- und Essigproduktion besetzte,[56] ohne mit etablierten einheimischen Gewerbevertretern unmittelbar in Konkurrenz zu treten und entsprechende Konflikte zu provozieren, die ihre obrigkeitliche Duldung hätte gefährden können. Den Anfang mit dieser agrargewerblichen Spezialisierung und mit den auf ihr beruhenden Agrarinnovationen – etwa ganzjährige Stallhaltung, Viehmast, Anbau von Futterkräutern – machten der aus Dühren im Kraichgau stammende mennonitische Pächter Vincenz Möllinger und sein Sohn David, die in enger Verbindung mit mennontischen Branntweinbrennern standen, die in der Residenzstadt Mannheim wohnten.[57] Im familiären und verwandtschaftlichen Netzwerk dieser mennonitischen Familien verbreiteten sich zuerst die agrargewerblichen und agrarproduktiven Kenntnisse und Fertigkeiten, bevor sie dann während der zweiten Hälfte des

---

[53] Vgl. Frank Konersmann, Duldung, Privilegierung, Assimilation und Säkularisation. Mennonitische Glaubensgemeinschaften in der Pfalz, in Rheinhessen und am nördlichen Oberrhein (1664–1802), in: Häberlein/Zürn, Minderheiten (wie Anm. 4), 33–375, hier 363.
[54] Diese Anzahl mennonitischer Familien in der Kurpfalz für 1738 nennt Corell, Das schweizerische Täufermennonitentum (wie Anm. 3), 86.
[55] Vgl. Konersmann, Duldung (wie Anm. 53), 363.
[56] Auf diese Konstellation hat schon Ernst H. Corell aufmerksam gemacht, vgl. Corell, Das schweizerische Täufermennonitentum (wie Anm. 3), 108–135.
[57] Dazu in extenso Konersmann, Handelspraktiken (wie Anm. 20), 642–652; vgl. auch Frank Konersmann, Das Gästebuch der mennonitischen Bauernfamilie David Möllinger senior, 1781–1817. Eine historisch-kritische Edition, Alzey 2009, 9–40.

18. Jahrhunderts im gesamten nördlichen Oberrhein von mennonitischen Pächtern aufgegriffen wurden, offenbar am spätesten seit den 1770er Jahren in den west- und nordpfälzischen Gebieten des Herzogtums Pfalz-Zweibrücken und in den kurpfälzischen Ämtern des Kraichgaus.[58]

Diese mennonitischen Pächterfamilien bedurften für ihre agrargewerblichen Betriebe zunehmend mehr Knechte, Mägde und Tagelöhner, die sie anfänglich aus ihren eigenen Familien und aus den ärmeren Familien ihrer Glaubensgemeinschaft rekrutierten, bevor sie vom letzten Drittel des 18. Jahrhunderts an zunehmend auch mehr Arbeitskräfte anderer Konfessionalität in Anspruch nahmen, als sich infolge des endogenen Bevölkerungswachstums am nördlichen Oberrhein unter den erbrechtlichen Bedingungen der Realteilung allmählich ländliche Arbeitsmärkte ausprägten. Im sozialen Umfeld der sich zu „Bauernkaufleuten" entwickelnden mennonitischen Pächter von größeren Agrarbetrieben[59] bildete sich mithin eine wachsende Klientel von Lohn abhängigen Familien, die freilich auch Kredite ihrer Arbeitgeber in Anspruch nehmen konnten; das lässt sich den zahlreich überlieferten Anschreibebüchern mennonitischer Pächterfamilien entnehmen.

Für den unterschiedlichen Handlungsspielraum mennonitischer Pächter von Agrar- und Gewerbebetrieben (Brennerei, Essigsiederei, Backhaus, Gerberei, Mühle, Ziegelei etc.) einerseits und mennonitischer Arbeitskräfte (Gesinde, Tagelöhner etc.), Handwerker (zumeist Weber) und Kleinbauern andererseits war entscheidend, dass sie konträren Erbrechten zu folgen hatten. Denn die wohlhabenden mennonitischen Familien bewirtschafteten ihre Agrarbetriebe zumeist im Erbbestand und hatten das Anerbenrecht zu befolgen, so dass ihren Betrieben im Erbfall zwar keine Zersplitterung drohte, sie aber andere Wege einschlagen mussten, um den Interessen ihrer Erben zu genügen. Hingegen war die Mehrheit ihrer wesentlich ärmeren Glaubensangehörigen mit dem Erbrecht der Realteilung konfrontiert, so dass sie im Erbfall in finanzielle Schwierigkeiten gerieten und sich verschuldeten, sozialgeschichtliche Aspekte mithin, die in der mennonitischen Historiographie noch nicht in den Blick genommen worden sind.

Aus diesen wohlhabenden und regional vernetzten Familien mennonitischer Bauernkaufleute rekrutierte sich bis weit in das 19. Jahrhundert ein Großteil der Amtsträger der mennonitischen Glaubensgemeinschaften am nördlichen Oberrhein. Das gilt insbesondere für das Amt des Diakons, der – wie etwa der im rheinhessischen Offstein wohnende Bauernkaufmann David Kägy (1767–1846) – gewissermaßen als Notar für die Gemeindemitglieder und auch teilweise als Verwalter der Gemeindefinanzen agierte. Demnach nahmen Diakone elementare Schlüsselfunktionen in der Organisation der Gemeinde wahr, die jedoch bisher kaum das Forschungsinteresse auf sich gezogen haben. Aus den mennonitischen Pächterfamilien stammten zudem zahlreiche Schuldiener und Prediger, die sich seit der zweiten Hälfte des 18. Jahrhunderts in

---

[58] Vgl. Frank Konersmann, Zur Kontinuität und zum Wandel der Agrar- und Sozialverhältnisse im Kraichgau (1636–1806). Bedingungen und Chancen mennonitischer Agrarproduzenten, in: Lichdi/Röcker/v. Schlachta, Schweizer Brüder (wie Anm. 19), 145–160.

[59] Zu verweisen ist auf den programmatischen Aufsatz von Frank Konersmann, Agrarproduktion – Gewerbe – Handel. Studien zum Sozialtypus des Bauernkaufmanns im linksrheinischen Südwesten Deutschlands (1740–1880), in: Ders./Klaus-Joachim Lorenzen-Schmidt (Hgg.), Bauern als Händler. Ökonomische Diversifizierung und soziale Differenzierung bäuerlicher Agrarproduzenten (15.–19. Jahrhundert), Stuttgart 2011, 77–94.

allen mennonitischen Gemeinden nachweisen lassen. Lediglich unter den Ältesten der Gemeinden sind Vertreter der wohlhabenden mennonitischen Familien eher selten zu finden, so dass diese Amtsträger ein gewisses Gegengewicht zu ihnen darstellten. Es machte sich beispielsweise in Form von Kritik an manchen Wirtschaftspraktiken wohlhabender Gemeindemitglieder auf den Ältestenkonferenzen im südpfälzischen Esslingen 1759 und 1777 und dann im rheinhessischen Ibersheim 1803 und 1805 unüberhörbar bemerkbar.[60]

---

[60] Dazu einschlägig Paul Schowalter, Die Essinger Konferenzen 1759 und 1779. Ein Beitrag zur Geschichte der amischen Mennoniten, in: Mennonitische Geschichtsblätter 3 (1938), 49–55; Ders., Die Ibersheimer Beschlüsse von 1803 und 1805, in: Mennonitische Geschichtsblätter 20 (1963), 29–48. Solche Aspekte sind in dem neuen Überblick des lutherischen Kirchenhistorikers Thomas Kaufmann völlig randständig; Kaufmann, Täufer (wie Anm. 41), 88–104.

Rechtliche Strukturen in der evangelischen Kirche in der Weimarer Republik: Baden im Vergleich

Jürgen Kampmann

1. Ein Widerspruch zum Einstieg

In politischen Debatten bis zur Gegenwart war und ist es wohlfeil, mit unverkennbar negativer Konnotation vor „Weimarer Verhältnissen"[1] zu warnen – mit Blick auf die gesellschaftlichen, ökonomischen und sozialen Konflikte der Jahre von 1918 bis 1933 und das Scheitern daran, im Rahmen der Institutionen des seinerzeitigen demokratischen Staates dafür sich als dauerhaft tragfähig erweisende Lösungen zu erarbeiten: Aufstände, Putschversuche, wachsende Stimmenanteile für die extremen Parteien auf beiden Flügeln des politischen Spektrums, Weltwirtschaftskrise, Massenarbeitslosigkeit und Präsidialregierungen sind Schlagworte, die zur Illustrierung dieser Warnung herangezogen werden und die dann auch in viele Details hinein entfaltet werden können. Und in der Kirchengeschichtsschreibung ist es weithin gängig, den Mainstream des Denkens und das daraus resultierende Handeln in den evangelischen Landeskirchen während der Jahre der Weimarer Republik pauschal mit dem Schlagwort vom „Nationalprotestantismus"[2] zu charakterisieren – was im Ergebnis dann nicht selten auf eine Art Diskreditierung in genere hinausläuft, als seien diese Jahre letztlich nur als ein „Durchgangsstadium" hin zum Nationalsozialismus und zu dessen Untiefen und Abgründen zu begreifen und als gelte das wie für die damalige Gesellschaft insgesamt auch, vielleicht sogar gerade für den Protestantismus in Deutschland.

Das ist aber zu einfach, so wie es auch fehlorientiert, wenn etwa in Siegfried Müllers 2017 neu vorgelegter großer deutscher Kulturgeschichte zur Charakterisierung der Protestanten in den Jahren zwischen 1919 und 1933 gerade eine einzige von 626 Druckseiten investiert wird – und damit weniger als für den Berg- und Heimatfilm,

---

[1] S. z. B. eine im Zusammenwirken mit dem Institut für Zeitgeschichte (IfZ) München/Berlin entstandene Serie von Beiträgen, die in der Frankfurter Allgemeinen Zeitung unter diesem Stichwort im Jahr 2017 veröffentlicht worden sind: https://www.ifz-muenchen.de/aktuelles/themen/weimarer-verhaeltnisse/, oder auch eine Buchveröffentlichung aus dem Jahr 2018 unter diesem Titel: Andreas Wirsching/Berthold Kohler/Ulrich Wilhelm (Hgg.), Weimarer Verhältnisse? Historische Lektionen für unsere Demokratie. Sonderausgabe für die Bundeszentrale für politische Bildung, Bonn 2018. Vgl. aber auch schon die Jahre zurückliegende Debatte über dieses Schlagwort: Gotthard Jasper, Weimarer Verhältnisse. Zur Dynamik eines historisch-politischen Arguments. Verabschiedung des Präsidenten Prof. Dr. rer. nat. Nikolaus Fiebiger und Amtsübergabe an den Rektor Prof. Dr. phil. Gotthard Jasper, 18. Mai 1990 (Erlanger Universitätsreden 3, 30), Erlangen [u. a.] 1990, 1ff.

[2] S. dazu die umfangreiche Untersuchung von Roland Kurz, Nationalprotestantisches Denken in der Weimarer Republik. Voraussetzungen und Ausprägungen des Protestantismus nach dem Ersten Weltkrieg in seiner Begegnung mit Volk und Nation (Die Lutherische Kirche – Geschichte und Gestalten 24), Gütersloh 2007.

das Bauhaus oder die Eisenbahntechnik.³ Es trägt jedenfalls keinesfalls angemessen der Tatsache Rechnung, dass zu dieser Zeit mehr als 95 % aller Einwohner des Deutschen Reiches der evangelischen oder katholischen Kirche angehört haben.⁴ Und welch schiefe Wahrnehmung offenbart es, wenn (offenbar kopfschüttelnd) notiert wird: „Noch 1931 waren von 6500 Studierenden der evangelischen Theologie nur 315 Frauen."⁵ Dass es zu diesem Zeitpunkt immerhin schon fast 5 % waren, muss angesichts dessen, dass Frauen überhaupt erst seit der Wende zum 20. Jahrhundert der Zugang zum Universitätsstudium eröffnet war und besonders angesichts der seinerzeit sehr begrenzten beruflichen Möglichkeiten für Frauen mit Studienabschluss gerade im Bereich der Theologie⁶ doch positiv überraschen!

Diese Hinweise mögen genügen, um skeptisch zu werden gegenüber durchweg und durchgängig düster getönten Bildern, die weithin von den Jahren der Weimarer Republik gezeichnet werden.

Wer sich mit der Verfassungsgeschichte der deutschen evangelischen Landeskirchen in diesen knapp anderthalb Jahrzehnten zwischen dem November 1918 und dem Januar 1933 befasst, bekommt angesichts des in diesem Bereich Geschehenen überdies nicht nur Argumente, sondern auch Mut, einer einlinig negativen Wertung dessen, was in dieser Epoche hat erarbeitet und erreicht werden können, zu widersprechen – vielleicht auch Mut dazu, angesichts der gegebenen Zeitumstände von einer aus evangelisch-kirchlicher Sicht in dieser Hinsicht in der Rückschau sogar von einer (zumindest) partiellen Erfolgsgeschichte zu sprechen.

Als eine Beobachtung, die eine solche Deutung stützen könnte, ließe sich etwa nennen, dass die Weimarer Reichsverfassung vom 11. August 1919,⁷ die vor nun genau einem Jahrhundert erarbeitet worden ist und Geltung erlangt hat, wohl in keinem anderen Bereich eine solch unmittelbare und nachhaltige Wirkung gehabt hat wie gerade bei denjenigen Rechtsbestimmungen, die in dieser Verfassung zur Bestimmung des Verhältnisses von Staat und Kirchen – präziser: Religionsgesellschaften – formuliert sind. Diese Bestimmungen sind 1949 über Artikel 140 unmittelbar in das Grundgesetz der Bundesrepublik Deutschland übernommen worden –⁸ übrigens auf Betreiben gerade seitens der evangelischen Landeskirchen in der Britischen Zone.⁹ Sie entfalten auf diese Weise also seit immerhin einem Jahrhundert Rechtswirkung. Und

---

[3] S. Siegfried Müller, Kultur in Deutschland. Vom Kaiserreich bis zur Wiedervereinigung. Stuttgart 2017, 183; vgl. auch 242f, 412–414, 618f.

[4] Zur Entwicklung der Anzahl der evangelischen Gemeindeglieder an der Gesamtbevölkerung des Deutschen Reiches s. [Johannes] Schneider, Kirchliche Statistik, in: Kirchliches Jahrbuch 55 (1928), 27–155, dort 28f.

[5] Müller, Kultur (wie Anm. 3), 183.

[6] S. dazu beispielsweise Eva-Marie Felschow, Der lange Weg in die Universität. Zum Beginn des Frauenstudiums in Gießen, in: Justus-Liebig-Universität Gießen, in: Gießener Universitätsblätter 31 (1998), 9–22, dort 12.17.

[7] S. Die Verfassung des Deutschen Reichs. Vom 11. August 1919 [= WRV], in: Reichsgesetzblatt 1919, 1383–1418.

[8] S. Grundgesetz für die Bundesrepublik Deutschland. Vom 23. Mai 1949 [= GG], in: Bundesgesetzblatt 1949, Nr. 1, 23. Mai 1949, 1–20, hier 19. Zur Thematik vgl. auch den Beitrag von Jörg Winter in diesem Band.

[9] S. Jürgen Kampmann, Die Konferenz der evangelischen Kirchen in der Britischen Zone und ihr politisches Engagement, in: Wolfgang Vögele (Hg.), Kann man eine Demokratie christlich betreiben? Politische Neuordnung und Neuorientierung der Hannoverschen Landeskirche in der unmittelbaren Nachkriegszeit (Loccumer Protokolle 68/98), Loccum 1999, 24–53.

auch als die DDR 1990 dem Geltungsbereich des Grundgesetzes beitrat, hat das in der Bundesrepublik Deutschland etablierte Religionsverfassungsrecht keine Abänderung erfahren. Dass das aus der Weimarer Republik stammende Religionsverfassungsrecht geeignete Rahmenbedingungen für die religiöse Praxis ganz unterschiedlicher Weltanschauungen bietet, wird nicht zuletzt dadurch unter Beweis gestellt, dass von der in Art. 137 Abs. 5 WRV[10] eröffneten Möglichkeit, den Status einer Körperschaft des öffentlichen Rechts zuerkannt zu bekommen, ganz vielfältig Gebrauch gemacht wird – auf Ebene des Landes Baden-Württemberg von den evangelischen Landeskirchen und den katholischen Bistümern wie von zehn Freikirchen, drei orthodoxen Kirchen, der Altkatholischen Kirche, den Israelitischen Religionsgemeinschaften und sechs weiteren christlichen und humanistischen Gemeinschaften;[11] auf Ebene anderer Bundesländer auch von Gemeinden hinduistischer Religion, der Bahai-Religion oder der Ahmadiyya-Muslim-Gemeinschaft.[12]

Dennoch hängt den in der Weimarer Reichsverfassung zu den Kirchen und Religionsgesellschaften getroffenen Regelungen seit langem eine von vornherein negative Ausdeutung an, denn immer wieder wird die 1925 von dem am damaligen Berliner Institut für Kirchenrecht lehrenden Professor Ulrich Stutz[13] geprägte Formulierung zitiert, die Weimarer Reichsverfassung habe „nur" eine „hinkende" Trennung von Staat und Kirche bewirkt.[14] Was aber hinkt – so funktioniert die unvermeidlich sich bei diesem Sprachbild einstellende Konnotation – ist nicht wirklich intakt, befindet sich nicht in einem Zustand, wie er an sich sein sollte, müsste eigentlich therapiert oder am besten kuriert werden, um dem Hinken und der mit ihm beim Vorangehen verbundenen Belastung und Behinderung möglichst ein Ende zu machen. Nicht selten schließt sich daran der weitere Vorwurf an, die religionsverfassungsrechtlichen Regelungen der Weimarer Reichsverfassung bedeuteten eine Privilegierung der katholischen Kirche und der evangelischen Landeskirchen – obwohl in Art. 137 WRV ausdrücklich festgehalten ist, dass anderen Religionsgesellschaften *auf ihren Antrag gleiche Rechte zu gewähren* [sind], *wenn sie durch ihre Verfassung und die Zahl ihrer Mitglieder die Gewähr der Dauer bieten*, und noch ausdrücklich hinzugefügt ist: *Den Religionsgesellschaften werden die Vereinigungen gleichgestellt, die sich die gemeinschaftliche Pflege einer Weltanschauung zur Aufgabe machen.*[15]

Reflektiert man das, so steht man vor der Frage, ob die oft wiederholten, im Grundzug negativen Wertungen des Religionsverfassungsrechts in der Weimarer Reichsverfassung nicht einfach auf der stillschweigenden, gar nicht explizit gemachten Vor-

---

[10] WRV (wie Anm. 7), 1409, Art. 137 [5]: Die Religionsgesellschaften bleiben Körperschaften des öffentlichen Rechtes, soweit sie solche bisher waren. Anderen Religionsgesellschaften sind auf ihren Antrag gleiche Rechte zu gewähren, wenn sie durch ihre Verfassung und die Zahl ihrer Mitglieder die Gewähr der Dauer bieten.
[11] S. https://www.personenstandsrecht.de/Webs/PERS/DE/informationen/religionsgemeinschaften/_documents/kirche_bw.html; Stand 17.08.2019.
[12] S. die Verzeichnisse zu weiteren Bundesländern, erreichbar über https://www.personenstandsrecht.de/Webs/PERS/DE/informationen/religionsgemeinschaften/religionsgemeinschaften-node.html; Stand 17.08.2019.
[13] Zu Werdegang und Wirken s. Peter Landau, [Art.] Stutz, Ulrich, in: RGG[4] 7 (2004), 1810f.
[14] So Ulrich Stutz, Die päpstliche Diplomatie unter Leo XIII. Nach den Denkwürdigkeiten des Kardinals Domenico Ferrata (Abhandlungen der Preußischen Akademie der Wissenschaften. Philosophisch-historische Klasse, Jg. 1925, Nr. 3/4), Berlin 1926, 54.
[15] Art. 137 WRV (wie Anm. 7), 1409.

aussetzung basieren, dass einzig eine Regelung des Verhältnisses von „Staat" hie und „Religion(sgesellschaft)" da entsprechend den Prämissen des Laizismus eine gute und wünschenswerte sein könne – also im Sinne des französischen Pädagogen Ferdinand Buisson,[16] der 1871 den Begriff der „laïcité" geprägt und sich für einen „religionsfreien" Schulunterricht eingesetzt hat?[17] Ist solche Art von „Religionsfreiheit" im Sinn von bewusster Nichtwahrnehmung, also die Durchsetzung von negativer Religionsfreiheit im öffentlichen Raum, aber nicht auch eine Religion bzw. Weltanschauung, die nur ein höheres Recht als alle anderen Religionen und Weltanschauungen für sich beansprucht und durchsetzen will?[18]

Hält man einen solchen Anspruch des Laizismus nicht für angemessen, so treten ganz andere Gesichtspunkte in den Vordergrund, die die 1919 in der Weimarer Reichsverfassung grundgelegten Regelungen nicht von vornherein in ein fahles Licht rücken. Und mehr noch als für die Weimarer Reichsverfassung selbst gilt das dann für den Gesamtzusammenhang des Grundgesetzes der Bundesrepublik Deutschland, dem man 1949 – anders als bei der Weimarer Reichsverfassung! – auch eine Präambel mit ausdrücklichem Gottesbezug vorangestellt hat – und auf diese Weise von vornherein der Überzeugung Ausdruck gegeben hat, dass alles staatliche Wirken nicht einfach von der religiösen Dimension absehen kann: *Im Bewußtsein seiner Verantwortung vor Gott und den Menschen [...] hat sich das Deutsche Volk kraft seiner verfassungsgebenden Gewalt dieses Grundgesetz gegeben.*[19]

Ein Widerspruch gegen eine von vornherein negativ gefärbte Wahrnehmung und Wertung des Religionsverfassungsrechtes der Weimarer Reichsverfassung sei jedenfalls hier von vornherein angemeldet.

2. Zur gestellten Aufgabe

Hinsichtlich der rechtlichen Strukturen, die für die evangelischen Landeskirchen in der Weimarer Republik maßgeblich waren, sind verschiedene, auch in diversen Wechselwirkungen und Verschränkungen miteinander stehende Phasen und Ebenen voneinander zu unterscheiden. Dies tritt besonders hervor, wenn man die Betrachtung – wie es für dieses Referat gewünscht war – nicht nur auf eine einzige Landeskirche einschränkt, sondern sie vergleichend auf mehrere Landeskirchen erstreckt. Da das mit hinreichender Präzision aber in dem für den Vortrag gesteckten Zeitrahmen nicht für die seinerzeit 28 evangelischen Landeskirchen im Deutschen Reich zu leisten ist, wird hier die Betrachtung auf den süddeutschen Raum begrenzt – was aber den Vorteil hat, dass damit nicht nur die Badische, die Württembergische und die Bayerische Lan-

---

[16] Zu Person und Werdegang s. Lachenmann, [Art.] Buisson, Ferdinand, in: RGG² 1 (1927), 1350f.
[17] S. Jean-Marie Mayeur, [Art.] Ferdinand Édouard Buisson, in: Patrick Cabanel/André Encrevé (Hgg.), Dictionnaire biographique des protestants français de 1787 à nos jours, tome 1: A-C, Paris 2015, 510–511. – Zum Begriff des Laizismus s. auch Michael Germann, [Art.] Laizismus II., in: RGG⁴ 5 (2002), 38f, dort 38.
[18] Zur Geschichte der Debatte über das angemessene Verhältnis von Staat und Kirche und den immer wieder erhobenen Forderungen nach einer Trennung s. die schon 1908 publizierte, detaillierte Untersuchung von Karl Rothenbücher, Die Trennung von Staat und Kirche, München 1908.
[19] Präambel GG (wie Anm. 8), 1.

deskirche in den Blick kommen, sondern auch Preußen, das ja mittels Hohenzollern auch in diesem Raum präsent war.

Von erheblicher Bedeutung für die Entwicklung der rechtlichen Strukturen in den evangelischen Landeskirchen waren

- erstens der jeweilige Verlauf der Ereignisse in den Tagen und Wochen des revolutionären Umbruchs 1918 und die dabei unmittelbar getroffenen Regelungen zu den summepiskopalen Rechten der abgedankten Landesherren,
- sodann die Ausrichtung und Formulierung des neuen Religionsverfassungsrechts für das Deutsche Reich in den Monaten bis zur Annahme der Weimarer Reichsverfassung im August 1919,
- drittens die kirchlichen Weichenstellungen in den jeweiligen Landeskirchen für eine an die neue Situation angepasste Kirchenverfassung, und schließlich
- viertens die kirchliche Anwendung der durch diese Reichsverfassung gegebenen Möglichkeiten zu einer Kooperation mit dem Staat.

Eine vergleichende Darstellung dieser vier Phasen wird allerdings dadurch erschwert, dass diese in den einzelnen Landeskirchen nicht „im gleichen Takt", also einfach in einer parallelen Chronologie verliefen, sondern dass es teilweise zeitliche Überlappungen wie auch versetzte Abläufe gegeben hat. Dennoch seien die diversen Entwicklungen nun den genannten Phasen zugeordnet.

3. Die in den Tagen und Wochen des revolutionären Umbruchs 1918 unmittelbar getroffenen Regelungen zu den summepiskopalen Rechten der abgedankten Landesherren[20]

Was würde aus dem revolutionären Geschehen werden? Und: Was würde es für die künftige Arbeit der Kirchen bedeuten, wenn das politisch linke Spektrum – dezidiert kirchenkritisch eingestellt – an der Macht war? Dies ließ sich im November 1918 zunächst nicht im Geringsten absehen.[21]

---

[20] Vgl. zum Folgenden auch die bevorstehende Veröffentlichung von Jürgen Kampmann, Staatskirchenrecht als Zumutung? Die Entstehung der staatskirchenrechtlichen Regelungen der Weimarer Reichsverfassung und die zeitgenössischen Perspektiven der evangelischen Kirchen, in: Essener Gespräche zum Thema Staat und Kirche (53), Münster [geplant: 2019], Paginierung noch nicht bekannt,

[21] Zu der anfänglichen Unklarheit im Protestantismus, welche kirchlichen und kirchenpolitischen (Reform-)Ziele man angesichts des politischen Umbruchs in den evangelischen Landeskirchen verfolgen solle, s. Martin Greschat, Der deutsche Protestantismus im Revolutionsjahr 1918/19 (Politik und Kirche 2), Witten 1974, 143ff; Gerhard Besier, Die Landeskirche und der Erste Weltkrieg, in: Joachim Rogge/Gerhard Ruhbach (Hgg.), Die Geschichte der Evangelischen Kirche der Union, Bd. 2: Die Verselbständigung der Kirche unter dem königlichen Summepiskopat (1850–1918), Leipzig 1994, 480–497, dort 496, verweist darauf, dass man sich zumindest in der (alt)preußischen evangelischen Landeskirche mit der erlittenen Niederlage im Ersten Weltkrieg „völlig identifizierte": „Die vollständige materielle und ideelle Indienstnahme der evangelischen Kirche durch das kriegführende Vaterland prägte bei den Nachgeborenen das Bild einer engen Allianz von Staat und Kirche. In der Tat: Die evangelische Kirche hatte diesen Krieg auf allen Ebenen mitverloren."

Aus evangelisch-kirchlicher Perspektive schienen sich lange gewähnte Befürchtungen zu bewahrheiten. Denn in Preußen, dem größten Staat im Reich, sorgten die Maßnahmen der neuen provisorischen Regierung aus Sozialisten und USPD für Furore. Am 13. November 1918 richtete sie eine Kundgebung an das Volk, dass das alte, von Grund auf reaktionäre Preußen so rasch wie möglich in einen völlig demokratischen Bestandteil einer einheitlichen deutschen Volksrepublik verwandelt werden solle, und in der Liste der Aufgaben der Regierung wurde auch genannt die „Befreiung der Schule von jeglicher kirchlicher Bevormundung" sowie die Trennung von Staat und Kirche.[22] Das preußische Ministerium für Wissenschaft, Kunst und Volksbildung wurde unter die kollegiale Leitung von Konrad Haenisch[23] (SPD) und Adolph Hoffmann[24] (USPD) gestellt. Letzterer hatte zahlreiche Schriften verfasst, auch eine mit dem bezeichnenden Titel *Die zehn Gebote und die besitzende Klasse* –[25] was ihm den Spitznamen „Zehn-Gebote-Hoffmann" eingetragen hatte. Anders als es diese Bezeichnung vermuten lässt, war Hoffmann aber weder kirchlich gebunden noch kirchlich interessiert, sondern bezeichnete sich selbst als „freireligiös" und galt als Vorkämpfer der Kirchenaustrittsbewegung.

Es passte genau ins Bild, dass er am 15. November 1918 die Aufhebung des Zwanges zur Teilnahme am schulischen Religionsunterricht verfügte,[26] dass am 27. November 1918 auf sein Betreiben die bis dahin noch bestehenden Elemente der geistlichen Schulaufsicht beseitigt und zwei Tage später, am 29. November, auch der Religionsunterricht als Pflichtfach abgeschafft sowie jede religiöse Handlung in den Schulen untersagt wurde.[27]

Das löste heftige Reaktionen in der Bevölkerung quer durch Deutschland aus, es kam zu Massenprotesten.[28] Hoffmann verblieb nur annähernd sieben Wochen in seinem Amt, das dann von Konrad Haenisch allein weitergeführt wurde,[29] der am 28. Dezember 1918 den Hoffmannschen Erlass gegen den schulischen Religionsunterricht faktisch wieder außer Kraft setzte. Dennoch sind die publizistischen Wirkungen dieses Kurses in der preußischen Kultuspolitik in den ersten Wochen nach dem Ende der Monarchie auf die evangelisch-kirchlich gesonnenen Kreise der deutschen Bevölkerung kaum zu überschätzen: Die sowieso virulenten Vorurteile gegen Sozialisten und

---

[22] S. dazu Friedrich Giese, [Art.] Kirche: VII. Staat und Kirche, in: RGG² 3 (1929), 814–823, Zitat 818: „Als [...] der Umsturz 1918 die politische Lage stark verändert und die bisherigen Hindernisse beseitigt hatte, bildete plötzlich bei fast allen maßgebenden Stellen, im Schoße der politischen Parteien wie der Volksvertretungen, mit auffallender Einmütigkeit die ‚Trennung' eine fast selbstverständliche Forderung des Tages."

[23] Zur Person s. Wolfgang Hofmann, [Art.] Haenisch, Konrad, in: Neue Deutsche Biographie (NDB) 7 (1966), 442ff.

[24] Zur Person s. [Hermann] Mulert, [Art.] Hoffmann, 1. Adolph, in: RGG² 2 (1928), 1974.

[25] Die Schrift erreichte eine sehr hohe Auflage; s. Adolph Hoffmann, Die zehn Gebote und die besitzende Klasse. Nach dem gleichnamigen Vortrage, 18. Aufl. (171.–180. Tsd.), Berlin 1904.

[26] S. Kurt Nowak, Evangelische Kirche in der Weimarer Republik. Zum politischen Weg des deutschen Protestantismus zwischen 1918 und 1932, 2. Aufl., Göttingen 1988, 23.

[27] Ebd., 24.

[28] S. Kulturkampf gegen die Vergewaltigung der Kirche, in: Allgemeine Evangelisch-Lutherische Kirchenzeitung 52 (1919), Nr. 2, 10. Februar 1919, 36f, abgedruckt in: Greschat, Protestantismus (wie Anm. 21), 101. – Zur deutschlandweiten Mobilisierung der Bevölkerung zur Erhaltung des christlichen Religionsunterrichts in den Volksschulen s. [Johannes] Schneider, Kirchliche Zeitlage, in: Kirchliches Jahrbuch 46 (1919), 307ff, dort 329f.

[29] S. Nowak, Kirche (wie Anm. 26), 25.

deren politische Ziele schienen sich in den beiden letzten Monaten des Jahres 1918 als nur zu berechtigt zu erweisen.[30]

Die folgenden Monate mündeten dann in eine Entwicklung mit für die Kirchen viel weniger dramatischem Ausgang als zunächst gedacht – auch wenn sich herausstellte, dass sich die Kriegsjahre für die evangelische Kirche ganz und gar nicht „geistlich gelohnt" hatten im Sinne einer erhofften neuen Hinwendung der Bevölkerung zur christlichen Verkündigung und deren Inhalten[31] –, obgleich es eine massive Kirchenaustrittswelle von 800.000 Personen gab, die in den Jahren von 1919 bis 1921 bei einer Gesamtanzahl von knapp 40.000.000 Evangelischen und damit bei etwa 2 % der Gemeindeglieder lag.[32]

Dennoch: Auch Mitte der 1920er Jahre gehörten noch mehr als 95 % der deutschen Bevölkerung der evangelischen oder der katholischen Konfession an,[33] und schon dieser Grad der Bindung an eine der beiden Kirchen zeigt, dass es politisch 1918/1919 unausweichlich war, eine für diese ganz große Mehrheit der Bevölkerung tragfähig erscheinende Regelung für den Status der Kirchen in der neu zu verfassenden staatlichen Ordnung zu finden.

Hinsichtlich der zu klärenden staatskirchenrechtlichen Fragen ist das Nebeneinander der Klärungsprozesse auf Ebene der einzelnen Länder des Reiches und auf Reichsebene von entscheidender Bedeutung.

In den einzelnen Ländern stand mit dem Moment der Abdankung der Landesherren umgehend die Klärung an, in welcher Weise deren bisherige summepiskopalen Rechte nun in den jeweiligen evangelischen Landeskirchen wahrzunehmen waren – angesichts der revolutionär pauschal erhobenen Forderung nach einer „Trennung von Staat und Kirche". Hier kam es auf Länderebene zu ganz unterschiedlichen Verfahren und Lösungen.

In *Baden* sorgte der Landesherr, Großherzog Friedrich II., noch seinerseits im Einverständnis mit dem Oberkirchenrat und dem Generalsynodalausschuss für einen geordneten Transfer der summepiskopalen Rechte, erließ er doch am 20. November 1918 und damit zwei Tage vor der uneingeschränkten Verzichterklärung auf die Thronrechte am 22. November ein von Prälat Ludwig Schmitthenner und Präsident

---

[30] Der politische Mobilisierungseffekt gegen das Vorgehen der preußischen Regierung zeigte reichsweit Wirkung, etwa auch in Württemberg; s. Rainer Lächele/Jörg Thierfelder, Parallele Leben? Johannes Merz (1857–1929) und Theophil Wurm (1868–1953), in: Rainer Lächele/Jörg Thierfelder (Hgg.), Württembergs Protestantismus in der Weimarer Republik, Stuttgart 2003, 155–173, dort 163.

[31] S. das schon zeitgenössisch im Kirchlichen Jahrbuch gezogene Resümee: Schneider, Zeitlage (wie Anm. 28), 338: *Aber die breiten Schichten [...] scheinen nichts zu kennen, als Verdienst und Genuß. Ein Kapital ethischer und nationaler Werte ist heillos verwirtschaftet. Es muß Heller für Heller wieder aufgesammelt werden, das geht langsam. Noch nie war die Aufgabe der Kirche, an der Gesundung der Volksseele zu arbeiten ohne Dank und Lohn, aber auch ohne Bitterkeit und Furcht, so schwer als eben jetzt. Die kommende Not wird ihr helfen. Aber sie kann nur negativ wirken. Aufrichten kann allein das Evangelium. Aus der Tiefe heraufführen – das vermag nur der wiederkehrende Gottesglaube.*

[32] S. [Johannes] Schneider, Kirchliche Statistik, in: Kirchliches Jahrbuch 50 (1923), 25ff, dort 93. – Zur Entwicklung der Zahl der Kirchenaustritte vor dem und im Ersten Weltkrieg s. Klaus Wappler, Die Kirchenaustrittsbewegungen bis zum Ersten Weltkrieg, in: Rogge/Ruhbach, Die Geschichte der Evangelische Kirche der Union (wie Anm. 21), 2, 429–439, dort 432ff, sowie J[ohannes] Schneider, Kirchliche Statistik, in: Kirchliches Jahrbuch 47 (1920), 66ff, dort 138.

[33] Zur Entwicklung der Anzahl der evangelischen Gemeindeglieder an der Gesamtbevölkerung des Deutschen Reiches s. [Johannes] Schneider, Statistik 1928 (wie Anm. 4), 28f.

Eduard Uibel entworfenes[34] provisorisches Gesetz mit der Begründung, er wolle sich *bis auf Weiteres* des ihm nach der Kirchenverfassung zustehenden Kirchenregiments enthalten; mit dem Gesetz übertrug er das Kirchenregiment auf den Oberkirchenrat, ergänzt um die Bestimmung, dass in Angelegenheiten, die nach kirchengesetzlicher Regelung der Entschließung des Landesherrn vorbehalten waren, der Oberkirchenrat der Zustimmung des um die Beiziehung der vorhandenen Ersatzmänner erweiterten Generalsynodalausschusses bedurfte.[35] Noch am 20. November (und also noch de jure unter der Regentschaft Friedrichs II.) wurde die Generalsynode einberufen, die das provisorische Gesetz am 28. November billigte. In formal korrekter Weise war damit jedenfalls eine vorläufige Überführung der summepiskopalen Rechte in kirchliche Regie gelungen.

Die Generalsynode versuchte, staatskirchenrechtlich die Weichen für die Zukunft gleich dahin zu stellen, dass sie eine völlige Trennung von Staat und Kirche für beide Teile für schädlich deklarierte und die Beibehaltung des schulischen Religionsunterrichtes und des kirchlichen Selbstbesteuerungsrechtes verlangte ebenso wie eine Beibehaltung der Stellung der Theologischen Fakultät in Heidelberg im Rahmen der Universität.[36]

Die Weichen in Richtung einer grundlegenden Reform der Kirchenverfassung wurden dann auch noch im Dezember 1918 gestellt,[37] erst ab Sommer 1919 und damit nach Inkrafttreten der neuen badischen Verfassung vom 21. März 1919 wurde nach Wahl einer verfassunggebenden Generalsynode in den Monaten von Oktober bis Dezember 1919 eine neue Kirchenverfassung erarbeitet.[38] Diese Verfassung vom 24. Dezember 1919 übertrug das Kirchenregiment formal dauerhaft auf die Landessynode.[39]

Auch in *Württemberg* wurde sehr zügig ein Weg gebahnt. Hier wusste Konsistorialpräsident Hermann Zeller ein bereits 1898 für den Fall einer katholischen Thronfolge im Land geschaffenes, 1912 revidiertes Religionsreversaliengesetz, das die Bildung einer kollegialen evangelischen Kirchenregierung aus zwei Ministern evangelischen Bekenntnisses, dem dienstältesten Generalsuperintendenten, dem Synodal- und den Konsistorialpräsidenten vorsah, im Moment des revolutionären Umbruchs am 9. November 1918 noch mit der erforderlichen Zustimmung aller zu beteiligenden Gremien einschließlich des Königs im Wege einer Notgesetzgebung dahin zur verän-

---

[34] S. dazu Micha Willunat, Kirchenleitung und Seelsorge. Ludwig Schmitthenners Wirken als Pfarrer, großherzoglicher Seelsorger und Prälat der badischen Landeskirche (1892–1923) (VBKRG 10), Stuttgart 2019, 219; vgl. hierzu auch Udo Wennemuth, Kirche und Revolution 1918/19 in Baden, in: Frank Engehausen/Reinhold Weber (Hgg.), Baden und Württemberg 1918/19. Kriegsende – Revolution – Demokratie (Schriften zur politischen Landeskunde Baden-Württembergs 48), 225–247.

[35] S. dazu Jörg Winter, Die Verfassungsentwicklung der Evangelischen Landeskirche in Baden nach dem Ersten Weltkrieg, in: Blätter für württembergische Kirchengeschichte 108/109 (2008/2009), 181–200, hier 181f.

[36] Ebd., 182.

[37] In einem Kirchengesetz vom 11. Dezember 1918 wurde eine Anpassung der Kirchenverfassung an die neuen Verhältnisse gefordert; s. Willunat, Kirchenleitung (wie Anm. 34), 231.

[38] Winter, Verfassungsentwicklung (wie Anm. 35), 182–190.

[39] S. ebd., 190. So § 93 Abs. 1 der Verfassung; s. Verfassung der vereinigten evangelisch-protestantischen Landeskirche Badens. Vom 24. Dezember 1919, in: Friedrich Giese/Johannes Hosemann (Hgg.), Die Verfassungen der Deutschen Evangelischen Landeskirchen. Unter Berücksichtigung der kirchlichen und staatlichen Ein- und Ausführungsgesetze hg., Bd. 2 (Quellen des Deutschen Evangelischen Kirchenrechts 1), Berlin 1927, 697–727, dort 716.

dern, dass dieses Gesetz auch im Falle des Thronverzichts (den der König dann am 30. November 1918 endgültig erklärte) zur Anwendung zu bringen sei.[40] Damit war ein formalrechtlich bruchloser Transfer der summepiskopalen Rechte gelungen. Die alte Landessynode stellte dann noch die Weichen für die Neuwahl einer Synode nach neuem Wahlgesetz, und diese erstellte dann im Laufe des Jahres 1919/1920 eine neue Kirchenverfassung.

Diese trug dann den in der Weimarer Reichsverfassung vom 11. August 1919 formulierten staatskirchenrechtlichen Gesichtspunkten Rechnung – so dass an die Stelle der Kirchenregierung und der darin eben noch vorgesehenen Mitwirkung von zwei Ministern eine neue aus miteinander verflochtenen Institutionen der Kirchenleitung aus Kirchenpräsident, Landeskirchenausschuss, Landeskirchentag und Evangelischem Oberkirchenrat trat.[41] Verkündet wurde das noch von der bisherigen Kirchenregierung am 24. Juni 1920; in Kraft treten konnte diese Kirchenverfassung allerdings erst am 1. April 1924, nachdem der württembergische Landtag zugestimmt hatte.[42]

Ganz anders hingegen verlief die Entwicklung in **Bayern**, wo der der katholischen Religion zugehörige Landesherr für die evangelische Kirche nur ein *Oberbischoftum in äußeren Angelegenheiten* (episcopatus in externis) ausgeübt hatte.[43] Das bedeutete, ein erheblich höheres Maß an kirchlicher Selbständigkeit zu besitzen als unter einem landesherrlichen Summepiskopat – doch war diese Differenzierung in der bayerischen Regierung nach der Revolution beim SPD-Kultusminister und späteren Ministerpräsidenten Johannes Hoffmann nicht gewärtig.[44]

Denn nachdem König Ludwig III. nach dem 7. November 1918 aus dem Land geflohen war, aber nicht formell die Abdankung vollzogen hatte, beanspruchte Hoffmann die summepiskopalen Rechte. Und obwohl die Regierung den Religionsgesellschaften *volle Freiheit* und *Unabhängigkeit vom Staate* zusagte, übte sie die summepiskopalen Rechte trotz Protests des Oberkonsistoriums aus – etwa bei der Besetzung von Pfarrstellen.[45] Auch nach dem Inkrafttreten der Weimarer Reichsverfassung machte die Regierung noch „Klärungsbedarf" dazu aus, so dass erst am 2. Februar 1920 nach Beratungen im Verfassungsausschuss des Landtages der Summepiskopat für beendet erklärt wurde.[46]

Erst dann konnte das Oberkonsistorium die zuvor beim König gelegenen kirchlichen Rechte wahrnehmen, bis durch die am 1. Januar 1921 inkrafttretende *Verfassung der evangelisch-lutherischen Kirche in Bayern rechts des Rheins* vom 16. September 1920 die Kirchenleitung Landessynode, Landessynodalausschuss, Landeskirchenrat und einem Kirchenpräsidenten in Gesamtheit übertragen wurde.[47]

---

[40] S. dazu Siegfried Hermle, Kirche nach 1918. Ende und Neuanfang, in: Lächele/ Thierfelder, Württembergs Protestantismus in der Weimarer Republik (wie Anm. 30), 11–31, hier 17f.
[41] S. ebd., 20–26.
[42] Ebd., 26.
[43] So Christoph Link, Zwischen königlichem Summepiskopat und Weltanschauungsdiktatur. Die bayerische evangelische Kirche im Spiegel ihrer Verfassungsentwicklung 1800–1945 (Arbeiten zur Kirchengeschichte Bayern 93), Nürnberg 2013, 57.
[44] Ebd., 54.
[45] S. Hugo Maser, Die Evangelisch-Lutherische Kirche in Bayern rechts des Rheins zur Zeit der Weimarer Republik 1918–1933, München 1990, 10.
[46] Link, Summepiskopat (wie Anm. 43), 64.
[47] Ebd., S. 67f.

Ohne Frage besondere Beachtung auch über das Land hinaus fanden die Vorgänge in **Preußen**, schon deshalb, weil die dortige evangelische Landeskirche der älteren Provinzen die mit weitem Abstand größte im Reich war. Hier kam es dazu, dass das preußische Kultusministerium seinerseits direkt (ohne es aber so zu deklarieren) die summepiskopalen Rechte aufgriff, um so möglichst unverzüglich eine Trennung von Kirche und Staat zu bewirken, und am 28. November 1918 in einem Erlass an die Provinzialkonsistorien anordnete, dass die agendarische gottesdienstliche Fürbitte für König und königliches Haus zu entfallen habe.[48] Und am 5. Dezember 1918 ernannte es den auf demokratische Kirchenreform drängenden evangelischen Berliner Pfarrer Dr. Ludwig Wessel[49] zum Regierungsvertreter für die evangelischen Kirchenbehörden und zum geborenen Mitglied des altpreußischen Evangelischen Oberkirchenrats – er sollte alle kirchlichen Erlasse gegenzeichnen und an allen Sitzungen der kirchlichen Leitungsgremien teilzunehmen berechtigt sein.[50] Dagegen legte der Evangelische Oberkirchenrat wenige Tage später Rechtsverwahrung ein[51] unter Verweis auf das doch politisch proklamierte, diametral entgegengesetzte Ziel, Staat und Kirche trennen zu wollen.[52] Am 9. Januar 1919 deutete das preußische Staatsministerium ein Einlenken an, indem es nun in Aussicht stellte, dass die Neuregelung des Staat-Kirche-Verhältnisses einer *preußischen Nationalversammlung* vorbehalten bleiben und ihr *ein Benehmen mit den kirchlichen Organen vorhergehen* müsse; ja es wurde sogar schon formuliert, dass dabei das Ziel im Auge zu behalten sei, *daß die berechtigten Interessen der kirchlichen Schichten im preußischen Volke zu schonen und jede Verletzung religiöser Gefühle, jeder Gewissensdruck vermieden werden* müsse.[53]

Wegen des heftigen Gegenwinds, den er erlebte, legte Wessel das ihm übertragene Amt bereits am 11. Januar 1919 nieder.[54] Dennoch beanspruchte die preußische Regierung am 20. März 1919 als Rechtsnachfolgerin des Königs das dezidiert landesherrliche Kirchenregiment – auf Beschluss der preußischen Landesversammlung wurden diese Rechtsbefugnisse dann auf drei evangelische Minister übertragen –, worin der Evangelische Oberkirchenrat aber einen *schwerwiegenden Eingriff in die Grundrechte unserer Landeskirche* sah und daher erneut Rechtsverwahrung einlegte.[55] Der preußische Ministerpräsident Paul Hirsch[56] versicherte dann am 11. Juni 1919, dass die gesetzliche Regelung vom 20. März des Jahres nur einen provisorischen Charakter

---

[48] S. Gerhard Besier, Zwischen Waffenstillstand und Reichsverfassung. Die APU und das Ende des monarchischen Summepiskopats, in: Gerhard Besier/Eckhard Lessing (Hgg.), Die Geschichte der Evangelischen Kirche der Union, Bd. 3: Trennung von Staat und Kirche. Kirchlich-politische Krisen. Erneuerung kirchlicher Gemeinschaft (1918–1992) (Die Geschichte der Evangelischen Kirche der Union. Ein Handbuch), Leipzig 1999, 35–75, hier 43.

[49] Zu Wessels Wirken s. Manfred Gailus, Vom Feldgeistlichen des Ersten Weltkriegs zum politischen Prediger des Bürgerkriegs. Kontinuitäten in der Berliner Pfarrerfamilie Wessel, in: Zeitschrift für Geschichtswissenschaft 50 (2002), 773–803.

[50] S. dazu Karl Heinrich Lütcke, Neuanfang nach 1918 in Preußen, in: Blätter für württembergische Kirchengeschichte 108/109 (2008/2009), 249–264; hier 256f. Vgl. Besier, Waffenstillstand (wie Anm. 48), 48.

[51] Ebd.

[52] Lütcke, Neuanfang (wie Anm. 50), 257.

[53] Besier, Waffenstillstand (wie Anm. 48), 51.

[54] Lütcke, Neuanfang (wie Anm. 50), 257.

[55] Besier, Waffenstillstand (wie Anm. 48), 63.

[56] S. Klaus Malettke, [Art.] Hirsch, Paul, in: Neue Deutsche Biographie 9 (1972), 217f. Vgl. auch Renate Karnowsky, Paul Hirsch, ein preußischer Ministerpräsident aus Prenzlau, in: Prenzlau, Hauptstadt

habe und mit der *Bildung selbständiger Kirchenregierungen ihren natürlichen Abschluss finden* und in der Praxis eine Handhabung stattfinden werde, *die der Selbständigkeit der kirchlichen Interessen Rechnung* trage.[57] Festgehalten wurde damit aber staatlicherseits dennoch an der grundlegenden Überzeugung, dass die summepiskopalen Rechte nicht ein dem Monarchen nur als Person zukommendes, kirchlicherseits verliehenes und damit automatisch nach Abdankung des Monarchen an die Kirche zurückfallendes Annexrecht darstellten, sondern dass die iura circa sacra dem Monarchen als Staatsperson eigen gewesen und damit nach dessen Abdankung dem Staat zugefallen seien, so dass nur einer unter Mitwirkung des Staates entstandenen selbständigen Kirchenbehörde diese Rechte übertragen werden könnten.[58] Ein entsprechendes Vorgehen kam dann auch weiter zur Umsetzung.

Dies betraf die kirchlich unternommenen Schritte zu einer kirchlichen Verfassungsreform durch Einberufung einer außerordentlichen Generalsynode. Diese wurde als nur mit staatlicher Genehmigung durch das Kollegium der drei Minister für möglich erachtet.[59] Hier trat aber Konfliktstoff zutage angesichts einer Auseinandersetzung darüber, ob eine verfassunggebende Kirchenversammlung durch Urwahl oder durch ein Siebwahlverfahren zu bilden sei. Kultusminister Haenisch hielt Letzteres für nicht angemessen, was er Mitte Juli 1919 dem preußischen Evangelischen Oberkirchenrat mitteilte, und auch die drei evangelischen Minister vertraten noch im Dezember 1919 die Auffassung, dass ein Siebwahlverfahren *im Widerspruch zu den demokratischen Grundrechten des preußischen Staates* stehe.[60] Darauf konterte der Evangelische Oberkirchenrat, dass nicht einmal in der Monarchie die Forderung erhoben worden sei, dass die Generalsynode beabsichtigte Kirchengesetze vorab dem Staat habe vorlegen und diese „nach außerkirchlichem Vorbilde, namentlich nach staatspolitischen Grundsätzen" habe aus- und umgestalten müssen.[61] Dezidiert wurde dabei dann auch auf den zu diesem Zeitpunkt schon geltenden Art. 137 Abs. 1 der Reichsverfassung verwiesen.[62] Angesichts dessen, dass das Ganze in der öffentlichen Diskussion als *Kampfansage des religionslosen Staates an die evangelische Kirche* bezeichnet wurde, man einen solchen Konflikt aber in der preußischen Regierung scheute, stimmten die evangelischen Minister schließlich der geplanten Einberufung der außerordentlichen Generalsynode zu, die sich dann auch gegen die Urwahl der verfassunggebenden Kirchenversammlung entschied.[63]

Am 19. Juni 1920 wurde dann für die Evangelische Landeskirche der älteren Provinzen Preußens ein Kirchengesetz erlassen, dass die kirchenregimentlichen Rechte des Monarchen auf einen neu gebildeten Evangelischen Landeskirchenausschuss übertrug – und das wurde durch preußisches Staatsgesetz vom 8. Juli 1920 bestätigt.[64] Bis zur Verabschiedung einer neuen Kirchenverfassung für die Evangelische Kirche

---

der Uckermark, 1234–1984. Ein bürgerliches Lesebuch, Hg.: Heimatkreis Prenzlau, Barendorf 1984, 301–321.
[57] Besier, Waffenstillstand (wie Anm. 48), 65.
[58] Zum zeitgenössischen juristischen Diskurs darüber s. ebd., 64.
[59] S. dazu ebd., 71–73.
[60] Ebd., 73f.
[61] Ebd., 74.
[62] Ebd.
[63] Ebd., 74f.
[64] Ebd., 65.

der altpreußischen Union sollten dann noch einmal zwei Jahre vergehen.[65] Der preußische Landtag stimmte der Verfassungsurkunde am 19. März 1924 zu, so dass diese zum 1. Oktober 1924 in Kraft treten konnte.[66]

In jeder evangelischen Landeskirche ist es also auf eine andere Weise zu einer rechtlichen Neuordnung gekommen – weil es eben auch unterschiedliche rechtliche Konstellationen und Konstruktionen gab.

4. Die Ausrichtung und Formulierung des neuen Religionsverfassungsrechts für das Deutsche Reich bis zur Annahme der Weimarer Reichsverfassung im August 1919

Jedenfalls waren der Sache nach die Länder zuständig, nicht das Reich, und dem entsprach auch, dass im ersten offiziellen Aufruf des Rates der Volksbeauftragten vom 12. November 1918 diesbezüglich nicht mehr als die Forderung der Freiheit der Religionsausübung erhoben wurde.[67] Den Diskussionsgang zum Werdegang der Kirchenartikel in der dann durch Wahlen am 19. Januar 1919 bestimmten Zusammensetzung der Nationalversammlung im Detail nachzuzeichnen, ist geleistet – es sei da zum Beispiel auf die knappe, auch die Haltung der diversen Parteien charakterisierende Darstellung von Sandra Könemann „Das Staatskirchenrecht in der wissenschaftlichen Diskussion der Weimarer Zeit" 2011[68] sowie auf die höchst detaillierte Einblicke in die Debatten im Verfassungsausschuss der Weimarer Nationalversammlung gewährende Veröffentlichung von Jörg-Detlef Kühne „Die Entstehung der Weimarer Reichsverfassung. Grundlagen und anfängliche Geltung" 2018[69] verwiesen.

Wichtig ist, dass im Zuge der Debatte im Verfassungsausschuss schon Anfang April 1919 seitens der SPD signalisiert worden war, dass man in den Fragen der rechtlichen Ordnung des Verhältnisses von Kirche und Staat eine *schiedlich-friedliche Auseinandersetzung* suche und keine *gewaltsame Trennung*: *Wir erkennen die Bedeutung der Religion an und sind keine Kulturkämpfer.*[70] Diese Äußerung ist gewiss auch vor dem Hintergrund zu sehen, dass der Deutsche Evangelische Kirchen-Ausschuss in einer Eingabe auf eine Unterschriftssammlung von mehr als 3,4 Millionen evangelischer Wahlberechtigter verwiesen hatte, die sich gegen eine Beeinträchtigung der kirchlichen Rechte gewandt hatten,[71] und dass der preußische Evangelische Oberkirchenrat als für die Fortexistenz der Kirchen unverzichtbare materielle Erfordernisse

---

[65] S. dazu Gerhard Besier, Die neue preußische Kirchenverfassung und die Bildung des Deutschen Evangelischen Kirchenbundes, in: Besier/Lessing, Geschichte der Evangelischen Kirche der Union, Bd. 3 (wie Anm. 48), 76–117, dort 90–102.
[66] Ebd., 102.
[67] So Sandra Könemann, Das Staatskirchenrecht in der wissenschaftlichen Diskussion der Weimarer Zeit (Schriften zum Staatskirchenrecht 57), Frankfurt (Main) [u. a.] 2011, 17.
[68] S. Könemann, Staatskirchenrecht (wie Anm. 67), passim.
[69] S. Jörg-Detlef Kühne: Die Entstehung der Weimarer Reichsverfassung. Grundlagen und anfängliche Geltung (Schriften des Bundesarchivs 78), Düsseldorf 2018.
[70] S. ebd., 529. Vgl. Könemann, Staatskirchenrecht (wie Anm. 67), 55.
[71] Besier, Waffenstillstand (wie Anm. 48), 59 samt Anm. 129.

geltend gemacht hatte: die Fortgeltung des Status einer Körperschaft des öffentlichen Rechts, das Recht zum Einzug von Kirchensteuern, die Garantie der kirchlichen Vermögensrechte und der Staatsleistungen.[72]

In den Beratungen des Verfassungsausschusses wurde dann eine möglichst weitgehende Reichskompetenz für die Regelung der das Verhältnis von Kirche und Staat berührenden Fragen eingefordert;[73] der DVP-Abgeordnete (und Professor für Kirchen-, Staats- und Strafrecht) Wilhelm Kahl[74] begründete die Notwendigkeit einer verfassungsrechtlichen Regelung auf Reichsebene so: *Es gibt keine absolute Trennung von Staat und Kirche. Berührungen und Reibungen werden immer bleiben, schon weil es sich um dieselben Menschen handelt. Das Problem der Trennung läuft nur hinaus auf die Festlegung des gesetzlichen Mindestmaßes von an sich unvermeidlichen Berührungen.*[75]

So setzte sich die Überzeugung durch, auf Reichsebene dazu in der Verfassung Grundlegendes regeln zu wollen. Es wurde über den Charakter von Körperschaften öffentlichen Rechts diskutiert,[76] dann aber doch bejaht, dass den Religionsgesellschaften entsprechende Rechte im bisherigen Umfang verbleiben sollten.[77] Zusätzlich berücksichtigt wurden Beibehaltung der kirchlichen Feiertage, Möglichkeit zur Seelsorge im Militär und in Strafanstalten und die Erteilung von Religionsunterricht in öffentlichen Schulen sowie der Fortbestand der theologischen Fakultäten an den Universitäten.[78] Der vom Verfassungsausschuss schließlich ins Plenum der Nationalversammlung eingebrachte Entwurf wurde dann trotz mancher Diskussionen im Wesentlichen unverändert unter der Überschrift *Religion und Religionsgesellschaften* in die Weimarer Verfassung übernommen.[79]

Von den an den Beratungen kirchlich orientierten Beteiligten wurde das erzielte Ergebnis als alle Erwartungen übertreffend begriffen.[80] Auch offiziell erhob der Deutsche Evangelische Kirchenausschuss dagegen keine Einwände.[81] Schwer taten sich viele im Protestantismus indes insbesondere mit dem Selbstverständnis der Republik, das eben nicht dezidiert als auf den Überzeugungen der Christenheit fundiert ausgewiesen war.[82] Generalsuperintendent Otto Dibelius[83] wusste das ein halbes Jahrzehnt später dennoch dezidiert positiv zu interpretieren: *Da die Stimmung in der Kirche ganz überwiegend republikfeindlich ist, steht die Kirche dem neuen Staat sehr reserviert gegenüber. An die Stelle der überlieferten Regierungstreue tritt eine selbständige Haltung der Kirche gegenüber den Staatsgewalten.*[84]

---

72 S. ebd., 59.
73 S. Kühne, Entstehung (wie Anm. 69), 529.
74 S. Peter Landau, [Art.] Kahl, Wilhelm, in: RGG⁴ 4 (2001), 734.
75 Kühne, Entstehung (wie Anm. 69), 530.
76 S. ebd., 537–540.
77 Ebd., 544.684f.
78 Besier, Waffenstillstand (wie Anm. 48), 61.
79 S. dazu Könemann, Staatskirchenrecht (wie Anm. 67), 56–58.
80 So Besier, Waffenstillstand (wie Anm. 48), 62.
81 S. dazu Könemann, Staatskirchenrecht (wie Anm. 67), 65 Anm. 296.
82 S. ebd., 68f.
83 Zu Person und Werdegang s. Hartmut Fritz, [Art.] Dibelius, Otto, in: RGG⁴ 2 (1999), 833f.
84 Otto Dibelius, Das Jahrhundert der Kirche. Geschichte, Betrachtung, Umschau und Ziele, 4. unveränderte Aufl., Berlin 1927, 76.

5. Die kirchlichen Weichenstellungen in den jeweiligen Landeskirchen für eine an die neue Situation angepasste Kirchenverfassung

Bereits bei der Darstellung zum Transfer der summepiskopalen Rechte ist deutlich geworden, dass zwar in jeder Landeskirche nach dem Ende des landesherrlichen Kirchenregiments neue Kirchenverfassungen ausgearbeitet worden sind, dass der Prozess der kirchlichen Verfassungsgebung unter ausgesprochen verschiedenen äußeren Rahmenbedingungen stattfand. So gab es zwar keine Differenz darin, dass bei den Wahlen zu den verfassungsgebenden Synoden Frauen das aktive Wahlrecht erhielten – das passive Wahlrecht wurden ihnen jedoch in **Bayern** nicht zuerkannt.[85] Auch schon ins Blickfeld gekommen ist die Debatte über das Urwahlprinzip zur Synode durch alle „Kirchengenossen", so wie es in **Württemberg** neu eingeführt wurde (und dort bis zur Gegenwart eingeführt geblieben ist).[86] Dagegen ist in **Preußen** unter Inkaufnahme einer erheblichen Auseinandersetzung mit dem preußischen Staat und einer daraus resultierenden erheblichen Zeitverzögerung beim Beginn der Erarbeitung der erforderlichen neuen Kirchenverfassung das Siebwahlsystem beibehalten worden, das von der Überzeugung ausgeht, dass nicht die Landeskirche als solche, sondern die Kirchengemeinde die tragende Größe im Aufbau einer evangelischen Kirche darstellt –[87] mit der Folge, dass dann auch die jeweiligen Kirchenverfassungen entsprechend aufgebaut worden sind, so dass etwa in der Verfassung der Evangelischen Landeskirche in Württemberg von 1920 (man möchte fast sagen: selbstverständlich!) der strukturelle Aufbau der Landeskirche mit Kirchengemeinden, Kirchenbezirken und landeskirchlicher Ebene gar nicht ausgeformt worden ist,[88] sondern die der Landeskirche nachgeordneten Ebenen in eigenen, separaten Kirchengesetzen dargestellt werden,[89] während in der Kirchenverfassung nur die Konstituierung der Landeskirche mit den zugehörigen Gremien beschrieben wird, während in der Verfassung der Evangelischen Kirche der altpreußischen Union von 1922 gleich der „Erste Abschnitt" der Kirchengemeinde gewidmet ist und dieser programmatisch mit dem Satz (Art. 4 Abs. 1) eröffnet wird: *Die Kirche baut sich von der Gemeinde auf.*[90]

Man dürfte nicht zu weit gehen, wenn man in diesen Ausformungen der neuen Verfassungen auch viel weiter in den Werdegang und das darin sich geformt habende

---

[85] Link, Summepiskopat (wie Anm. 43), 65; zu Baden vgl. Wennemuth, Kirche und Revolution (wie Anm. 34), 242–244.

[86] S. dazu Thomas Barth, Elemente und Typen landeskirchlicher Leitung (Jus ecclesiasticum 53), Tübingen 1995, 57f. Vgl. Nikolaus Närger, Das Synodalwahlsystem in den deutschen evangelischen Landeskirchen im 19. und 20. Jahrhundert (Jus Ecclesiasticum 36), Tübingen 1988, 106.

[87] Verfassungsurkunde für die Evangelische Kirche der altpreußischen Union [EKdapU]. Vom 29. September 1922, in: Giese/Hosemann, Verfassungen der Deutschen Evangelischen Landeskirchen, Bd. 1 (wie Anm. 39), 4.

[88] S. Kirchliches Gesetz, betreffend die Verfassung der evangelischen Landeskirche in Württemberg (Kirchenverfassungsgesetz). Vom 24. Juni 1920, in: Giese/Hosemann, Verfassungen der Deutschen Evangelischen Landeskirchen, Bd. 1 (wie Anm. 39), 447–456.

[89] S. Kirchliches Gesetz über die evangelischen Kirchengemeinden (Ev. Kirchengemeindeordnung). Vom 16. Dezember 1924, in: Giese/Hosemann, Verfassungen der Deutschen Evangelischen Landeskirchen, Bd. 1 (wie Anm. 39), 457–475; bzw. Kirchliches Gesetz über die evangelischen Kirchenbezirke (Ev. Kirchenbezirksordnung). Vom 16. Dezember 1924, in: ebd., 476–483.

[90] Verfassungsurkunde EKdapU (wie Anm. 87), 4.

Selbstverständnis der jeweiligen Landeskirchen zurückreichende Traditionsstränge erblickt – in Württemberg die seit Einführung der Reformation 1534 praktizierte, in der Großen Kirchenordnung von 1559 markanten Ausdruck findende Führung der Landeskirche „von oben",[91] in Preußen die gerade in nicht kleinen Bereichen der Westprovinzen nicht territorial-landesherrlich abgesicherte und nicht planmäßig umgesetzte Einführung der Reformation „von unten" und die daraus entstandene presbyterial-synodale Leitung der Kirche, die sich mit vielen Mühen und langen Durststrecken via der Rheinisch-Westfälischen Kirchenordnung von 1835,[92] die im Laufe des weiteren 19. Jahrhunderts mehr und mehr auch im Osten Preußens rezipiert wurde[93] und die man nach dem Ende des Summepiskopats man nun endlich „in Reinform" meinte umsetzen zu können.[94] Nur vor diesem Hintergrund sind letztlich auch Otto Dibelius' so begeisterte Worte in seiner Programmschrift „Das Jahrhundert der Kirche" aus dem Jahr 1926 zu verstehen: *Die Selbständigkeit der Kirche ist da. [...] Eine Kirche ist geworden. Eine selbständige evangelische Kirche. [...] Die Arbeit an der Kirche hat jetzt sicheren Grund. Ecclesiam habemus! Wir haben eine Kirche! Wir stehen vor einer Wendung, die niemand hatte voraussehen können. Das Ziel ist erreicht! Gott wollte eine evangelische Kirche!*[95]

In **Baden** entschied man sich nach langen Debatten für das Urwahlprinzip zur verfassunggebenden Generalsynode – mit dem überraschenden Ergebnis einer „positiven", sprich im kirchlichen Bereich konservativ eingestellten Mehrheit unter der Synodalen.[96] Kirchenpräsident Uibel formulierte sogar, die Kirche sei *der einzige ruhende Pol* in den stattfindenden Umbrüchen.[97] In der neuen Verfassung behielt man das Urwahlprinzip bei,[98] auch wenn man von der „Landeskirche im allgemeinen" die Feststellung traf: *Ihre Organisation ist auf den Gemeinden aufgebaut.*[99]

In **Bayern rechts des Rheins** deklarierte man hingegen dezidiert die Landessynode zur *Vertretung der gesamten evangelisch-lutherischen Gemeinden*[100], bezeichnete der

---

[91] S. Jürgen Kampmann, Gute Ordnung erhalten in Gegenwart und Zukunft. Die württembergische Große Kirchenordnung von 1559, in: Württemberg wird evangelisch. 475 Jahre Reformation – 450 Jahre Große Kirchenordnung. Begleitbuch zur Ausstellung, hg. von Andrea Kittel und Wolfgang Schöllkopf in Verbindung mit dem Verein für württembergische Kirchengeschichte mit Unterstützung des Landeskirchlichen Archivs Stuttgart (Kleine Schriften des Vereins für württembergische Kirchengeschichte 5), Stuttgart 2009, 113–119.

[92] S. Walter Göbell (Hg.), Die Rheinisch-Westfälische Kirchenordnung vom 5. März 1835, 2. Bd., Düsseldorf 1954.

[93] S. Alfred Uckeley (Hg.), Die Kirchengemeinde- und Synodalordnung für die Provinzen Preussen, Brandenburg, Pommern, Posen, Schlesien und Sachsen (Kleine Texte für Vorlesungen und Übungen 103), Bonn 1912.

[94] S. dazu detailliert Werner Danielsmeyer, Die Entstehung der Kirchenordnung für die evangelischen Gemeinden der Provinz Westfalen und der Rheinprovinz vom 6. November 1923, in: Jahrbuch für Westfälische Kirchengeschichte 73 (1983), 92–191.

[95] Dibelius, Jahrhundert (wie Anm. 84), 76f.

[96] Willunat, Kirchenleitung (wie Anm. 34), 232.

[97] Ebd., 233.

[98] Verfassung der vereinigten evangelisch-protestantischen Landeskirche Badens. Vom 24. Dezember 1919, in: Giese/Hosemann, Verfassungen der Deutschen Evangelischen Landeskirchen, Bd. 1 (wie Anm. 39), 697–727, dort 717; s. § 93 Abs. 2 Nr. 1.

[99] § 5 Abs. 2; s. ebd., 698.

[100] Art. 20 der Verfassung der evangelisch-lutherischen Kirche in Bayern rechts des Rheins. Vom 10. September 1920, in: Giese/Hosemann, Verfassungen der Deutschen Evangelischen Landeskirchen, Bd. 1 (wie Anm. 39), 513–528, hier 518.

Struktur nach die Landeskirche als *in Kirchengemeinden und Kirchenbezirke* gegliedert[101] und stellte dementsprechend den Abschnitt *Die Landeskirche* dem Abschnitt *Kirchengemeinde und Pfarramt* voran.[102]

In allen Landeskirchen wurden in den neuen Kirchenverfassungen die Leitungsstrukturen an der Spitze verschieden ausgestaltet – und die Gewichte zwischen geistlicher Leitung, synodaler Leitung und administrativer Leitung in jeweils anderer Weise austariert. In **Baden** wurde neben der Landessynode eine Kirchenregierung zur Leitung und Verwaltung der Landeskirche etabliert, in der der von der Landessynode gewählte Kirchenpräsident[103] den Vorsitz hatte[104] und dem auch der von der Kirchenregierung mit Zustimmung des Kirchenpräsidenten ernannte Prälat angehörte.[105] Die Rolle des Kirchenpräsidenten war auch dadurch der des Prälaten klar vorgeordnet, weil dem Kirchenpräsidenten die Außenvertretung der Kirchenregierung oblag[106] sowie auch der Vorsitz in dem zur Leitung und Verwaltung der Landeskirche bestellten Oberkirchenrat übertragen war.[107] Dem Amt des Prälaten als *erstem Geistlichen* wurde hingegen nicht einmal ein besonderer Abschnitt in der Kirchenverfassung gewidmet und sein Wirkungskreis auf Aufgaben der geistlichen Leitung beschränkt, die er durch Ansprache, Seelsorge, aber auch Visitation ausübte.[108]

In **Württemberg** hingegen war gar kein dem badischen Prälaten vergleichbares geistliches Leitungsamt in der Verfassung hervorgehoben, sondern hier war der Landessynode ein von dieser auf Lebenszeit gewählter Kirchenpräsident[109] gegenübergestellt, dem nicht nur ein aufschiebendes Vetorecht gegenüber von der Landessynode beschlossenen Gesetzen zukam, sondern der auch das Recht hatte, den Landeskirchentag aufzulösen.[110] Hinzu kam neben dem zur Verwaltung bestellten Oberkirchenrat mit dem Landeskirchenausschuss ein weiteres, nur aus drei Mitgliedern – dem Kirchenpräsidenten, dem Präsidenten des Landeskirchentages und einem weiteren Mitglied der Landessynode – bestehendes Gremium,[111] in dem über die Ernennung der Mitglieder des Oberkirchenrates und der diversen Prälaten zu beschließen war,[112] in dem der Kirchenpräsident ebenfalls den Vorsitz führte,[113] genauso wie im Oberkirchenrat.[114] Die Stellung des Kirchenpräsidenten – der nicht ordiniert sein musste – war in Württemberg also eine besonders starke.

In **Bayern** installierte man neben Landessynode, Landessynodalausschuss und Landeskirchenrat das Amt eines Kirchenpräsidenten, der ordiniert sein musste und dem es zustand, in allen Kirchengemeinden *oberhirtlich* tätig zu werden.[115] Dieses

---

[101] § 4; s. ebd., 514.
[102] Ebd., 513–516.
[103] Verfassung Baden (wie Anm. 98), 720; s. § 111 Abs. 1.
[104] Ebd., s. § 110 Abs. 2.
[105] Ebd., s. § 111 Abs. 2.
[106] Ebd., 721; s. § 113 Abs. 1.
[107] Ebd., 723; s. § 123 Abs. 1 und Abs. 2.
[108] Ebd., s. § 125.
[109] Ebd., 454; s. § 34 Abs. 1.
[110] Ebd., 449; s. § 13.
[111] Ebd., 453; s. § 32 Abs. 1.
[112] Ebd., s. § 32 Abs. 2.
[113] Ebd., s. § 32 Abs. 3.
[114] Ebd., 454; s. § 37 Abs. 1.
[115] Verfassung Bayern (wie Anm. 100), 523; s. Art. 46.

Amt war also bewusst mit bischöflicher Kontur ausgestattet, zudem war der Vorsitz im Landeskirchenrat damit verbunden.[116] Im Landessynodalausschuss, der die Landessynode ständig zu vertreten hatte, war der bayerische Kirchenpräsident nicht vertreten,[117] er konnte aber gegen Beschlüsse der Landessynode einen aufschiebenden Einspruch einlegen[118] und diese auch auflösen.[119]

In **Preußen** wurde neben der Generalsynode, deren Aufgabe es unter anderem ausdrücklich war, die *Selbsttätigkeit der Gemeinden, Kreis- und Provinzialverbände* anzuregen,[120] ein Kirchensenat gebildet, auf den die Befugnisse des landesherrlichen Kirchenregimens übertragen wurden.[121] Ihm oblag die Wahl der Mitglieder des Evangelischen Oberkirchenrats und der Generalsuperintendenten.[122] Der Vorsitz führte der Präses der Generalsynode.[123] Ein geistliches Leitungsamt auf landeskirchlicher Ebene war in der Verfassung nicht ausgewiesen, denn die Ämter der Generalsuperintendenten bezogen sich auf die geistliche Leitung der in den Kirchenprovinzen eingerichteten Generalsuperintendenturen.[124] Eingeschränkt waren die Kompetenzen der Generalsynode nur durch ein aufschiebendes Veto, das der Kirchensenat mit Zweidrittelmehrheit beschließen konnte.[125] Die wenigen evangelischen Kirchengemeinden in Hohenzollern, die einen Kirchenkreis bildeten, der in Hinsicht der laufenden geistlichen Leitung und Verwaltung dem Konsistorium der Rheinprovinz unterstellt war,[126] genossen übrigens in der preußischen Generalsynode über das Ende des Summepiskopats hinaus das ihm aus besonderer Liebe zu dieser Diasporasynode von König Wilhelm II. verliehene besondere Recht, unmittelbar einen Synodalen in die Generalsynode zu entsenden.[127]

Der Vergleich erweist, dass sehr unterschiedliche Gestaltungen zur Ordnung der landeskirchlichen Leitungsaufgaben realisiert wurden – und dass es daher auch gar nicht verwundern kann, wenn sich verfassungsbedingt unterschiedliche kirchliche Kulturen nach dem Ende des Summepiskopats nicht einfach abschliffen, sondern – nun in eigener kirchlicher Ausformung und Prägung – der Eigenständigkeit der Landeskirchen korrespondierten. Die Weimarer Reichsverfassung mit ihrem Religionsverfassungsrecht ließ Raum für Eigenständigkeit.

---

[116] Ebd.; vgl. auch ebd., 524, s. Art. 52.
[117] Ebd., 521; s. Art. 38.
[118] Ebd., s. Art. 36.
[119] Ebd., s. Art. 37.
[120] Verfassungsurkunde EKdapU (wie Anm. 87), 34; s. Art. 109 Abs. 3.
[121] Ebd., 38; s. Art. 126 Abs. 1.
[122] Ebd., s. Art. 126 Abs. 2.
[123] Ebd., 39; s. Art. 129 Abs. 1.
[124] Ebd., 31; s. Art. 100 Abs. 1.
[125] Ebd., 38; s. Art. 125.
[126] Ebd., 51; s. Art. 164.
[127] Ebd., s. Art. 117 Abs. 2 Nr. 1.

6. Kirchliche Anwendung der durch die WRV gegebenen Möglichkeiten zur Kooperation mit dem Staat

In den Landeskirchen entdeckte man im Staat kirchlicherseits bald auch einen Vertragspartner – und strebte an vielen Stellen an, dauerhafte Regelungen über in der Verfassung selbst nicht im Detail geklärte Fragen zu erzielen, katholischerseits durch sogenannte „Konkordate", evangelischerseits durch „Kirchenverträge"; diese wurden als beiderseits nur im Einvernehmen miteinander veränderbar betrachtet.[128]

In **Bayern** gelang es zuerst, einen *Vertrag zwischen dem Bayerischen Staate und der Evangelisch-Lutherischen Kirche in Bayern rechts des Rheins vom 15. November 1924*[129] abzuschließen, in **Preußen** wurde dieses Ziel durch den *Vertrag des Freistaates Preußen mit den evangelischen Landeskirchen vom 11. Mai 1931*[130] erreicht und in **Baden** durch den *Vertrag des Freistaates Baden mit der Vereinigten Evangelisch-protestantischen Landeskirche Badens vom 14. November 1932*[131]. Tragendes Element dieser Kirchenverträge war (und ist), anstehende Fragen freundschaftlich klären zu wollen – Art. 12 des preußischen Kirchenvertrages bringt das so auf den Punkt: *Die Vertragschließenden werden eine etwa in Zukunft zwischen ihnen entstehende Meinungsverschiedenheit über die Auslegung einer Bestimmung dieses Vertrages auf freundschaftliche Weise beseitigen.*[132]

Auf Ebene der Länder wurden den Kirchen so noch einmal besonders ihre in der Weimarer Reichsverfassung beschriebenen Rechte zugesichert – in spezifischer Anwendung auf die regionalen Verhältnisse und Besonderheiten, also mit Blick auf den Erhalt der jeweiligen theologischen Fakultäten, die Absicherung des Rechts auf Erteilung von Religionsunterricht in den öffentlichen Schulen durch für kirchlich geeignet gehaltene Lehrkräfte, die Absicherung der Zahlung der Staatsdotationen und weiterer materieller Ansprüche gegenüber dem Staat, Absicherung der Gefängnis- und Krankenseelsorge in geschlossenen Einrichtungen, die Absicherung des Rechts auf Kirchensteuererhebung. Im Gegenzug enthielten die Verträge sogenannte „politische Klauseln", in denen kirchlicherseits zugesichert wurde, dass man in das landeskirchliche Spitzenamt nicht eine Person berufen werde, gegen die staatlicherseits politische Vorbehalte geltend gemacht würden.[133]

---

[128] S. Rudolf Lill, [Art.] Konkordate, in: TRE 19 (1990), 464.
[129] Text abgedruckt bei Werner Weber, Staatskirchenrecht. Textausgabe der neueren staatskirchenrechtlichen Bestimmungen mit Verweisungen und einem Sachverzeichnis sowie einleitenden und verbindenden Bemerkungen. München/Berlin 1936, 81–89. Ebd., 90–96, findet sich auch der Text des zeitgleich abgeschlossenen Vertrag[es] zwischen dem Bayerischen Staate der Vereinigten protestantisch-evangelisch-christlichen Kirche der Pfalz (Pfälzische Landeskirche). Vom 15. November 1924.
[130] Text abgedruckt bei Gottlieb Lüttgert, Verfassungsurkunde für die Evangelische Kirche der altpreußischen Union vom 29. September 1922. Für den Handgebrauch erläutert und mit den zugehörigen Gesetzen hg., 2. Aufl., neu bearb. und ergänzt von Friedrich Koch (Handbuch des evangelischen Kirchenrechts 2), Berlin 1932, 331–341.
[131] S. Text und Kommentar bei Otto Friedrich (Hg.), Der evangelische Kirchenvertrag mit dem Freistaat Baden mit einer Einführung und Erläuterungen, Lahr (Baden) 1933, 70–138.
[132] S. Lüttgert, Verfassungsurkunde (wie Anm. 130), 335. Vgl. auch die entsprechende Regelung im badischen Kirchenvertrag, Art. IX (s. Friedrich, Kirchenvertrag [wie Anm. 131], 136) und im bayerischen Kirchenvertrag, Art. 31 Abs. 1 (s. Weber, Staatskirchenrecht [wie Anm. 129], 89).
[133] Vgl. dazu Lill, Konkordate (wie Anm. 128), 468.

Ein sehr wichtiger Gesichtspunkt, solche Verträge abschließen zu wollen, war das Streben, nicht schlechter als die katholische Kirche gegenüber dem Staat gestellt zu sein,[134] denn in allen drei Ländern war es der katholischen Kirche zuvor schon gelungen, entsprechende Konkordate abzuschließen: in **Bayern** am 29. März 1924[135], in **Preußen** am 14. Juni 1929[136] und in **Baden** am 12. Oktober 1932[137]. Für die Landesregierungen war damit kaum von der Hand zu weisen, die evangelischen Kirchen paritätisch behandeln zu müssen – und doch beschritt man damit auch von staatlicher Seite aus rechtliches Neuland, weil man mit dem Vatikan als Vertragspartner der Konkordate ein völkerrechtliches Subjekt als Gegenüber hatte, mit den evangelischen Landeskirchen aber bloße innerstaatliche Verbände von Untertanen des eigenen Staates, und mit solchen Verträge auf einem dem Völkerrecht gleichkommenden Niveau abzuschließen, war nicht üblich.[138] Der rechtliche Charakter der mit den evangelischen Landeskirchen abgeschlossenen Verträge ist daher juristisch präzise diskutiert worden.[139]

Bei den später geführten Verhandlungen ist offenkundig erstrebt worden, zumindest vergleichbare Abschlüsse zu erzielen, wie sie in Bayern 1924 erreicht worden waren; eine rechtsvergleichende Betrachtung lag angesichts des ja in allen deutschen Staaten in gleicher Weise geltenden Religionsverfassungsrechtes auch von vornherein nahe. Die Unzufriedenheit über nicht vergleichbar erzielte Ergebnisse kam beim Abschluss des Badischen Kirchenvertrags denn auch explizit zum Ausdruck, als die Badische Landessynode bei ihrer Tagung im November 1932 ausdrücklich die Erklärung abgab, dass man der Landeskirche hinsichtlich der Besetzung der Lehrstühle an der Theologischen Fakultät der Universität Heidelberg nicht gleichwertige Rechte zugesichert habe, wie dies im Konkordat mit der katholischen Kirche geschehen sei.[140]

Die gegenseitige derartige vertragliche Bindung – zu der es in den Jahren der Weimarer Republik in Bayern, Preußen und Baden gekommen ist (für Württemberg aber erst 2007![141]), stellt jedenfalls unter Beweis, dass das in der Weimarer Reichsverfassung enthaltene Religionsverfassungsrecht zwischen Staat und Religionsgesellschaften jedenfalls keinen garstigen tiefen Graben des Abstands gezogen hat, sondern die Möglichkeit zur Verständigung und in dem von beiden Seiten gewünschten Maße zur Kooperation eröffnet hat.

---

[134] S. Friedrich, Kirchenvertrag (wie Anm. 131), 47.
[135] Vertrag zwischen Seiner Heiligkeit Papst Pius XI. und dem Staate Bayern. Vom 29. März 1924, abgedruckt bei Weber, Staatskirchenrecht (wie Anm. 129), 130–139.
[136] Vertrag des Freistaates Preußen mit dem Heiligen Stuhle. Vom 14. Juni 1929, abgedruckt ebd., 122–130.
[137] Abdruck des deutschen Textes des Konkordats bei Friedrich, Kirchenvertrag (wie Anm. 131), 139–146; zu den vielfältigen Details der Verhandlungen über den Abschluss des Konkordats s. Susanne Plück, Das Badische Konkordat vom 12. Oktober 1932 (Veröffentlichungen der Kommission für Zeitgeschichte B 41), Mainz 1984.
[138] S. dazu Link, Summepiskopat (wie Anm. 43), 70f.
[139] S. Friedrich, Kirchenvertrag (wie Anm. 131), 60–69.
[140] S. ebd., 10.
[141] S. Vertrag des Landes Baden-Württemberg mit der Evangelischen Landeskirche in Baden und mit der Evangelischen Landeskirche in Württemberg (Evangelischer Kirchenvertrag Baden-Württemberg – EvKiVBW) vom 17. Oktober 2007, in: Amtsblatt der Evangelischen Landeskirche in Württemberg 62 (2007), Nr. 24, 31.12.2007, 616–625; dieser Kirchenvertrag trat für den Bereich der Badischen Landeskirche an die Stelle des Kirchenvertrages von 1932 und für den Bereich Hohenzollerns an die Stelle des preußischen Kirchenvertrages von 1931; s. ebd., 617.

7. Kein „Teufelswerk", „das wieder beseitigt werden muß"

Mit der Weimarer Reichsverfassung begab sich der deutsche Staat seinerseits auf eine deutliche Distanz zur Vermittlung eigener religiöser Inhalte welcher Art auch immer. Aber er entledigte sich nicht der von ihm übernommenen Verpflichtungen gegenüber den Kirchen, indem er ihnen rechtstreu weiterhin leistete, was er – rechtsnachfolgend – an materiellen Leistungen in der Vergangenheit, insbesondere im Zusammenhang mit dem und im Nachgang zum Reichsdeputationshauptschluss von 1803, an Verpflichtungen auf sich genommen hatte, etwa in Form der Weiterführung der Zahlung der sogenannten Staatsdotationen.

Und dennoch ging es für die Kirchen nicht einfach im alten Modus weiter. Ihre Stellung im Gesamtgefüge der Gesellschaft der Weimarer Jahre war eine andere als zuvor. Als *Religionsgesellschaften* waren sie dezidiert mit eigenem Gestaltungsspielraum ausgestattet – *innerhalb der Schranken des für alle geltenden Gesetzes.*[142] Die Kirchen waren auch ihrerseits rechtstreu und haben keine „Ausbruchsversuche" aus diesen Schranken unternommen. Sie haben sich (wenn auch nicht unbedingt gleich mit Begeisterung) vielmehr in das sich nach dem Ende der Monarchie in Deutschland neu formierende, demokratisch bestimmte gesellschaftliche und rechtliche Gefüge eingepasst, sehr bald darin auch eingerichtet. Nach der Zeit der nationalsozialistischen Diktatur fand man diese Strukturen in der Rückschau als den eigenen Anliegen so dienlich und förderlich, dass man für ihre Übernahme ins Grundgesetz sorgte. Und die Kirchenverträge blieben (wenn auch mit manchen Emendationen) in Preußen und Bayern ebenso bis heute in Kraft.

In Rückschau auf diese zuerst gar nicht erwartete Entwicklung nach der Revolution von 1918 hat Otto Dibelius aber bereits nach einem Jahrzehnt 1928 notiert: *Der 9. November 1918 […] ist der Geburtstag der freien, selbständigen evangelischen Kirche in Deutschland! An diesem Tage rissen die Bindungen entzwei, die bis dahin die Kirche in Abhängigkeit gehalten hatten. Der Tag war wirklich das „befreiende Gewitter". […] Es ist alles andere als eine erhebende Erinnerung, daß das „Jahrhundert der Kirche" auf diese Weise hat beginnen müssen. Aber sollen wir deswegen die ganze Entwicklung, die mit dem Jahre 1918 eingesetzt hat, für ein Teufelswerk erklären, das wieder beseitigt werden muß?*[143]

Auch nach inzwischen zehn Jahrzehnten kann man diese ja nur rhetorische Frage überzeugt mit „Nein!" beantworten.

---

[142] Art. 137 WRV (wie Anm. 7), 1409.
[143] Otto Dibelius, Nachspiel. Eine Aussprache mit Freunden und Kritikern des „Jahrhunderts der Kirche", Berlin 1928, 101f.

Theologische Strömungen in Baden in den 1920er Jahren – eine Annäherung

Johannes Ehmann

1. Einleitung

Eine der wesentlichen Erkenntnisse der Kirchenkampfforschung von vor bereits 30 Jahren ist gewesen, dass eine Darstellung des Kirchenkampfes nicht 1932 oder 1933 einsetzen kann, sondern schon und insbesondere die Vorgeschichte: die Geschichte der Weimarer Republik, zu betrachten ist. Hier, in einer vor allem theologiegeschichtlichen Betrachtung, bedeutet das die Frage der allgemeinen Umbrüche 1918/19 zu konzentrieren auf die spezielle Frage nach theologischen Einstellungen, Prägungen und Mentalitäten.

Genauer betrachtet stellt sich hier umgehend ein Problem: nämlich ob die Prägung der Akteure als genus subjectivus oder objectivus zu verstehen sei. Will sagen: Geht es um die Frage, wer in der Weimarer Republik die Theologie geprägt hat, vor allem im Umkreis der Universität Heidelberg, oder geht es um die Frage, wer im kirchlichen Dienst der badischen Landeskirche mit welcher theologischen Prägung agierte? *Oder* geht es um die Frage, ob und wieweit bei den nun strukturell transformierten Akteuren, nämlich den Kirchenparteien, theologische Strömungen zu erkennen sind, die explizit oder implizit auf theologischen Prägungen beruhen?

Mit den Fragen sind erste und vorläufige Antworten schon vorbereitet. In aller Vorläufigkeit – auch hier machen sich schmerzlich Forschungsdesiderate bemerkbar – sind heute alle drei Aspekte zu würdigen. Ich betone die Vorläufigkeit der hier vorgetragenen Beobachtungen.

Ich versuche folgende drei Aspekte zu würdigen: Akteure der Bildung – die Heidelberger Universitätstheologie, die Akteure der Weimarer Zeit, Personen und Kirchenparteien, und schließlich die Akteure des Kirchenkampfs, die ihre Prägungen noch im Kaiserreich, aber eben auch in der Weimarer Zeit erhielten.

2. Akteure der Bildung – Heidelberger Universitätstheologie

Der Übergang von der Kriegszeit in die Weimarer Zeit ist kirchlich-theologisch vorweggenommen worden durch den Vortrag[1], den Johannes Bauer unter dem Titel *Der theologische Nachwuchs nach dem Krieg* im Juni 1916 vor der Jahresversammlung

---

[1] Vgl. dazu Johannes Bauer, Der theologische Nachwuchs nach dem Krieg. Vortrag bei der 25. Jahresversammlung des Bad. Pfarrvereins am 13. Juni 1916 in Karlsruhe. Sonderdruck aus Nr. 13/14 der

des Pfarrvereins gehalten hat. Bauer vertrat die Auffassung, dass nach dem Kriege viele der heimkehrenden jungen Theologen, die gottesdienstlichen und seelsorgerlichen Dienst auch an der Front geleistet hatten, nun an Reife und Lebenserfahrung reicher dem neu erwachten religiösen Leben recht zu begegnen wüssten. Doch schon Bauer selbst stellte die Frage: Wird das religiöse Interesse nach dem Krieg anhalten? Der nationalliberale Bauer ahnte wohl selbst, dass bevorstehende Umbrüche nicht auf der bisherigen „religiösen" Basis bearbeitet werden konnten – oder (wie wir aus heutiger Sicht sagen können) eine weitere religiöse und theologische Pluralisierung eintreten werde, welche die bisherigen Fronten positiv versus liberal sprengen würde. Oder zugespitzt formuliert: In welche Krise würde die Theologie wohl eintreten – und das noch vor der Wahrnehmung der „Theologie der Krise", wie man die frühe dialektische Theologie genannt hat. Uns heute bewusst sind ja die späteren „kritischen" Theologen, nicht etwa nur Karl Barth (1886–1968), sondern auch Rudolf Bultmann (1884–1976) und der vielleicht tragisch zu nennende Friedrich Gogarten (1867–1967) gewesen. Die „Scheidung der Dialektischen Theologie" (Christoph Gestrich) stand noch aus.[2]

Blicken wir nun freilich auf das Heidelberg der akademischen Theologie, so scheinen solche Gedanken ganz obsolet. Betrachten wir den akademischen Lehrkörper, so begegnen uns als heute noch bekannte Namen wichtiger theologischer Lehre allenfalls Ernst Troeltsch (1865–1923), Friedrich Niebergall (1866–1932) und Hans von Schubert (1859–1931), die während der Kriegszeit und außer Troeltsch auch in der Weimarer Zeit als Hochschullehrer wirkten. Troeltsch hatte schon 1915 Heidelberg und die Theologie verlassen, Niebergall blieb bis 1922 und Schubert lehrte bis 1928. Die beiden letztgenannten gehören wohl zu den klassischen Vertretern eines Vernunftrepublikanismus, wobei diese Charakterisierung die gewaltige Bandbreite der politischen Option eigentlich nur übertüncht. Gerade bei von Schubert scheint mir eine Mentalität fassbar, die man als frauenfeindlich, friedenskritisch und kulturkritisch bezeichnen muss. Klarer erkennbar wird eine solche Haltung bei dem auch in der Fakultät umstrittenen Ludwig Lemme (1847–1927), der 1927 noch lehrend starb. Lemme war Anhänger Stoeckers, dachte antisemitisch, bekämpfte den Liberalismus, die Presse und den Feminismus bei sozialen Grundzügen. Kann man sagen, er sei ein Proto-Nationalsozialist gewesen?

Wir werden vorsichtig sein müssen bei solch weit reichenden Vermutungen, auch und gerade, wenn wir nur bei Vermutungen bleiben. Es hat aber den Anschein, als habe die Fakultät versucht, nach dem Krieg „einfach weiterzumachen" – nun unter den neuen staatskirchenrechtlichen Verhältnissen, unter denen man ja nach kurzer Zeit der Krise weiterarbeite konnte.

Sicher feststellen können wir nur ein Dreifaches:[3]

---

badischen Pfarrvereinsblätter; vgl. auch Johannes Ehmann, Die Theologische Fakultät und der Erste Weltkrieg, in: JBKRG 8/9 (2014/15), 221–230, hier: 221f.

[2] Christoph Gestrich, Neuzeitliches Denken und die Spaltung der dialektischen Theologie. Zur Frage der natürlichen Theologie (BHTh 52), Tübingen 1977.

[3] Zum Folgenden vgl. Karl-Heinz Fix, Universitätstheologie und Politik. Die Heidelberger Theologische Fakultät in der Weimarer Republik (Heidelberger Arbeiten zur Mittleren und Neueren Geschichte 7), Heidelberg 1994.

1. Karl-Heinz Fix, der Fachmann in der Erforschung der Fakultät zur Weimarer Zeit, kommt zu dem Ergebnis, dass die Fakultät in den 1920er-Jahren frei blieb von dialektischen Einflüssen, und insgesamt national-liberal geprägt war. Eine Ausnahme bildet Martin Dibelius (1883–1947), der als zeitweiliger Rektor der Universität wirklich versuchte, demokratische, d. h. schwarz-rot-goldene Zeichen (Beflaggung) zu setzen. Die Nachhaltigkeit seines theologischen Denkens ist freilich umstritten.
2. Die Symphonie von *nationalliberal* gilt sowohl politisch wie theologisch, wobei Fix zurecht darauf hinweist, dass die liberale theologische Option nicht mit einer politischen verbunden war, die wir heute „liberal" nennen würde. Hier besteht eine Brücke zu der großenteils nationalen und auch nationalsozialistischen Option der kirchlich-liberalen Fraktion in der Synode. Dennoch ist die Fakultät schließlich keine DC- oder NS-Fakultät geworden. – Der Einzige, der als Liberaler einen kühlen Kopf behielt, ist wohl der Troeltsch-Anhänger Walther Köhler (1870–1946) gewesen, ein Forscher von hohem Rang, der zwar einen übersteigerten Nationalismus in Deutschland hinterfragte, sich zugleich aber politischer Äußerungen enthielt.
3. Einen Kontrapunkt hätte die Berufung Günther Dehns (1882–1970) bedeutet, der 1930 sogar nach dem Votum späterer NSDAP-Angehöriger als Praktischer Theologe berufen werden sollte. Seine fachliche Kompetenz stand außer Zweifel. Doch Dehn war Barthianer, Sozialist und Pazifist. Als er näher ins Auge gefasst werden sollte, erhob sich ein mehrfacher Aufschrei: einerseits der Kirchlich-Positiven, andererseits des nationalistisch, später auch des NS-affizierten ASTA, also der Studenten, und auch im badischen Landtag. Dehn konnte nicht etabliert werden, aus Dehn wurde „der Fall Dehn".

3. Akteure der Weimarer Zeit

Als Akteure der Weimarer Zeit sind vor allem die Kirchenparteien zu nennen. Ihre nun doch im Grunde „neue", nämlich echt parlamentarische Rolle stürzte manche in ein Dilemma, denn zweifelsfrei war das kirchliche Wahlrecht dem staatlichen nachempfunden (samt Frauenwahlrecht) – und das war Anlass zu Bedenken, die (ich meine ungerechtfertigt bis heute) Parteien und Wahlkämpfe als unevangelisch empfanden. Dennoch haben sich alle Parteien in diesen Rahmen eingefügt – bis zur Beseitigung der legitimen Synode 1933.

Dieser – im Grunde überparteiliche und antiparteiliche – Standpunkt ist festzuhalten, da insbesondere die Kirchlich-Positiven sich als überparteiliche Sammlungsbewegung verstanden, was einerseits Pluralität verhieß, andererseits eine Art „Einheitspartei"-Vorstellung umgriff.

Zu erwähnen ist ferner, dass parteienähnliche Strukturen abgesehen von den bisherigen synodalen Fraktionen allein darin sich manifestierten, dass Konservative und Erweckte sich über 60 Jahren im Verein für Innere Mission AB engagierten wogegen der Gustav-Adolf-Verein als Hochburg der Liberalen anzusehen war.

3.1. Die KPV[4]

Auf die Geschichte der einzelnen Kirchenparteien, vor allem ihre lange Vorgeschichte, kann ich nicht eingehen. Nur soviel: Die Reorganisation der Positiven erfolgte bei gleichzeitiger Namensfindung 1920, also im Umfeld der ersten Wahl der Synode unter den neuen Bedingungen. Die Bewegung war seit den 1880er-Jahren bereits erstarkt. Nun (1920) hieß es in § 1 der Satzung: *Die KPV in Baden will in der Evangelischen Landeskirche Badens den biblischen Glauben und die reformatorischen Bekenntnisse unserer Kirche erhalten, die auf diesem Grunde stehenden Glieder der Kirche sammeln und in ihrem Glaubensleben stärken sowie am Aufbau des kirchlichen Lebens mitarbeiten.*[5]

Der Paragraf spricht für sich: Bibel – Bekenntnis – Sammlung. Weitere Zeugnisse belegen die Nähe zum Gedanken der Volksmission, wobei vermutet worden ist, dass die Kategorie *Volk* auch zu einem problematischen Einfallstor für völkisches Denken werden konnte bzw. dass Volk zu einer irrationalen Chiffre für den verlorengegangenen Bezugspunkt, den Großherzog, geriet, was aber näherer Untersuchung bedarf. Ein Indiz ist freilich, dass die „Volksmissionarischen" unter den Positiven (nicht nur in Baden) hier eine gewisse Affinität zum NS empfanden, die über die allgemeine nationale Orientierung hinausging.

Viel wichtiger aber für die weitere Geschichte im Kirchenkampf ist die 1923 *innerhalb* der KPV erfolgte Gründung einer „Jungpositiven Gruppe": „Anlaß war die Situation der Kirche sowie ‚die Gewißheit, daß Gott durch die geschichtliche Entwicklung der jüngsten Zeit Fingerzeige für das Handeln der Kirche gegeben hat und gibt.' […] Punkt 1 der Programmsätze wollte das Bewußtsein der Kirche wecken, ihre biblische Aufgabe als Missionskirche wahrzunehmen. Dazu gehöre die geistliche Leitung der Kirche (2) mit einer charismatischen Persönlichkeit an der Spitze (4), ebenso aber auch die ‚innere Bewegungsfreiheit gegenüber dem Staat' (3). Ferner wurde die Fernhaltung aller politischen Tätigkeiten vom geistlichen Amt gefordert (5) und eine Neuordnung der theologischen Ausbildung, die dem ‚pneumatischen Charakter des kirchlichen Amtes' entspreche (6). In diesen Zielen sei eine Zusammenarbeit mit den Gemeinschaftskreisen anzustreben (7)."[6]

Was hier „überpositiv" klingt oder gegenteilig gerade scheinbar offen für ein eher „liberales" Offenbarungsverständnis der Geschichte, muss aber genauer analysiert werden. Bei aller lutherischen Prägung war es diese Gruppe, vor allem aber ihr Protagonist Karl Dürr (1892–1976)[7], der Pforzheimer, dann Freiburger Pfarrer und Haupt der badischen Bekenntnisbewegung, der sich zumindest in Teilen auch der Theologie Barths öffnete und somit auch eine gewisse Öffnung zu „linken" Positionen aufwies, wie sie der eigentlich liberal geprägte Egon Thomas Güß (1902–1991) im späteren badischen Bruderrat vertrat. Mir ist diese Bemerkung wichtig, dass in der badischen

---

[4] Vgl. dazu die Darstellung von Matthias Riemenschneider, Die Geschichte der kirchlich-positiven Vereinigung in Baden, in: Hermann Erbacher (Hg.), Beiträge zur kirchlichen Zeitgeschichte der Evangelischen Landeskirche in Baden. Preisarbeiten anläßlich des Barmenjubiläums 1984 (VVKGB 39), Karlsruhe 1989, 1–89.
[5] KPBl 1932, 64.
[6] Riemenschneider, Geschichte (wie Anm. 3), 41.
[7] Vgl. dazu Caroline Klausing, Die Bekennende Kirche in Baden. Machtverhältnisse und innerkirchliche Führungskonflikte 1933–1945 (VBKRG 4), Stuttgart 2014, passim.

BK selbst immer ein Riss einzutreten drohte oder gar eintrat, der nun explizit zwischen einer neulutherischen Orientierung, etwas bei Julius Bender (1893–1966), dem Nachkriegs-Landesbischof, und Dürr eintrat, vor allem was die politische Dimension der Unterscheidung von Gesetz und Evangelium betraf. Zur Erläuterung: Das Gesetzesverständnis Luthers war primär naturrechtlich orientiert; so bestand hier eine offene Flanke hinsichtlich der Legalität staatlichen Handelns (später eben auch des NS-Staates) und der Legitimität des Widerstandes aus theologischen Gründen. Für unser Thema ist wichtig, dass die Entstehung der Jungpositiven historisch wie auch der sich abzeichnende theologische Graben sich bereits in den 20er Jahren manifestierte und in der von wesentlichen Teilen des Luthertums problematisierten Rezeption der Barmer Theologischen Erklärung von 1934 ihren Ausdruck fand (Vorwurf des Christomonismus und Antinomismus)[8].

Manches an diesen Formulierungen der Jungpositiven wird uns nicht behagen (und das auch zurecht in den heutigen gesellschaftlichen Verhältnissen). Und doch war hier – wie bei jeder echten Zeitansage – auch manch Prophetisches, d. h. nicht gewollt, sondern abgerungen.

3.2. Die Kirchlich-Liberale Vereinigung

Die Liberalen können kirchenpolitisch und programmatisch am leichtesten erfasst werden mit ihrem Aufruf zu den Kirchenwahlen 1932: *Die Kirchlich-Liberalen treten für Bekenntnisfreiheit ein; nicht das, was in den Bekenntnissen gesagt ist, sondern was damit gemeint ist und dahinter steht, ist die Hauptsache. Die praktische Haltung und persönliche Frömmigkeit ist wichtiger als die dogmatische Überzeugung. Die Türen zur Welt und den Menschen sollen weit aufgetan und den sich veränderten Anschauungen Rechnung getragen werden. Die Kirche soll wie für verschiedene Glaubensüberzeugungen auch für verschiedene politische Standpunkte ihrer Glieder gleiches Recht gewähren. In kirchenpolitischer Hinsicht wird im allgemeinen eine stärkere Betonung des Gemeindegedankens und keine Vermehrung der Macht der Kirchenleitung gewünscht."*[9]

Dem kann man, teilweise gar freudig, zustimmen: Praxis, Frömmigkeit, Pluralismus, sicher auch eine gewisse Bekenntnisrelativierung, Betonung des Gemeindeprinzips, keine Übermacht der Kirchenleitung, also Demokratisierung. Das klingt auch heute noch und wieder konsensfähig. Zweifellos stecken hinter diesen Ausführungen auch Lernerfahrungen der Liberalen, die nach 1860 ihre Form der Kirchenleitung doch recht rigoros gebrauchten, bis sie nach 1871 gemeinsam mit den anderen in den Sog des Historismus und Nationalismus gerieten. Allein, ist das Programm auch tragfähig? Zum heiklen Punkt musste werden, wie den genannten „anderen Anschauungen Rechnung zu tragen" sei. Ich kenne keine offizielle liberale Quelle aus Baden, in der die Frage angesichts des Wandels von 1933 erörtert worden wäre. Die Frage wurde historisch einstweilen dadurch beantwortet, dass die KL-Fraktion sich nahezu widerstandslos in die Fraktion der Kirchlichen Vereinigung für positives Christentum

---

[8] Geäußert vor allem von Werner Elert und Pauls Althaus im sog. „Ansbacher Ratschlag" (1934).
[9] Zitiert nach: Hermann, Erbacher, Die Evangelische Landeskirche in Baden in der Weimarer Zeit und im Dritten Reich 1919–1946. Geschichte und Dokumente (VVKGB 34), Karlsruhe 1983., 13.

und deutsches Volkstum eingliedern ließ. Zu den späteren DC-Oberkirchenräten und ihrem Anhang gehörten weit mehr Liberale als Positive.

Dies ist eine kirchenpolitische, vielleicht theologische Aussage. Davon unberührt bleibt freilich die liberale Prägung und Entscheidung freilich nur weniger BK-Mitglieder wie auch die oft unterdrückte Parteizugehörigkeit führender „Bekenner" (zumindest anfangs) in der NSDAP wie z. B. Friedrich (Fritz) Hauß oder Karl Mondon.[10]

3.3. Der Bund der religiösen Sozialisten

1919 war der Volkskirchenbund evangelischer Sozialisten von Pfarrer Rohde und dem Rechtsanwalt Dietz gegründet worden. 1920 wurde der Bund evangelischer Proletarier gegründet. Beide schlossen sich zusammen und agierten seit 1926 als Volksbund der religiösen Sozialisten. Weder die Parteiengeschichte noch der Religiöse Sozialismus (RS) ist unser Thema. Deshalb ist zu fragen: War der Religiöse Sozialismus eine theologische Strömung? Nur Polemik wird die Frage verneinen. Ist aber eine Theologie fassbar? Doch etwas verräterisch ist die Hauptversammlung der RS vom August 1926, in der ausgeschlossen wurde, dass Mitglieder Anhänger einer bürgerlichen Partei sein könnten, wie der religiöse Konsens offenbar darin bestand, „die Notwendigkeit der Beseelung der sozialistischen Bewegung aus den Kräften der Religion" zu konstatieren.[11] Vielleicht ist der Auszug aus dem Wahlprogramm von 1932 doch sprechender: „Der Volkskirchenbund evangelischer Sozialisten steht auf dem Standpunkt, daß die Kirche den wirtschaftlichen, politischen und sozialen Problemen gegenüber nicht neutral bleiben dürfe. Sie muß vor allem für eine bessere und gerechtere Wirtschaftsordnung eintreten, für die Befreiung des Proletariats aus den Fesseln des Kapitalismus und für den Frieden eintreten. Ja, diese Ziele sind im Sinne Jesu die wichtigsten, welche die Kirche jetzt zu verfolgen hat. Sie muß sich deshalb auf die Seite des Sozialismus [der Sozialisten?] stellen, welche zuletzt dadurch wieder Vertrauen zur Kirche bekämen. Dogmatische Unterschiede sind daher im Vergleich zu diesen Aufgaben von untergeordneter Bedeutung."[12]

Das war eine politische Theologie. Und man wird sie allenfalls als „liberal" preisen dürfen. Als religiöse oder theologische Aussage ist ja allein der „Sinn Jesu" zu greifen – vielleicht ein Zugeständnis an die Unkirchlichen, denen Jesus noch etwas bedeuten konnte, bestimmt aber keine hohe oder auch nur positive Christologie.

3.4. Die Kirchliche Vereinigung für positives Christentum und deutsches Volkstum, später Deutsche Christen (Gau Baden)

Ich zitiere aus einer Vorlage für Wahlkampfveranstaltungen von Fritz Voges (1932?) *Das positive Christentum des Art. 24 [...; scil des Programms der NSDAP, hat doch] wohl den Sinn, die Anerkennung der geschichtlich gewordenen christlichen großen*

---

[10] Zu Mondon vgl. das Lebensbild von Albert de Lange, Karl Mondon (1884–1954). National-Positiver in der Bekennenden Kirche; in: Johannes Ehmann (Hg.), Lebensbilder aus der evangelischen Kirche in Baden, Bd. II: Kirchenpolitische Richtungen, Heidelberg u. a. 2010, 349–389.
[11] Vgl. Erbacher, Evangelische Landeskirche (wie Anm. 8), 17.
[12] Ebd.

Konfessionskirchen nun zu füllen mit dem Inhalt, den wir als evgl. deutsche Christen, die auf dem biblisch-reformatorischen Christentum stehen, wie es niedergelegt ist in den Bekenntnisschriften unseres reformatorischen Erbes. Das ist unser ‚positives' Christentum. Voges trat weiter ein für ein *Abrücken von den völkischen Häresien im Nationalsozialismus, für die Ablehnung des mystischen Liberalismus* [?!] *Rosenbergs.* Zugleich wandte er sich gegen den *üblichen Vorwurf der Vergötzung des Volkstums, gegen die Verwerfung des Alten Testaments, der angeblichen Verkennung der Mission durch* [in?] *Hitler etc.* [...] *Hier weiß auch das NS-Programm, daß es die gesinnungsbildenden Kräfte der christlichen kirchlichen Verkündigung nicht entbehren kann.*[13] Es ist doch interessant zu sehen, was da alles hineinpasste – die Äußerung erscheint mir typisch für frühe kirchliche Anhänger des NS: Es ging um die schon lange ersehnte Harmonie von Kirche, Staat, Gesellschaft und Volk unter den Bedingungen einer charismatischen Führergesellschaft – und das im antimodernen Gewande.

Bemerkenswert ist nun, dass (vielleicht deshalb) der Bund nationalsozialistischer Pfarrer zunächst aus fünf Sechsteln konservativer Pfarrer bestand, die meist auch der KPV angehörten. Darin wird auch deutlich, welche Spannungen hier zutage treten. Die spätere BK bestand zum etwa selben Teilsatz aus KPV-Mitgliedern, also derselbe Anteil. Es muss sich also innerhalb von zwei Jahren eine massive Umorientierung ereignet haben, die vor allem in der Frage der Staatseingriffe in die Landeskirche gründete. Auf DC-Ebene war jedenfalls die liberale Theologie, wenn man das überhaupt so nennen darf, führend.

Vielleicht muss man – wenn auch weiter ganz vorläufig – konstatieren, dass sich bei den Deutschen Christen (DC) v.a. überzeugte Nationalisten trafen, die aber den Geschichtspositivismus des NS übernahmen und für den Liberalismus zwar einerseits wenig übrig hatten, aber den von diesem stark propagierten älteren Gedanken der Nationalkirche und eben auch den theologischen Geschichtspositivismus der Liberalen (seit 50 Jahren anhängig) rezipierten.

3.5. Versuch einer Zwischenbilanz

Es ist mit ganz deutlich, dass holzschnittartige Ein- und Zuordnungen wenig bringen. Differenzierung tut not. Fragen wir also nach Tendenzen, welche Strömungen auszumachen sind und wie sie vielleicht veranschaulicht werden können. Ziel ist nun eben nicht, eine Karikatur vorzulegen, sondern die Auffassungen der Parteien einem Raster zu unterziehen. Dabei geht es um das Verständnis der Kriterien, Maßgaben und Prägungen, die wir vor weiterer Forschung eben nur als Tendenzen wahrnehmen können.

---

[13] Alles nach Erbacher, ebd., 19.

Partei	Nation Volk	positives Christentum	parlament. Synode	Geschichtspositivismus	politische Theologie
KVP	ja, aber*	ja	ja, aber	Gericht	klares Nein
KLV	ja, aber*	nein	ja	Offenbarung	bedingt Ja
BRS	ja, Klasse*	nein	ja	Klassengeschichte	klares Ja
DC	uneingeschränkt	ja (?)	nein	Offenb. Hitler	klares Ja

* Dahinter steht natürlich ein völlig unterschiedlicher Begriff von *Volk* und auch *Volkskirche*. „National" gesehen standen sich KVP und DC relativ nahe, ein Konsens, der aber schwand. In der Suche nach allen aus dem „Volk" und Gewinnung der Unkirchlichen (durch Anpassung an das Neue) konnten sich KLV, BRS (Klasse!) und DC strukturell nahekommen.

4. Akteure des Kirchenkampfes

Grundsätzlich ist hier zu sagen, dass eher exemplarisch als flächendeckend und deshalb mit nur eingeschränkter Aussagekraft ein Blick auf die Prägeorte der jungen Theologen geworfen werden soll, die teils im Krieg, großen Teils noch vor dem Krieg und wenige erst nach dem Krieg (eben wegen des Kriegseinsatzes) Theologie studiert haben. Klar wird uns beides sein: sowohl, dass diese Prägungen nicht zu unterschätzen sind, damals waren sie sicherlich auch stärker als heute, als auch, dass je nach der Länge von Amtsjahren sich erhebliche Verschiebungen und Neuorientierungen ergeben konnten. Gerade die Krise in der NS-Zeit zeigt ja, wie ähnlich geprägte Theologen unterschiedliche Wege gehen konnten. Mitentscheidend ist zweifellos aber auch die mentale und Frömmigkeitsprägung des Elternhauses oder der religiösen Gemeinschaft, der man angehörte.

Dennoch schien mir eine Übersicht über die Besuche der Universitäten bei hier ausgewählten (zugleich auch zufälligen) Protagonisten der KPV, aber auch der DC interessant.

Um es kurz zu machen. Heidelberg scheint mir hier den geringsten Anspruch auf statistisches Interesse erheben zu dürfen. Es war die Heimatuniversität; aus verschiedensten Gründen, persönlichen wie finanziellen, dürfte der Besuch der Ruperto-Carola nahegelegen haben und deshalb auch an der Spitze liegen. Interessanter ist, wohin die badischen Theologen zogen, wenn sie nicht nach Heidelberg gingen. zumindest auf Zeit.

Studienorte[14] der Protagonisten der 1930er-Jahre

Name (BK)	Heidelberg	Tübingen	Halle	andere
Karl Dürr 5	x	x		B, L
Julius Bender 2		x		KI
Fritz Hauß 4	x	x	x	ER
Wilhelm Huß 2	x			ER
Adolf Merkel 2	x	x		
Karl Mondon ?		x	x	x?
Renatus Hupfeld 4	x	x	x	MR, HGR
Otto Hof 3	x			ER, L
Egon Güß 4	x	x		B, Breslau
Name (Landesk.)	Heidelberg	Tübingen	Halle	andere
Kühlewein 2?			x	ER
Karl L. Bender 3?	x		x	B
Fritz Voges 3	x	x		GÖ
Heinrich Brauß 3	x	x		GÖ
Gustav Rost (Els)			x	STB, HAL, BN
	9	8	6	4 ER; 7

Der Befund ist eindeutig: Man ging nach Tübingen, gefolgt von Halle, auch Erlangen ist stark vertreten. Auf Tübingen, Halle und Erlangen möchte ich deshalb und wirklich nur mit wenigen Bemerkungen eingehen.

In Tübingen lehrten in der uns thematisch betreffenden Zeit Adolf Schlatter (1852–1938) und der Kähler-Schüler Karl Heim (1874–1958); Schlatter von 1898 bis offiziell 1922, dann aber noch weitere 15 (!) Semester. Seine Theologie, insb. seine Kommentarwerke und die einfacheren Erläuterungen wirkten noch bis in die 1969er-Jahre. Seine Leistungen und Grenzen können hier nicht dargestellt werden; er war aber ein Positiver in strenger Rückbindung der Wissenschaft an die Offenbarung. Ein Pietist war er eigentlich nicht, auch wenn er sich heute noch und wieder im Neupietismus Württembergs großer Beliebtheit erfreut. Die Tübinger Wirkungszeit Heims war 1920–1939. Heim, ein Schüler Martin Kählers und vom württembergischen Pietismus geprägter Systematiker, suchte insb. das Problem der Glaubensgewissheit im Gespräch mit den Naturwissenschaften zu entfalten. Auch er war also im besten Sinne

---

[14] Der Einfachheit halber orientiere ich mich an den KFZ-Kennzeichen bei heutigen deutschen Städten; STB bedeutet Straßburg.

Apologet. Die jüngere Generation der nach dem Weltkrieg Studierenden mag er also durchaus geprägt haben.

Überraschen mag uns der Studienort Halle.[15] Halle war neben dem Hort historisch-kritischer und religionsgeschichtlicher Exegese vor allem Wirkungsstätte Martin Kählers (1835–1912), der von 1867 bis vor dem Krieg wirkte, seinerseits Erbe Julius Müllers (1801–1878), eines klassischen Vermittlungstheologen positiver Prägung. Beiden war eigen der Ausgangspukt des Bekenntnisses und dann Anschluss an Kultur und Wissenschaft, quasi ein Gegenpol zum theologischen Liberalismus.

Ferdinand Kattenbusch (1851–1935) lehrte von 1906–1922, vor allem als Konfessionskundler und bis heute wichtig für die Erforschung des Apostolikums, ein Mann, der am Ende seiner Tage noch vor dem NS warnte. Zu nennen sind weiter der Dogmengeschichtler und Patristiker Friedrich Loofs (1858–1928), der von 1887 bis zu seinem Tod lehrte, und schließlich der hochkonservative Ernst von Dobschütz (1870–1934), der als Vertreter einer kulturkritischen Reich Gottes-Theologie bis 1934 lehrte, seinerseits von Adolf von Harnack (1851–1930) wie von Kähler geprägt.

Und Erlangen: „Trotz bemerkenswerter Einzelforschungen, die […] besonders die Kirchenhistoriker A.[lbert]) Hauck (1878–1889) und Theodor Kolde (1881–1913) sowie Wilhelm Caspari (1885–1918[15?]) als Praktischer Theologe betrieben, wurde bis Mitte der zwanziger Jahre des 20. Jh. für Erlangen ein apologetisch bestimmter Konservativismus kennzeichnend."[16] Diese Phase ging über in die Arbeit der betont lutherischen Theologen Werner Elert (1923–1954) und Paul Althaus (1923–1956), deren Rolle im Kirchenkampf nach wie vor hinsichtlich der theologischen Bewertung höchst umstritten bleibt. Diese haben freilich nicht mehr auf die hier vorgestellten Protagonisten wirken können, wohl aber auf badische Theologiestudenten, deren universitäre Frequenzen auch noch der Erforschung bedürfen.

Genug der Namen! Ein solches Panoptikum hat ja auch seine suggestiven Gefahren. Aber vielleicht lässt sich die Tendenz beschreiben, dass ältere, jüngere und jüngste Theologengenrationen, die dann in den Kirchenkampf eintraten, zur Weimarer Zeit an auswärtigen Fakultäten den Grundlinien einer positiven Theologie begegneten. In Heidelberg stellt sich das anders dar. Hier konnte die ältere Generation der in der Weimarer Zeit schon Wirkenden noch dem nationalliberalen, teils wirklich freisinnigen Liberalismus begegnen, dessen Zäsur das Jahr 1909 war, in dem drei bedeutende Theologen starben (Merx, Hausrath und Bassermann). Die theologische Ausstrahlungskraft Heidelbergs wird man zwischen 1909 und 1945 – das ist für eine Fakultät eine lange Zeit – doch eher als verhalten bezeichnen müssen. Die dritte große Zeit der Fakultät war erst wieder die nach dem Zweiten Weltkrieg.

---

[15] Ernst Kähler, Art. Halle, Universität. 3. Theologische Fakultät, TRE 14 (1985), 390f.
[16] Martin Hein, Art. Erlangen. Universität. 2. Theologische Fakultät, TRE 10 (1982), 161–164.

5. Schluss

Und das Kirchenvolk, die Gläubigen, die Gemeinde? Weder Theologen noch Kirchenparteien haben Kirchenwahlen bestimmt, sondern Kirchenwähler und nun auch -wählerinnen. Waren sie politisch überfordert oder theologisch zu unkritisch oder zu quietistisch?

Dem schließlichen Einfluss auf die Kirchenwahlen durch den NS-Staat haben sie nicht durchschaut. Und natürlich kennen wir die einstweilige Überproportionierung des NS in den protestantischen Gebieten, welche politisch Weimar ein Ende setzten, aber eben auch kirchenpolitisch und vielfach bei manchen auch theologisch.

Welche Strömungen waren in den 20er-Jahren in den Gemeinden präsent, wirksam, explizit oder unterschwellig? Wer 1920 wahlfähig war, war vielleicht eben noch im alten Jahrhundert geboren, konnte aber ebenso bereits kurz nach der 1840er-Revolution geboren worden sein, ganz hinein in die nun wirklich liberale Kirche zwischen 1860 und ca. 1880.

Was hatte man den Leuten ans Herz und ggf. ins Herz gelegt, was nach Luthers Lehre gottlob ein Kind von sieben Jahren weiß, nämlich was die Kirche sei, und was doch mittlerweile vergessen war und zur Katastrophe des Christentums in der NS-Zeit führte. Welche Kraft überhaupt kann Theologie entfalten? Wie wirkt sie auf die Gesellschaft? Welchen Begriff von Volkskirche haben wir heute – nicht nur abgrenzend gegen den Begriff, sondern in konstruktiver Betrachtung. Es bleiben also viele Fragen. Die Forschungsdesiderate sind angeklungen.

Ich möchte weder rührselig, politisch oder querulant erscheinen, meine aber soviel sagen zu können und zu müssen, dass theologische Strömungen kirchenpolitisch eben nicht zu steuern sind, sondern allein durch eine gute Theologie selbst (die wir nicht einfach haben, aber immer suchen müssen), eine Theologie, welche die Gemeinde stark macht zum Hören im Hören. Und wir brauchen Pfarrerinnen und Pfarrer, die sich dessen bewusst sind, dass sie in der Gemeinde dienend zu bilden haben und bildend zu dienen, und nicht über anstehende Besserungen in Kirche und Welt zu informieren. Doch diese vermeintlich unpolitische Botschaft ist vielleicht doch radikal politisch, zu politisch am Ende eines historischen Beitrags.

Modernisierung durch Strukturveränderung und Professionalisierung: Die Bewältigung neuer Herausforderungen durch die evangelische Kirche in Baden in der Weimarer Zeit

Udo Wennemuth

Die Geschichte der evangelischen Kirche in der Weimarer Republik wird häufig unter dem Blickwinkel der kirchenpolitischen Auseinandersetzungen wahrgenommen,[1] in denen konservativen Kräfte sich zunehmend durchsetzten und liberale und sozialistische Pfarrer wie Hermann Maas oder Erwin Eckert in das Fadenkreuz der Kirchenleitung gerieten und mit disziplinarischen Maßnahmen gemaßregelt wurden.[2] In der konservativ-nationalistischen Grundhaltung des Großteils der Pfarrerschaft sehen viele Forscher eine Ursache für ihre Anfälligkeit für Gedankengut, wie es von völkischen Gruppen und den Nationalsozialisten vertreten wurde. Schon 1932 traten die der NS-Ideologie oder eher -Propaganda nahe stehenden evangelische Christen mit einer eigenen Kirchenpartei auf, die 1933 in die „Glaubensgemeinschaft Deutsche Christen" mündete.[3]

Doch die Geschichte der evangelischen Kirche in der Weimarer Zeit ist keineswegs eindimensional. Den rückwärtsgewandten Tendenzen und Träumen eines nationalen und völkischen Christentums und einer neu erwachenden umfassenden Volkskirche sowie der Trauer über die verlorene Monarchie stand ein verstärktes soziales Engagement der Kirche gegenüber, auch eine Öffnung für andere, bisher weitgehend marginalisierte Gruppen wie die Frauen und die Arbeiterbewegung. Auf die gesell-

---

[1] Vgl. hierzu Hermann Erbacher, Evangelische Landeskirche in Baden 1919–1945. Geschichte und Dokumente (VVKGB 34), Karlsruhe 1983; Jörg Thierfelder, Die badische Landeskirche in der Zeit des Nationalsozialismus – Anpassen und Widerstehen, in: EKBDR VI (VVKGB 62), Karlsruhe 2005, 287–366, bes. 293–309; Caroline Klausing, Die Bekennende Kirche in Baden. Machtverhältnisse und innerkirchliche Führungskonflikte 1933–1945 (VBKRG 4), Stuttgart 2014, bes. 53–84. In der neuesten Überblicksdarstellung von Georg Gottfried Gerner-Wolfhard, Kleine Geschichte des Protestantismus in Baden, Karlsruhe 2013, beschränkt sich die Darstellung der Weimarer Zeit (S. 193–199) auf die verfassungsmäßigen Folgen des Staatsumbruchs 1918/19 für die Kirche und die Charakterisierung der kirchenpolitischen Parteien.

[2] Zu Erwin Eckert vgl. die Arbeiten von Friedrich-Martin Balzer, bes. Ders. (Hg.), Protestantismus und Antifaschismus vor 1933. Der Fall des Pfarrers Erwin Eckert in Quellen und Dokumenten, Bonn 2011; vgl. dazu auch die Rezension von Udo Wennemuth in: JBKRG 6 (2012), 359–363; zu Hermann Maas vgl. Markus Geiger, Hermann Maas – Eine Liebe zum Judentum. Leben und Wirken des Heidelberger Heiliggeistpfarrers und badischen Prälaten (Buchreihe der Stadt Heidelberg 17), Heidelberg u. a. 2016, 171–181.

[3] Vgl. Erbacher, Landeskirche (wie Anm. 1), 18–21; Thierfelder, Landeskirche (wie Anm. 1), 298f, 302–307; Klausing, Bekennende Kirche (wie Anm. 1), 80–84; Rolf-Ulrich Kunze, „Möge Gott unserer Kirche helfen!" Theologiepolitik, Kirchenkampf und Auseinandersetzung mit dem NS-Regime: Die Evangelische Landeskirche Badens 1933–1945 (VBKRG 6), Stuttgart 2015, 66–70, 413.

schaftlichen Herausforderungen reagierte die Kirche mit strukturellen Maßnahmen, die meines Erachtens einen beachtlichen Modernisierungsschub erbrachten.[4] „Modernisierung" meint hier, dass auf die Herausforderungen der Zeit nicht mit traditionellen Mustern geantwortet, sondern mit neuen Lösungsansätzen eingegangen wird. Damit ist keine Wertung im Sinne von konservativ versus fortschrittlich gemeint, denn neue Lösungsansätze konnten auch dort zum Tragen kommen, wo es im Grunde um die Bewahrung des Hergebrachten ging, insbesondere in der Frage des Bekenntnisses und der christlichen Werte.

Viele dieser neuen Bestrebungen entsprangen zwar Entwicklungen, die bereits um die Jahrhundertwende angestoßen worden waren, dann aber durch den Ausbruch des Ersten Weltkriegs zurückgestellt wurden. Letztlich ist es aber doch überraschend, mit welcher Konsequenz diese Ideen bei grundsätzlich veränderten Machtverhältnissen wieder aufgegriffen, modifiziert und schließlich umgesetzt wurden.

Die Ausdifferenzierung der Aufgaben der Kirche besonders im sozialen Bereich von der christlichen Erziehung der Jugend über die unmittelbare Linderung der größten Not bis hin zur Bindung der kirchlichen Arbeiterbewegung an die Landeskirche erforderten eine entsprechende Anpassung der Strukturen in der Kirche, denn es war allen Beteiligten klar, dass dies nicht durch die Gemeindepfarrer zu leisten sei und auch nicht auf der Grundlage von Vereinsstrukturen, wie sie im Landesverein für Innere Mission und zahlreichen anderen kirchlichen Vereinen gegeben waren. Einer dringenden Lösung bedurfte auch die Frage der seelsorgerlichen Betreuung der Diasporagemeinden und der Krankenhäuser. Die Synode wählte zur Lösung der strukturellen Probleme zum einen den Weg über die Errichtung von landeskirchlichen Pfarrämtern, eine Neuerung, die beispiellos in der jüngeren Geschichte der Landeskirche gewesen ist. Die Landessynode beschloss daher schon in ihrer Sitzung am 18. Mai 1920, vier neue landeskirchliche Pfarrstellen[5] zu errichten: zwei Landesjugendpfarrämter, ein Arbeiterpfarramt und eine kirchliche Pressestelle.[6]

Im Bericht an die Landessynode 1924 heißt es hierzu resümierend: *Das Kennzeichen dieses Aufbaus ist [...] die fortschreitende Gliederung der kirchlichen Arbeit in Sondergebiete mit eigenen Kräften. Das Gemeindepfarramt allein genügt den Anforderungen der Zeit nicht mehr. Für die sich mehr und mehr entwickelnden Teilgebiete*

---

[4] Die Modernisierungsdebatte in den Geschichtswissenschaften kann an dieser Stelle nicht erörtert werden. Vgl. hierzu bereits Hans-Ulrich Wehler, Modernisierungstheorie und Geschichte, Göttingen 1975; Frank Borschel, Epochenphänomen Modernisierung. Zur Geschichte der Modernisierung im 20. Jahrhundert, Berlin 2012; Friedrich Jaeger u. a. (Hgg.), Handbuch Moderneforschung, Stuttgart 2015; Wolfgang Kruse (Hg.), Anderer Modernen. Beiträge zur Historisierung des Moderne-Begriffs (Historie 54), Bielefeld 2015.

[5] Die Einrichtung von landeskirchlichen Pfarrstellen für Pfarrer, die kein Gemeindepfarramt bekleiden sollten, sah § 69 der Kirchenverfassung (KV) von 1919 vor. Als Beispiele werden genannt Jugendpfarrer und Diasporapfarrer; GVBl. 1919, Beilage zu Nr. 17 vom 31. Dez. 1919, 12. Die landeskirchlichen Pfarrstellen waren von der Synode zu genehmigen. Auch die KV von 1861 kannte besondere Geistliche: Hofprediger, Garnisonsprediger, Geistliche an öffentlichen Anstalten und Schulen, die vom Großherzog unmittelbar ernannt wurden (§ 104); vgl. GVBl. 1861, 75, auch als eigenständige Ausgabe, z. B.: Verfassung der vereinigten evangelisch-protestantischen Kirche des Großherzogtums Baden vom 5. September 1861, Karlsruhe 1913, 38.

[6] Verhandlungen der ausserordentlichen Generalsynode (Landessynode) der vereinigten evangelisch-protestantischen Landeskirche Badens im Mai 1920, Karlsruhe 1921, 7. Die Verhandlungen der Generalsynoden bzw. seit 1921 Landessynoden werden künftig zitiert mit Verhandlungen und der Angabe des Jahres der Synodaltagung.

werden besondere, in sie eingearbeitete Fachleute erforderlich. Das ist eine Erscheinung aller Gebiete des öffentlichen Lebens. Die evang. Kirche kann sich dieser Entwicklung nicht wohl entziehen.[7] Diese landeskirchlichen Pfarrämter hatten u. a. die wichtige Aufgabe, die Gemeinden in den Bezirken, die keine hauptamtlichen Kräfte für die „Sondergebiete" einstellen konnten, zu unterstützen und die Maßnahmen zu koordinieren.

Zum anderen setzte die Landeskirche neben der Spezialisierung auch im geistlichen Dienst an Stelle bzw. in Ergänzung der verbreiteten Ehrenamtlichkeit auf eine Professionalisierung des kirchlichen Dienstes, sei es in der sozialen Arbeit, in der Arbeit in der Gemeinde oder im Bereich der Kirchenmusik. So entstanden – gewissermaßen unbeabsichtigt – ein neues Berufsfeld in kirchlicher Trägerschaft und ein neues Berufsbild, vom dem vor allem Frauen profitieren sollten. Das soll nicht darüber hinwegtäuschen, dass den Frauen gerade die zentralen Arbeitsfelder in der Kirche vorenthalten wurden, nämlich die im Dienst der Verkündigung. Die Rolle der Frauen in der Verkündigung wird von der Kirchenleitung weiterhin restriktiv gehandhabt. *Die Abhaltung der Gemeindegottesdienste und die Verwaltung der Sakramente steht verfassungsgemäß nur den geordneten Dienern der Kirche zu*, stellte die Synode 1921 auf eine Anfrage aus Waldkirch eindeutig fest. Sie wollte damit nicht ausschließen, dass mit Zustimmung des Kirchengemeinderats *bei besonderen Gelegenheiten [...] zu Rede und Vortrag in Kirchen auch geeignete Laien zugelassen werden*. Bei Verhinderung des Geistlichen *soll im Notfall ein Lesegottesdienst stattfinden*. Der abschließende Satz fällt aber ein entschiedenes Urteil gegen die Übertragung von gottesdienstlichen Funktionen an Frauen: *Mit der Abhaltung von Gemeindegottesdiensten sind aber Frauen nicht zu betrauen.*[8] Der Protest der Abgeordneten Baumgartner gegen diese Zurückweisung der Frauen wurde jedoch von Klaus Wurth und Prälat Schmitthenner entschieden zurückgewiesen.[9]

Schon bei den Diskussionen in der Synode des Jahres 1914 war von liberalen Vertretern das große Potential des Einsatzes von Frauen in den Gemeinden hervorgehoben worden, während die Positiven ängstlich auf mögliche Gefahren schauten.[10] Auch wenn Frauen schließlich in den Dienst der Kirche traten, blieb die Furcht vor der Veränderung in der Kirche durch das Engagement der Frauen bis weit in die bundesrepublikanische Wirklichkeit virulent und ist teilweise bis heute noch nicht gänzlich überwunden.

Das Beharrungsvermögen in restriktiven Traditionen war in weiten Bereichen der Kirche ungebrochen. Dennoch gab es aber auch den postulierten Modernisierungsschub in der Landeskirche. Einige Maßnahmen, die diesen auslösten, sollen nun im Folgenden vorgestellt werden.

---

[7] Bericht an die Landessynode 1924, in: Verhandlungen 1924, Anlage 1, 8f.
[8] Verhandlungen 1921, 58.
[9] Ebd. 60.
[10] Vgl. Udo Wennemuth, Kirche und Revolution 1918/19 in Baden, in: Frank Engehausen/Reinhold Weber (Hgg.), Baden und Württemberg 1918/19. Kriegsende – Revolution – Demokratie (Schriften zur politischen Landeskunde Baden-Württembergs 48), 225–247, hier: 242–244.

1. Frauen in der Synode

Mit Blick auf die Rolle der Frauen in der Kirche brachte die nachhaltigste Veränderung bereits die neue Wahlordnung vom Juni 1919, die erstmals Frauen in Bezug auf die Partizipation in der Kirche die gleichen Rechte einräumte wie den Männern. War die Frage des Wahlrechts für Frauen 1914 noch auf den schärfsten Widerspruch der Kirchlich-Positiven gestoßen, so stand das allgemeine gleiche aktive und passive Wahlrecht der Frauen in der Verfassungsdiskussion 1919 außer Frage.[11]

Mathilde Baumgartner hatte in der siebente Sitzung der außerordentlichen Generalsynode mit großen Erwartungen das Frauenwahlrecht in der Kirche gefeiert. Da Frauen etwa zwei Drittel der Gottesdienstbesucher ausmachten, sollten sie *auch ein Recht beanspruchen* [dürfen], *in kirchlichen Angelegenheiten mitzusprechen.* [...] *Die tätige Mitarbeit der Frau am Bau unsrer teuren evangelischen Kirche ist uns kirchlich gesinnten Frauen, zumal in der heutigen Zeit, wo alles im Fluß ist, wo auch für die Gemeindearbeit neue Wege gesucht werden und unbedingt gesucht werden müssen, eine große und heilige Herzenssache.* Sie stellt heraus, dass erst durch die Mitarbeit in Verantwortung tragenden Gremien und die Kenntnis der (Entscheidungs-)Strukturen sich die segensreiche Tätigkeit der Frauen in der Kirche richtig entfalten könne.[12]

Doch von dieser Möglichkeit der Partizipation machten die Frauen zunächst nur sehr zurückhaltend Gebrauch.[13] Nur zwei Frauen von 85 Abgeordneten gehörten der verfassunggebenden Generalsynode und zwei weibliche von 63 Abgeordneten der nachfolgenden, von 1920 bis 1926 amtenden Landessynode an, die Mannheimer Hauptlehrerin Maria Janson, die für die Landeskirchliche Vereinigung in der Synode saß, und die Schulvorsteherin Mathilde Baumgartner aus Zell im Wiesental, die für die Liberalen in die Synode einzog. Nach Ausweis der Verhandlungsprotokolle der Synoden spielten die beiden Frauen nur eine untergeordnete Rolle in der Synode. Beide engagierten sich vor allem in Fragen der Fürsorge, der Frauenvereine und des Religionsunterrichts. Maria Janson war, gemessen an ihren Redebeiträgen, zweifellos die bedeutendere der beiden Damen. In der ordentlichen Landessynode vom Februar 1922 war sie anstelle von Paul Klein sogar die Sprecherin der Fraktion der Landeskirchlichen Vereinigung.[14] Auf der Landessynode im Mai 1926 tritt Janson schließlich als Berichterstatterin für den Ausschuss für Kultus und Unterricht auf, der die Frage der Behandlung aus dem Religionsunterricht ausgetretener Schüler und der Neuordnung der Lehrerbildung erörtert hatte.[15] Auf den Synoden der Jahre 1922 bis 1925 waren weder Janson noch Baumgartner auf der Rednerliste zu finden.

In der zweiten Synode, die 1926 gewählt wurde, waren beide Damen zunächst nicht mehr vertreten. 1928 rückte Maria Janson jedoch als Ersatz für den zurückgetretenen Paul Klein wieder in die Synode ein.[16] In der letzten gewählten Synode von

---

[11] Wie Anm. 10, 243.
[12] Verhandlungen 1919, 91f.
[13] M. Baumgartner führt ebd., 110 selbst aus, dass viele Frauen das kirchliche Wahlrecht noch abgelehnt hätten, *aber es sind viele von den tätigsten und eifrigsten, die jetzt froh sind, wählen zu können.*
[14] Vgl. Verhandlungen 1922, 9f.
[15] Verhandlungen 1926, 69f.
[16] Vgl. Verhandlungen 1928, VI; im Verzeichnis der Mitglieder der Synode in den Verhandlungen 1930, VI und 1932, VI wird Janson gar als „Ersatzmann" bezeichnet (1929 und 1931 fanden keine Synoden

1932, die im April 1933 in dieser Zusammensetzung letztmals tagte, war wiederum keine Frau mehr vertreten. Die Demokratisierung des Wahlrechts hatte nichts daran geändert, dass Kirchenleitung nach wie vor eine Angelegenheit der Männer war.

2. Der Dienst der Frauen in der Gemeinde

Seit der Jahrhundertwende waren in den größeren Städten mit den neuen Kirchenbauten vielfach Gemeindezentren entstanden, in denen neben den Wohn- und Diensträumen des Pfarrers auch Räume für die Arbeit in der Gemeinde untergebracht werden konnten. Der Segen dieser „Gemeindehäuser" mit ihren Sälen für die „Gemeindearbeit", seien es Bibelstunden, Vereinsstunden, Vorträge, Kirchenchor, Gemeindebücherei, Konfirmandenunterricht und anderes, wurde allgemein hervorgehoben. Um die Arbeit in der Gemeinde so recht fruchtbar zu machen, bedürfe es *in der Erkenntnis, daß die Gemeindearbeit in allen größeren Orten an Umfang immer mehr zunimmt und an das Pfarramt unaufhörlich wachsende Anforderungen* herangetragen würden, jedoch des „Gemeindehelferamtes". Der Gemeindehelfer bzw. die Gemeindehelferin sei *der verlängerte Arm des Gemeindepfarrers […] für Seelsorge, Gewinnung kirchlich Entfremdeter, Pflege Neuzugezogener, Jugendfürsorge, auch manchmal für Kindergottesdienst und Bibelstunde.*[17]

Noch sahen freilich manche Synodale für diese „Hilfsämter" unbesoldete oder geringbesoldete Helfer und Helferinnen aus der Gemeinde prädestiniert, also Gemeindeglieder, die *durch diese Hilfsarbeit innerliche Befriedigung erfahren.*[18] Es war dann das Verdienst des Freiburger Synodalen Philipp Kattermann, Pfarrer in der Paulusgemeinde in Freiburg, der auf die Frauenschule in Freiburg (in deren Verwaltungsrat er saß) als Ausbildungsstätte gerade auch für den Dienst als Gemeindehelferin hinwies. Er betonte, dass die *Schülerinnen der Frauenberufsschule auf allen Gebieten sozialen, staatlichen, bürgerlichen Lebens ihren Platz ausfüllen können. Aber wenn unsere Kirche ihnen neben der Ausbildung auch noch die Möglichkeit bietet, das Brot innerhalb des kirchlichen Dienstes zu finden und besonders sich auch zu betätigen auf dem Gebiete des religiös-kirchlichen Lebens, so wird dies ein besonderer Dienst sein, den wir außerordentlich ersehnen.*[19]

Die „Evangelische Frauenberufsschule für kirchliche und soziale Arbeit" (seit 1921 „Evangelisch-soziale Frauenschule") in Freiburg war am 1. Oktober 1918 eröffnet worden. Sie verdankt ihre Gründung also noch den Bedürfnissen und Initiativen der Kaiserzeit.[20] Ein undatiertes Informationsblatt aus der Gründungszeit beschreibt

---

statt).
[17] Verhandlungen 1919, 46f.
[18] So der Synodale Frhr. von Göler, ebd., 47.
[19] Verhandlungen Okt./Dez. 1919, 134f.
[20] Vgl. hierzu Ulrich Bayer, „Die Frauenwelt ist zum Dienst bereit. Wir bitten uns nicht zurückzuweisen." – Einige Aspekte zur Gründungsgeschichte der Evangelisch-sozialen Frauenschule in Freiburg 1918, in: Erinnerungen und Perspektiven. Evangelische Frauen in Baden 1916–2016, im Auftr. der Evangelischen Frauen hg. von Anke Ruth-Klumbies und Christoph Schneider-Harpprecht, Leipzig 2016, 45–62

die Ziele der Evangelischen Frauenberufsschule wie folgt: Sie *will Frauen und Mädchen, welche auf dem weiten und wichtigen Gebiet der Kirche, der Inneren Mission und der sozialen Arbeit einen Beruf suchen oder sich ehrenamtlich betätigen wollen, eine gründliche und allseitige Ausbildung auf christlicher Grundlage bieten.* [...] *Gedacht ist an folgende Frauenberufe: Helferin in der Gemeindearbeit und bei der Stadtmission; Vereins- und Verbandssekretärin; Gehilfin bzw. Leiterin in Kinderheimen, Horten, Erziehungs- und Waisenhäusern, Mädchenheimen, Arbeiterinnenheimen, Erholungsheimen; ferner bei der Waisen- und Jugendpflege* [...], *Berufsvormundschaft, Jugendgerichtshilfe, Fürsorge für (sittlich) Gefallene und Gefangene.*[21]

Träger der Schule war der 1916 gegründete Evangelische Frauenverband für Innere Mission in Baden, ein Zusammenschluss aller Frauenvereine, Frauenverbände und Diakonissenmutterhäuser in Baden.[22] Erste Vorsitzende und zugleich Mitbegründerin des neuen Frauenverbandes war „Exzellenz" Freifrau Marie von Marschall, die ihre hervorgehobene gesellschaftliche Position für ihr soziales Engagement im Rahmen der evangelischen Frauenarbeit nutzbar machte. 1921 erlangte die Evangelisch-soziale Frauenschule die staatliche Anerkennung, nachdem die Forderung nach einer „akademischen Leitung" erfüllt worden war. Der Prozess der Professionalisierung der Ausbildung an der Schule wurde insbesondere von Dr. Julie Schenk vorangetrieben, die von 1923 bis 1955 die Leitung der Schule innehatte. 1934 wurde die Schule in die Trägerschaft der Landeskirche übernommen.

Dass auch an anderen Orten z.T. bereits seit vielen Jahren und Jahrzehnten eine Qualifizierung von Frauen für spezifische „Frauenberufe" in den Gemeinden stattfand, sei an dieser Stelle mit Verweis auf die Ausbildung von „Kinderschwestern" etwa im Mutterhaus für Kinderpflege in Nonnenweier, das bereits 1844 im Zusammenwirken mit den Pfarrern Karl Mann und Ernst Fink von Regine Jolberg gegründet worden war,[23] und dem 1908 in Mannheim durch Pfarrer Wilhelm Sauerbrunn gegründeten Mutterhaus für evangelische Kinderschwestern und Gemeindepflege[24] oder von „Krankenschwestern" in den Diakonissenanstalten wenigstens erwähnt.[25]

Mit der Propagierung des Berufs der Gemeindehelferin sollte die organisierte Gemeindehilfe durch freiwillige Helfer und Helferinnen nicht entwertet oder unterbunden werden; dieser Dienst war nach wie vor notwendig und ein wichtiges Band zwischen den Gemeindegliedern und der Kirche. Das Engagement in der Gemein-

---

[21] LKA SpA 16130.
[22] Vgl. hierzu auch Heide-Marie Lauterer, Frauen in der Männerkirche. Vom „Evangelischen Frauenverein der Inneren Mission" zur „Frauenarbeit der Badischen Landeskirche", in: Unterdrückung – Anpassung – Bekenntnis. Die Evangelische Kirche in Baden im Dritten Reich und in der Nachkriegszeit, in Verbindung mit Eckhart Marggraf und Jörg Thierfelder hg. Von Udo Wennemuth (VVKGB 63), Karlsruhe 2009, 181–207, hier bes. 182–184.
[23] Vgl. Adelheid M. von Hauff, Regine Jolberg (1800–1870). Leben, Werk, Pädagogik. „Das ganze Wesen der Kinderpflege ist Liebe" (Veröffentlichungen des Diakoniewissenschaftlichen Instituts 13), Heidelberg 2002, 70–91.
[24] Vgl. Udo Wennemuth, Geschichte der evangelischen Kirche in Mannheim (Quellen und Darstellungen zur Mannheimer Stadtgeschichte 4), Sigmaringen 1996, 180.
[25] Als Leiterinnen der Krankenpflegestationen in den Gemeinden wurden Diakonissen aus den Diakonissenmutterhäusern abgeordnet; vgl. Wennemuth, Mannheim (wie Anm. 24), 180. Eine Übersicht über die Einrichtungen der evangelischen Kleinkinder- und Krankenpflege bietet Hermann Erbacher, Die Innere Mission in Baden. Ein Beitrag zur Geschichte des 19. und 20. Jahrhunderts der Evangelischen Landeskirche in Baden (VVKGB 18), Karlsruhe 1957, 80–87.

de wurde als wichtiges Zeichen gegen Gleichgültigkeit und Entkirchlichung wahrgenommen. Der Frauendienst hatte seinen Platz in der Gemeinde,[26] doch waren es gerade die professionellen Gemeindehelferinnen, die benötigt wurden, um diesen freiwilligen Dienst in der Gemeinde anzuleiten und zu koordinieren. So erwies sich die Anstellung von Gemeindehelferinnen (von Gemeindehelfern war nicht mehr die Rede) in den größeren Städten *immer mehr als unabdingbare Notwendigkeit*. Doch konnte das Notwendige aus Mangel der dafür erforderlichen Mittel vielfach nicht umgesetzt werden. Daher wurde angeregt zu prüfen, *ob die Bereitstellung landeskirchlicher Mittel zur Anstellung von Gemeindehelferinnen möglich ist*. Ein zweites Problem bestand darin, dass es auch Ende der 1920er Jahre noch immer keine *Richtlinien für die Vorbildung der Gemeindehelferinnen* gab.[27] Dieses Problem bezog sich auf die Ausbildung an staatlichen sozialen Frauenschulen, wo die Absolventinnen natürlich keine für den kirchlichen Dienst erforderliche Kenntnisse und Grundlagen vermittelt bekamen; als Möglichkeit zur Abhilfe wurden hier Aufbaukurse an der Evangelischsozialen Frauenschule in Freiburg in Betracht gezogen.[28] Für die Aufgaben in der Jugendarbeit wurden Gemeindehelferinnen in Mannheim u. a. durch Praktika im Jugendpfarramt vorbereitet.[29] Da in den betroffenen Gemeinden *die Meinungen über die Art der Verwendung der Gemeindehelferinnen und [...] die zu fordernde Vorbildung* sowie über *die Aufbringung der erforderlichen Mittel* weit auseinandergingen, war hier keine rasche Lösung zu gewärtigen.[30] Immerhin hatte der Hauptausschuss *Richtlinien für eine künftige Verordnung, die Gemeindehelferinnen betr.* ausgearbeitet, die die Anstellungsverhältnisse und die Aufgaben der Gemeindehelferinnen klären sollten. Zu den Aufgaben zählten, entsprechend der Vorbildung und der Befähigungen: Hausbesuche im Rahmen der Familien- und Armenpflege, Jugendfürsorge und Vormundschaftshilfe, Überblick über die Gemeindegliederbewegungen, Mischehenpflege (um kirchliche Trauung und Taufen zu veranlassen), Fürsorge für kinderreiche und bedürftige Familien, Mitarbeit in Jugendvereinen, Unterstützung in den pfarramtlichen Aufgaben, Aushilfe im Religionsunterricht und Organistendienst. Das Profil der Gemeindehelferin wurde daraufhin wie folgt beschrieben: *Da die Tätigkeit der Gemeindehelferin nicht bloß eine äußerlich fürsorgerische und wohlfahrtspflegerische, sondern vor allem auch eine die Arbeit des Geistlichen ergänzende, bereichernde und befruchtende sein soll, trägt sie auch seelsorgerlichen Charakter. Deshalb muß eine Gemeindehelferin eine innerlich gereifte, religiös-sittlich gefestigte und auf dem Boden und Glauben der evangelischen Kirche sicher stehende Persönlichkeit sein, die sich zu ihrer Arbeit von Gott berufen weiß [...]*. Dass dies eine gründliche Ausbildung erforderte, liegt auf der Hand.[31]

Durch den Dienst der Gemeindehelferin konnte die diakonische Aufgabe wieder in die Gemeinde integriert werden. Während die Aufgabe der Jugend- und Wohlfahrtspfarrämter eher in der strategischen Lösung der Sozial- und Fürsorgeprobleme gese-

---

[26] Vgl. Verhandlungen 1926, 10.
[27] Verhandlungen April/Mai 1928, 4. Die Frage der Finanzierung der Stellen der Gemeindehelferinnen (und damit auch der Einflussnahme auf die Ausrichtung dieses Berufs) wurde auch auf der Landessynode 1930 diskutiert (vgl. Verhandlungen 1930, 54f, 61); vgl. dazu unten zu Anm. 30.
[28] Ebd., 5f.
[29] Vgl. Wennemuth, Mannheim (wie Anm. 24), 287.
[30] Verhandlungen 1930, Bericht an die Landessynode, 18.
[31] Verhandlungen 1930, 71–76, Zitat: 74.

hen wurde, geschah die konkrete Bekämpfung der Not in der Gemeinde durch die Gemeindehelferin. Ein Großteil ihrer Arbeit nahmen die Hausbesuche ein, insbesondere bei Neuzugezogenen oder wo in der Familie Probleme auftraten, bei Senioren und Alleinstehenden. *Durch die Gemeindehelferin wird es [...] möglich, daß alle diese Arbeit wieder in die Gemeinde hineingetragen wird, daß eine lebendige Verbindung hergestellt wird zwischen dem Pfarramt der Gemeinde und anderen Einrichtungen der Jugend- und Wohlfahrtspflege.*[32]

Vom Dienst der Gemeindehelferin zu unterscheiden ist prinzipiell der der „Pfarrgehilfin".[33] In dieser Funktion wurde die Theologin Elsbeth Oberbeck bereits im August 1917 bei der Heiliggeistgemeinde in Heidelberg eingestellt. „Ihr Dienst umfasste Religionsunterricht, Seelsorge für Frauen in Kliniken, Gefängnissen und anderen Anstalten, aber auch Bibelstunden, Besuche und Andachten."[34] Das Arbeitsfeld ist deutlich geistlich ausgerichtet, doch umfasst es auch Tätigkeiten, die zum Profil der Gemeindehelferin gehören, insbesondere die Besuchsdienste und die damit verbundene seelsorgliche Arbeit. Die Bezeichnung „Pfarrgehilfin" wurde von der Landeskirche nicht anerkannt. Für sie blieb auch Oberbeck eine Gemeindehelferin, wie Prälat Schmitthenner vor der Synode klarstellte: Man habe die Kandidatinnen der theologischen Prüfungen eindeutig darauf hingewiesen, „daß für sie lediglich eine Verwendung als Gemeindehelferinnen in Betracht komme und daß sie nur von den Gemeinden, niemals von der Kirche als solcher angestellt werden können." Eine Beteiligung an der Wortverkündigung im Gottesdienst wurde ausgeschlossen.[35] Die lokale Sicht in Heidelberg war diesbezüglich irrelevant.[36] Insgesamt wird aber deutlich, wie breit das Spektrum der Ausbildung und des Dienstes sein konnte, das mit der „Gemeindehelferin" assoziiert wurde. Mit einem Theologiestudium konnte der Dienst der Gemeindehelferin durchaus auch als Einengung empfunden werden, zumal ja Gemeindegottesdienste vollkommen außerhalb ihres Tätigkeitsbereichs standen.[37] Andererseits konnte die in Freiburg ausgebildete Sozialfachkraft unter dem Vergleich mit der Theologin leiden, wenn etwa in der Gemeinde Tätigkeiten von ihr erwartet

---

[32] So die Ausführungen von Gustav Rost in: Verhandlungen 1928, 4f.
[33] Vgl. Elsbeth Oberbeck, Die Ausgestaltung des Amtes der Pfarrgehilfin, in: Die Volkskirche 3. Jg., Nr. 10 (1921), 155–157.
[34] Vgl. Sarah Banhardt, „Nicht bloß barmherzige Mitschwester, [...] sondern [...] Theologin, weiblicher Pfarrer" – Elsbeth Oberbeck (1871–1944): Leben und Wirken der ersten badischen Theologin, in: JBKRG 11 (2017), 297–312, Zitat 309.
[35] Verhandlungen 1921, 61.
[36] In einem Schreiben des Evangelischen Dekanats Heidelberg an den EOK vom 27. April 1919 wird Oberbeck, wie Sarah Banhardt im Titel ihres Aufsatzes zitiert, sogar als Pfarrerin bezeichnet: *Oberbeck ist nicht bloß eine barmherzige Mitschwester, die Kranke besucht, sondern sie ist Theologin, weiblicher Pfarrer* (LKA PA 485).
[37] Nicht eingehen kann ich an dieser Stelle auf die Stellung und den Kampf der Theologinnen um Anerkennung in der Landeskirche. Vgl. hierzu 70 Jahre Konvent Evangelischer Theologinnen in der Bundesrepublik Deutschland 1925–1995, hg. vom Konvent Evangelischer Theologinnen in Mitarbeit des Frauenforschungsprojektes zur Geschichte der Theologin, 2., veränd. Aufl., Hannover 1997; Dem Himmel so nah, dem Pfarramt so fern. Erste evangelische Theologinnen im geistlichen Amt, bearb. von Heike Köhler/Dagmar Henze/Dagmar Herbrecht/Hannelore Erhart, Neukirchen 1994 (darin insbesondere die biografischen Skizzen von Hilde Bitz zu Elsbeth Oberbeck und Maria Heinsius); Johannes Ehmann, Theologinnen in der Frauenarbeit – Wahrnehmungen eines Weges, in: Erinnerungen und Perspektiven (wie Anm. 20), 63–83; Banhardt, Oberbeck (wie Anm. 34).

wurden, die sie nicht leisten konnte und durfte.[38] Aber das Ausbildungsspektrum an der Sozialen Frauenschule in Freiburg war ja ohnehin nicht auf die Gemeindehelferin beschränkt.

3. Jugend- und Wohlfahrtspfarramt

Bereits unmittelbar nach dem Krieg hatte sich in der Synode das Bewusstsein durchgesetzt, dass die Gemeindepfarrer zumal in den großen und mittleren Städten mit den vielfältigen Aufgaben insbesondere in der Jugendfürsorge überfordert seien. So empfahl die Mannheimer Synodale Janson aus ihren Erfahrungen als Lehrerin, *mit der vorbeugenden Jugendpflege schon bei den schulpflichtigen Kindern einzusetzen*.[39] Die Forderung nach einer professionellen Jugendfürsorge steht in engem Zusammenhang mit den Klagen über den Verlust von „Sittlichkeit" und „Innerlichkeit".[40] Jugendfürsorge wurde als *brennende Gegenwartsfrage* erkannt. Zur Lösung des Problems wurden hauptamtliche, lebenserfahrene „Jugendgeistliche" gefordert, die als Anlaufstellen für alle Sorgen um das leibliche und geistige Gedeihen der Kinder und Jugendlichen angesehen wurden,[41] mit den Jugendämtern kooperieren und Fürsorgevereine ins Leben rufen sollten.

Zur Förderung der kirchlichen Jugendarbeit hatte die Synode bereits 1919 drei Maßnahmen beschlossen:[42]

- Die Anstellung eines „Landesjugendgeistlichen" durch die Zentralstelle für evangelische Jugendhilfe im Landesverein für Innere Mission;
- die Errichtung von Jugendpfarrämtern durch die Kirchengemeinden der größeren Städte;
- die Zusammenfassung der kirchlichen Kräfte der Jugendpflege durch die Gründung des „Ausschusses für Jugendpflege", die alle Jugendvereinigungen auf dem Gebiet der badischen Landeskirche zusammenfasste.

Unter Wahrung der Selbstständigkeit der kirchlichen Jugendvereine sollte deren Arbeit wirksam durch die Landeskirche unterstützt werden.[43] Mitte 1924 bestanden 11 verschiedene Jugendverbände im Bereich der Landeskirche, in denen 17.994 Jugendliche zusammengeschlossen waren.[44] Doch auch die „freie" Jugendbewegung von

---

[38] Auf mögliche Konflikte für die Verwendung als Pfarrkandidatinnen durch die Anstellung von Gemeindehelferinnen wurde auch in den Synodalverhandlungen hingewiesen; vgl. Verhandlungen 1930, 73.
[39] Verhandlungen 1919, 50.
[40] So Mathilde Baumgartner in: Verhandlungen 1919, 38.
[41] Ebd. 50f.
[42] Zum Folgenden vgl. Bericht an die ordentliche Landessynode von 1921, Anlage 1 der Verhandlungen 1921, 15.
[43] Vgl. Bericht an die Landessynode 1924, 18f.
[44] Die Zahl der in den evangelischen Jugendverbänden organisierten Jugendlichen ging in den Folgejahren kontinuierlich zurück und erreichte 1928 mit nur noch 13.100 Mitgliedern einen Tiefpunkt; vgl.

Schülerbibelkreisen über die Pfadfinder bis hin zum Wandervogel und auch Sportvereinen sollte nicht vernachlässigt werden.[45]

Die unterschiedlichen Ansätze der kirchlichen Jugendvereine zu bündeln, konnte die Wirksamkeit der kirchlichen Jugendarbeit nur erhöhen. Durch die Initiative dieses Ausschusses wurde der Jugendsonntag ins Leben gerufen, der jeweils am dritten Sonntag im Juni abgehalten wurde.[46] Der Jugendsonntag erfreute sich einer großen Beliebtheit und eines großen Zulaufs,[47] während der ebenfalls neu eingeführte Frauensonntag nur eine geringe Resonanz fand.[48]

Jugendpfarrer wurden zügig in den Kirchengemeinden Mannheim (1918/19), Pforzheim (1920) und Karlsruhe (1921) berufen. In Freiburg wurde das Jugendpfarramt jedoch nicht besetzt und stattdessen, der Not der Zeit geschuldet, ein Wohlfahrtspfarramt eingerichtet. 1924 fehlte nur in Heidelberg eine entsprechende Einrichtung.[49]

In Mannheim hatte man bereits während des Ersten Weltkriegs neue Richtlinien für eine kirchliche Jugendarbeit ausgearbeitet. Da Dekan Adolf von Schoepffer auf einen Vikar zu seiner Unterstützung verzichtete, konnte das Vikariat an der Unteren Pfarrei der Konkordienkirche in das Amt eines Jugendgeistlichen umgewandelt werden; zum 1. September 1919 wurde das Vikariat zu einem Jugendpfarramt aufgewertet. Seit Ostern 1919 wirkte Walter Lutz als Jugendgeistlicher, um *der heranwachsenden Jugend die ihr nötige Pflege und Fürsorge bieten zu können*. Als Aufgaben wurden formuliert: Unterstützung und Förderung der bestehenden Jugendarbeit in den Gemeinden, fachkundige Hilfeleistung für die Einrichtungen der Gemeinde in der Jugendfürsorge, Zusammenarbeit mit städtischen und staatlichen Stellen über die Konfessionsgrenzen hinweg, Betreuung und Vermittlung zugewanderter Jugendlicher und Stärkung der Bindung der Jugendlichen an die Kirche. Mitte der 1920er Jahre wurde der Jugendpfarrer durch einen Vikar, zwei Jugendpfleger und vier Jugendpflegerinnen unterstützt.

Angesichts der katastrophalen wirtschaftlichen Lage drängte sich zunehmend der Wohlfahrtsdienst in den Vordergrund, der sich in drei Teilbereiche gliederte: Erziehungsfürsorge (Beratung von Eltern, Vermittlung von Pflegefamilien, Jugendgerichtshilfe), Gesundheitsfürsorge (Kindererholung, Speisungen) und Berufsfürsorge (Berufsberatung, Vermittlung von Anstellungsverhältnissen). 1924 wurde ein Evangelischer Wohlfahrts- und Jugenddienst errichtet, eine Arbeitsgemeinschaft aller evangelischen Wohlfahrtseinrichtungen vom Jugendwerk über Innere Mission bis hin zu verschiedenen Anstalten, Frauenvereinen und Gemeindevereinen. Es ist festzuhalten, dass den Jugendpfarrämtern auch die Leitung des Wohlfahrtsdienstes übertragen wurde. Dass dies wiederum zu einer Überforderung der Jugendpfarrer führte, ist of-

---

Verhandlungen 1930, Bericht an die Synode, 15f und Verhandlungen 1930, 150f. Für die Jugendvereinigungen wurde im Haushalt 1930/32 erstmals auch ein fester Beitrag eingestellt; vgl. Verhandlungen 1930, 92.

[45] Vgl. Verhandlungen 1919, 48f; der Verweis auf die Sportvereine in Verhandlungen 1930, 150.
[46] Vgl. GVBl. 1921, 13. Vgl. Verhandlungen 1930, 131.
[47] Vgl. auch Verhandlungen 1930, Bericht an die Synode, 5.
[48] An Stelle des früheren Frauensonntags empfahl die Synode außergottesdienstliche Veranstaltungen. Auch der Muttertag wurde mancherorts mit einer kirchlichen Feier begangen (vgl. ebd., 6), doch wurde der Wunsch des Evang. Frauenverbandes 1932, den Muttertag wieder zu einer Art Frauensonntag auszugestalten, von der Synode abgelehnt; Verhandlungen 1932, 5.
[49] Bericht an die Landessynode 1924, 19.

fensichtlich. Dennoch dauerte es bis zum Ende des Jahres 1925, dass in Mannheim die Notwendigkeit eines eigenständigen kirchlichen Wohlfahrtsamtes anerkannt und auch vom Evangelischen Oberkirchenrat unterstützt wurde. Das Amt wurde 1926 Stadtvikar (seit 1927 Pfarrer) Wilhelm Bach übertragen. Zum Jahresende 1931 wurde das Wohlfahrtspfarramt in Mannheim aufgrund von Sparmaßnahmen jedoch wieder aufgelöst und mit dem Jugendpfarramt zusammengeführt.[50]

In Karlsruhe wurde die Leitung des Jugend- und Wohlfahrtsdienstes der Kirchengemeinde im Mai 1923 Heinz Kappes übertragen. Kappes schuf u. a. Erholungs- und Ferienmöglichkeiten für notleidende Kinder in der Umgebung Karlsruhes („Waldkolonie") und errichtete auch ein Heim zur Resozialisierung von Prostituierten. Er scheute bei seinen Maßnahmen auch nicht die Zusammenarbeit mit Organisationen der Sozialdemokraten und Kommunisten.[51] Inhaber des Jugendpfarramts in Pforzheim war ab 1926 Dr. Oskar Friedrich Schumacher, in Freiburg wirkte von 1926 bis 1932 Wilhelm Albert. In Heidelberg und Lahr lag die Leitung der Evangelischen Jugend- und Wohlfahrtsämter 1930 in der Hand einer Fürsorgerin.[52]

Auf landeskirchlicher Ebene hatte man hingegen schon früh einen anderen Weg eingeschlagen. Dort hatte die Landessynode 1921 die Errichtung eines Jugendpfarramts beschlossen, das freilich erst im Oktober 1922 mit Robert Horning aus Karlsruhe besetzt wurde,[53] der das Amt bis 1926 ausübte. Ihm folgte 1927 Albrecht Wolfinger aus Teutschneureut. 1924 wurde auch ein Landeswohlfahrtspfarrer ernannt. Für den Dienst des Landesjugendpfarrers waren Richtlinien erlassen worden, die folgende Aufgaben auflisteten: Ausbau und Leitung der Jugendfürsorge, Vertretung der evangelischen Jugendfürsorge gegenüber staatlichen Stellen, Unterbringung erziehungsbedürftiger evangelischer Kinder in Anstalten und Familien, Erholungsfürsorge, Auskunft und Beratung in Erziehungsfragen, Aufbau einer Fachbibliothek. Auch für den Landeswohlfahrtspfarrer wurden entsprechende Richtlinien mit einem Aufgabenkatalog erlassen: Ausbau und Leitung des Evangelischen Wohlfahrtsdienstes gemeinsam mit dem Landesjugendpfarrer, Vertretung der evangelischen kirchlichen Wohlfahrtspflege gegenüber Staat und Verbänden, Auskunft und Beratung in Fürsorgefragen, Bereitstellung des „einschlägigen" Schrifttums.[54]

Das Besondere an der Errichtung der beiden Pfarrämter ist die Konstruktion, nämlich die Einbindung in die Arbeit des Badischen Landesvereins für Innere Mission, der umgekehrt damit auch stärker an die Landeskirche gebunden wurde. Das Amt des Landesjugendpfarrers wurde nämlich bis 1934 mit dem des zweiten Vereinsgeistlichen des Badischen Landesvereins verbunden. Gewissermaßen im Gegenzug wurde der erste Vereinsgeistliche, Pfarrer Paul Werner, der bereits seit 1919 als Vereinsgeistlicher beim Landesverein für Innere Mission angestellt war, zum Landeswohl-

---

[50] Vgl. Wennemuth, Mannheim (wie Anm. 24), 284–289. Zitat ebd., 284.
[51] Vgl. Manfred Koch, Heinrich Martin (Heinz) Kappes (1893–1988), in: Lebensbilder aus der evangelischen Kirche in Baden im 19. und 20. Jahrhundert, Bd. II: Kirchenpolitische Richtungen, hg. von Johannes Ehmann, Heidelberg u. a. 2010, 535–553, hier: 537f.
[52] Verhandlungen 1930, Bericht an die Landessynode, 10, 18.
[53] LKA GA 6394, dort auch zum Folgenden; Verhandlungen 1924, Bericht an die Landessynode, 8. Fälschlich führt Heinrich Neu, Pfarrerbuch II, 287f, Horning bereits für 1921 als Landesjugendpfarrer und Vereinsgeistlichen.
[54] LKA GA 3763.

fahrtspfarrer ernannt.⁵⁵ Hintergrund ist die Tatsache, dass der Landesverein aufgrund der Inflation und des Verlustes des Vereinsvermögens seine Angestellten nicht mehr bezahlen konnte und deshalb die Landeskirche für die Besoldung der beiden Vereinsgeistlichen eintrat. Die beiden Pfarrer wurden zugleich auch zu Geschäftsführern des Evangelischen Landeswohlfahrtsdienstes bestimmt.⁵⁶ 1930 trat Pfarrer Wilhelm Ziegler das Landeswohlfahrtspfarramt an.⁵⁷

Die Gründung des Landeswohlfahrtsdienstes war eine Reaktion auf die staatlichen Maßnahmen im Bereich der Wohlfahrtsfürsorge. Zum 1. April 1924 trat eine reichseinheitliche Fürsorge- und Wohlfahrtsordnung in Kraft. Zur Umsetzung der Ordnung wurden in den Amtsbezirken und Städten mit über 10.000 Einwohnern Fürsorgeverbände neu gebildet, die den gesamten Bereich der staatlichen Fürsorge abdeckten. Auf kirchlicher Seite fehlten nach dieser Neuorganisation jedoch die Ansprechpartner. Wollte die Kirche aus dieser wichtigen diakonischen Arbeit nicht ausgeschlossen werden, musste sie eigene Strukturen schaffen, um mit den staatlichen und kommunalen Fürsorgestellen zu kommunizieren. Ein erster Ansatz war, dass in die Jugendämter der Bezirke, denen die öffentliche Jugendhilfe übertragen war, ein Geistlicher jedes Bekenntnisses mit Sitz und Stimme aufgenommen wurde. Als Vertreter der freien Wohlfahrtspflege wurden schließlich auch die Innere Mission und die Caritas anerkannt. Daher entschlossen sich Landeskirche und Landesverein, *einen Evangelischen Wohlfahrtsdienst [zu] bilden, der die Belange der evangelischen freien Wohlfahrtspflege zu vertreten hat.* Der Evangelische Landeswohlfahrtsdienst wurde aus jeweils drei Vertretern der Kirche und der Innern Mission mit Sitz in Karlsruhe gebildet. In den 56 Fürsorgeverbänden wurden Evangelische Bezirkswohlfahrtsdienste eingerichtet, *zu denen die in der Wohlfahrtspflege tätigen evangelischen Vereinigungen, Anstalten und Einzelpersonen zusammengeschlossen wurden.*⁵⁸ Die Fülle der Aufgaben veranlassten Landeskirche, Landesverein und Landesverband Innere Mission und Landeswohlfahrts- und Jugenddienst 1929 im Gesamtverband der Inneren Mission in Baden *in noch engere Verbindung als bisher zu bringen.*⁵⁹ Wilhelm Ziegler hat die Konzentration der evangelischen Wohlfahrtspflege im Rückblick folgendermaßen gewürdigt: *Es war der erste Landesverband der Inneren Mission im Deutschland der Weimarer Republik, der alle Einrichtungen und Dienste der Diakonie als Spitzenverband umfaßte, einschließlich Kindergärten, Gemeindepflegestationen, Gemeindenähstuben, Gemeindedienste, Bahnhofsmissionen, Stadtmission und selbstverständlich alle Anstalten, Heime, Mutterhäuser, Ausbildungsstätten, die diakonische Tätigkeit der Frauenverbände und der evangelischen Jugend, dazu die Tätigkeit der Evangelischen Volksmission. Ihnen allen sollte der Gesamtverband der Inneren Mission dienen, ohne selbst eigene Anstalten oder Einrichtungen zu unterhalten. Es war ein schwerer Weg [...] gewesen, bis [...] dieser Zusammenschluß gelungen war und all*

---

55 Neu, Pfarrerbuch II, 658; vgl. auch Erbacher, Innere Mission (wie Anm. 25), 98f; GVBl. 1924, 44.
56 Bericht an die Landessynode 1924, 8, 19f, 21.
57 Zu Wilhelm Ziegler vgl. Jörg Winter, Wilhelm Ziegler (1901–1993). Landespfarrer für Diakonie in schwierigen Zeiten, in: Lebensbilder aus der evangelischen Kirche in Baden, Bd. IV: Erweckung – Innere Mission/Diakonie – Theologinnen, hg. von Gerhard Schwinge, Heidelberg u. a. 2015, 301–323, hier: 302.
58 Bericht an die Landessynode 1924, 20f. Zum Evang. Landeswohlfahrtsdienst vgl. LKA GA 3762, zum Evang. Bezirkswohlfahrts- und Jugenddienst vgl. LKA GA 8994.
59 Verhandlungen 1930, Bericht an die Landessynode, 17 und Verhandlungen 1930, 151–152

die Ängste und Sorgen beseitigt waren, hier könnte sich eine bürokratische Behörde entwickeln, eine Direktionsinstitution ins Leben gerufen werden, die die Selbständigkeit und Selbstverantwortung der einzelnen Werke und ihrer damals noch sehr aktiven Organe: Verwaltungsräte und Vorstände antasten könnte.[60] Durch die Sammlung aller in der evangelischen Kirche mit der sozialen Arbeit befassten Kräfte wurde eine Basis für die Wirksamkeit der kirchlichen Fürsorgearbeit gelegt, doch wurden auch Bedenken geäußert, dass dadurch *eine[.] freiere[.] Entfaltung der verschiedenen Kräfte* auch beeinträchtigt werden könnte.[61]

Auch wenn zahlreiche dieser Errungenschaften in den Jahren nach 1933 zumal in der Arbeit mit Jugendlichen und der Wohlfahrtspflege unter staatlichem Druck bzw. durch dessen Monopolanspruch (HJ, NSV etc.) wieder verloren gingen, boten sie dennoch einen wichtigen Anknüpfungspunkt für die Entwicklungen in der Kirche nach 1945. Nicht verschwiegen werden darf freilich auch die Tatsache, dass die Zusammenfassung der Jugendarbeit letztlich die Überführung der kirchlichen Jugendarbeit in die HJ nicht unwesentlich erleichtert hat.

4. Kirchlich-soziales Pfarramt

Nach der Revolution bestand in kirchlichen Kreisen eine große Besorgnis, die Evangelischen Arbeitervereine könnten in den Sog der Sozialdemokratie geraten. Über die Beurteilung der Sozialdemokratie bestand 1919 ein großer Dissens in der Synode.[62] Die Angst vor kirchenfeindlichen Bestrebungen innerhalb der Sozialdemokratie und ein daraus resultierendes Misstrauen blieben in weiten Kreisen der Kirche, zumal bei leitenden Persönlichkeiten wie Eduard Uibel oder später Klaus Wurth, präsent. Der Frage der Integration der Evangelischen Arbeitervereine und der mit ihr verflochtenen Volkskirchlichen Vereinigung durch ein eigenes Amt für „Arbeiterseelsorge und industrielle Sozialarbeit" mit einem Geistlichen für Seelsorge und Verkündigung und einem Sozialsekretär für die praktische Arbeit und sozialpolitische bzw. -ethische Bildungsarbeit wurde daher gerade in der Industriemetropole Mannheim größte Bedeutung zugemessen.[63]

Zum 1. Oktober 1920 wurde ein Kirchlich-soziales Pfarramt errichtet,[64] das im Volksmund auch als „Arbeiterpfarramt" bezeichnet wurde, für ein Sozialsekretariat standen keine Mittel zur Verfügung. Auf Vorschlag der Evangelisch-sozialen Arbei-

---

[60] Wilhelm Ziegler, Aus der Geschichte der Inneren Mission 1930–1967, in: Hilf mit. Gruß der badischen Inneren Mission an ihre Freunde, Heft 1, 1968, 2–6, hier: 2f. Vgl. auch Erbacher, Innere Mission (wie Anm. 25), 64–69.
[61] Vgl. Verhandlungen 1930, 151.
[62] Verhandlungen 1919, 205, 213f.
[63] Vgl. hierzu das von Eckehart Lorenz verfasste Kapitel Kirchlich-soziales Pfarramt, Volksverein und Volksbüro in Mannheim, in: Wennemuth, Mannheim (wie Anm. 24), 289–292, Zitat: 290; zum Ganzen: Eckehart Lorenz, Kirchliche Reaktionen auf die Arbeiterbewegung in Mannheim 1890–1933. Ein Beitrag zur Sozialgeschichte der evangelischen Landeskirche in Baden, Sigmaringen 1987, bes. 200–205.
[64] Zum Folgenden vgl. Bericht an die Landessynode 1924, in: Verhandlungen 1924, Anlage 1, 15f.

ter- und Männervereine wurde der Mannheimer Stadtvikar Ruben Fink beauftragt, vorläufig die Aufgaben eines Generalsekretärs für diese Vereine wahrzunehmen. Zum 1. April 1921 wurde Fink schließlich durch die Kirchenregierung das Kirchlich-soziale Pfarramt in Mannheim übertragen. Neben den Aufgaben des Generalsekretariats für die Volksvereine stand die Förderung der Arbeiter- und Männervereine ebenso im Aufgabenkatalog wie das Ziel, bei den Arbeitern Interesse für die kirchliche Arbeit zu wecken und zur Mitarbeit in der Kirche zu gewinnen.[65] Fink selbst „träumte vom Aufbau evangelischer Volksvereine, welche die verschiedenen sozialen Schichten, divergierenden Interessengruppen und weltanschaulichen Richtungen auf evangelischem Boden zusammenführen sollten."[66] Obgleich Fink die Mitgliederzahlen der Evangelischen Arbeitervereine deutlich steigern konnte, geriet die Arbeit des kirchlich-sozialen Pfarrers in den folgenden Jahren immer wieder in die Kritik, was zum einen mit der Person Finks zusammenhängen mochte, der im Mannheimer Volksverein als „Führer" verehrt wurde und wegen seiner deutschnationalen Haltung nicht das Vertrauen der Religiösen Sozialisten genoss, zum anderen aber auch, weil es ihm nicht gelang, ein überzeugendes Konzept für die evangelische Industrie- und Sozialarbeit zu entwickeln.

Die Synode war daher im März 1925 der Ansicht, *daß das Soziale Pfarramt dem Gedanken, das seiner Errichtung zugrunde liegt, noch nicht entspricht* und erwartete *eine alsbaldige Umgestaltung* des Amtes.[67] Die Abgeordneten Franz Rohde (Kirchlich-Liberale Vereinigung) und Paul Klein (Landeskirchliche Vereinigung) konstatierten die *völlige Unbrauchbarkeit des Amtes* und plädierten sogar für die Auflösung des Sozialen Pfarramtes, weil man nicht glaubte, selbst mit einem sozialdemokratischen Pfarrer Einfluss auf die „sozialistische Arbeiterschaft" nehmen zu können. Die Arbeiterschaft sei *viel zu zielbewußt und zu freiheitsbewußt*, um sich einer Einflussnahme durch das Soziale Pfarramt unterzuordnen. Eine „Bekehrungsarbeit" unter der Arbeiterschaft per Amt lehnte Rohde ab, vielmehr müsse ein *Weg der Versöhnung mit der organisierten Arbeiterschaft gefunden werden*. Das notwendige Vertrauen könne man nur schaffen, wenn die Pfarrer entsprechende Kenntnisse in der Geschichte der sozialen Bewegung hätten, die sie beispielsweise durch Kurse von Gewerkschaftsführern oder Nationalökonomen erwerben könnten. Demgegenüber hielten die Positiven zunächst an einem – umgestalteten – Sozialen Pfarramt fest. Als Werkzeug zur Bekämpfung der *sozialen Nöte[.] und Beschwernisse* errichtet, gelang es jedoch nicht, *Arbeitsrichtlinien herauszuarbeiten* und eine breitere Wirkung zu entfalten. Wie diese Richtlinien aussehen könnten, wird aber auch von der Synode nicht konkretisiert. Vielmehr machte man die Person des Amtsinhabers für den Misserfolg verantwortlich und forderte dessen Ablösung. Neben dem Dienst für die Volksvereine sei das Soziale Pfarramt aber auch als *informatorische Beobachtungsstelle* für *soziale Fragen unseres Volkslebens* gefragt sowie als Verbindungsstelle zur Presse, um *für die sozialen Anschauungen der evangelischen Kirche Verständnis zu wecken*. In diesem Punkt kollidierte die Aufgabenstellung für das Soziale Pfarramt freilich mit der für die kirchlichen Pressestelle.

---

[65] Zu den Zielen seiner Tätigkeit vgl. Ruben Fink, Entwicklung und Aussichten Evangelischer Volksvereine (Phil. Diss), Heidelberg 1922.
[66] Lorenz, Kirchlich-soziales Pfarramt (wie Anm. 63), 290.
[67] Verhandlungen März 1925, 20. Zum Folgenden vgl. ebd., 20–23. Die folgenden Zitate auf Seite 21.

Da sich die Probleme des Kirchlich-sozialen Pfarramts mit dem Amtsinhaber offensichtlich nicht lösen ließen, wurde Ruben Fink zum 1. Dezember 1925 nach Bettingen bei Wertheim versetzt.[68] Das Kirchlich-soziale Pfarramt wurde nicht mehr besetzt, auch weil es offensichtlich an für das Amt geeigneten Persönlichkeiten mangelte; stattdessen regte die Landessynode 1927 an, das Pfarramt in ein kirchlich-soziales Amt umzuwandeln, das man auch mit einem *akademisch-volkswirtschaftlich gebildeten Laien* besetzen könne, dessen Aufgabe es vor allem sein sollte, Kirchenleitung und Pfarrerschaft mit den nötigen Informationen zu versorgen, um sie in die Lage zu setzen, fundierte Entscheidungen zum „Sozialproblem" zu treffen. Der neue Sozialsekretär müsse dabei *das Vertrauen der sozialistischen Kreise* besitzen[69] und sollte in der Lage sein, *mit allen sozialen Bewegungen und Bestrebungen* und auch mit den Gewerkschaften *Beziehungen* anzuknüpfen.[70] Das kirchliche Sozialamt wurde 1928 probeweise mit dem Diplomvolkswirt Dr. Ernst Faber besetzt, der dann von 1929 bis 1935 das Amt (das 1932 um das Presseamt erweitert wurde) auch regulär ausübte.[71]

Aufgaben des Soziallamtes waren:

- Information der Kirchenleitung über die soziale Lage durch Vorlage von Zeitungsausschnitten, Zeitschriften und gutachterlichen Äußerungen;
- Information der Pfarrerschaft über die soziale Lage durch Vorträge auf Bezirkssynoden, Pfarrsynoden, in Pfarrkonferenzen und Pfarrkursen;
- Einführung der Theologiestudierenden in die Probleme der kirchlichen Sozialarbeit durch Kurse und Vorlesungen am Praktisch-Theologischen Seminar;
- Herausgabe des vierteljährlich erscheinenden Mitteilungsblattes „Die soziale Arbeit der Kirche", um bei den Vertretern der Kirchengemeinden das Verständnis für die kirchliche Sozialarbeit zu wecken;
- Zusammenarbeit mit sozialen Gruppen und Berufsorganisationen;
- Aufbau einer Bibliothek mit sozialer Literatur.[72]

5. Evang.-kirchliche Pressestelle

Die dritte funktional ausgerichtete Personalstelle betraf die Pressearbeit. Bereits die Synode von Oktober/Dezember 1919 hatte die Errichtung einer evang.-kirchlichen Pressestelle angeregt[73] und im Frühjahr 1920 auch die Mittel hierfür bewilligt. Die

---

[68] Bericht zu dem Bericht ... an die Landessynode 1926, 8.
[69] Verhandlungen 1927, 80f. Da der berufene Kandidat nicht das Vertrauen des Volkskirchenbundes fand, beantragten diese, die Stelle neu auszuschreiben, was vom zuständigen Synodalausschuss allerdings abgelehnt wurde; vgl. Verhandlungen 1928, 41–47.
[70] Verhandlungen 1930, 158.
[71] Vgl. Handbuch der deutschen evangelischen Kirchen 1918 bis 1949. Organe – Ämter – Personen, Bd. 2: Landes- und Provinzialkirchen, bearb. von Karl-Heinz Fix, Carsten Nicolaisen und Ruth Pabst (AKiZ A 20), Göttingen 2017, 39.
[72] Verhandlungen 1930, Bericht an die Landessynode, 19.
[73] Verhandlungen 1919, 42f. Zum Folgenden vgl. Verhandlungen 1921, Anlage 1: Bericht an die Landessynode 1921, 16.

Pressestelle nahm im Herbst 1920 ihre Arbeit auf. Ihr gehörten der Pressereferent des EOK, Oberkirchenrat Richard Nutzinger, und als Geschäftsführer Pfarrer Friedrich Hindenlang an. Hindenlang, bisher Pfarrer der Paulusgemeinde in Karlsruhe, der den Evangelischen Gemeindeboten für die Stadt Karlsruhe betreute[74] und auch schriftstellerisch[75] tätig war, brachte für seine neue Arbeit die besten Voraussetzungen mit. Er musste dafür freilich sein Gemeindepfarramt aufgeben und wurde als *landeskirchlicher Pfarrer ohne Gemeindeamt* berufen. Zugleich führte er auch die Geschäfte des Pressverbandes, der insbesondere durch die Produktion von Flugblättern (besonders wirkungsvoll war das Flugblatt zur religiösen Kindererziehung) und die Herausgabe von Informationsbroschüren, Festschriften (z. B. Luthergedichte zur Lutherfeier und ein Büchlein zum Jugendsonntag) und Kunstmappen hervortrat. Hindenlang versorgte auch die kirchliche und außerkirchliche Presse mit kirchlichen Nachrichten und Artikeln. Zu den aktuellen Fragen stellte er Handreichungen und Bausteine für Vorträge zur Verfügung. Auch die Fragen des Filmtheaters, des geistlichen Laienspiels und des Rundfunks fielen in die Zuständigkeit des Presseamtes. Für die Kommunikation zwischen den Vertretern der Ortsgemeinden schuf er die „Evang.-kirchlichen Nachrichten", die mit einer Auflage von 13.000 Exemplaren verbreitet wurden.[76] Die Arbeit der Pressestelle wurde vielerorts als vorbildlich wahrgenommen und schärfte die Wahrnehmung der Kirche in der Öffentlichkeit. Dennoch erntete auch das Presseamt auf der Landessynode vom März 1925 deutliche Kritik.[77] Auch die Unterstützung der Öffentlichkeitsarbeit der kirchlichen Einrichtungen gehörte zu den Aufgaben des Presseamtes. Ein Ausbau der kirchlichen Pressearbeit in die Bezirke hinein, um auch dort größeren Einfluss auf die Berichterstattung über kirchliche Themen ausüben zu können, stieß an logistische und vor allem personelle Grenzen. Dennoch konnte der Synodale Paret die kirchliche Pressearbeit 1930 folgendermaßen würdigen: *Die Presse ist heute die öffentliche Kanzel, deren Predigt weiter dringt als alle Wortverkündigung in den Kirchen.*[78] 1932 wurde das Presseamt mit dem Sozialamt zusammengeführt.

Der ersten „Welle" der Einrichtung landeskirchlicher Pfarrämter 1919/20 folgte 1924 ein zweiter Schub landeskirchlicher Ämter und Dienste.

6. Apologetische Landeszentrale

Die religionskritischen und -feindlichen Strömungen des Zeitgeistes, wie sie etwa im Zusammenhang der Verfassungsdiskussion des Jahres 1919 aufgetaucht waren, hatten

---

[74] In Karlsruhe erschien seit 1909 wöchentlich der Evangelische Gemeindebote für die Stadt Karlsruhe (Bestand: LKB Y 124). In Mannheim gab es seit 1925 mit dem Evangelischen Gemeindeblatt für die Stadt Mannheim (Bestand: LKB Y 144) dann auch ein wöchentlich erscheinendes Organ.
[75] Vgl. beispielsweise Friedrich Hindenlang, Der heilige Krieg, Karlsruhe 1914; noch 1914 erschien eine zweite Auflage. Der SWB weist 34 Einträge zu Friedrich Hindenlang nach.
[76] Vgl. Verhandlungen 1930, Bericht an die Landessynode, 19f.
[77] Verhandlungen 1925, 21.
[78] Verhandlungen 1930, 158f, Zitat: 158.

auch die badische Landeskirche nachhaltig verunsichert. Sie sah sich daher zum *Abwehrkampf gegen die religionsfeindlichen und widerevangelischen Strömungen der Zeit* aufgerufen.[79] Zu diesem Zweck wurde eine Apologetische Landeszentrale für die evangelische Kirche in Baden eingerichtet, deren Leitung dem 1862 geborenen Gymnasialprofessor a.D. Albert Weckesser übertragen wurde.

Die Apologetische Landeszentrale verstand sich als Auskunftsstelle im *Geisteskampf der Gegenwart*[80], also für alle Fragen der antireligiösen Strömungen und Angriffe und vermittelte den Gemeinden auch Vortragende zu einschlägigen Themen. Die Vernetzung mit den anderen apologetischen Stellen innerhalb der DEK bildete ein tragfähiges Fundament für etwaige Auseinandersetzungen.[81] Die Apologetische Landeszentrale führte für die Vertreter der Kirchenbezirke Kurse durch.[82] Viele Berichte thematisieren die theologische Auseinandersetzung mit dem Chiliasmus, der Anthroposophie, der Christlichen Wissenschaft, der Sexualethik, aber auch mit der von der Römisch-katholischen Kirche aufgeworfenen „Mischehenordnung", die eine erhebliche Belastung des ökumenischen Miteinanders darstellte.[83] Im Laufe des Jahres 1925 wurden 82 Vorträge bei Gemeindeabenden gehalten. Vom 23.–25. September 1925 fand eine apologetische Tagung statt, die von 50 Pfarrern der Landeskirche besucht wurde.[84]

Der apologetische Dienst der Landeskirche genoss höchste Anerkennung. Auch die Apologetik sei zwar *nicht imstande [...], Tod und Schlaf in geistliches Leben umzuschaffen*, doch könne sie immerhin *gewisse Hilfsdienste leisten und Hemmungen aus dem Wege räumen*. Eine wichtige Rolle wurde der Apologetik insbesondere in der Auseinandersetzung zwischen der Wissenschaft und dem christlichen Glauben beigemessen.[85] Um die gebildeten evangelischen Laien anzusprechen, wurde auf Initiative der Apologetischen Zentrale 1927 eine evangelische Akademikervereinigung gegründet.[86] Im – undatierten – Gründungsaufruf heißt es, die Vereinigung verfolge als Ziel die *Schaffung einer Führerschicht aus den Kreisen der Gebildeten*, um dem *Geist der Zersplitterung und Zersetzung, dem subjektivistischen Meinungszwist, der relativistischen Gleichgültigkeit und Trägheit, der nihilistischen Verneinungs- und Zerstörungslust, sowie der Herabsetzung des Protestantismus entgegenzutreten*.[87] Ortsgruppen bildeten sich in Freiburg, Heidelberg, Karlsruhe und Pforzheim. Im Laufe des Jahres 1928 wurden auch die Akademiker in den mittleren und kleineren Städten sowie auf dem Lande zum Beitritt aufgefordert. Für den Zusammenschluss auf Reichsebene und die Herausgabe eines Nachrichtenblattes wurde die Unterstützung des Oberkirchenrats erbeten. Im März 1930 erschien der erste Rundbrief der Evang. Akademiker-Vereinigung in Baden. Insgesamt blieb die Wirksamkeit der Akademi-

---

[79] Wie Anm. 73.
[80] Zitat: Verhandlungen 1926, 87.
[81] Bericht an die Landessynode 1924, 8. Vgl. auch die Ausführungen von Kirchenpräsident Ludwig Muchow im September 1924, in: Verhandlungen 1924, 1–3.
[82] Hierzu und zum Folgenden Walter Schnaiter, Apologetik – Akademikerschaft – Volksmission. Drei Bestände im Landeskirchlichen Archiv Karlsruhe, in: JBKRG 10 (2016), S. 283–287, hier: 283–285.
[83] Vgl. hierzu Verhandlungen 1921, 60, 63f. Die Landessynode 1930 beschäftigte sich ausführlich und kritisch mit einem Hirtenbrief zur Mischehenfrage; vgl. Verhandlungen 1930, 87–90.
[84] Bericht zu dem Bericht ... an die Landessynode 1926, 8.
[85] Verhandlungen 1926, 86f.
[86] Bericht zu dem Bericht ... an die Landessynode 1926, 8.
[87] LKA 163.08, Nr. 3. Zum Bestand vgl. Schnaiter, Apologetik (wie Anm. 82), 285–286.

ker-Vereinigung hinter den Erwartungen zurück, führte sie doch *ein sehr bescheidenes und allzu verborgenes Leben*.[88]

In den Zusammenhang der apologetischen Arbeit ist auch die kirchliche Volksmission[89] einzubeziehen, die schließlich in die Gründung des Volksmissionarischen Amtes der Landeskirche im Jahre 1933 unter der Leitung von Pfarrer Friedrich Adolf Hauß mündete.[90]

7. Krankenhausseelsorge

1924 richtete die Melanchthongemeinde in Mannheim, in deren Parochie das Städtische Krankenhaus lag, an die Bezirkssynode den Antrag, an diesem Krankenhaus *aus Gründen der Seelsorge ein besonderes Pfarramt aus landeskirchlichen Mitteln zu errichten*, den diese an die Landessynode weiterleitete.[91] Die Verknüpfung der Aufgaben der Krankenhausseelsorge mit einem Gemeindepfarramt hatte sich trotz der Unterstützung durch einen Vikar als undurchführbar erwiesen, weil beide Aufgabenbereiche darunter litten. Der Antrag wurde vom Synodalausschuss insofern erweitert, als er nicht nur für Mannheim, sondern für alle Städte mit großen Krankenhäusern (neben Mannheim auch Heidelberg, Karlsruhe und Freiburg) diesen Bedarf anerkannte. Damit war auch eine neue Wertschätzung der Bedeutung der Seelsorge in den Krankenhäusern verbunden. Der Antrag wurde einstimmig angenommen; offen blieb allein die Frage, in welcher Weise die betroffenen Gemeinden einen *angemessenen Beitrag dazu leisten* könnten oder sollten.[92]

Bis 1926 waren in den genannten Städten die Krankenhausseelsorgestellen errichtet und mit landeskirchlichen Pfarrern (Friedrich Kiefer in Mannheim, Hermann Sprenger in Karlsruhe und Karl Ludwig Spitzer in Heidelberg) bzw. in Freiburg auf Vertragsbasis mit einem ehemaligen Missionar, Pfarrer Karl Gutekunst, besetzt.

Die Krankenhausseelsorge wurde als Wohltat empfunden, denn endlich konnten die Kranken *in ausreichendem Maße seelsorglich bedient werden*. Das bedeutete für die Gemeindepfarrer ja nicht nur eine Arbeitsentlastung, sondern auch – und das war viel wichtiger – eine *Gewissensentlastung*, wenn sie nicht mehr besorgt sein mussten, gerade gegenüber in besonderer Weise Hilfsbedürftigen aufgrund von Zeitmangel im seelsorglichen Dienst nicht zu versagen.[93] Dennoch wird aber noch 1930 selbstkri-

---

[88] Verhandlungen 1930, Bericht an die Synode, 4.
[89] Vgl. hierzu allgemein Volker Herrmann, „Das geht Dich an!" – Volksmission in der ersten Hälfte des 20. Jahrhunderts, in: Die Macht der Nächstenliebe. Einhundertfünfzig Jahre Innere Mission und Diakonie 1848–1998, hg. von Ursula Röper und Carola Jüllig, Berlin 1998, 216–221.
[90] Vgl. hierzu Schnaiter, Apologetik (wie Anm. 82), 286f; vgl. auch die Hinweise in: Bericht zu dem Bericht … an die Landessynode 1926, 8 über die volksmissionarische Tätigkeit Pfarrer Bauers im Jahre 1925.
[91] Verhandlungen 1924, 24.
[92] Ebd., 24–26; Zitat 24.
[93] Bericht an die Landessynode 1927, 6. Vgl. auch Verhandlungen 1930, Bericht an die Synode, 10.

tisch vermerkt, dass die *seelsorgliche Versorgung in den großen Krankenhäusern insgesamt noch unzulänglich* sei.[94]

8. Professionalisierung der Ausbildung in der Kirchenmusik

Die Kirchenmusik als ein wichtiger Aspekt der Verkündigung wurde nach dem Ersten Weltkrieg in ein neues Licht gerückt. Die Ernennung des Heidelberger Universitätsmusikdirektors Hermann Poppen (1885–1956)[95] zum Landeskirchenmusikdirektor im Jahr 1919 kam zwar den Bemühungen um eine neue Agende zugute, zeigte mit Blick auf die Ausbildung der Kirchenmusiker zunächst aber keinen weiter führenden Effekt.

In der Sitzung der Landessynode am 8. Oktober 1924 stellte die Kultuskommission, die sich mit der Erstellung einer neuen Agende befasste, den Antrag, eine Kirchenmusikalische Kommission für die Landeskirche ins Leben zu rufen, um das *zu einem gewissen Stillstand gekommene* kirchenmusikalische Leben in der Landeskirche zu fördern und anzuregen. Darin sollte sie die Arbeit des Landeskirchenmusikdirektors unterstützen. Der Berichterstatter Pfarrer Dr. Otto Frommel aus Heidelberg vermisste die erquickende und belebende Wirkung der Kirchenmusik eines J. S. Bach und anderer im praktischen Leben der Gemeinden, die geprägt sei durch *kümmerliches und armseliges Orgelspiel* und *einen dürftigen Gemeindegesang*, hin und wieder auch einmal Chorgesang. Frommel erinnerte an die Notwendigkeit kirchenmusikalischer Fortbildung, die notwendige Revision des Orgelchoralbuchs und die Schaffung eines Orgel-Vorspielbuchs. Der Kommission sollten der Landeskirchenmusikdirektor und der Vorsitzende des Landeskirchengesangvereins per Amt angehören, die übrigen Mitglieder sollten durch die Kirchenregierung ernannt werden.[96] Vorsitzender des Kirchenmusikalischen Ausschusses wurde der Liberale Karl Hesselbacher; neben Poppen waren Wilhelm Baumann, Hauptlehrer i.R. aus Durlach, Hermann Eckert, Gymnasiallehrer und Organist in Mannheim, Jörg Erb, Hauptlehrer in Haslach, der Theologe Prof. D. Dr. Otto Frommel, Pfarrer an der Christuskirche in Heidelberg und ord. Honorarprofessor für Praktische Theologie an der Universität Heidelberg, Kirchenmusikdirektor Arno Landmann, Organist an der Christuskirche in Mannheim, Hauptlehrer Wilhelm Seitz in Schopfheim und der Religionslehrer Gymnasialprofessor Lic. Paul Sturm in Karlsruhe Mitglieder des Ausschusses.[97]

Im März 1925 brachte die Kirchenmusikalische Kommission den Antrag in die Synode ein, einen hauptamtlichen Landeskirchenmusikdirektor zu berufen. Es gab nicht nur einen Mangel an Organisten, sondern auch die Qualität des Orgelspiels ließ

---

[94] Verhandlungen 1930, 133.
[95] Zu Poppen vgl. Thomas Schlage, Hermann Meinhard Poppen (1885–1956). Als Musiker und als Landeskirchenmusikdirektor eine zur Führung bestimmte Persönlichkeit, in: Lebensbilder aus der evangelischen Kirche in Baden, Bd. V: Kultur und Bildung, hg. von Gerhard Schwinge, Heidelberg u. a. 2007, 333–363, hier bes. 342f.
[96] Verhandlungen 1924, 38f.
[97] Die Namen im Handbuch (wie Anm. 71), 42.

vielfach zu wünschen übrig. Durch entsprechende Kurse sollte der Landeskirchenmusikdirektor den Problemen abhelfen, zumal die Orgelausbildung an den Lehrerseminaren und der Organistendienst von Lehrern stark rückläufig waren.[98]

Der Antrag wurde auf die nächste Synode vertagt. Anstelle eines hauptamtlichen Landeskirchenmusikdirektors wurde dem bisherigen LKMD Poppen ein Assistent bewilligt. Zur Synode im Mai 1926 legte Hermann Poppen eine Denkschrift vor, die in dem Antrag auf Gründung eines kirchenmusikalischen Instituts an der Universität Heidelberg gipfelte.[99] Ausgangspunkt war die Feststellung, dass die *kirchenmusikalische Schulung und Ausbildung* der Lehrer, die bisher ganz überwiegend die Träger des Orgeldienstes gewesen waren, durch neue Studienordnungen *mehr oder weniger dem Zufall und Willkür* preisgegeben seien. Der Notlage stand ein gesteigerter Bedarf entgegen: Zum einen durch eine *Steigerung der Ansprüche an die kirchenmusikalischen Leistungen der Organisten und Dirigenten*, zum anderen ein *erwachendes liturgisches Interesse der Geistlichen*, zum dritten *ein Verlangen der Gemeinden nach guter kirchlicher und religiöser Musik* und nicht zuletzt *ein größerer Eifer vonseiten vieler Organisten und Dirigenten* und der *Wunsch nach besserer Ausbildung*, den das bisherige Kurs-System nicht befriedigen konnte. Die einzig sinnvolle Lösung bestand also in einer *systematische*[n] *Ausbildung in Kirchenmusik*, wie sie nur ein kirchenmusikalisches Institut leisten konnte. Für Heidelberg als Stätte der kirchenmusikalischen Ausbildung sprach die dort vorhandene Infrastruktur mit dem Lehrstuhl für Musikwissenschaft und den relevanten Beständen der Universitätsbibliothek und der musikhistorischen und praktisch-theologischen Bibliotheken. Auch Orgeln zum Üben standen in ausreichendem Maße zur Verfügung. Der Lehrbetrieb sollte überwiegend durch nebenamtliche Lehraufträge wahrgenommen werden. Der Zusammenhang der Initiative des Kirchenmusikalischen Ausschusses mit den aktuellen Bestrebungen einer reicheren Gestaltung der Gottesdienste begünstigte das Anliegen, so dass der Antrag zur „Begründung" eines kirchenmusikalischen Instituts in Heidelberg einstimmig an die Kirchenregierung zur Umsetzung weitergeleitet wurde. Damit war eine wesentliche Aufgabe des Kirchenmusikalischen Ausschusses erfüllt. Nachdem 1927 auch die vom Ausschuss angeregte *Schaffung eines Beihefts zum amtlichen Präludienbuch* mit einer *Sammlung von Choralvorspielen nebst kurzen Einleitungen und Ausklängen* auf den Weg gebracht war,[100] hat der Ausschuss 1927 seine Tätigkeit eingestellt.

1931 erfolgte schließlich die Gründung des Kirchenmusikalischen Instituts in Heidelberg. Die Leitung wurde Landeskirchenmusikdirektor Hermann Poppen übertragen, als Dozenten wurden mit Oskar Deffner, Wolfgang Fortner, Herbert Haag und Walter Leib erstklassige Kräfte gewonnen. Gut ausgebildete Kirchenmusiker sollten den Pfarrern sozusagen auf Augenhöhe begegnen können, Musik und Theologie sollten im Sinne der kirchenmusikalischen Erneuerung im Gottesdienst eine Einheit bilden. Dienst am Gottesdienst hieß die Losung.[101]

---

[98] Verhandlungen 1925, 17f.
[99] Hierzu und zum Folgenden Verhandlungen Mai 1926, 78–80.
[100] Verhandlungen 1927, 35.
[101] Vgl. Schlage, Poppen (wie Anm. 95), 353–355.

9. Studentenseelsorge und sonstige Dienste

Als Defizit wurde im Bericht an die Synode 1927 noch das Fehlen von Studentenseelsorgestellen formuliert.[102] Bereits 1928 wurde Dr. Andreas Duhm die Studentenseelsorgestelle in Heidelberg übertragen. In Freiburg hingegen konnte die Stelle des Studentenseelsorgers aus Mangel an geeigneten Geistlichen nicht besetzt werden. Im Bericht an die Synode 1930 heißt es: [D]*ie Methode, nach der der Dienst der Kirche an den Studenten geschehen soll,* [ist] *noch ein stark umstrittenes Problem. Eine einigermaßen ausreichende Erfahrung ist in keiner Landeskirche vorhanden. Es sind überall tastende und unsichere Versuche. Auch fehlt es nicht an Stimmen, die den Seelsorgedienst an den Studenten überhaupt für ein sehr gewagtes Experiment halten und der ganzen Sache höchst kritisch gegenüberstehen.*[103] An keiner anderen Stelle erweist sich die Einrichtung eines neuen Seelsorgeamtes – wie auch die damit verbundenen Schwierigkeiten – so sehr als Neuland wie in der Studierendenseelsorge. Indem man auf die gesellschaftlichen Herausforderungen der Zeit einzugehen bereit ist, erweist sich kirchliches Handeln hier als „modern" im besten Sinne.

Eine Besonderheit stellt das 1923 geschaffene Amt eines kirchlichen Evangelisten dar. Auch hier übernahm die Landeskirche eine Verpflichtung, die bisher auf Vereinsbasis organisiert worden war. Seit 1921 hatte der Hilfsgeistliche Artur Bauer diese Arbeit ausgeübt. Durch seine Übernahme unter die badischen Pfarrkandidaten, konnte er seine Arbeit nun im landeskirchlichen Dienst forstsetzen.[104]

Mit Beschluss der Landessynode vom März 1925 wurde auch die Arbeit der Kirchenhistorischen Kommission unterstützt.[105]

Ein Zug der neuen Selbstständigkeit und Eigenverantwortlichkeit der Kirche waren auch die Schaffung eines Kirchlichen Dienst- bzw. Disziplinargerichts ab 1920 und eines Kirchlichen Verwaltungsgerichts ab 1928.[106]

10. Schlussbemerkungen

Die Errichtung von landeskirchlichen Pfarrstellen für Sonderaufgaben hatte sich bewährt. 1926 gab es 18 Pfarrer der Landeskirche im Sinne des § 69 der KV. Zu diesen

---

[102] Bericht an die Landessynode 1927, 6; das hatte sich auch 1930 noch nicht geändert; vgl. Verhandlungen 1930, 133.
[103] Vgl. Verhandlungen 1930, Bericht an die Synode 10; zu Duhm, der sich in der NS-Zeit zu einem radikalen Deutschkirchler entwickelte, vgl. Wennemuth, Mannheim (wie Anm. 24), 425–430; zum Ganzen vgl. LKA GA 9746; in Karlsruhe gab es von 1927–1928 den „Karlsruher Studentendienst e.V." (GA 4868) und auch eine Studentenfürsorge stand von 1924–1933 im Focus der Landeskirche (LKA GA 3783).
[104] Verhandlungen 1924, Bericht an die Landessynode 1924, 8; GVBl. 1923, 34f.
[105] Vgl. Verhandlungen März 1925, 20. Vgl. hierzu auch Gustav-Adolf Benrath, 75 Jahre Verein für Kirchengeschichte in der Evangelischen Landeskirche in Baden, in: Die Union Nr. 12, Dez. 2003, 137–144.
[106] GVBl. 1928, 42; vgl. auch Handbuch (wie Anm. 71), 43f.

Pfarrern zählten auch neun hauptamtlich angestellte Religionslehrer an Fortbildungs- und Fachschulen.[107]

Zwar gab es auch immer wieder Kritik an der Spezialisierung der kirchlichen Versorgung in den Gemeinden, aber letztlich bestand ein breiter Konsens, dass ohne Fachkräfte die vielfältigen Aufgaben besonders im sozialen Bereich nicht zu bewältigen waren. Und in der Tat muss der Akzent auf den Begriff „Fachkraft" gelenkt werden und weniger auf die Tatsache der Etablierung landeskirchlicher Sonderpfarrämter. Was wir in den 1920er Jahren beobachten können, ist eine zunehmende Professionalisierung der Arbeit in der Kirche, sowohl mit Bezug auf die differenzierte Aufgabenbeschreibung, als auch mit Blick auf die Etablierung von speziellen Ausbildungszweigen für soziale Berufe im Raum der Kirche.

Wir konstatieren eine deutliche Zunahme der Fachkenntnisse bei der Erfüllung der kirchlichen Aufgaben, ohne dass die geistliche Dimension der kirchlichen Arbeit oder der Aspekt der innergemeindlichen Bindekräfte und Kommunikationsstrukturen vernachlässigt würde. Das zeigt sich besonders im Beruf der Gemeindehelferin, die zu einem unverzichtbaren Bindeglied zwischen Gemeinde und Pfarrer werden sollte. Sie genoss durch ihren alltäglichen Kontakt mit den Gemeindegliedern ein breites Vertrauen, das auch darin bestand, dass man wusste, dass vertrauliche Informationen dann an das Ohr des Pfarrers gelangten, wenn man seine Hilfe brauchte. Wie in der Krankenhausseelsorge bedeutete auch dies eine Art „Gewissensentlastung" des Pfarrers, wenn er nur mit den Fällen konfrontiert wurde, in denen sein Eingreifen auch erforderlich war.

Auf die neuen Herausforderungen in der Gesellschaft reagierte die Kirche flexibel und mit der Anpassung von Strukturen, wo dies erforderlich war. Hatte man um 1900 auf das explosive Wachstum einiger Städte mit neuen Formen der Gemeideorganisation reagiert und so zunächst das Parochialprinzip flächendeckend durchgesetzt und mit der Sprengelverfassung 1919 auch rechtlich begründet,[108] so reagierte die Kirche auf die Ausdifferenzierung der Aufgabengebiete mit Sonder(pfarr)ämtern und Professionalisierung.

Bezeichnend ist, dass der Modernisierungsschub der Landeskirche durchaus verträglich war mit einer deutlich konservativen Grundhaltung der Kirche und ihrer Repräsentanten. Das zeigt sich unter anderem darin, dass das der volkskirchlichen Klientel geschuldete kirchliche Sozialamt auch nach problematischen Erfahrungen mit dem Amtsinhaber beibehalten wurde, auch wenn bei der Besetzung die positive Mehrheit ihren Kandidaten durchsetzte. Ob damit noch die intendierte Wirksamkeit des Amtes garantiert war, steht auf einem anderen Blatt.

Wesentlich ist letztlich, dass die Kirche auf die Herausforderungen der Zeit konstruktiv und innovativ reagierte. Diese Feststellung ist auch dort gültig, wo die neuen Strukturen unter anderen Vorzeichen auch missbraucht werden konnten, so wenn die Konzentration der Jugendarbeit deren Überführung in die HJ begünstige oder die Erfolge der kirchlichen diakonischen Arbeit der NSV zugutekamen.

---

[107] Vgl. Bericht zum Bericht ... an die Landessynode 1926, 8.
[108] Vgl. hierzu am Beispiel Mannheims Wennemuth, Mannheim (wie Anm. 24), 189–192.

Veränderung und Beharrung in der liturgischen Bewegung in der badischen Landeskirche der Weimarer Zeit

Heike Wennemuth

Am 1. Advent 1930 trat die neue Agende, das „Kirchenbuch für die Vereinigte evangelisch-protestantische Landeskirche Badens"[1], in Kraft. Bis dahin war offiziell die Agende von 1877[2] gültig. Dieser lange Zeitraum ihrer Verwendung war keineswegs vorgesehen und tatsächlich wurde die Benutzung der 1877er Agende schon lange nicht mehr praktiziert.

1. Zur Ausgangslage

Schon 1909 hatte die Generalsynode den Wunsch ausgesprochen, *es möge die Agende [vom Jahre 1877] einer Revision in der Weise unterzogen werden, daß sie in ihrem Inhalt nach den jetzt vorhandenen kultischen Bedürfnissen erweitert und ergänzt und in ihrer Form dem liturgischen Geschmack und Takt unserer Zeit entsprechend überarbeitet werde.*[3]

Vorgesehen war eine grundlegende Überarbeitung der Agende, ein Ergebnis wurde wegen des Arbeitsaufwandes nicht vor der nächsten Generalsynode, die erst für 1914 einberufen wurde, erwartet. Anstelle des verstorbenen Heinrich Bassermann übernahm Johannes Bauer, Universitätsprofessor und Direktor des praktisch-theologischen Seminars in Heidelberg, der dem kirchlichen Liberalismus zuzuordnen ist,

---

[1] Kirchenbuch für die Vereinigte evangelisch-protestantische Landeskirche Badens, Teil 1–2, Karlsruhe 1930.
[2] Kirchenbuch für die evangelisch-protestantische Kirche im Großherzogthum Baden [Bearb. von Reinhard Schellenberg], Teil 1–3, Karlsruhe 1877 (2. Ausg. 1888, 3. Ausg. 1901).
 Zu den Agenden vgl. Frieder Schulz, 150 Jahre Gottesdienst in Baden. Die agendarischen Ordnungen der Unionskirche, in: Vereinigte Evangelische Landeskirche in Baden 1821–1971. Dokumente und Aufsätze, im Auftrag des Oberkirchenrates hg. von Hermann Erbacher, Karlsruhe 1971, 267–328, bes. 274–277, 283–285, sowie die Auswahl-Bibliographie ebd., bes. 753f.
[3] Verhandlungen der Landessynode der Vereinigten evangelisch-protestantischen Landeskirche Badens, Ordentliche Tagung vom Mai/Juni 1930, Karlsruhe 1931, Anlage IX: Bericht des Kirchenbuch-Ausschusses, 1. Vgl. auch: [Bauer, Johannes], Kirchenbuch für die evangelisch-protestantische Kirche im Großherzogtum Baden (Entwurf), Karlsruhe 1912, III. Vgl. auch: Kirchenbuch 1930, Teil 1 (wie Anm. 1), XI.
 Die Verhandlungen der Generalsynoden bzw. seit 1921 Landessynoden werden künftig zitiert mit Verhandlungen und der Angabe des Jahres der Synodaltagung.

schließlich diese Aufgabe, die er im Einvernehmen mit dem Oberkirchenrat ausführte.[4]

1912 wurde Bauers Entwurf gedruckt und den Diözesansynoden und Kirchengemeinderäten zur Kenntnisnahme und gegebenenfalls zur Rückmeldung vorgelegt.[5] 1914 stimmte die Generalsynode diesem Entwurf – abgesehen von der Bekenntnisfrage – zu.

Die Bekenntnisfrage war ein heftig umstrittener Punkt. Es ging darum, ob das Apostolische Glaubensbekenntnis bei Taufe und Konfirmation verpflichtend gesprochen werden müsse, da Gemeindeglieder und auch Pfarrer, die einer liberalen kirchlichen Haltung zuneigten, sich dadurch in Gewissensnot gedrängt sahen. Die Liberalen setzten sich für freiere Formen ein, z. B. den referierenden Vortrag des Bekenntnisses oder vor allem für ein sogenanntes biblisches Bekenntnis, das Biblicum. Der Antrag, ein Biblicum einzuführen, wurde mit knapper Mehrheit angenommen, aber erhielt 1914 nicht die Sanktion durch den Landesbischof und wurde auch nach dem Krieg nicht rechtswirksam.[6] Doch auch auf der Landessynode 1930 kommt es in der Sitzung, in der über den vorgelegten Agendenentwurf abgestimmt werden sollte, in der Aussprache zu umfangreichen Diskussionen, die die Bekenntnisfrage betrafen.[7] Einer der Redner, Kirchenrat Georg Koppert, wies darauf hin, dass das, *was sich darüber* [i.e.: die Bekenntnisfrage bzw. „Apostolikumsdebatte"] *sagen läßt, […] in diesem hohen Hause nun schon in Jahrzehnten wiederholt geschehen* sei.[8] Schließlich wurde der Kompromissvorschlag der Liberalen, der sowohl den Bekenntnisstand der Landeskirche als auch *die gewissensmäßige Freiheit der Gemeindeglieder und des einzelnen Geistlichen* berücksichtigte, angenommen.[9]

Noch auf der Generalsynode 1914 wurde ein Ausschuss eingesetzt, der den Entwurf Bauers von 1912 überarbeiten sollte. Auch der alternative Agendenentwurf der „Evangelischen Konferenz in Baden"[10], einem Zusammenschluss Kirchlich-Positiver Theologen, sollte als *wertvolles Material* mit einbezogen werden.[11]

Einstimmig in die Agendenkommission gewählt wurden:[12] Prof. Dr. Johannes Bauer und Pfarrer Karl Hesselbacher für die Liberalen, Pfarrer Karl Bender und Pfarrer Adolf Herrmann für die Positiven sowie Pfarrer Hermann Maas und Pfarrer Julius Kühlewein als Vertreter. Somit waren die beiden größten Fraktionen, von denen jeweils ein Entwurf für eine neue Agende vorgelegt worden war, paritätisch vertreten.

---

[4] Vgl. Kirchenbuch 1930, Teil 1 (wie Anm. 1), XI; Kirchenbuch 1912 (wie Anm. 3), IIIf. Zu Johannes Bauer vgl. Friedrich Karl Schumann, Bauer, Johannes, in: Neue Deutsche Biographie 1 (1953), S. 640 f.; Onlinefassung: URL: http://www.deutsche-biographie.de/ pnd118653725.html (aufgerufen am 1.3.2019).

[5] Kirchenbuch 1912 (wie Anm. 3), IV.

[6] Vgl. Verhandlungen 1921, 40; vgl. auch Verhandlungen 1930, Anlage IX, 1f.

[7] Verhandlungen 1930, 215–249. Kirchenpräsident Wurth hoffte bei der Eröffnung der Synode, dass die Aussprache kein größeres Ausmaß finden würde, vgl. ebd., 2.

[8] Verhandlungen 1930, 233.

[9] Verhandlungen 1930, 227, 250; Kirchenbuch 1930, Teil 1 (wie Anm. 1), XIIf.

[10] Kirchenbuch für die evangelisch-protestantische Gemeinden. Unter besonderer Berücksichtigung der liturgischen Überlieferung in der Badischen Landeskirche in Verbindung mit den Pfarrern Bender-Schatthausen, Dr. Eissenlöffel-Rosenberg, Götz-Heidelberg, Herrmann-Wilferdingen, Jacob-Offenburg, Kühlewein-Karlsruhe, Meerwein-Durmersheim, Scheel-Böblingen, Wurth-Bretten bearb. von Hermann Greiner, hg. von der Evangelischen Konferenz in Baden, Leipzig 1915.

[11] Verhandlungen 1930, Anlage IX, 1; Kirchenbuch 1930, Teil 1 (wie Anm. 1), XI.

[12] Verhandlungen 1914, 396.

Die beiden Fraktionen, so zeigt es sich auch in ihren Veröffentlichungen zur Agendenreform, hatten unterschiedliche Ansätze und Ziele.

Kriegsbedingt verzögert stellte der Ausschuss erst im Laufe der zweiten Hälfte des Jahres 1915 den neuen Entwurf fertig.[13] Weitere Verhandlungen und Beschlüsse darüber verschob man jedoch auf die Zeit nach dem Krieg – noch in der Erwartung, dass er bald vorüber sein würde.[14]

In der Generalsynode am 18. Oktober 1918 wurde schließlich eine „Liturgische Konferenz" eingesetzt mit folgenden Mitgliedern: Dr. Ludwig Eissenlöffel als Vorsitzender, Pfarrer Dr. Karl Anton, Oberlehrer Wilhelm Baumann, Direktor Dr. Friedrich Fath, Oberlehrer Hecker, Pfarrer Karl Hesselbacher, Professor Karl Kneucker, Pfarrer Lizenziat Karl Friedrich Kühner, Pfarrer Julius Kühlewein, Dekan Otto Maurer und Pfarrer Albrecht Schäfer.[15]

In der Schlusssitzung am 18. Juni 1919 stellte der Präsident des Oberkirchenrats, Dr. Eduard Uibel, zusammenfassend fest: *Trotz des Krieges ist es uns gelungen […], die Agendenfrage bis an das letzte Gedeihen heranzuführen […]*.[16]

Schon vor dem und dann auch im Krieg benutzen etliche Gemeindepfarrer vorwiegend Agenden anderer Landeskirchen oder Privatagenden sowie weitere Gebetbücher, darunter das in mehreren Auflagen erschienene Andachtsbuch „Das Leben im Licht" von Pfarrer Richard Wimmer von 1899, Bauers Agendenentwurf von 1912, der ja gedruckt vorlag, und ferner das von der „Evangelischen Konferenz in Baden" 1915 herausgegebene „Kirchenbuch für evangelisch-protestantische Gemeinden", bearbeitet von Hermann Greiner, das sich als Privatagende verstand, die „Agende für Kriegszeiten", herausgegeben von Karl Arper und Alfred Zillessen 1914/15 oder das ursprünglich für Elsass-Lothringen 1906 herausgegebene „Kirchenbuch für evangelische Gemeinden" von Julius Smend. Die Agende von 1877 war also zu Beginn der Weimarer Republik praktisch außer Gebrauch.[17]

2. Zur Wiederaufnahme der Agendenfrage

a) Landessynode 1921

In der Landessynode 1921[18] wurde am 23. Juni die Frage der Gottesdienstordnung, der Agende und der Liturgischen Konferenz wieder aufgenommen.

In den Gemeinden hatte man eine *gewisse Agendenfreiheit* festgestellt, man sprach auch von *Agendenwillkür*. Zwar bestand die Befürchtung, dass eine straffere Bindung an ein Kirchenbuch nicht mehr möglich sei, die Mehrheit des Kultusausschusses hatte

---

[13] Verhandlungen 1930, Anlage IX, 2. Bender nennt das Jahr 1916, vgl. Verhandlungen 1927, 70.
[14] Vgl. Verhandlungen 1927, 70f.
[15] LKA GA 4190. Ein Schreiben vom 7. Mai 1919 nennt außerdem noch Pfarrer Karl Ludwig Spitzer. Die Mitteilung der Beschlüsse der Liturgischen Konferenz vom 10. Juni 1920 ist außer von den Genannten auch unterzeichnet von Hermann Poppen.
[16] Verhandlungen 1919, 59.
[17] Vgl. auch Verhandlungen 1921, Anlage I, 17.
[18] Ebd., 40f.

aber *die Hoffnung, daß nach der Schaffung einer Agende für die ganze Landeskirche die gewünschte Ordnung wieder einkehre.*[19]

Die Liturgische Konferenz legte der Synode eine Reihe von Anträgen vor, die dann auch einstimmig angenommen wurden, und zwar:[20]

1. Die Herausgabe der responsorisch erweiterten Form *unsrer badischen Haupt- und Nebengottesdienste,*
2. die Herausgabe der *liturgischen Andachten für die Nachmittage oder Abende der Festtage und Festzeiten* (beides als Anhang zum Gesangbuch),
3. die Herausgabe eines Heftes *für die Organisten, enthaltend die Vertonungen der liturgischen Stücke* als Anhang zum Choralbuch,
4. die Herausgabe eines Handbuchs *für die Geistlichen mit den Bibelstellen und Gebeten für die liturgischen Andachten* als Anhang zur Agende.

Die Erarbeitung und Bereitstellung dieser Hilfsmittel gründeten auf der Feststellung, *daß in vielen Gemeinden der Wunsch nach Bereicherung des Gottesdienstes, auch nach liturgischen Andachten sich rege.*[21]

Der Oberkirchenrat erteilte den Gemeinden, die es wünschten, die Erlaubnis zur Feier liturgischer Andachten. *Nur dürfe dabei über ein gewisses durch den Charakter unsrer badischen Landeskirche gegebenes Maß nicht hinausgegangen werden.* Wichtig war dem Oberkirchenrat auch, *daß nicht* etwa *der Pfarrer seine liturgischen Liebhabereien der Gemeinde aufdränge.*[22]

Die Arbeit der Liturgischen Konferenz wurde vom Kultusausschuss der Landessynode wertschätzend anerkannt. Die Konferenz wurde aufgefordert, *ihre Bestrebungen zur Bereicherung der Gottesdienste fortzusetzen.*

b) Landessynode 1924

Im Bericht für die Landessynode 1924 wurde festgestellt, dass man in der Frage des Kirchenbuchs noch auf demselben Stand sei wie 1921. Aus Visitationsberichten sei zu entnehmen, dass nicht wenige Gemeinden und manche Geistliche liturgischen Neuerungen ablehnend und sogar verständnislos gegenüberstünden. Es wurde betont, dass es darum ginge, *unsere Gemeinden im Brennpunkt ihres religiösen Lebens selbsttätiger und selbständiger zu machen. Evangelische Gottesdienste sollen Gottesdienste der Gemeinde sein, die sie in Anbetung und Bitte, Sammlung um das Wort der Schrift und Bekenntnis zu Gott selber begeht und nicht nur über sich ergehen läßt.*[23]

Die Liturgische Konferenz hatte wunschgemäß unter dem Titel „Anbetungsgottesdienste" einen Entwurf für den liturgischen Anhang zum Gesangbuch vorgelegt. Auch Landeskirchenmusikdirektor Dr. Hermann Poppen, einer der wichtigsten Träger der

---

[19] Ebd., 40.
[20] Ebd.
[21] Ebd.
[22] Ebd.
[23] Verhandlungen 1924, Anlage I, 11.

Erneuerung der evangelischen Kirchenmusik in Baden und darüber hinaus,[24] hatte daran mitgewirkt.

Schwierigkeiten ergaben sich dadurch, dass es aus Kostengründen nicht möglich war, diesen Entwurf zu drucken und so allen Synodalen zur Prüfung und Beurteilung zur Verfügung zu stellen. Er wurde sogar als „Privatarbeit" bezeichnet. Auch wurden vertragsrechtliche Bedenken erhoben, da geplant war, diesen Anhang, wenn auch im noch zu erreichenden Einvernehmen mit dem Verlag M. Schauenburg in Lahr, bei Vandenhoek & Ruprecht in Göttingen drucken zu lassen. Diskutiert wurde, ob die Arbeit lediglich als Materialsammlung für die Zusammenstellung von Gottesdiensten den Pfarrämtern empfohlen werden sollte.

Man einigte sich nach langen Diskussionen auf folgende Entschließung: *Die Landessynode begrüßt das Werk der Liturgischen Konferenz in Baden zur Bereicherung unseres gottesdienstlichen Lebens und ersucht die Kirchenregierung, dieses Werk durch einen namhaften Zuschuß zu unterstützen sowie den Pfarrämtern die Anschaffung aus Fondmitteln nahezulegen.* Doch im nachfolgenden Satz wird auf zwei *Bremskeile* hingewiesen: weder stünden in der Regel Fondsmittel zur Verfügung, noch könnte ein namhafter Zuschuss gewährt werden.[25]

c) „Anbetungsgottesdienste"

Wie ging es mit diesem liturgischen Anhang, den „Anbetungsgottesdiensten" weiter?

Die Liturgische Konferenz für Baden ließ ihre Arbeit nun bei Vandenhoek & Ruprecht drucken. Seit 1923 stand Eissenlöffel mit dem Verlag, der ein gutes Angebot gemacht hatte, in Verbindung. Der Druck erschien 1926 in zwei bzw. drei unterschiedlichen Ausgaben und bot u. a. *eine responsorische Form der Haupt- und Nebengottesdienste und liturgische Andachten für die Festtage und Festzeiten des Kirchenjahres.* Der eine Teil erschien als „Liturgische Beigabe zum Gesangbuch",[26] also als Einlage, der andere, die „Anbetungsgottesdienste", als Beiheft zum Badischen Gesangbuch. Beide Teile erschienen nochmals im gleichen Jahr in einem fast 200 Seiten starken Sammelband als Ausgabe für die übrigen Landeskirchen; hier fügte Eissenlöffel ein ausführliches Vorwort hinzu. Die Titel variieren; die Bezeichnung „Anbetungsgottesdienste" bleibt jedoch.[27]

Angeregt durch Julius Smend, der der sogenannten Älteren Liturgischen Bewegung zuzuordnen ist, sowie durch Rudolf Otto, Gustav Mensching u. a., die zur Jüngeren Liturgischen Bewegung gehören, ging es der Liturgischen Konferenz für Baden

---

[24] Zu Hermann Poppen vgl. Thomas Schlage, Hermann Meinhard Poppen (1885–1956), in: Lebensbilder aus der evangelischen Kirche in Baden im 19. und 20. Jahrhundert, Bd. V: Kultur und Bildung, hg. von Gerhard Schwinge, Heidelberg u. a. 2007, 333–363; vgl. auch den Artikel von Horst Ferdinand, in: Badische Biographien NF 2 (1987), 219–220, jetzt auch in: https://www.leo-bw.de/detail/-/Detail/details/PERSON/kgl_biographien/116268387/Poppen+Hermann+Meinhard (aufgerufen am 4.4.2019).

[25] Verhandlungen 1924, 32f., 38.

[26] Liturgische Beigabe zum Gesangbuch für den Gebrauch in den Gemeindegottesdiensten, bearb. im Auftrage der Liturgischen Konferenz für Baden, Göttingen 1926.

[27] Ludwig Eissenlöffel, Anbetungsgottesdienste und andere liturgische Stücke zur Ergänzung der landeskirchlichen Agenden und Gesangbücher. Zum gottesdienstlichen Gebrauch für die Hand der Gemeindemitglieder bearb. im Auftrage der Liturgischen Konferenz für Baden, Göttingen 1926.

um die responsorische Gestaltung des Gemeindegottesdienstes. In seinem Vorwort stellt Eissenlöffel (sogar in Sperrschrift) fest: *Wir bewegen uns also auf ganz modernen Pfaden, wenn wir in unsern „Anbetungsgottesdiensten" reichlich die Möglichkeit des wechselseitigen Gemeindegebetes geben.* Lange sei vergessen worden, nun beginne man aber wieder lebendig zu empfinden, *daß die Seele des Gottesdienstes die Anbetung ist.*[28]

Ausdrücklich bezieht sich Eissenlöffel im Vorwort auf die Anregungen für seine liturgische Arbeit, die er durch die von Smend und Spitta seit 1896 herausgegebene „Monatschrift für Gottesdienst und kirchliche Kunst"[29] und durch die seit kurzem erscheinenden „Liturgischen Blätter" von Mensching, Otto und Wallau erfahren habe.

In Rezensionen wurden die „Anbetungsgottesdienste" positiv beurteilt. Der zur Jüngeren Liturgischen Bewegung gehörende Paul Graff spricht davon, dass Baden *einen guten und vorbildlichen Schritt vorwärts getan* [habe], *namentlich auch dadurch, daß man endlich den oft geäußerten Wünschen der Liturgen nachkam und auch den Gemeinden neben dem Gesangbuch noch ein Liturgienbuch in die Hand gab.* […] *Hervorzuheben ist der dort übliche Ersatz des allsonntäglichen Kyrie und Gloria durch Bitt- und Lobstrophen, wodurch, ganz abgesehen von erwünschter Abwechslung und vermehrter Betätigung der Gemeinden man auch dem Tagesgedanken mehr gerecht werden kann.* Gelobt werden auch die Andachten, die „Anbetungsgottesdienste" mit ihrem reichen Wechselgesang, der aber auch ohne Chor bewältigt werden könne.[30]

Der Rezensent Hofstaetter aus Magdeburg stellt fest, dass *nun auch* [in Baden] *eine starke liturgische Bewegung eingesetzt* habe. […] *Das Moment der Anbetung und Feier steht im Mittelpunkt und von dem in der modernen liturgischen Bewegung besonders bevorzugten wechselseitigen Gemeindegebet wird reicher Gebrauch gemacht.*[31] Befürwortet wurden die „Anbetungsgottesdienste" auch von Karl Arper und Rudolf Otto, mit denen Eissenlöffel in Kontakt stand.

Es ist bemerkenswert, dass sich heute diese Drucke bibliographisch recht selten nachweisen lassen. Selbst in der Landeskirchlichen Bibliothek Karlsruhe ist nur der Teil vorhanden, der als Beiheft gedacht war, nicht aber die „Liturgische Beigabe zum Gesangbuch" als Einlage und auch nicht der beide Teile enthaltende Druck. Es spricht einiges dafür, dass die so positiv besprochenen „Anbetungsgottesdienste" in der badischen Landeskirche nicht rezipiert wurden.

d) Landessynode 1927

In der Synode 1927 wurde abermals berichtet, dass wegen des Fehlens einer einheitlichen Agende *völlige Willkür* herrsche und sogar in einigen Gemeinden das freie Gebet angewendet werde.[32] Dringend erforderlich sei *eine baldige Schaffung einer neuen*

---

[28] Ebd., Vf, III.
[29] Zur Monatschrift für Gottesdienst und kirchliche Kunst vgl. Jochen Cornelius-Bundschuh, Liturgik zwischen Tradition und Erneuerung. Probleme protestantischer Liturgiewissenschaft in der ersten Hälfte des 20. Jahrhunderts dargestellt am Werk von Paul Graff, Göttingen 1991, 44–51.
[30] Theologische Literaturzeitung 1927, Nr. 16, Sp. 382.
[31] Theologisches Literaturblatt 50, 1929, 76f.
[32] Verhandlungen 1927, Anlage I, 4.

Agende unter der Berücksichtigung der alten von 1877, *des Entwurf des Oberkirchenrats* (also dem von Johannes Bauer 1912) *und des Greinerschen Entwurfs* (also dem der Positiven, gedruckt 1915).[33] Dem widersprach jedoch Pfarrer Karl Bender, der schon im Ausschuss von 1914 mitgewirkt hatte, und forderte, dass man sich zwar mit dem damals zusammengebrachten Material befassen solle, aber vor allem das neu hinzugekommene berücksichtigen sollte. In den oben genannten Entwürfen treffe manches *den Nerv des Empfindens unserer Tage nicht mehr ganz.*[34]

Der Antrag des Ausschusses, *einen achtgliedrigen Ausschuß* zu berufen, *der mit den Vorbereitungen zur Schaffung einer neuen Agende alsbald beginnen soll*, wurde einstimmig angenommen.[35] Dem Ausschuss, in dem alle Fraktionen vertreten waren, gehörten schließlich an: Pfarrer Karl Bender (positiv), Pfarrer Friedrich Jöst (positiv), Kirchenrat Viktor Renner (ernannt), Pfarrer Gustav Rost (positiv), Privatdozent Andreas Duhm, Pfarrer Ludwig Vath (liberal), Jugendpfarrer Heinz Kappes (volkskirchlich) und Hofprediger Kirchenrat Ernst Fischer (landeskirchlich).

e) Landessynode 1930

Zur Tagung im Mai 1930 legte Landeskirchenrat Pfarrer Karl Bender der Landessynode einen Bericht über die Tätigkeit des Kirchenbuchausschusses vor.[36] Ein Beschluss über den Agendenentwurf sollte endlich auf dieser Synode getroffen worden.[37] Das Kirchenbuch wurde schließlich mit allen Stimmen bei sieben Enthaltungen (der Religiösen Sozialisten) angenommen.[38]

Der Bericht – und die anschließende Aussprache – macht Veränderungsbereitschaft und Beharrungstendenzen gleichermaßen deutlich:

Den Grundstock für die Agende bildete Material, das schon 1915 vorlag; dazu kamen Ergänzungen aus den (wie sie hier genannt wurden) „Gebetsgottesdiensten" von Eissenlöffel, weitere Gebete wurden von Ausschussmitgliedern verfasst, sehr Weniges kam aus anderen Quellen hinzu.

Auch bei den Grundsätzen für die Formulierung der Gebete blieb man bei den Vereinbarungen von 1914/15. Gut einigen konnte man sich, wenn man auf Biblisches zurückgriff.

Die Veränderungen im Gemeindeleben berücksichtigte man, indem Formulare für Kindergottesdienste und für besondere Anlässe wie z. B. den Volkstrauertag aufgenommen wurden. Insgesamt wird reichhaltiges Material mit alternativen Entwürfen zur Verfügung gestellt.

Als innovativ kann man wohl den „Liturgischen Wegweiser" betrachten, der dem Kirchenbuch verbindlich beigefügt wurde. Es ging darin nicht nur um die gesprochenen Worte, sondern um die Erzeugung eines *Ehrfurchtsgefühl*[s] *der Gemeinde*

---

[33] Verhandlungen 1927, 70.
[34] Verhandlungen 1927, 70.
[35] Verhandlungen 1927, 70f.
[36] Verhandlungen 1930, Anlage IX.
[37] Verhandlungen 1930, 2.
[38] Verhandlungen 1930, 250; Kirchenbuch 1930, Teil 1 (wie Anm. 1), XIII.

durch Elemente wie die gottesdienstliche Zeit, den Raum und seine Ausstattung und Beleuchtung, die Lebenswelt der Gläubigen, Musik und Kunst.[39]

Insgesamt kann man sagen: Forderungen der Älteren Liturgischen Bewegung, die sich mit Luther und Schleiermacher in einer Linie sieht, wurden aufgenommen, nämlich die Stärkung der Rolle der Gemeinde, das Offenhalten des Gottesdienstes für den gesellschaftlichen Wandel und ein freier Umgang mit dem geschichtlichen Erbe gegen den Agendenzwang.[40] Die Jüngere liturgische Bewegung konnte jedoch kaum Einfluss auf die Agende gewinnen.

Prälat Julius Kühlewein wertete und forderte damit auf: *Nicht Agende, nicht ein Buch, an das wir gebunden sind, sondern liturgische Weiterarbeit!*[41]

---

[39] Vgl. dazu Paul Graff (in: Cornelius-Bundschuh, Liturgik [wie Anm. 29], 133ff).
[40] Vgl. Cornelius-Bundschuh, Liturgik (wie Anm. 29), 55, der sich auf den TRE-Artikel Gottesdienst VIII von Peter Cornehl bezieht.
[41] Verhandlungen 1930, 248.

Sozialdisziplinierung und Katechese zur Erhaltung „guter Polizei" – Die Dorfordnung des Hans Pleickhard von Berlichingen für Neunstetten vom Jahr 1589

Helmut Neumaier

Gleichgültig, wen man als den wichtigsten Träger der Reformation bewertet, ob Fürstenreformation[1] oder – wie G. D. Dickens es sehen wollte – die Glaubensneuerung als „urban event", als Magistratsreformation[2], nie ist bezweifelt worden, dass zwischen ihr und der Intensivierung und Ausweitung der öffentlichen Gewalt ein enger Zusammenhang – genauer – eine Wechselwirkung – bestand: Auf der einen Seite die Schaffung eines lutherischen Kirchenregiments unter Nutzung des politischen Potentials, auf der anderen die Stabilisierung der politischen Macht durch das Obrigkeitsverständnis der Reformatoren; im Ergebnis: Der frühneuzeitliche Obrigkeitsstaat auf dem Fundament eines konfessionell homogenen Untertanenverbandes.[3] Geradezu paradigmatisch wird dies in der Vorrede zur Großen Kirchenordnung des Herzogtums Württemberg von 1559 zum Ausdruck gebracht: *Wie wir uns dann vor Gott schuldig erkennen [...] wie auch des Gott, der Allmechtig, in seinem gestrengen Urteil von uns erfordern würdet, vor allen dingen unser undergebne Landtschafft mit der reinen Leer des heiligen Evangelii, so den rechten friden des Gewissens bringt unnd die hailsame waid z(o)m ewigen Hail unnd Leben ist, versorgen.*[4]

---

[1] Hier nur Manfred Rudersdorf, Die Reformation und ihre Gewinner. Konfessionalisierung, Reich und Fürstenstaat im 16. Jahrhundert, in: Erich Donner (Hg.), Europa in der frühen Neuzeit. Festschrift Günther Mühlpfordt, Köln/Weimar/Wien 2002, 115–142; Ders., Die Generation der lutherischen Landesväter im Reich. Bausteine zur Typologie der deutschen Refomationsfürsten, in: Anton Schindling/ Walter Ziegler (Hgg.), Die Territorien des Reichs im Zeitalter der Reformation und Konfessionalisierung, Bd.7, Münster 1997, 137–170.

[2] Arthur Geoffrey Dickens, German Nation and Martin Luther, Glasgow ²1976; Dazu: Bernd Moeller, Reichsstadt und Reformation, Berlin 1962, ⁷1967; Heiko Augustinus Oberman, Stadtreformation und Fürstenreformation, in: Lewis William Spitz, Humanismus und Reformation als kulturelle Kräfte in der deutschen Geschichte, Berlin 1981; Kaspar von Greyerz, Stadt und Reformation. Stand und Aufgaben der Forschung, in: Archiv für Reformationsgeschichte 76 (1985), 6–63.

[3] Aus der Literatur hier nur Heinz Schilling, Die Konfessionalisierung im Reich. Religiöser und gesellschaftlicher Wandel in Deutschland zwischen 1555 und1620, in: Historische Zeitschrift 246/1 (1988), 1–45; Martin Heckel, Religionsbann und landesherrliches Kirchenregiment in: Hans-Christoph Rublack (Hg.), Die lutherische Konfessionalisierung in Deutschland (Schriften des Vereins für Reformationsgeschichte 197), Gütersloh 1992, 130–162.

[4] Emil Sehling (Begr.), Die evangelischen Kirchenordnungen des XVI. Jahrhunderts [EKO], Bd. 16: Baden-Württemberg II: Herzogtum Württemberg, bearb. von Sabine Arend, Tübingen 2004, 345; dazu auch Matthias Langensteiner, Für Land und Luthertum. Die Politik Herzog Christophs von Württemberg 1550–168 (Stuttgarter Historische Forschungen 7) Köln/Weimar/Wien 2008, bes. 229–246.

Ein wichtiger Weg zur Erreichung dieses Ziels war die Schaffung einer „guten Polizei[5]. Am Beginn der Rezeption der Reichsgesetzgebung von 1530 bzw. 1548 stand die Polizeiordnung der Reichsstadt Augsburg von 1537,[6] der geradezu eine Flut von Ordnungen evangelischer Obrigkeiten ungeachtet ihrer ständischen Verortung folgte. Etwas zeitversetzt sahen sich die weltlichen (und nicht nur sie) altgläubigen Territorialherren auf eben diesen Weg verwiesen.[7] Es ist allerdings eine zufällige Duplizität, dass 1589, dem Jahr der Neunstettener Ordnung, der Würzburger Bischof Julius Echter von Mespelbrunn für sein Hochstift ebenfalls eine solche Regulative erließ.[8]

Zurück zum Ausgangspunkt. Der Schaffung und Erhaltung guter Polizei dienten nicht zuletzt die Polizeiordnungen.[9] Welche Bedeutung ihr zugemessen wurde, erhellt die Tatsache, dass – theoretisch – die Frage gestellt wurde, ob die Epoche des Absolutismus nicht eher als Zeitalter der „Polizei" zu bezeichnen wäre.[10] Man hat sogar vom „Zauberwort" des Jahrhunderts gesprochen.[11] Die noch viel später erkennbare Bedeutung lässt ein Wort Goethes erkennen, der nach der Lektüre Machiavellis von Florenz als einem *übel regierten und polizirten* Staat sprach.[12]

---

[5] Allgemein Hans Maier, s.v. Polizei, in: Albrecht Cordes u. a., Handwörterbuch zur deutschen Rechtsgeschichte, Bd. 3, ³1984, Sp. 304f; Irene Dingel/Armin Kohnle (Hgg.), Gute Ordnung. Ordnungsmodelle und Ordnungsvorstellungen der Reformationszeit (Leucorea-Studien 25), Leipzig 2014; hier besonders Sabine Arend, „Lasset alles züchtiglich und ordentlich zugehen". Vorstellungen von „guter Ordnung" in den evangelischen Kirchenordnungen des 16. Jahrhunderts, 3–47; Johannes Staudenmaier, Die Polizeyordnungen des 16. Jahrhunderts, ebd., 65–86; Thomas Simon, „Gute Polizey". Ordnungsleitbilder und Zielvorstellungen politischen Handelns in der Frühen Neuzeit (Studien zur europäischen Rechtsgeschichte 170), Frankfurt/M. 2004; Heinz Schilling, Die Kirchenzucht im frühneuzeitlichen Europa in interkonfessioneller, vergleichender und interdisziplinärer Perspektive. Eine Zwischenbilanz, in: Kirchenzucht und Sozialdisziplinierung (Zeitschrift für Historische Forschung, Beiheft 17), Berlin 1994, 11–40. – Zur Entstehung vgl. Die profunde Darstellung von Wolfgang Wüst, Die „gute" Policey im Reichskreis, Bd. 1, Berlin 2002, 13–27.

[6] Wüst, Gute Policey (wie Anm. 5), 20.

[7] Dietmar Willoweit, Katholische Konfessionalisierung als politisches und rechtliches Ordnungssystem, in: Wolfgang Reinhard/Heinz Schilling (Hgg.), Die katholische Konfessionalisierung (Schriften des Vereins für Reformationsgeschichte 58), Gütersloh 1995, 228–241; Ders., Katholische Reform und Disziplinierung, in: Paolo Prodi (Hg.), Glaube und Eid, Treueformeln, Glaubensbekenntnisse und Sozialdisziplinierung zwischen Mittelalter und Neuzeit (Schriften des Historischen Kollegs, Kolloquien 28), München 1993, 113–132.

[8] „Deß hochwürdigen Fürsten und Herren, Herren Julii, Bischoffs zu Wirtzburg unnd Hertzogen zu Francken etc. Satzung unnd Ordnung, Wi es bey den Pfarren irer Fürstlichen Gnaden Stifft und Landen in dem Gottesdienst und Kichenministerien soll gehalten werden"; Druck Franz Xaver Himmelstein, Synodicon Herbipolense. Geschichte und Statuten der im Bisthum Würzburg gehaltenen Concilien und Diözesansynoden, Würzburg 1855, 321–384; Winfried Romberg, Das Würzburger Pfarrwesen vom Dreißigjährigen Krieg bis zur Säkularisation (1617–1803). Institutionen und Pastoral im Spiegel der landesherrlichen Kirchenordnungen, in: Würzburger Diözesangeschichtsblätter 73 (2011), 95–158. Zur Innenpolitik Echters vgl. Peter Baumgart, Konfessionalisierung und Staatlichkeit in Franken. Das Beispiel des Bischofs Julius Echter, in: Ebd., 62/63 (2001), 575–589.

[9] Allgemein Gustav Klemens Schmelzeisen, s.v. Polizeiordnung, in: Handwörterbuch (wie Anm. 5), Sp. 1602f; Hans Maier, Die älteste deutsche Staats- und Verwaltungslehre, München ³2000, 107–128.

[10] Achim Landwehr, Absolutismus oder „gute" Polizei? Anmerkungen zu einem Epochenkonzept, in: Lothar Schilling (Hg.), Absolutismus – ein unersetzliches Forschungskonzept? Eine deutsch-französische Bilanz. L' Absolutisme – un concepte irremplacable.(Pariser Historische Studien 79 205–227; Andrea Iseli, „Gute Polizey", öffentliche Ordnung in der frühen Neuzeit, Stuttgart 2009, 121–135.

[11] Paul Münch, Das Jahrhundert des Zwiespalts. Deutsche Geschichte 1600–1700, Stuttgart/Berlin/Köln 1999, S. 67.

[12] Friedrich Meinecke, Die Entstehung des Historismus, Bd. 2, München/Berlin 1936, 578.

Stand und steht die „gute Polizei" zur Erfüllung der göttlichen Ordnung[13] bei reichsständischen Obrigkeiten im Fokus der Aufmerksamkeit, werden leicht diejenigen unterhalb dieser Ebene übersehen, nämlich die – in der abschätzigen Diktion Heinrich von Treitschkes – zum „reichischen" Deutschland zählende Reichsritterschaft.[14] Dieser zwischen Bodensee, Altmühl und Westerwald gesessene, nicht selten als mitleidig-abschätzig belächelte „archaische Personenverband"[15], gerät – wie Volker Press zudem formulierte – leicht in Gefahr als „liebenswertes Kuriosenkabinett"[16] abqualifiziert zu werden. Vergleicht man jedoch den Adel des ausgehenden Mittelalter mit demjenigen der „konsolidierten Reichsritterschaft"[17], also nach der Mitte des 16. Jahrhunderts, beobachtet man einen schwerlich zu übersehenden Befund, nämlich einen Modernisierungsschub in Gestalt einer Herrschaftsverdichtung und zugleich der Errichtung eines Kirchenregiments nach dem Vorbild fürstlichen oder reichsgräflichen Territoriums. Was oben gesagt wurde, findet auch hier – wenn auch ungleich bescheidenere – Verwirklichung. Es braucht kaum eigens betont zu werden, dass die Adelsherrschaft vom ‚Staat' weit entfernt war.[18] Als einschränkend – um nur ein Faktum zu nennen – ist zunächst das Lehnsband zu nennen, auch wenn es erst beim Erlöschen im Mannesstamm seine fatale Wirkung zur Geltung brachte. Als Beschränkung auf dem Weg zur Gewinnung einer gewissen frühmodernen Staatlichkeit vermochte sich ferner leicht die Zentuntertänigkeit auswirken, zumal wenn die Inhaber des Zentrechts „Folg und Reis" als Verpflichtung zur Heeresfolge auszuweiten suchten. Das ändert jedoch nichts an der Tatsache, dass die Edelleute dem reichsständischen Vorbild nacheiferten.

Raum und Ort

Das Dorf Neunstetten (Stadt Krautheim, Hohenlohekreis) liegt am Südrand einer naturräumlichen Einheit, für die erst in der zweiten Hälfte des 17. Jahrhunderts der Name Bauland bezeugt ist.[19] Für sie trifft die Charakterisierung als Reichsritterlandschaft zu, denn in dem zum Mainzer Oberstift gehörenden Raum waren Adelsherrschaften in einer Dichte eingesprengt, die die Bezeichnung vollauf rechtfertigen.[20] Allerdings

---

[13] Arend, Lasset (wie Anm. 5), 34.
[14] Heinrich von Treitschke, Deutsche Geschichte im 19. Jahrhundert, Bd. 1, Leipzig 1928, 16.
[15] Volker Press, Die Reichritterschaft im Reich der frühen Neuzeit, in: Ders., Adel im Alten Reich, hg. von Franz Brendle uns Anton Schindling (Frühneuzeit-Forschungen 4), Tübingen 1998, 205.231, hier 205.
[16] Ebd., 207.
[17] Ebd. .
[18] Dietmar Willoweit, Rechtsgrundlagen der Territorialgewalt (Forschungen zur deutschen Rechtsgeschichte 11), Köln/Wien 1975, bes. 307–338.
[19] Wilhelm Matzat, Flurgeografische Studien im Bauland und hinteren Odenwald (Rhein-Mainische Forschungen 53), Frankfurt/M. 1963, 9; Peter Assion, ‚Odenwald' und ‚Bauland'. Zur Geschichte der beiden Begriffsbildungen, in: Beiträge zur Erforschung des Odenwaldes und seiner Randlandschaften 2), Breuberg-Neustadt 1977, 23–36.
[20] Helmut Neumaier, Das Bauland als Reichsritterschaftslandschaft. Die Führungsschicht in einem ‚reichischen' Raum, in: Zeitschrift für die Geschichte des Oberrheins 164 (2016), 257–369.

gebot das Erzstift über die Zenten, was ihm seinen Einfluss sicherte. Organisatorisch gehörten die Bauländer Reichsritter zum Ort (Kanton) Odenwald der fränkischen Reichsritterschaft.[21] Eine Besonderheit – zumindest bis zum ausgehenden 16. Jahrhundert – ist die Kongruenz von Ritterherrschaft und Augsburger Konfession.[22] Die meisten der Adelsfamilien unternahmen den Schritt zum Luthertum offenbar erst im Zusammenhang des Religionsfriedens, während eine frühere Reformation im Bauland nur für Götz von Berlichingen nachzuweisen ist.[23]

In engem Zusammenhang mit der Einrichtung des Kirchenwesens steht beim Adel des Baulandes der Erlass von Dorfordnungen. Am Beginn steht die Ordnung der Berlichingen für Jagsthausen vom 8. März 1561,[24] gefolgt von der „Pollicey-Ordnung" des Albrecht von Rosenberg vom 28. September 1562 für seine Herrschaft Schüpf. Letztere bildete das Vorbild für die gemeinsame Rüdt/Walderdorffsche Ordnung für Eubigheim vom Jahre 1564.[25] Übernommen wurde die Schüpfer Ordnung 1589 von Albrecht von Dienheim für Angeltürn.[26] Die Brüder und Vettern von Adelsheim führten für ihre Stadt am 27. März 1572 (redigiert 1596) eine solche Ordnung.[27] Den Abschluss dieser Normensetzungen machte die Dorfordnung des Hans Pleickhard von Berlichingen für Neunstetten.[28] Gemeinsam ist ihnen allen die enge Verflechtung administrativer und kirchlicher Lenkungsfunktion, sodass Polizei und Konfession in vielerlei Hinsicht eine Einheit bildeten.[29]

An dieser Stelle ist einiges zu Neunstetten zu sagen. Das Dorf gehörte zum Lehnhof der Grafen von Wertheim, die es 1402 und 1450 an die Berlichingen ausgaben,[30] die es bis zum Ende des Alten Reiches innehatten. Das Salbüchlein von 1549 beschreibt ihre Rechte mit *aller Vogtei und Obrigkeit, Gebot, Verbot, Gericht, Handlohn, Hölzer, Wasser, Weide, Fischerei, Schäfereien.* Wie die Einwohnerzahl aussah, ist nur schwer zu sagen, da genauere Daten erst aus der Zeit nach dem Dreißigjährigen Krieg vorliegen, von denen sich kaum Rückschlüsse auf die Zeit davor ziehen lassen.

---

[21] Zur Genese die überaus gründliche Darstellung Cord Ulrichs, Die Entstehung der fränkischen Reichsritterschaft. Entwicklungslinien von 1370 bis 1590 (Forschungen zur deutschen Rechtsgeschichte 31), Köln/Weimar/Wien 2016.

[22] Helmut Neumaier, Das Bauland – eine lutherische Adelslandschaft zwischen Religionsfrieden und Centenarium der Reformation, in: Jahrbuch für badische Kirchen- und Religionsgeschichte 10 (2016), 89–110; Richard J. Ninness, Im konfessionellen Niemandsland – Neue Forschungsansätze zur Geschichte der Reichsritterschaft zwischen Reformation und Dreißigjährigem Krieg, in: Historisches Jahrbuch der Görresgesellschaft 134 (2014), 142–164.

[23] Neumaier, Bauland (wie Anm. 22), 306.

[24] Freiherrlich Berlichingisches Archiv. Kasten XIII Fach 13; Best.-Nr. 2801.

[25] Druck Franz Gehrig, Eubigheim. Ortschronik aus dem Bauland, Ahorn 1978, 121–129.

[26] Fürstlich- Leiningisches Archiv Amorbach 8-13-6.

[27] Stadtarchiv Adelsheim U 4; Teildruck Carl Koehne (Bearb.), Oberrheinische Stadtrechte, H. 8, Heidelberg 1908, 648–677.

[28] Freiherrlich Berlichingisches Archiv Jagsthausen Besr.-Nr. 1026 (alte Signatur XXII Fast. 2001, zweites Exemplar XXII Faz 2000. – Für den Zugang zum Archiv und die Zeit, die er für mich aufwendete, ist Verf. Freiherrn Konrad von Berlichingen den allerbesten Dank schuldig.

[29] Wüst, Gute Polizey (wie Anm. 5).

[30] Eine moderne Ortsgeschichte ist Desiderat. Vgl. Wilhelm Matzat, Flurgeographische Studien im Bauland und Hinteren Odenwald (Rhein-Mainische Forschungen 23), Frankfurt/M. 1963, 61–75. Um 1930 hat der frühere Ortspfarrer Otto Wilhelm Hagmaier (amtierte 1898–1906) an einer solchen gearbeitet, die wahrscheinlich aufgrund der Zeitverhältnisse nicht zum Druck gelangte. Die maschinenschriftlichen Vorstudien zu dieser „Chronik" (ohne durchlaufende Seitenzählung) liegen in zwei Exemplaren vor: Archiv des Hohenlohekreises Sign. M 10. 5. 9. und örtliches Pfarramt.

Nach dem erwähnten Salbüchlein gab es 42 Bauernstellen, woraus mit gebotener Vorsicht auf ungefähr 150–200 Einwohner geschlossen werden kann

In die Vorkriegszeit fielen zwei markante Ereignisse, von denen beide mit dem Namen Götz von Berlichingen verbunden sind. Im Jahre 1533 gewährte er der Dorfgemeinde Erleichterung von den Fronleistungen dergestalt, dass sie gegen 65 fl. rhein., zahlbar in zwei Raten (35 fl. an Peterstag, 30 fl. Mittwoch nach Sebastiani [21.1.]) bis auf die Heuernte des Schäfers abgelöst wurden.

Grundstürzend war die zweite Neuerung. Als Inhaber des Pfarrpatronats kam ihm wie seinen Nachfolgern die cura religioni zu.[31] Für die Einführung der Reformation kommen zwei Daten in Betracht: die Jahre 1522 oder 1533. Gesichert ist jedenfalls, dass Götz sich im Zusammenhang des Interim dagegen zu verteidigen hatte, sein Neunstettener Pfarrer amtiere nach der *neuen sektiererischen Manier.*[32]

Die nachfolgenden Ortsherren, Hans Gottfried wie dann sein Bruder Hans Pleickhard, treten uns jedenfalls als strenge Lutheraner entgegen. Als Herzog Ludwig von Württemberg 1581 beim Adel des Kantons Odenwald für die Unterzeichnung des Konkordienbuchs werben ließ, ist unter den wenigen ritterschaftlichen Pfarrern Sebastian Stöcklin zu Neunstetten verzeichnet.[33] Die Bibliothek des Hans Pleickhard enthielt denn auch das Konkordienbuch. Neunstetten bildete zu dieser Zeit geradezu das Refugium für die A.C.-Verwandten des mainzischen Amtsstädtchens Krautheim und der umliegenden Orte. Unter der Protektion des dortigen Amtmanns Johann Andreas Mosbach von Lindenfels liefen sie zum Sonntagsgottesdienst nach Neunstetten aus. Der Amtmann selbst empfing dort das Abendmahl.[34] In Krautheim und Ballenberg zwang er die Priester, die Lutheraner einzuläuten und zu bestatten. Der Priester des benachbarten Oberwittstadt notierte am 22. Oktober 1588 auf der Innenseite des vorderen Deckels des Kirchenbuchs: *Hatt der h. Amptmann Andres von Mosbach dem Pfarr von Crautheim und den andern cath. Priestern befollen dz. Sie sollen die Lutherischen introisieren und uff den Kirchhoff lassen legen und ihnen die kinder tauffen auch zum Sacrament der Tauff zu lassen.*

Während Hans Pleickhard seinen Ansitz in Illesheim hatte, wohnte Hans Gottfried in Neunstetten. Ob er das dortige Schlösschen erbaute oder er es schon vorfand, ist umstritten. Links vom Treppenturm ist ein Wappenstein mit der Jahreszahl 1568 vermauert; am Treppenturm selbst findet sich die Jahreszahl 1572.[35] Andererseits hat man auf eine nicht ganz sichere Notiz im Berlichingischen Archiv Jagsthausen hingewiesen, wonach Hans Jakob der Erbauer gewesen sei.[36] Geht man von den Jahreszahlen aus, ist denkbar, in Hans Jakob den Begründer, im Sohn den Vollender des Baus zu sehen.

---

[31] Hier nur Martin Heckel, Staat und Kirche nach den Lehren der evangelischen Juristen Deutschlands in der ersten Hälfte des 17. Jahrhunderts (Jus ecclesiasticum, Bd. 4), München 1968), bes. 128–138.
[32] Emil Ballweg, Einführung und Verlauf der Reformation im badischen Frankenland, Diss. Phil. Freiburg 1944 (masch.schr.), 187–191.
[33] Neumaier, Zum konfessionellen Verhalten der fränkischen Reichsritterschaft Ort Odenwald, in: Zeitschrift für württembergische Landesgeschichte 55 (1996), 109–132.
[34] Staatsarchiv Würzburg. Adel 60/1145.
[35] Adolf von Oechelhaeuser (Bearb.), Die Kunstdenkmäler des Großherzogthums Baden, Bd. IV/2: Die Kunstdenkmäler des Amtsbezirks Tauberbischofsheim, Freiburg 1998, 121.
[36] Thomas Meyer, Geburt und Gestalt der Jubilarin. Vortrag gehalten am 29. Juli 2008, in: Festschrift zum 50-jährigen Jubiläum der Kirche in Neunstetten, 45–61, hier 47.

Hans Gottfried starb am 1. Juni 1588 während eines Kuraufenthalts in (Bad) Langenschwalbach. In der dortigen Kirche erinnert sein Grabdenkmal an ihn. In Neunstetten bewahrt der 1558 fertiggestellte Neubau der Kirche sein und seiner beiden Frauen und der Töchter prächtiges Grabmal.[37]

„Ich, der Vogtsherr"

Erbe wurde wie schon erwähnt der jüngere Bruder. Geboren wurde Hans Pleickhard am 3. Januar 1560 als Sohn des Hans Jakob von Berlichingen, Sohn des Götz und der Eva Geyer von Giebelstadt.[38] Neben einer Schwester hatte er vier Brüder. Nach dem Tod des Vaters am 20.Oktober 1567 standen die Kinder unter Vormundschaft des Konrad Geyer von Giebelstadt, des Wolf von Hardheim und des Hans Georg von Berlichingen zu Neunstetten. Letzterer fungierte dann als Träger für die Pupillen.[39] Die Besitzungen wurden wie folgt geteilt:[40] Hans Reinhard (gest. 1608 in Jagsthausen) erhielt Rossach und Anteil an Jagsthausen, Philipp Ernst (gest. 1613) Hornberg, Hans Gottfried Neunstetten und Neunkirchen, Hans Pleickhard Illesheim, Sulzfeld und Hettigenbeuern (Neckar-Odenwald-Kreis) sowie die Seinsheimischen Güter zu Röttingen; Konrad kam 1571 in Frankreich ums Leben. Von der Kindheit des Hans Pleickhard ist nicht das Mindeste bekannt, was für die allermeisten Edelleute jener Zeit gilt. Erst mit den Belehnungen setzen die Nachrichten ein. Am 27. August 1568 verlieh Graf Konrad von Castell dem Hans Gottfried für diesen selbst und als Träger für die noch minderjährigen Brüder ein halbes Viertel am Zehnten zu Gollhofen (Lkr. Neustadt a. d. Aisch/ Bad Windsheim, Bayern).[41] Am 11. Oktober dieses Jahres belehnte Markgraf Georg Friedrich von Brandenburg ihn und die Brüder mit dem Burgstall zu Illesheim (Kreis Neustadt a. d. Aisch/Bad Windsheim, Bayern).[42] Am 20. November 1568 erfolgte die Belehnung mit einem Hof, dem großen und kleinen Zehnten zu Sächsenheim (Lkr.Würzburg, Bayern) durch Albrecht Herr zu Limpurg.[43] Am 19. September 1580 schließlich belehnte der Würzburger Bischof Julius Echter von Mespelbrunn den Hans Gottfried, bis Hans Pleickhard das vierzehnte Lebensjahr erreicht hat, u. a. mit Schloss und Dorf Hettigenbeuern (Neckar-Odenwald-Kreis, Baden-Württemberg).[44] Nach dem Tod des Älteren fiel Hans Pleickhard Neunstetten zu.

---

[37] Heinrich Köllenberger (Bearb.), Die Deutschen Inschriften, Bd. 8, Stuttgart 1964, 120f.
[38] Friedrich Wilhelm Götz Graf von Berlichingen-Rossach, Geschichte des Ritters Götz von Berlichingen und deiner Familie, Leipzig 1862, 680.
[39] Oliver Fieg (Bearb.), Archiv der Freiherren von Berlichingen Jagsthausen (Inventare der nichtstaatlichen Archive in Baden-Württemberg, Bd. 25/1), Stuttgart 1212, Nr. 310, 89.
[40] Berlichingen-Rossach, Geschichte (wie Anm. 38), 580.
[41] Dagmar Kraus (Bearb.), Archiv der Freiherren von Berlichingen Jagsthausen. Urkundenregesten 1244–1860 (Inventare der nichtstaatlichen Archive in Baden-Württemberg, Bd. 25/2), Stuttgart 1999, Nr. 257, 208.
[42] Ebd., Nr. 258, S. 208.
[43] Ebd., Nr. 260, S. 209.
[44] Ebd., Nr. 173, S. 215.

Wie für andere Mitglieder des Hauses Berlichingen ist auch für Hans Pleickard Universitätsstudium nachzuweisen, und zwar 1574 in Tübingen,[45] 1577 in Jena.[46] Möglicherweise rundete eine Peregrinatio academica in Siena den Bildungsgang ab.[47] Was wissen wir sonst noch von ihm? Vom 19. September 1586 datiert der Vertrag über seine Eheschließung mit Eva von Adelsheim.[48] Die Namen der Zeugen und der Gewährsleute lassen eindrucksvoll das Eingebettetsein in die evangelische fränkische Adelslandschaft erkennen. Auf Seiten der Braut und ihres Vaters Georg Sigmund von Adelsheim zu Wachbach waren dies Bernhard Ludwig von und zu Adelsheim, Hans Reinhard von Stetten zu Kocherstetten, Stefan Rüdt von Collenberg zu Bödigheim, Theobald Julius von Thüngen zu Büchold und Sodenberg, Vogt zu Mosbach, Bernhard von und zu Liebenstein, Obervogt zu Lauffen, Bernhard von Hutten auf Vordernfrankenberg, Georg Ludwig von Hutten zu Birkenfeld, Hans Dietrich von Haßlach zu Stockheim, auf Seiten des Bräutigams Melchior Jäger von Gärtringen zu Ehningen und Buchenbach, (Hans) Burkhard von Berlichingen, Konrad Geyer von und zu Giebelstadt, Hans Georg von Berlichingen zu Schrozberg, Valentin von Berlichingen zu Dörzbach, Hans Gottfried von Berlichingen zu Neunstetten, Philipp Ernst zu Hornberg und Hans Reinhard zu Rossach.

Das in Jena und möglicherweise in Siena geweckte Bildungsinteresse dokumentiert sich in einer für den Ritteradel außergewöhnlichen Bibliothek.[49] Von den 461 in verschiedenfarbiges Leder gebundenen Werken entfallen 128 auf Theologie (u. a. die Werke Luthers deutsche und lateinische Ausgaben, das Konkordienbuch, Postillen, Calvins „Institutiones", Schriften des Jakob Andreae, Selneckers „Ehespiegel"), ferner Jurisprudenz (u. a. die Ritterordnung des Fränkischen Ritterkreises, Forstordnungen, die Peinliche Halsgerichtsordnung Karls V., Ausgabe Mainz 1579). Breiten Raum nehmen klassische Autoren ein (u. a. Seneca, Cicero, Terenz, Symmachus) und die Historie: Sebastian Münsters „Cosmographey", die „Chronica" des Johannes Sleidanus, die „Chronica Deutsch" des Johannes Aventinus, Beatus Rhenanus, die „Imperatorum Romanorum numismata" (Antwerpen 1579) des Adolf Occo.

Es bedarf keines besonderen Hinweises, dass ein solcher Buchbesitz nur vor dem Hintergrund entsprechender Wirtschaftskraft möglich war. Dazu besitzen wir leider nur einen einzigen Hinweis. 1587 gewährte er dem Deutschmeister Erzherzog Maximilian 800 fl Beisteuer zu dessen (gescheiterter) Unternehmung zur Gewinnung der polnischen Königskrone.[50]

Württembergische Dienstnahme war bei den Berlichingen geradezu Familientradition, und Hans Pleickard machte keine Ausnahme. Von Georgi 1582 bis 1590

---

[45] Walter Bernhardt, Die Zentralbehörden des Herzogtums Württemberg und ihre Beamten 1520–1629 (Veröffentlichungen der Kommission für geschichtliche Landeskunde in Baden-Württemberg. Reihe B Bd. 70), Stuttgart 1973, 157.
[46] Georg Mentz, Matrikel der Universität Jena, B. 1 (1468–1652), Weimar 1944, 18.
[47] Bernhardt, Zentralbehörden (wie Anm. 45), 147 erwähnt Studium in Jena, doch findet sich bei Fritz Weigle, Die Matrikel der deutschen Nation in Siena, Bd. 1, Tübingen 1962, 179 keine diesbezügliche Angabe; andererseits kann er das nicht aus der Luft gegriffen haben.
[48] Kraus, Inventar (wie Anm. 41), Nr. 292, 231f.
[49] Volker Honemann/Helgard Ulmschneider, Eine ritterschaftliche Bibliothek des 16. Jahrhunderts. Das Verzeichnis der Bücher des Hans Pleickard von Berlichingen (gest. 1594), in: Archiv für Geschichte des Buchwesens 29 (1979), 384–394.
[50] Heinz Noflatscher, Maximilian der Deutschmeister 1558–1618 (Quellen und Studien zur Geschichte des Deutschen Ordens), Marburg 1987, 137–173.

bekleidete er das Amt eines herzoglichen Oberrats,[51] gehörte also dem höchsten württembergischen Regierungsgremium an.

Am 4. Juni 1595 verstarb der Junker zu Illesheim. Ein Epitaph oder Grabdenkmal ist nicht erhalten. Für seine vier Kinder (Sigmund, Konrad, Susanna, Elisabeth) bestellte das Reichskammergericht Hans Philipp, Hans Konrad und Hans Reinhard von Berlichingen sowie Melchior Jäger von Gärtringen zu Vormündern.[52]

Die Einführung der Dorfordnung

Nach dem Tod des Hans Gottfried fiel die Vogtei über Neunstetten Hans Pleickhard zu, der bald darauf die Dorfordnung erließ. Überarbeitetet wurde sie später von seinem Schwiegersohn und Erben Hans Reinhard (1587–1637), wie auch immer wieder Ergänzungen eingefügt wurden. Mit dem neuen „Vogtsherrn", wie er sich nannte, hatte das Dorf eine strenge Obrigkeit erhalten, die sich fest entschlossen zeigte, unter seinem Vorgänger eingerissene Missstände keinesfalls mehr zu dulden. Ob sie wirklich so gravierend gewesen sind, muss unbeantwortet bleiben. Denkbar wäre, dass aufgrund der zwischen dem Kuraufenthalt des Älteren und dessen Tod und dem Herrschaftsantritt Hans Pleickhards während der Vakanz einige Dinge aus dem Lot geraten waren; Hier bewegt man sich auf dünnem Eis. doch wird darauf zurückzukommen sein.

Ehe man sich der Dispositio zuwendet, sei die Narratio im Wortlaut vorgestellt. In ihr kommt das Herrschaftsverständnis des Hans Pleickhhard eindrucksvoll zum Ausdruck:

Ich Hans Bleichard von Berlichingen zu Neunstetten und Illesheim, h[och] Fürstl. Würtenberg. Rath thue kundt menniglichen undt in sonderheit meinen lieben Unterthanen und Hintersassen zu Neunstetten. Nachdem durch Gottes gnädige Schickung erstbemelter Fleck Neunstetten sambt dessen Untertanen neulicher Zeit nach tödtlichem Abgang Weyland des Edlen und Vesten Hans Gottfriedten von Berlichingen, meines freundtlieben Bruders christseeligen Gesächtnis, zum Theil erbeis, theils aber durch getroffenen Kauff rechtmeßig an mich kommen und ich alsbald im Werck befunden, daß an guter notwendiger undt gebührlicher Ordtnung in mehrere Weeg bis da ohnnachtheilige Fehl erschienen, darzu noch bisweilen Aigenwilligkeit, Ohngebühr, Ohngehorsamb, Verwirrung und andere Gebrechen fürgeloffen. Wann nun dann hieraus leichtlich abzunehmen und zu erschließen, dass durch solche bisherme gewehrte Unordnungen allerhand Unwesen, Frevel und Muthwill an diesem Ort je lenger je mehr überhandt undt uffwachsen, Und aber des Gottes Befelch einer jeden Obrigkeir gebührt undt ihre anbefolhene Underthanen gtreue und unverdrossene Sorge zu tragen, dass zuvorderst die Ehre Gottes gefürdert, christliche reine Religion, g u t e P o l i c e y, [!] Recht und Ge-

---

[51] Bernhardt, Zentralbehörden (wie Anm. 45), 764.
[52] Kraus, Inventar (wie Anm. 41), Nr. 335, 258f.

rechtigkeit angestellt. vordtgefühhrdt undt erhalten werden möge, so habe ich aus obrigkeitlichem Ambt und Pflicht dem allmächtigen Gott zur Lob, Fortpflanzung seines heiligen Evangelii und aller christlichen Zucht und Erbarkeit meinen lieben Underthanen und Hindersassen zue Nutz, zeitlicher und ewiger Wollfahrt, auch zue Verhüettung allerley Nachtheils, Übels und Bescherungen, so gemeinlich aus Ohnordnungen erfolgen, und dan zu beserer Erhaltung gleichmeßigen Rechten der Gütig [?] undt Eintrechtigkeit zu Befürderung des gemeinen Nutzens, Schutz und Schirm der from(m)en und Gehorsamben, den Ohngehorsamen undt Muthwilligen aber zue Straaf undt Abwendung des Bösen nachfolgende Satzungen, Ordtnngen, Verbott Gebott alles nach itziger Zeit undt WesensGelegenheit in Schrifften verfasst, wie dann auch ehegemelter mein lieber Bruder Hanns Gottfriedt seel. Auch albereit ins Werck begriffen gewesen gebesserte ordnung als sie zuvor gewesen, auch allda Ohnordnungen anzurichten undt anzuführen, da er durch den zeitlichen Todt darzu nit were verhindert worden.

Hier schließt sich eine nicht leicht zu beantwortende Frage an:

Schon in der Narratio tritt, wie erwähnt, das Herrschaftsverständnis des Hans Pleickhard als Vertreter strengen Ordo-Denkens, als gestrenger Dorfherr deutlich hervor. Hat man es, wie man bei nicht wenigen Bestimmungen meinen könnte, mit einem Misanthropen zu tun, der seinen Untertanen auch nicht das geringste Vergnügen gönnte? Oder liegt einfach ein Beispiel obrigkeitlicher Normensetzung vor, wie sie in jener Zeit in zunehmender Zahl über die Untertanen überhaupt niedergingen? Beide Deutungsmöglichkeiten sind von außen gesehen möglich, greifen jedoch zu kurz. Schaut man sich die Narratio näher an, rückt bei aller Topik der Grundgedanke in den Vordergrund: der „gemeine Nutzen", das bonum commune.[53] Doch derjenige, der es vertritt und fordert, spricht hier als strenger Vater zu seinen unmündigen Kindern. Seine „lieben Untertanen" ist durchaus keine Floskel. Allein steht er mit dieser Bewertung nicht. Im Testament des Valentin von Berlichingen zu Dörzbach vom Juni eben dieses Jahres 1589 heißt es: *Dieweilen die Armen Untertanen gegen der Herrschaft in seiner Maaß auch für Kinder geachtet seien, als die von Gott nit zur Tyranney, sondern zu christlicher Regierung und Unterhaltung einer jeden Herrschaft befohlen seyn, darüber auch Gott ernstliche Rechenschaft fordern wird.*[54] Kein Zweifel – auch Hans Pleickhard verstand sich als strenger Vater, und zwar in dem Sinne, wie die lutherische Orthodoxie ihre Sicht von Kind und Erziehung entwickelt hatte, nämlich auf Belehrung, Gewöhnung und Disziplin, oder bildhaft: Statt des Apfels die Rute.[55] Als weltliche Obrigkeit in Verantwortung vor Gott für zeitliches und ewiges Heil für die ihm anvertrauten Untertanen war der Grundgedanke seines Erziehungsziels.[56] Zu seinen Erziehungsmitteln wird noch einiges zusagen sein.[57]

---

[53] Den Begriff Gemeinwohl oder Gemeiner Nutzen kannte Hans Pleickhard entweder aus Luthers Schrift „Von weltlicher Obrigkeit" (WA 11, 273) oder aus dem „Tractatus de respublica", 1533, 1556 des Johannes Eisermann (Ferrarius), doch ist letzteres Werk nicht in seiner Bibliothek enthalten.
[54] Berlichingen-Rossach, Geschichte (wie Anm. 38), 484.
[55] Rainer Lachmann, Stichwort Kind, in: TRE 18 (1989), 162.
[56] Ivar Asheim, Glauben und Erziehung bei Luther. Ein Beitrag zur Geschichte von Theologie und Pädagogik, Heidelberg 1961.
[57] Wolfgang Brezinka, Erziehungsziele, Erziehungsmittel, Erziehungserfolg München/Basel ³1995.

Die Dispositio: Von Gottes Wort und Predigt zu hören

Hans Pleickhards den Untertanen zu Neunstetten verordneten Normen gliedern sich in zwei unterschiedlich umfangreiche Teile. Nicht ohne Grund steht der kleinere unter der Überschrift *Von Gottes Wort und Predigt zu hören* am Beginn. In ihm legt der Junker seine Auffassung kirchlicher Disziplinierung dar. Darauf folgen *nunmehr pollitische Sachen, Gepott, Verpott, auch wie es in Erörterung rechtlicher Hendl zu Neunstetten gehalten und rechtlich procedirt werden soll.*

Dispositio *Von Gottes Wortt und Predigt zu hören*

Erstlich solle niemandt das heylig Evangelium unndt Gottes Wortt schmehen oder lestern bey schwehrer strenger Straaf nach Gelegenheit der Überfahrung uffzulegen.

Es solle auch menniglichen dz. haylig Gottes Wortt und Predigten alle Sonn- und Feyertäge, auch Freytag undt zu gebührender Zeit, das hochwürdig Sacrament undt Abendmahl des Leibs undt Blutts unsers Seligmachers Jhesu Christi ohnverhindert aller anderen Gescheffen mit eyfferigem Geis tund christlicher Andacht besuchen und biß zu Endt dabey verharren,

Insonderheyt sollen alle Haußsvätter und -mütter ihre Kinder, Knecht und Mägdt an obgemelten Tagen die Predigten und Kinderlehren zu hören anhalten, sie würden dan Leybsschwachheyt oder ohnermeydlicher erheblicher Ursachen wegen darin abgehalten.

Dann welche gefehrlich weiß für sich selbsten oder an seinem Hausgesind seumig sein und diß Geboth übertretten würden, die sollen yederzeit nach Gestalt der Ohngehorsame ernstlich gestrafft werden.

Und dan soll mein Pfarrer daselbst allen Sontag zu Mittag den Catechismum oder Kinderlehr vleissig halten, exerciren und lehren, auch die Kinder neben den Alten darinnen vleissig und eyfferich underrichten. Er soll auch alle Freytag umb zwölff Uhren Vormittag ein Praedigt thun, die Litanei[58] fürleßen oder singen. Auch der Verschiedung [Erklärung?] des bittern Leydens und Sterbens unsers Herrn Jesu Christi treulich im Gebeth eingedenckh sein.

Es solle auch niemandt, wer der auch sey jung oder alt under denen Predigten oder Kinderlehren auff dem Kirchhof oder der Gaßen, im Weg, Feldt oder Strassen wie auch gar nit im Wirtshaus sich finden oder begreyffen lassen, wie auch keiner vor oder under der Predigt, auß dem Fleckhen oder uff dz Feldt ohne Erlaubnus meines Schultheissen gehen soll.

Und damit er mein Pfarrherr und Unterthanen zu Neunstetten dem allem nach sich desto beßer möge, so hab ich meinem Pfarrer zu Neuntetten die christliche in Gottes Wortt recht wohl gegründte und angestelte Rottenburgische Kirchen Ordnung zuegestelt und übergeben, also daß er richten können, gute Kirchenordnung und Disciplin under ihnen uffgepflantzt und erhalten werde in derue achten.

---

[58] Siehe unten zu Anm 99.

Dem nach sollen zwei vom Gerichr, als die Elteste genand, geordnet werden, welche under den son- Sonn- und Feyertäglichen Predigten im Fleckhen herumb gehen, Achtung haben, die Übertretter dießeselben durchaus undt in allem mit Lehrenn, Predigen, Kinderlehren, Gebetten, auch Exercirung und Rechung der heiligen hochwirdigen Sacramenten gemeß verhalten solle. Und darmit auch die Pfarrkinder, deren soviel desto mehrer underricht und ein gründtlichs Wissen haben mögen, so ist mein Ordnung, Will und Befehlch, daz er mein Pfarrer angeregte Kirchen Ordnung und waß nöthig darinnen außziehe kurtz verfaß und alle Halbjahr meinen Unterthanen seinen anbefohlenen Pfarrkindern zue Neunstetten verstendlich fürlese, sich darnach habendt und wißendt zue halten und zs Articluls meinem Schultheissen anbringen und hierinnen nit fahrleßig seyenn und dz niemand gemelte Predigten, dan man Gottes Wortt fleyssig hören nich versäumen, sich nicht zue Spiehlen, Tantzen begeben, auch nicht an öffentlichen Gaßen und Pletzen oder vor der Kirchen stehen oder sitzen bey Straff eines Gulden, so offt es geschichet, oder aber vier Tage im Thurn, da ihm bis dae ine Tag undt Nacht ein Orts Gulden zue Abbiessung gesetzter Straff abgehn soll. Würde aber einer oder mehr des ohnchristlichen und Gottes Wort veräctlichen Wesens zu viel machen, so behalte ich mir gegen den oder denselbigen herttere unndt ernstlichere Straff bevor.

In diesen Zusammenhang gehört ein Passus aus dem zweiten Teil der Dorfordnung, nämlich ein Nachtrag zur Rügordnung, also den Gravamina, die beim örtlichen Rüggericht anzubringen waren.

Da nicht alle *Laster undt Mißhandtlungen* bekannt werden, jedoch alles Strafbare ans Licht zu stellen ist, wurde ein *Rueg-Zettul* erstellt über die Vergehen, die nicht nur die Angehörigen des Ruggerichts, sondern alle Untertanen anzuzeigen verpflichtet sind:

Dieweilen nicht alle Laster undt Mißhandtlung, so wieder obangeführte des Vogtsherrn aufgekündte ordnung undt Gerichts [?] nach Nothdurfft bekannt, alle Sträffliche [?] aber von Recht und Pilligkeit nicht werden ans Licht gestelt und abgebracht werden sollen.
Laster und Rueg Zettul zue weßen Beobachtung nicht allein die Gerichts Persohnen, sondern auch alle Unterthanen zu Neunstetten ins gemein wie hie nach volget verpflichtet und verbunden, worüber auch gebührende Anzeig zu thun rechts wegen gehalten sindt.
Von gottes Wortt undt Besuchung der Predigten
1. So jemandt Gottes Wortt undt das heyl. Evangelium geschmehet undt gelestert hette, da Hausvadder undt Müdder an Sonn- undt Feyertagen, auch bißweilen am Freytag, die Predigt undt Kinderlehr gantzlich nit besuchen;
2. Auch ihre Ehehalten, Knecht Megd obgemelter Tagen zue Predigten und Catechismo nit schickhen oder anhalten, auch ihre Kinder zue der kinderlehr nit ziehen, sondern die zue solcher Zeit sonsten umblaufen liessen;
3, oder da under den Predigten obgemelter Tagen in den Wirthsheußern oder sonsten jemandt dantzen, spiehlen, zechen, an offenen Plätzen auch vor der kirchen stehen und also die predigten verachten würden;

4. wo jemandt jung oder alt Manns oder Frauen Persohnen dz Nachtmahl empfangen und solcher sich volltrunkhen oder andere leichtfertigkeit und Üppigkeit betrieben;
5. So jemandt verächtliche freventliche Lästerwort wieder Gottes Allmächtigkeit, sein allerheiliggste Menscheit oder die göttlichen Sacramenta reden würde;
6. Mit dem Wiedertauff, Schwenckfeldischen, Zwinglischen oder anderen verworffenen Secten behafft were oder solche Leutte unterschlayffte und gemeinschafft mit ihnen hette;
7. der über vorgehende Wahrung schwehren und fluechen hören, ob es aus Zorn, Fürsatz undt frechem Muthwillen oder sonst böser gewohnheit beschehe.

Mit Zwang und Kontrolle des Gottesdienstbesuchs bildet die Neunstettener Ordnung durchaus keine Ausnahme, vielmehr reiht sie sich ein in die bekannten reichsritterschaftlichen Normengebungen. Hier stellt sich zwangsläufig die Frage, weshalb Hans Pleickhard seinem Kirchenwesen die Kirchenordnung der Reichsstadt Rothenburg ob der Tauber[59] zugrunde legte, wo doch bei seiner politischen Orientierung am Herzogtum eine der dortigen Ordnungen nahegelegen hätte. Die umwohnenden Edelleute nahmen wie Albrecht von Rosenberg die hohenlohische, die Rüdt die Brandenburg-Nürnbergische Ordnung von 1533 in einem Druck des Jahres 1564[60] oder aber wie etwa die Berlichingischen Vettern eben die württembergische Ordnung an.[61] Es bleibt nur die Vermutung, sie habe am ehesten den kirchlichen Vorstellungen des Junkers entsprochen.

Die am 28 August 1559 veröffentlichte reichsstädtische Ordnung basiert im Wesentlichen auf dem Agendbüchlein von 1544 des Veit Dietrich, Prediger zu St. Sebald in Nürnberg,[62] vermehrt und auch vermischt mit württembergischen Stücken.[63] Der dem sechsten Punkt des Nachtrags entsprechende Passus findet sich zwar im Summarischen Begriff, doch allein schon aus zeitlichem Grund ist es unwahrscheinlich, dass die Ordnung Rothenburgs auf den Mitte Mai desselben Jahres publizierten Summarischen Begriff zurückgriff. Wohl aber legte man in Rothenburg die württembergische Visitationsordnung vom 1. Februar 1557 zugrunde, in der sich ein diesbezüglicher Passus findet: [...] *oder da ainer sich der Zwinglischen, Schwenckfeldischer, Widerteufferischenn oder annderer secten halber des Nachtmals Christi enteussern wöltte* [...].[64]

Zur Zeit der Abfassung der Visitationsordnung dürfte der Einfluss von den drei genannten Strömungen, wie man sie sah, durchaus noch virulent gewesen sein. In den späten 50er-Jahren fand die Theologie des schlesischen Spiritualisten Schwenckfeld von Ossig in Franken nur bei Hans Burkhard Landschad von Steinach (gest. 1571) ein Refugium. Seine Tochter Felizitas war verheiratet mit Michael Ludwig von Freyberg

---

59 EKO Bd. XI/1. Franken, bearb. von Matthias Simon, Tübingen 1961, 559–616.
60 Neumaier, Zur Aufnahme der Brandenburg-Nürnbergischen Kirchenordnung von 1533 im Ritterort Odenwald, in: ZGO 54 (2006), 131–143, hier 140f.
61 Neumaier, Bauland (wie Anm.22), 330.
62 EKO XI,1 (wie Anm 59), 487–553, dazu 481–484; V. Dietrich, Agendbüchlein für die Pfarrherrn auf dem Land 1545; zu ihm Bernhard Klaus, Veit Dietrich. Leben und Werk, Nürnberg 1968, (Einzelarbeiten aus der Kirchengeschichte Bayerns 22).
63 EKO XI,1 (wie Anm. 59), Druck 466–497.
64 EKO 16 (wie Anm. 4), 326–343, hier 331.

(gest 1582), einem der Förderer Schwenckfelds.[65] Um was es sich handelte, wusste Hans Pleickhard sehr wohl. Seine Bibliothek enthielt die Widerlegung de Theologie Schwenckfelds aus der Feder des Lukas Osiander.[66] Informiert war er ebenso über das reformierte Bekenntnis, da er die „Institutiones Christianae Religionis" Calvins[67] besaß. Was aber Letzteres angeht, hatten die Dinge sich allerdings verändert. Seit es Kuradministrator Johann Casimir 1585 in der Pfalz wieder eingeführt hatte, war es in den Ämtern Mosbach und Boxberg und damit nicht allzu weit von Neunstetten präsent. Allerdings zeigte sich in Boxberg die Bevölkerung davon alles andere als begeistert. Am österlichen Abendmahl in Schüpf im Jahre 1600 nahmen innerhalb von 14 Tagen insgesamt 1240 Gläubige teil, von denen zahlreiche aus dem Amt Boxberg in das reichsritterschaftliche Dorf „ausgelaufen" waren.[68] Hinsichtlich der Täufer[69] und Spiritualisten ist das Bestehen von Gemeinschaften recht unwahrscheinlich, doch ganz auszuschließen ist kryptisches Täufertum auch nicht: Könnte der Junker nicht einfach geargwöhnt haben, dass es noch Konventikel gab? –Nescio.

Auf zwei weitere Inhalte legte Hans Pleickhard besonderen Wert. Zu ihnen, Litanei und Karfreitagsgottesdienst, wird noch einiges zu sagen sein.

Die Disposition: *Pollitische Sachen*

Neben der kirchlichen Ordnungsstruktur strebte die Dorfordnung in ungefähr 50 Punkten gleichermaßen *gute Policey* als Ziel an. Dieser normensetzende Teil lässt keine eigentliche Systematik erkennen, Er springt vielmehr von einer Regelungsgruppe zur anderen, dabei so gut wie alle Lebensbereiche erfassend, etwa von der Handhabung der Obrigkeit und den dörflichen Rechten, Kontrolle der örtlichen Gewerbe bis zu Bestimmungen zu Moral; andere, wie die Ahndung von Volltrunk und Fressen, wiederholen sich sogar. Der Sinn dieser Strafandrohung ist klar: Völlerei galt als sündhaftes Tun; Fressen und Saufen galt biblisch als verwerflich (Lukas 21, 34; Galater 5, 21) und zurecht als schuldenfördernd. Der eine oder andere Passus ist offensichtlich ad hoc aufgenommen worden. Das gilt sicher für den die Regulative abschließenden *Der Büchsen halber*. Das klingt missverständlich, entpuppt sich aber als Bezug auf einen (oder mehre?) Unfälle beim leichtfertigen Gebrauch der Schusswaffe. Als Angehörige des Aufgebots der kurmainzischen Ballenberg war ja ein Teil der Neunstetter Männer zur Beschaffung von Feuerwaffen verpflichtet. Insgesamt sieht es so aus, als ob Hans Pleickhard zuerst eine Liste der Gravamina überhaupt erstellen ließ, die dann der Dorfordnung zugrunde gelegt wurde. Dabei bleiben zwei Fragen. Inwieweit wurden die alten Dorfrechte durch herrschaftlichen Willensakt überformt? Dazu besitzen wir mit dem Verbot der Gemeindeversammlung nur einen gesetzgeberischen Akt [Wort]. Sehr wahrscheinlich ist – wie Ordnungen anderer Edelleute

---

[65] Franz Michael Weber, Kaspar Schwenckfeld und seine Anhänger in den freybergischen Herrschaften Justingen und Öpplingen, (Veröffentlichungen der Kommission für geschichtliche Landeskunde in Baden-Württemberg. Reihe B, Bd. 19), Stuttgart 1962, 50.
[66] Honemann/Ulmschneider, Ritterschaftliche Bibliothek (wie Anm. 49), 851.
[67] Ebd., S. 846.
[68] Neumaier, Bauland (wie Anm. 22), 334.
[69] J, Weigel, Zur Kirchengeschichte Rothenburgs. I: Die Wiedertäufer in Rothenburg o. T., in: Blätter für bayerische Kirchengeschichte 1 (1888), 153–159.

erkennen lassen – das Recht der Selbsteinberufung gemeint, während die Herrschaft die Versammlung dahingehend instrumentalisierte, sie nur dann einzuberufen, wenn sie ihre Anordnungen zu verkünden beabsichtigte. Man wird davon ausgehen dürfen, dass die dörflichen Rechte im Wesentlichen unangetastet blieben, Das zeigt gerade die Funktion des Rüggerichts, nur dass die Herrschaft es ihren Zwecken nutzbar zu machen verstand. Kaum eine Antwort gibt es bedauerlicherweise auf die Frage inwieweit sich in diesen zweckrationalen Bestimmungen die dörfliche Realität widerspiegelt.

Einige der Punkte innerhalb der thematischen Spannweite werden im Wortlaut wiedergegeben, denn zu ihnen ist noch Näheres zu sagen:

Bürgerrecht und Abzug

Erbhuldigung

Von Dienstknechten

Von Handhabung der Obrigkeit und des Fleckens Gerechtigkeit

Dorfgerichtsbehegung

Rügordnung

Zauberey und Teuffelsbeschwehren

Da sich jemand des Teuffelsbeschwehren oder Wahrsagen unterstünde oder diselbe angemaste Wahrsager besuchen und Rath pflegen würde

Da sich einer mit Seegen oder dergleichen Sachen an menschen und Vieh unternehmen und treiben würde oder bey [..] Seegeren Raths fragen und sich derselbig ohngebührlich Seegen Artzney gebraucht hette.

Friedtbitten und freventliche Sachen

Felddiebstahl

Ehebrüche

Verschwender

Volltrinken

Spiehl. Verbottene hohe Spiel mit Würffel oder Karten, auch Mummenschantzen und andere wachsende schädliche Spiel getriren [?]

Wucherische Kontrakte

Gemeine Rügordnung

von Erbschaften

von ain Kindtschaft

von ehelicher Verpflichtung und heimlichen Kuppeleyen

Güterteilung

Marksteine

Von Ausschüssen

Von unnützem Haushalten und Verschwenden

Wo sich deren ohnnützen Gesellen befinden, die ihrer Weiber zugebrachte Haab und Güetter bößlich und unnützlich mit Spielen, Fressen, Sauffen, Müßiggang undt Schwehren ohn werden, und darmit sich selbst auch ihre Weiber und Kinder ins Verderbeb oder sonsten in dz. Elendt richten wollen, Sollen Schultheissen und Gericht zue rechter Zeit undt ehe die Güeter vertan, ihr Uffmerckens haben und einen solch bösen Menschen und unnützen verschwender vor sich zuefordern und von seinem üblen Wesen und Vers schwenden verwarnen und abmahnen.

Von Frucht, Wein und Baumaß

Von Wirten

Von den Bäckern

Von den Müllern

Von Metzgern

von Zu- undt Volltrinken, Fressen und Sauffen. Weylen dan dz. Gar überflüßig Fressen Sauffen, zu unserer Zeit, leider mehr als gar zuviel überhand genohmen, do ist mein der Obrigkeit allhie ernstlicher Befehl dz. Alle inwohner alhier sich des schändlichen Lasters vollsauffen enthalten und müßig stehen sollen, dan welcher dz. Gefehrlicher Weiß überfahren, einer den andern nöthen, anretzen, zwingen zum Vollsauffen verursachen und also ohngeschickt, lesterlich und ander besshwehrlich [...] würde, der jeder solle so offt es geschicht, ub einen Gülden ohnachlässig gestraft werden.

Von gotteslästerung, Fluchen undt schwehren. So jemand were, welcher Gott dem allmächtigen uu[.] würdt, dz. Seiner göttlichen Mayestet Gewalt zuider oder freventliche verächtliche Lästerwort wider Gott sein allerheiligste Menschheit oder die göttliche sacramenta redet der soll mir dem vogtsherrn [...] angezeigt.

Von Spielen

Schlägereien und *Todtschlägen*

Schmähungen

Ehebruch

Hochzeiten und Däntzen

Hurerey und andere leichtfertige Beywohnung

Faßnachtküchlein und butzengehen. Den unnötigen Kosten mit den Fasnachtküchlein hoher darüber angerichter Füllerey und Ohnwesen will man gentzlichen abgetgan haben. [...]. dergleichen dz. Niemand mit verdecktem angesicht oder Butzenkleidern gehen soll, alles bey Straff des Thurms oder Narrenhauses.

Kirchweih

Herrenlose Knechte

Die Herrschaft thu auch mit allem ernstgebiethen, dz. hinfür kein unterthan bey den Juden etwas entlehnen, mit ihnen handtiren oder in einen nicht wucherischen handel mit entlehnen, Borgen, Versetzen, verschreiben, Bürgwesen , noch in andere Weeg eingelaen, oder mit juden handeln sol, anders dann umb Baar Gelt kauffen bey Straf 20 gülden.

Von Zigeunern

Solch ohngezieffer soll allhier wieder die Reichsabschiedt und ordnung und des armen Manns großen Schaden mit nichten geduldet, sondern sobald man ihrer gewahr würde, Auß- und weggetrieben werden.

Dienstknechte, Megte

Feuer besehen und deßen Gefahr

Waldungen

Hirten

Von zaubereyen Wahrsagen

In heyl. Göttl. Schrift und keyserlichem Recht ist die Zauberey als ein schwehre Sünd und Greuel vor Gott ernstlich verboten. Derowegen des Junckhern und Vogtherrn ernstlicher Befehl, alle Zauberer, Teuffelsbeschwehrer, seegner und dergleichen Abgötter weder von Manns von Frauen Persohn, auch dieselben segner Artzney an Menschen und vie zu gebrauchen bey ernstlicher [...] gentzlich vermiden bleiben.

Feld und anderer Diebstahlbgötter, die [...] durch verbottene mittel und Seegen den Leuten Wahrsagen Munkeln undt zuehelfen mit nichten geduldet werden Auch dz. Zuelaufen zu solchen Wahrsagern, Zauberern und Segnern

Verbot der Gemeindeversammlung

Der Büchsen halben

Sturmläuten bei Feuer

Unter diesen gesetzgeberischen Bestimmungen fallen einige besonders auf und hier vorrangig das Edikt gegen Juden. Die Beziehung zwischen Edelleuten und Juden im 16. Jahrhundert war ambivalent, wie gerade Neunstetten zeigt.[70] Man geht schwerlich fehl in der Annahme, dass den Edelleuten viel daran gelegen war, die Ansiedlung möglichst nicht publik zu machen, um Schwierigkeiten aus dem Weg zu gehen. Schlagendes Beispiel ist das nicht allzuweit gelegene Bödigheim, wo Stefan Rüdt von Collenberg das leerstehende Frühmesserhaus an einen Juden vermietete.[71] Auf Anordnung des Erzbischofs von Mainz als Lehnherr ließ der Amorbacher Amtmann Anton Sparr von Trampe am 2. Mai 1566 den Juden aus dem Dorf entfernen. Zu Lebzeiten des Hans Gottfried lebte in Neunstetten ein Jude (wohl eine Familie). Nach dem Tod des Hans Gottfried kam es zwischen seiner Witwe Amalia geborener von Grumbach und Hans Pleickhard 1589 zu einer Abmachung, wobei deren Hintergründe unklar bleiben.[72] Der jetzige Jude ist bis Martini (1589) abzuschaffen und danach

---

[70] Franz Hundsnurscher/Gerhard Taddey, Die jüdischen Gemeinden in Baden (Veröffentlichungen des Staatsarchivs Baden-Württemberg 19), Stuttgart 1968, 214.
[71] Fürstlich Leiningisches Archiv Amorbach 83/3. Repertorium Rand 36.2.
[72] Hagmaier, Chronik (wie Anm. 30),

keiner mehr zuzulassen. Die Nachfolger hielten sich keineswegs nicht an diese Vereinbarung, denn 1627 sind 3 (wohl Familien), 1643 sogar 6 Juden nachzuweisen.

Das mehr als drastisch formulierte Verdikt über Zigeuner passt sich ein in die von Thomas Fricke definierte Phase II des Verhaltens, wonach sie geradezu für vogelfrei erklärt wurden.[73]

Erziehungsmittel

Nach der Vorstellung der Rechtssetzungen hat man sich den Pleickhardschen Erziehungsmitteln zuzuwenden. Dabei wird der Versuch unternommen, sie in den Kontext der Verfasstheit des Reiches im späten 16. Jahrhundert zu verorten. Um dem näherzukommen, seien die beiden Begriffe aus der Überschrift dieser Studie herangezogen. Hier zunächst Sozialdisziplinierung, auf deren Bedeutung vorrangig Wolfgang Wüst verwiesen hat.[74] Auch wenn der von Gerhard Östreich geschaffene Begriff Sozialdisziplinierung[75] sich streng genommen auf das Zeitalter des Absolutismus bezieht, lässt er sich durchaus für frühere Jahrzehnte heranziehen. Bekannt ist der Typus Fürst, dessen Herrschaftsauffassung als frühabsolutistisch charakterisiert wurde und als dessen Vertreter Bischof Julius Echter von Mespelbrunn gelten kann.[76] Bei ihm hat man sogar als einem „konfessionellen Absolutisten" gesprochen.[77] Auch wenn der Berlichingen Herr seines Kirchenwesens gewesen ist, wäre das Attribut konfessioneller Frühabsolutist wohl zu hoch gegriffen, doch irgendwie nicht ganz unberechtigt.

Zweifellos griffen seine Bestimmungen tief in das Leben der Untertanen ein. Mit dem Zwang zum Kirchenbesuch und dessen Überwachung strukturierte er den Ablauf von Sonn- und Feiertagen. Mit einem weiteren Verbot griff er in offenbar althergebrachtes Brauchtum ein. Hielt sich in katholischen Orten bis weit in die Neuzeit fastnachtliches Treiben, wurde es in Orten evangelischer Oboedienz als altkirchliches oder gar paganes Moment, jedenfalls sündhaftes Relikt vehement bekämpft.[78] Man

---

[73] Thomas Fricke, Zigeuner im Zeitalter des Absolutismus (Reihe Geschichtswissenschaft 40), Pfaffenweiler 1996, 14–16.

[74] Wüst, Gute Polizey (wie Anm. 5), 35–42; Dazu auch Heinz Schilling, Sündenzucht und frühneuzeitliche Sozialdisziplinierung, in: Georg Schmidt (Hg.), Stände und Gesellschaft im Alten Reich (Veröffentlichungen des Instituts für Europäische Geschichte Mainz. Beiheft 29), Stuttgart 1989, 265–302.

[75] Gerhard Oestreich, Strukturprobleme des europäischen Absolutismus, in: Ders., Geist und Gestalt des frühmodernen Staates, Berlin 1969. 179–197; zuerst Vierteljahresschriften für Sozial- und Wirtschaftsgeschichte 55 (1969), 329–347. Dazu Winfried Schulze, Gerhard Oestreichs Begriff der Sozialdisziplinierung in der Frühen Neuzeit, in: Zeitschrift für Historische Forschung 14 (1987), 265–267; Wüst, Gute Polizey (wie Anm. 5), 35–43: Ulrich Behrens, Sozialdisziplinierung als Konzeption der Frühneuzeitforschung. Genese, Weiterentwicklung und Kritik. Eine Zwischenbilanz, in: Historische Mitteilungen der Ranke-Gesellschaft 12 (1999), 35–68.

[76] Götz Freiherr von Pölnitz, Fürstbischof Julius Echter als Frühabsolutist, in: Mainfränkisches Jahrbuch, H. 30 (1959), 14f.

[77] Peter Baumgart, Julius Echter von Mespelbrunn und Maximilian von Bayern als Exponenten des konfessionellen Zeitalters, in: Ernst-Günter Krenig (Hg.), Wittelsbach und Unterfranken (Mainfränkische Studien 65), 15–33, hier 15.

[78] Frank Konersmann, Ländliche Fastnacht als Konfliktfeld. Fallbeispiel Herzogtum Pfalz-Zweibrücken 1533–1680, in: Jahrbuch für Volkskunde 97 (2005), 7–35.

hat geradezu von „Unterdrückung der Volkskultur" gesprochen.[79] Im Bauland hat ein ganz bestimmtes Ereignis zusätzlich das Sündhafte von Fastnacht buchstäblich in das Bewusstsein von Obrigkeiten eingebrannt. Bei einem von den Grafen von Hohenlohe am 7. Februar 1570 in Waldenburg auch für den Lehnadel veranstaltete Fastnachtfest stürzte ein Leuchter von der Decke und setzte die Federkostüme von Teilnehmern in Brand, von denen auch einige ihren Verletzungen erlagen. Der genannte Valentin von Berlichingen trug Brandwunden davon.[80] In seiner Leichenpredigt deutete der Hofprediger Antonius Apin, das Geschehen so, da habe der leidige Satan aus *Gottes Verhengnuß ein schröckliche Tragoedien und Spectacul angerichtet und als ein arger Schadenfroh sein Müthlein nach Lust gekühlt.*

Man darf davon ausgehen, dass die Fasnacht vielfach als klandestines Brauchtum weiterlebte, doch im offiziellen Schrifttum verschwand. Hier eröffnet die Neunstettische Ordnung einen gewissen Einblick in das fastnachtliche Treiben eines evangelischen Dorfes, das sonst verborgen geblieben wäre.. Man kostümierte sich, wobei die Art der Verkleidung leider unbekannt ist. Ebenso wenig kennt man die Beschaffenheit der Maskierung, doch immerhin weiß man, dass man sein Gesicht unkenntlich zu machen versuchte. Man tummelte sich auf der Gasse, schwelgte in Fastnachtsküchlein und sprach sehr wahrscheinlich berauschenden Getränken zu. Waren die Jahre 1574 und 1611 bisher die frühesten Belege im Bauland für Fastnachtküchlein,[81] kennt man nun einen weiteren.

Hier stellt sich geradezu zwangsläufig die Frage nach der Wirksamkeit des Verbots. Mit einiger Wahrscheinlichkeit hat man es irgendwie umgangen. So spricht noch die 1709 erlassene Berlichingische Dorfordnung für Merchingen 9 Geld-oder Haftstrafen für fastnachtliche *Mummereyen, Narrenkleidung, Herumblauffen, übermäßiges Fressen und Sauffen* aus.[82]

Um jedem Verdacht entgegenzuwirken, hier werde versucht, das Bild eines machiavellistischen Machtmenschen zu zeichnen, der mit diesen Maßnahmen seine als Glaubensüberzeugung bemäntelte Machtausübung durchzusetzen verstand, sei mit Katechese als Korrektiv das zweite der beiden Stichwörter herangezogen. In der Ordnung wird eindrücklich auf Kinderlehre, Predigt und Katechismus verwiesen. Welche Bedeutung damals der christlichen Unterweisung konfessionsübergreifend zukam, verdeutlicht ein Wort des französischen Historikers Jean Delumeau: „L' importance du prône pour les fidèles d' autrefois laisse deviner combien leur étaient nécéssaires la prédication et le catéchisme. Pourtant ce n'est qu' au XVIè siècle que Réformateurs protestants et catholiques – Luther, Calvin, Saint Pierre Canisius – et les pères du concile de Trente – sentirent l' urgence d'un enseignement catéchetique."[83] Das führte,

---

[79] Robert Muchembled, Culture populaire et culture des élites dana la France moderne XV – XVIIIe siècles, Paris 1978; Dazu Bernd Roeck, Die Krise des späten 16. Jahrhunderts, in: Heinz Schilling (Konfessioneller Fundamentalismus (Schriften des Historischen Kollegs 70), München 2007, 3–21, bes. 12.
[80] Berlichingen-Rossach, Geschichte (wie Anm. 38), 581f.
[81] Peter Assion, Volkskultur und Brauchtum, in: Kreisbeschreibungen des Landes Baden-Württemberg. Der Neckar-Odenwald-Kreis, Bd. 1, Sigmaringen 1991, 205.
[82] Karl Renz, Geschichte Merchingens, Merchingen 1902, 35.
[83] Jean Delumeau, Le Catolicisme entre Luther et Voltaire (Nouvelle Clio 30), Paris 1976, 298.

wie Anton Schindling formuliert hat[84], „zur inneren Christianisierung der europäischen Gesellschaften [...] einer durchgreifenden Christianisierung auch des einfachen Volkes." Hans Pleickhard leistete seinen Beitrag an diesem Fundamentalprozess der Verchristlichung Europas,[85] der Geburt eines Christentums des gemeinen Mannes, oder – so Wolfgang Brückner für die katholische Seite – es ging um „Verinnerlichung der christlichen Lehre von Kindesbeinen an."[86] Zum Hintergrund wird noch etwas zu sagen sein (s.u.). Entsprechendes Gewicht legte die Ordnung auf „Catechismus oder Kinderlehre", und dies für Junge und Alte ganz im Sinne von Luthers Katechismuspredigten, der in der Vorrede zum Großen Katechismus ihn *der gantzen Heiligen schrifft kurtzer auszug und abschrifft* nannte, als *Unterricht für die Kinder und Einfeligen. Darum sie auch von alters her auf Griechisch heißt Katechismus, das ist eine Kinderlehre,*[87] als eine „Transposition von Bekenntnisinhalten auf die volkstümliche Ebene".[88] Hierher gehört ein außergewöhnliches Mittel, das beim Ritteradel keine Parallele besitzt. Die halbjährliche Verlesung der Rothenburgischen Kirchenordnung in komprimierter und verständlicher Form setzte sich zum Ziel, den Pfarrkindern ein *gründlichs Wissen* zu vermitteln. Dem Berlichingen ging es demnach nicht nur um bloßes Auswendiglernen des Evangeliums, vielmehr um dessen Verständnis. Sein ausgeprägter pädagogischer Zug – wohlgemerkt im Sinne der protestantischen Reformorthodoxie[89], nicht eines Philanthropismus – wird hier eindrucksvoll sichtbar.

Die Neunstettener Dorfordnung im Kontext des späten 16. Jahrhunderts

Die Neunstettener Ordnung findet wie bereits dargelegt ihren Platz zwischen zwei korrelierenden Hauptentwicklungslinien im damaligen Römisch-Deutschen Reich, nämlich der Christianisierung innerhalb ganz Europas zum einen und zum andern der institutionellen Verdichtung in der Reichsverfassung, sowie einem territorialen Verdichtungsgsprozess (Peter Moraw) innerhalb der Reichsstände. Sie Herrschaftsverdichtung gilt unter Beachtung ihres besonderen Status auch für die Reichsritterschaft.

Vergleicht man Hans Pleickhards „gute Polizey" mit den Jahrzehnte früher erlassenen Ordnungen seiner Standesgenossen, sind bei allen Gemeinsamkeiten signifikante Unterschiede nicht zu übersehen. Auch in ihnen findet sich der Zwang zum Besuch der Gottesdienste und dessen Kontrolle, die Verpflichtung zum Empfang des Abend-

---

[84] Anton Schindling Konfessionalisierung und Grenzen von Konfessionalisierbarkeit, in: Ders./Walter Ziegler (Hgg.), Die Territorien des Reichs im Zeitalter der Reformation und Konfessionalisierung, Bd. 7), Münster 1997, S. 9–44, hier S. 17.

[85] Hans-Christoph Rublack, Vorwort, in: Die lutherische Konfessionalisierung in Deutschland (Schriften des Vereins für Reformationsgeschichte Nr. 197), Gütersloh 1992, 9.

[86] Wolfgang Brückner, Frommes Franken, Würzburg 2008, 64.89.

[87] WA 30/I, 125–132.

[88] Irene Dingel, Integration und Abgrenzung. Das Bekenntnis als Ordnungselement in der Konfessionsbildung, in. Gute Ordnung (wie Anm. 5), 11–30, hier 27.

[89] Jörg Baur, Lutherisches Christentum im konfessionellen Zeitalter – ein Vorschlag zur Orientierung und Verständigung, in: Dieter Breuer u. a. (Hgg.), Religion und Religiosität im Zeitalter des Barock (Wolfenbütteler Arbeiten zur Barockforschung, 25), Wiesbaden 1895, 43–63.

mahls, die Verurteilung von Exzessen bei Hochzeiten, *Übersitzen* beim Wein, Gotteslästern, Fluchen, moralische Verfehlungen wie klandestine sexuelle Beziehungen in *Rockenstuben* oder *Vorsätzen*. Auch sie wurden früher unter Strafe gestellt, doch in der Neunstettener Ordnung liest sich das um einiges härter: *von ain kindtschaft, von ehelicher Verpflichtung und heimlichen Kuppeleyen*, Ehebruch, *Hurerey und andere leichtfertige Beywohnung*. Alkoholmissbrauch wird als „Volltrinken, Fressen und Sauffen" drastisch gebrandmarkt. Vor allem enthält Hans Pleickhards Ordnung ganz neue Verfehlungen und Straftaten: „Zauberey und Teuffelsbeschwehren".

Wettersegen und -beschwörung wird es sehr wahrscheinlich auch früher schon gegeben haben,[90] auch dass man sich heimlich *Arzney* für Mensch und Vieh besorgt hat, weiß man. Nur stellt sich hier die Frage, warum die früheren Ordnungen nichts dazu sagen. Man kann sich selbstverständlich mit der Antwort zufriedengeben, Hans Pleickhard habe vielleicht aufgrund bestimmter Vorkommnisse auf die Ahndungen dieser Vergehen besonderen Wert gelegt.

Doch auch dann bleibt immer noch die Frage, ob den Schöpfern der älteren Ordnungen solche entgangen sind oder sie zu deren Zeit noch keine oder zumindest keine beachtenswerte Rolle gespielt haben mögen. Das führt zu einem ganz bestimmten Phänomen, das Hans Pleickhards Überlegungen ohne jeden Zweifel beeinflusst haben wird. Gemeint ist die seit dem amerikanischen Klimatologen Francois E. Mathes 1939 so bezeichnete Kleine Eiszeit,[91] deren Auswirkungen auch im Bauland nachgewiesen sind.[92] Man nuss sich allerdings davor hüten, sie im Sinne einer historischen Kausalität interpretieren zu wollen. Man hat in ihr vielmehr ein die beiden Hauptentwicklungslinien der Herrschaftsintensivierung und Verchristlichung überlagerndes Phänomen zu sehen, das sich intensivierend auf sie auswirkte.

Diese Klimaanomalie war für den Zeitraum von 1570 bis 1639 gekennzeichnet durch oftmalige kalt-trockene Winter und Frühjahrsperioden, denen sich gelegentlich zwei bis drei aufeinanderfolgende kalt-feuchte Hochsommer überlagerten.[93] Wie zurecht geurteilt worden ist, war keine Epoche der jüngeren Geschichte stärker von Klima-Ungunst geprägt als gerade dieser Zeitraum.[94]

Die sozialen und mentalen Folgen des „global cooling" sind allgemein bekannt. Dass die Ursachen von Missernten, Verkürzung der Vegetationsperiode, Armut, Bettelei und ähnlichem die Auswirkung atmosphärischer Vorgänge waren, ließ sich zwar selbstverständlich damals noch nicht erkennen, doch das Problem beschäftigte die damaligen Menschen gleichgültig des gesellschaftlichen Standes oder des Bildungsgrades, nur dass man höchst unterschiedliche Antworten fand. Die bäuerliche Bevölkerung reagierte auf das wirtschaftliche Ungemach mit Praktiken, die sich mit

---

[90] Stichwort Wetterbeschwörung, -bann, in: Handwörterbuch des deutschen Aberglaubens, Bd. 9, Berlin 1938–1941 (ND 1987), 508–511.

[91] Dazu grundlegend Wolfgang Behringer/Hartmut Lehmann/Christian Pfister (Hgg.), Kulturelle Konsequenzen der ‚Kleinen Eiszeit'. Cultural Conequences of the ‚little Ice Age' (Veröffentlichungen des Max-Planck-Instituts für Geschichte 212), Göttingen 2005.

[92] Rüdiger Glaser, Klimarekonstruktion für Mainfranken, Bauland und Odenwald anhand direkter und indirekter Witterungsdaten seit 1500, Stuttgart 1991.

[93] Christian Pfister, Weeping in the Snow. The Second Period of Little Ice Age-type Impacts, 1570–1630, in: Behringer u. a., Kleine Eiszeit (wie Anm. 91), 32–85, hier 65.

[94] Wolfgang Behringer, ‚Kleine Eiszeit' und Frühe Neuzeit, in: Ders. u. a., Kleine Eiszeit (wie Anm.89), 415–508, hier 423.

Delumeau als „folkorisation du Christianisme" umschreiben lassen.[95] Hier suchte man Zuflucht bei Wetterbeschwörern, „Zauberern", „Segnern", beging mehr oder minder heimlich den Hagelfeiertag oder auch vorreformatorische Heiligenfeste, die im Zusammenhang mit Aussaat und Ernte standen. Man kann es der Landbevölkerung nicht verdenken, denn die so gelebte Frömmigkeit, durchsetzt mit paganen Elementen, war Teil des Lebensbewältigungssystems.[96]

Die Obrigkeiten und ihre Geistlichen verfügten genauso wenig über eine rationale Erklärung für die zunehmenden Unbilden der Witterung wie ihre Untertanen. Ihre Deutung der Klimaphänomene gründete vielmehr in der Theologie. Sie verwarfen die Bräuche der bäuerlichen Untertanen als heidnisch und somit dem Willen Gottes zuwider und seinen Zorn heraufbeschwörend.[97] Das konnte vieles sein wie fastnachtliches Treiben, Wucher, blasphemische Reden, Fluchen, vor- und außerehelicher Geschlechtsverkehr, Tanz, Kartenspiel, Versäumen von Predigt, Abendmahl und Katechismusunterweisung, Umgang mit Juden, eben all das, was die Dorfordnung Neunstetten auflistet. Nicht zuletzt kam es zur Verteufelung von Randgruppen wie den Zigeunern.

In den Augen von Obrigkeit und Theologen entsprach die Schwere der Unbilden dem Gewicht des Sündhaften.[98] Angesichts dieses Paradigmas der Sündenökonomie sahen die Obrigkeit und Theologen es als geradezu heilige Pflicht, die Untertanen aus ihrem sündigen Tun zu erretten oder sie überhaupt davor zu bewahren, indem man die Bereitschaft zu Reue und Buße in ihnen erweckte. Das Instrument dazu fand Hans Pleickhard im Abschnitt *Ordnung des gemeinen gebets* und *letanei* der Rothenburgischen Kirchenordnung.[99] Sie verpflichtete die Pfarrer das *gemein Gebet* und die Litanei zu *üben und zu treiben*, um das Kirchenvolk zur Buße zu vermahnen.

Griff Hans Pleickhard auf die Litanei in der Rothenburger Ordnung zurück, ist der Karfreitag dort noch nicht enthalten. Galt er bei den Kirchen der Augsburgischen Konfession bisher nur als halber Feiertag, wurde er den bisherigen Hauptfesten zunehmend gleichgesetzt und nahm immer mehr den Charakter eines Buß- und Bettages an.[100] Seine Feier geht also auf die Anordnung des Ortsherrn angesichts himmlischen Ungemachs zurück.[101]

Worin – so wird man abschließend fragen müssen – besteht die geschichtliche Bedeutung der Neunstetter Dorfordnung des Hans Pleickhard von Berlichingen, will

---

[95] Delumeau, Le Catolicisme (wie Anm. 83), 253; auch Louis Chatellier, The Religion of the poor, Cambridge 1997 und Ders., The Europe of the devout, Cambridge 1989.
[96] Wolfgang Brückner, Frommes Franken. Kult und Kirchenvolk in der Diözese Würzburg seit dem Mittelalter, Würzburg 2008, 51.
[97] Dazu Behringer /Lehmann/Pfister, Kulturelle Konsequenzen der ‚Kleinen Eiszeit'? Eine Annäherung an die Thematik, (wie Anm. 89) 7–27; Hartmut Lehmann, Frömmigkeitsgeschichtliche Auswirkungen der ‚Kleinen Eiszeit', in: Ders., Religion und Religiosität in der Frühen Neuzeit. Historische Beiträge, hg. von Manfred Jakubowski-Tiessen u. Otto Ulbricht, Göttingen 1996.
[98] Behringer u. a., (wie Anm. 97), 15.
[99] EKO Bd. XI/1 (wie Anm. 59), 487. Wortlaut und Melodie nach Luthers Deutscher Litanei 1529, WA 30, III, 1–36; Johannes Kulp, Die Lieder unserer Kirche, hg. von Arno Büchner u. Siegfried Fornacon, Göttingen 1978, Nr. 138.
[100] Ludwig Schmitt, Stichwort Kirchliche Buß- und Bettage, in: TRE 7 (1981), 493.
[101] Jakubowski-Tiessen, Das Leiden Christi und das Leiden der Welt. Die Entstehung des lutherischen Karfreitags, in: Behringer u. a., Kleine Eiszeit (wie Anm. 89), 195–313.

man denn ihr überhaupt eine solche zuschreiben? Was sie war, ist unstrittig, nämlich eine der zahlreichen Normsetzungen, mittels derer die frühneuzeitlichen Obrigkeiten gute Polizei zu bewirken suchten. Von diesem Blickpunkt aus gesehen kann ihr nur höchst bedingt eine gewisse historische Bedeutung zugemessen werden. Man kann sie jedoch noch aus einem ganz anderen Blickpunkt betrachten. Nach einem Wort von Hermann Heimpel widerspiegelt sich in der Oberfläche winziger Wassertropfen die Weite der Welt[102] – „Mundus in gutta". Als solcher Tropfen, gutta, erlaubt die Ordnung des Hans Pleickhard den Blick auf die politische wie religiöse Verfasstheit des frühneuzeitlichen Reiches

---

[102] Hermann Heimpel, Selbstkritik der Universität, in: Deutsche Universitätszeitung 6 (1951) 5–7, hier S. z.

„Indem wir diesem Allerhöchsten Auftrage hiermit nachkommen, ordnen wir an, daß dieses Gesangbuch für Kirche und Schule in Gebrauch genommen werde."[1] – Die badischen Kirchengesangbücher der letzten 200 Jahre im Spiegel ihrer Vorworte

Ulrich Bayer

Im Jahr 2020 ist das *Evangelische Gesangbuch (EG)* der Badischen Landeskirche seit 25 Jahren in Gebrauch – es wurde am Ersten Advent 1995 (3. Dezember 1995) in den evangelischen Gemeinden eingeführt. Der gesamte Prozess der Einführung des neuen EG innerhalb der Evangelischen Kirche Deutschlands dauerte insgesamt drei Jahre: er begann am Reformationstag 1993 mit Berlin-Brandenburg und war mit der Einführung in der württembergischen Landeskirche zum Ersten Advent 1996 beendet.[2] 2018 kam in Baden der Ergänzungsband *Wo wir dich loben, wachsen neue Lieder* heraus, der – ähnlich wie die *Anhänge '71* und *'77* in den 1970er Jahren als Ergänzungen zum damaligen Evangelischen Kirchengesangbuch EKG – modernes und zeitgemäßes Liedgut den Gemeinden nahebringen möchte.

Im Vorfeld des 200jährigen Jubiläums der Badischen Union 2021 sollen hier die vier badischen Gesangbücher aus den Jahren 1836, 1882, 1951 und 1995 mit einem Vergleich ihrer Vorworte in den Blick genommen werden.

Innerhalb der neueren badischen Kirchengeschichtsforschung spielten Untersuchungen der Gesangbücher schon immer eine wichtige Rolle.[3] Heinrich Riehm hat in seinem 2011 erschienenen Sammelband *Auf dem Weg zum Evangelischen Gesangbuch 1993* zahlreiche Aspekte der neueren badischen Gesangbuchgeschichte zusammengestellt.[4]

---

[1] Gesangbuch für die Evangelisch-protestantische Kirche des Großherzogtums Baden, Lahr 1882 (Vorwort).

[2] Über die Einführung des neuen EG auf EKD-Ebene im Jahr 1993 berichtet der damalige EKD-Ratsvorsitzende Klaus Engelhardt in: Ulrich Bayer/Hans-Georg Ulrichs (Hgg.), Anvertrautes. Klaus Engelhardt im Gespräch (VBKRG 8), Stuttgart 2018, 120f.

[3] Vgl. etwa Hermann Poppen, Das erste Kurpfälzer Gesangbuch und seine Singweisen (VVKGB 12), Lahr 1938 oder das Kapitel „Badische Gesangbuchgeschichte" in: JBKRG 5 (2011) mit Beiträgen von Udo Wennemuth („Religiöse Einheitsbestrebungen und Aufklärung im Gesangbuch der Kurpfalz"), Heike Wennemuth („Union und Gesangbuch in Baden. Unterschiede und Gemeinsamkeiten im Liedgut der lutherischen und reformierten Konfessionen"), Christoph Schmider („Singet dem Herrn – aber was? Die Gesangbücher der Erzdiözese Freiburg und der Caecilianismus") und Michael Braatz („Lieder badischer ‚Liedermacher' im 20.Jahrhundert").

[4] Vgl. Heinrich Riehm, Auf dem Weg zum Evangelischen Gesangbuch 1993 und zum Lied-Regionalteil Baden – Elsass und Lothringen – Pfalz. Dokumentation in Artikeln, Referaten, Berichten und Tabellen (Sonderveröffentlichungen des Vereins für Kirchengeschichte in der Evangelischen Landeskirche in Baden 7), Karlsruhe 2011. Hier finden sich neben der Entstehungsgeschichte des Evangelischen

Vor der Einführung des ersten einheitlichen Gesangbuches 1836 gab es im Großherzogtum Baden fast ein Dutzend verschiedener regionaler Gesangbücher – das neue Gesangbuch bildete somit erstmals auch ein einigendes Band in dem noch jungen, 1806 konstituierten Großherzogtum und in der erst wenige Jahre zuvor 1821 entstandenen badischen Unionskirche. Dieses Gesangbuch war geprägt von einem milden Geist der Aufklärung, wie es schon im leicht pädagogisch-belehrenden Titel zum Ausdruck kommt:

Christliches Gesangbuch zur Beförderung der öffentlichen und häuslichen Andacht für die evangelisch-protestantische Kirche im Großherzogthum Baden. Nebst einer Sammlung christlicher Gebete.

Auffällig ist der Aufbau dieses ersten gesamtbadischen Gesangbuches: Die Gliederung erfolgte nicht etwa nach den vertrauten Aspekten des Kirchenjahres (Advent, Weihnachten, Jahreswende, Epiphanias, Passion etc.), sondern nach dogmatischen Lehrartikeln:

Erste Abtheilung. Gott und seine Eigenschaften. Größe und Vollkommenheit Gottes überhaupt. Ewigkeit und Unveränderlichkeit Gottes. Allmacht Gottes. Allgegenwart und Allwissenheit Gottes [...]
Zweite Abtheilung. Schöpfung. Schöpfung überhaupt. Das Menschengeschlecht. Die Engel.
Dritte Abtheilung. Vorsehung. Die Spuren der Vorsehung in den Werken und Wohlthaten Gottes. Die dunklen Wege der Führung Gottes. Der Segen der irdischen Trübsale.
Vierte Abtheilung. Sendung und Geburt Jesu. [...] Christliches Andenken an Jesu Sendung in Beziehung auf die Adventszeit. Zur Feier des heiligen Geburtsfestes Jesu.

Unter dieser Rubrik finden sich übrigens einige Advents- und Weihnachtslieder. Zahlreiche Lieder heben auf das richtige Verhalten der Gläubigen ab:

Achtzehnte Abteilung. Christliches Verhalten in Beziehung auf uns selbst. Christliche Sorge für unser sittliches Wohl überhaupt. Christliche Wachsamkeit gegen die Gefahr der Sünde [...] Christliche Sorge für die Bildung des Geistes durch Erwerbung guter Kenntnisse.

Im weiteren Verlauf finden sich Lieder, die der Ordnung der christlichen Ständegesellschaft gewidmet sind:

Ehrfurcht, Liebe und Treue gegen den Regenten, die Obrigkeit und das Vaterland. Achtung und Liebe gegen die Seelsorger [...] Christliches Verhalten der Herrschaften und Dienstboten gegen einander.

Gesangbuch von 1993 (in Baden 1995 eingeführt) auch umfangreiche Hintergrundberichte zu den beiden badischen Anhängen '71 und '77.

Eine abschließende Abteilung von Liedern widmet sich besonderen Zeiten und Situationen im Jahreslauf:

In Beziehung auf die Aussaat und das Wachsthum der Feldfrüchte und die Witterung [...] In und nach theurer Zeit. In und nach der Zeit eines Krieges. In Zeiten ansteckender Krankheiten.

Gegenüber dieser theologischen Ausführlichkeit im Inhaltsverzeichnis erscheint das Vorwort dieses ersten großherzoglich-badischen Gesangbuches erstaunlich nüchtern und knapp:

Gegenwärtiges Gesangbuch, von der evangelisch-protestantischen General-Synode im Jahr 1834 angenommen und von seiner königlichen Hoheit[5] dem Großherzog bestätigt, wird in Gemäßheit des Synodalrecesses vom 26.Mai 1835 pos. 4 zum allgemeinen Gebrauch in den evangelisch-protestantischen Kirchen und Schulen eingeführt.
Karlsruhe, den 9. Februar 1836.
Ministerium des Innern. Evangelische Kirchen-Section. V. Berg.

Auffällig ist schon damals der Bezug auf die General-Synode, die die Einführung des neuen Gesangbuchs 1834 beschlossen hatte und die Tatsache, dass nicht der Evangelische Oberkirchenrat, sondern die Evangelische Kirchensektion im badischen Innenministerium für die praktische Durchführung der Einführung verantwortlich zeichnete. Seit 1812 gab es im Innenministerium zwei Departements: das I. Departement, das alle klassischen Abteilungen des damaligen Innenministeriums umfasste und das II. Departement, das sich in eine evangelische und eine katholische Sektion gliederte. Die Evangelische Sektion löste den bereits 1807 gegründeten Evangelischen Oberkirchenrat faktisch ab. Erst mit dem Ende des Staatskirchentums zu Beginn der liberalen Neuen Ära in Baden übernahm der Evangelische Oberkirchenrat dann ab 1861 wieder komplett die Aufgaben dieser Kirchensektion.[6] Bei dem Unterzeichnenden handelte es sich um Eberhard Friedrich von Berg (1776–1843), der seit 1832 Direktor der Evangelischen Kirchensektion in Karlsruhe war.

Ein halbes Jahrhundert später erschien 1882 das zweite gesamtbadische Gesangbuch, übrigens wie der Vorgänger nur mit Texten, ohne jegliche Melodien und mit einem deutlich kürzeren Titel als 1836:

Gesangbuch für die Evangelisch-protestantische Kirche des Großherzogtums Baden.

Hier war die Ordnung der Lieder nach dogmatischen Gesichtspunkten völlig aufgegeben und im Wesentlichen die bis heute vertraute Ordnung nach dem Lauf des Kirchen-

---

[5] Der Titel „Königliche Hoheit" stand bis 1918 im Deutschen Reich neben Königen nur Großherzögen zu, außer Baden waren dies Hessen-Darmstadt, Sachsen-Weimar-Eisenach, Mecklenburg-Schwerin, Mecklenburg-Strelitz und Oldenburg.
[6] Zu Einzelheiten vgl. Udo Wennemuth, 200 Jahre Evangelischer Oberkirchenrat in Karlsruhe, in: JB-KRG 1 (2007), 133–142. Die Evangelische Sektion trug ab 1843 wieder den Namen „Evangelischer Oberkirchenrat".

jahres aufgenommen worden. Auch in dieser Gesangbuchausgabe fanden sich wieder Lieder für das Herrscherhaus, so etwa Nr. 377: *Vater, kröne du mit Segen unsern Fürsten und sein Haus. Führ durch ihn auf seinen Wegen herrlich deinen Ratschluß aus! Deiner Kirche sei er Schutz, deinen Feinden biet' er Trutz.* (Strophe 1)

Während der Titel 1882 kurz und prägnant war, ist das Vorwort außergewöhnlich lang und in einem subalternen und devoten Grundton gehalten, der eher an den Absolutismus als an den badischen Liberalismus des späten 19. Jahrhunderts erinnert:

Seine Königliche Hoheit der Großherzog haben auf den unterthänigsten Vortrag des Evangelischen Oberkirchenrats vom 24.Oktober 1882 Nr.7915 mit Allerhöchster Entschließung vom 3.November 1882 Nr.38 Sich gnädigst bewogen gefunden, das nach den Beschlüssen der Generalsynode von 1881/82 bearbeitete neue Gesangbuch mit dem dazu gehörigen Choralbuch zur Einführung zu genehmigen und den Evangelischen Oberkirchenrat mit dem Vollzug zu beauftragen.
Indem wir diesem Allerhöchsten Auftrage hiermit nachkommen, ordnen wir an, daß dieses Gesangbuch für Kirche und Schule in Gebrauch genommen werde.
Karlsruhe, den 24. November 1882.
Evangelischer Oberkirchenrat: von Stösser.

In einem Exemplar aus dem Jahre 1896 befindet sich neben dem Titelblatt auf der linken Seite ein Stahlstich aus der Nürnberger Kunstanstalt Serz & Co., das den an eine Tür anklopfenden Jesus zeigt mit dem dazu passenden Wort aus Offenbarung 3,20: *Siehe! Ich stehe vor der Thüre und klopfe an.* – Der Stich darf als Ausdruck der persönlichen Frömmigkeit des Besitzers verstanden werden. In badischen Gesangbüchern tauchen solche Frontispizien seit der Mitte des 19. Jahrhunderts auf und wurden mit der Einführung des neuen Gesangbuchs seit 1883 verbreitet. Üblich waren Christusdarstellungen. Viele Stiche wurden in Lahr bei Moritz Schauenburg und Ernst Kaufmann gedruckt und konnten auch unabhängig vom Gesangbuch als Andachtsbilder verwendet werden.[7]

Die Ausgabe von 1882 wurde vom damaligen Präsidenten des Evangelischen Oberkirchenrates, Franz Ludwig von Stösser (1824–1901) unterzeichnet. Dieser badische Jurist hatte bereits vor seiner Tätigkeit als EOK-Präsident eine bemerkenswerte politische Karriere hinter sich gebracht: nach Tätigkeiten als leitender Amtmann in Eppingen, Konstanz und Heidelberg wurde er Ministerialrat im Innenministerium und vertrat dann als Abgeordneter die national-liberale Partei in der II. Kammer des badischen Landtages. Von 1876 bis 1881 war er badischer Innenminister und vertrat in dieser Zeit als Bevollmächtigter das Großherzogtum Baden im Bundesrat des Reiches. Nach seiner Zur-Ruhesetzung als Politiker war von er von 1881 bis 1895 Direktor beziehungsweise Präsident des Evangelischen Oberkirchenrates.

Siebzig Jahre, über zwei Weltkriege hinweg, sollte es bis zur nächsten Ausgabe eines badischen Gesangbuches dauern. Der 1903 gegründete Deutsche Evangelische

---

[7] Vgl. Udo Wennemuth, „Alles meinem Gott zu Ehren" – Einbände und Ausstattung von Gesangbüchern um die Jahrhundertwende als Spiegel der Bürger- und Frömmigkeitskultur, in: Liturgische Pracht und private Frömmigkeit. Bucheinbände an der Wende zum 20. Jahrhundert, im Auftr. der Gemeinsamen Altbestandskommission Kirchlicher Bibliotheken hrsg. von Jochen Bepler und Alessandra Sorbello Staub, Münster 2017, S. 79–94, hier bes. 86f; ich danke Dr. Wennemuth für den Hinweis.

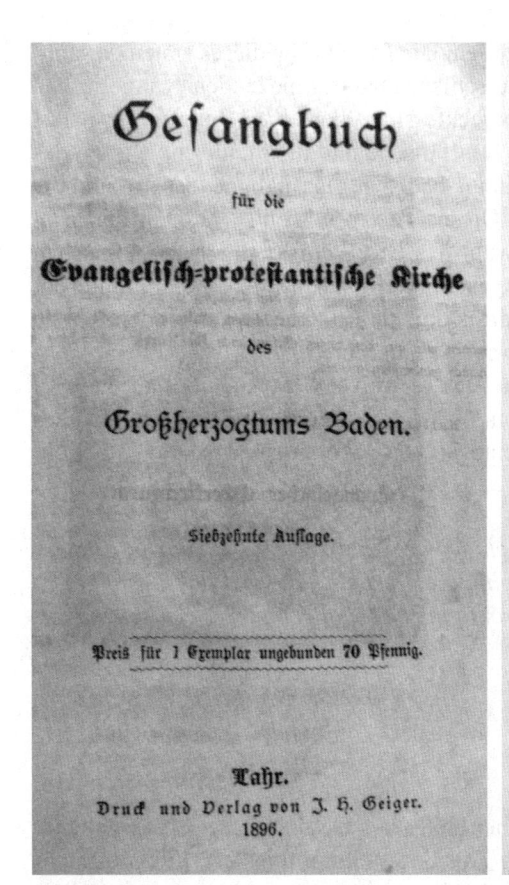

Abb. 1:
Titelblatt des badischen Gesangbuchs aus dem Jahr 1896 (Privat – Foto: Gloria Reyes)

Abb. 2:
Christus vor der Tür. Stahlstich der Nürnberger Kunstanstalt Sterz & Co., um 1890 (Privat – Foto: Gloria Reyes)

Kirchenausschuss hatte schon vor dem Ersten Weltkrieg den Plan eines gemeinsamen Gesangbuches für alle evangelischen Landeskirchen Deutschlands angestoßen. Vor dem Hintergrund der Reichsgründung 1871 erschien die Notwendigkeit eines einheitlichen deutschen Gesangbuches dringend geboten, zudem stellte sich die Frage, welches Gesangbuch die im Ausland und in den deutschen Kolonien lebenden Deutschen benutzen sollten. So entstand nach mehr als zehnjähriger Vorbereitung 1915, mitten im Ersten Weltkrieg, das *Deutsche Evangelische Gesangbuch für die Schutzgebiete und das Ausland (DEG)* als erstes gesamtdeutsches protestantisches Gesangbuch seit der Reformation. Dieses DEG wurde nach 1925 mit seinen 342 Liedern in mehreren evangelischen Landeskirchen als Stammteil der landeskirchlichen Gesangbuch-Ausgaben eingeführt – nicht jedoch in Baden![8]

1951 war dann das *Evangelische Kirchen-Gesangbuch. Ausgabe für die Vereinigte Evangelisch-protestantische Landeskirche Badens* erschienen. Im Jahr zuvor, 1950,

---

[8] Als kirchengeschichtliches Kuriosum sei hier am Rande vermerkt, dass in den evangelischen Landeskirchen Rheinland, Westfalen und Lippe aufgrund eines auf 40 Jahre angelegten Vertrages mit dem Crüwell-Verlag Dortmund dieser DEG-Stammteil noch bis 1969 in Gebrauch war.

war der EKD-Stammteil veröffentlicht worden. Die Einführung dieses ersten Gesangbuches für alle evangelischen Kirchen Deutschlands und für die beiden evangelischen Kirchen A.B. und H.B. in Österreich erstreckte sich über einen Zeitraum von fast zwei Jahrzehnten, erst 1969 erhielten die westfälische und die rheinische Kirche das neue EKG.[9] Das EKG von 1951 ist das einzige badische Gesangbuch, das im Titel die Bezeichnung *Kirchen*-Gesangbuch trägt. Dieser Titel war wohl, wie auch die recht einseitige und häufig kritisierte Liedauswahl des EKG, der kirchlich-theologischen Situation nach dem Ende der NS-Diktatur geschuldet, als man versuchte, im Sinne der damals dominierenden Theologie Karl Barths und als Erbe der Bekennenden Kirche den Begriff „Kirche" im umfassenden Sinne zu restaurieren.

Das Vorwort des badischen EKG von 1951 ist von großer Nüchternheit geprägt und erscheint in einem sehr amtlichen Ton, über Form und Inhalt des Gesangbuches oder über die wechselvolle Geschichte seines Zustandekommens wird nichts berichtet:

Nachdem die Landessynode durch Beschluß vom 27. April 1951 die nach § 106 der Kirchenverfassung erforderliche Genehmigung erteilt hat, wird das Gesangbuch im Gottesdienst und Unterricht der Vereinigten Evangelisch-protestantischen Landeskirche Badens eingeführt.

Karlsruhe, am Reformationsfest 1951
Evangelischer Oberkirchenrat:
D. Bender Landesbischof

Erstmals wurde hier bei der Einführung eines badischen Gesangbuches ein kirchlicher Feiertag als Datum festgelegt: in diesem Fall das Reformationsfest, ein protestantisches Kernfest. Bei der nächsten Gesangbuch-Ausgabe 1995 wählte man als Einführungsdatum den eher ökumenisch anmutenden Ersten Advent. – Im katholischen Bereich ist die Datierung kirchlicher Bücher mit kirchlichen Gedenk- oder Feiertagen schon immer Brauch gewesen, man vergleiche etwa das Vorwort von Erzbischof Robert Zollitsch zum neuen Gotteslob 2013 *Freiburg, am Fest Mariä Heimsuchung, den 2. Juli 2013* oder das Vorwort von Erzbischof Hermann Schäufele im ersten Gotteslob von 1975 (*Freiburg im Breisgau am Fronleichnamsfest 1975*) oder auch die diversen Vorworte in der neuesten Ausgabe des katholischen Kirchenrechts CIC (*München, am 15.November, dem Fest des hl. Albert d. Gr., im Heiligen Jahr 2000* oder *Bonn, am Hochfest der Erscheinung des Herrn, 6. Januar 2017*).

Unterzeichnet wurde das Vorwort zum EKG vom damaligen badischen Landesbischof Julius Bender (1893–1966). Bender war nach seiner Soldatenzeit im Ersten Weltkrieg Vikar in Karlsruhe-Hagsfeld, St. Georgen und Schopfheim gewesen. Nach sechs Jahren als Pfarrer in Meßkirch wurde er 1928 Vorstand des Diakonissenmutterhauses Nonnenweier. Während der NS-Diktatur war er Mitglied des Bruderrates der Bekennenden Kirche und diente im Zweiten Weltkrieg mehrere Jahre als Major der Luftwaffe. Im November 1945 von der Brettener Synode zum Landesbischof gewählt, hatte er dieses Amt von 1946 bis 1964 inne.

---

[9] Vgl. hierzu Anm. 8. Damit war erst 1969 (und nicht schon, wie häufig behauptet, zu Beginn der 1950er Jahre) erstmals seit der Reformation ein für alle evangelische Landeskirchen verbindliches Gesangbuch in Deutschland eingeführt.

44 Jahre nach Erscheinen des EKG wurde zum Ersten Advent 1995 das neue *Evangelische Gesangbuch (EG)* in der Badischen Landeskirche eingeführt.[10] Hier wurden zahlreiche moderne und internationale Lieder aus den vergangenen 40 Jahren aufgenommen, daneben war das in der Ökumene neu entstandene Liedgut ein Schwerpunkt. Erstmals erschienen im EG auch Lieder aus dem außereuropäischen Christentum wie Lateinamerika oder Afrika, aber auch bisher unbekanntes Liedgut aus europäischen Ländern wie Schweden, Großbritannien und vor allem Frankreich. Das neue EG hatte ein deutlich besser lesbares Schrift- und Notenbild und wurde durch zahlreiche Bibelworte und andere Texte ergänzt. Neu war auch der Abdruck zahlreicher Bekenntnistexte aus der Geschichte der evangelischen Kirche sowie eine breite Auswahl an – die Leserschaft manchmal überfordernden – Gottesdienstordnungen mit unzähligen Details. Außerdem verstand sich das EG von Anfang auch als ein Gebets- und Andachtsbuch.[11]

Erstmals war das badische Gesangbuch gemeinsam mit den protestantischen Kirchen der Pfalz sowie aus dem Elsass und Lothringen erschienen, was auch im zweisprachigen Vorwort zum Ausdruck kam:

Dankbar für die Zusammenarbeit bei der Vorbereitung einer gemeinsamen Ausgabe des Evangelischen Gesangbuchs – der regionale Liederteil wurde auch zusammen mit der Evangelischen Kirche der Pfalz erarbeitet – übergeben wir den Gemeinden in unseren Kirchen dieses Buch zum gesegneten Gebrauch. Wir möchten damit ein sichtbares Zeichen unserer Kirchengemeinschaft im zusammenwachsenden Europa setzen. Für die Evangelische Landeskirche in Baden ist die erforderliche Genehmigung 1994 durch die Landessynode erteilt worden.
Reconnaissantes pour la coopération dans la préparation d'une edition commune du present recueil de cantiques en langue allemande – le repertoire est également en commun avec l'Église Protestante du Palatinat – , le Conseil Synodal de l'Église Réformée et le Directoire de l'Église de la Confession d'Augsbourg d'Alsace et de Lorraine sont heureux de transmettre le fruit de ce travail à l'usage des communautés de nos Églises. Nous souhaitons poser par là un signe visible de notre communion ecclésiale dans le rapprochement européen.

Der sicherlich auffälligste Unterschied zu Vorworten früherer badischer Gesangbücher ist das zweisprachige Vorwort und der dezidiert (kirchen-) politische Anspruch, ein *sichtbares Zeichen unserer Kirchengemeinschaft im zusammenwachsenden Europa* setzen zu wollen. Dieser Gedanke wurde auch im Vorwort zum neuen Gesangbuchanhang *Wo wir dich loben, wachsen neue Lieder* 2018 aufgegriffen: *Möge das gesungene Gotteslob die Kirchen-Gemeinschaft in der Mitte Europas stärken und die Verkündigung des Evangeliums beflügeln.*[12] Neu war auch der Umstand, dass das Vorwort von zwei kirchenleitenden Personen aus Frankreich und einer aus Deutschland unterzeichnet war. Landesbischof Klaus Engelhardt hatte für die Badische Landeskir-

---

[10] Zum Verlauf der Einführung des neuen Gesangbuches in den EKD-Gliedkirchen vgl. oben 243.
[11] Zu Einzelheiten vgl. Heinrich Riehm, Zur Einführung des Gesangbuchs in Baden 1995, in: Ders., Auf dem Weg zum Evangelischen Gesangbuch (wie Anm. 4), 189–207.
[12] Auch dieses Gesangbuch von 2018 wurde von den evangelischen Kirchen in Baden, der Pfalz sowie von Elsass und Lothringen herausgegeben. Neu war, dass sich dieses Mal auch die württembergische Landeskirche beteiligt hatte.

che unterschrieben, Präsident Michel Hoeffel für die Evangelische Kirche des Augsburgischen Bekenntnisses von Elsass und Lothringen und Präsident Antoine Pfeiffer für die Reformierte Kirche von Elsass und Lothringen.[13]

Michel Hoeffel (1935–2017) war nach dem Studium Pfarrer in Lembach, Munster, Colmar und Strasburg. Von 1987 bis 1997 war er Präsident der Lutherischen Kirche des Elsass und Lothringens, in dieser Funktion feierte er beim Strasburg-Besuch von Papst Johannes Paul II. 1988 zusammen mit diesem einen ökumenischen Gottesdienst in der St. Thomas-Kirche.

Der 1940 geborene Antoine Pfeiffer war viele Jahre Gemeindepfarrer in Bischwiller und Strasburg und fungierte zwischen 1988 und 2000 als Präsident der Reformierten Kirche von Elsass und Lothringen.

Der 1932 geborene Klaus Engelhardt war nach dem Theologiestudium unter anderem Studentenpfarrer in Karlsruhe und Professor für Religionspädagogik an der Pädagogischen Hochschule Heidelberg. Von 1980 bis 1998 war er badischer Landesbischof sowie zwischen 1991 und 1998 auch Vorsitzender des Rates der EKD.

Wie bei allen anderen Gesangbüchern seit 1836 erwähnte auch hier das Vorwort, dass die badische Landessynode im Vorfeld die Zustimmung erteilt hatte. Trotz aller gesellschaftlichen und auch kirchenpolitischen Umbrüche in den letzten zwei Jahrhunderten stellen die vier badischen Gesangbücher zwischen 1836 und 1995 ein erstaunliches Moment kirchlicher Kontinuität und Tradition innerhalb der Badischen Landeskirche dar.

---

[13] Seit 2006 sind die beiden Kirchen zur Union protestantischer Kirchen von Elsass und Lothringen (Union des Églises protestantes d'Alsace et de Lorraine – UEPL) vereint.

Wie soll Kirchenkampfforschung aussehen?
Ein Gesprächsforum der Oberrheinischen Sozietät am 18. Oktober 2018 in Heidelberg

Lisa Bender

Seit den Veröffentlichungen von Caroline Klausing (Die Bekennende Kirche in Baden. Machtverhältnisse und innerkirchliche Führungskonflikte 1933–1945, Stuttgart 2014) und Rolf-Ulrich Kunze („Möge Gott unserer Kirche helfen!" Theologiepolitik, Kirchenkampf und Auseinandersetzung mit dem NS-Regime. Die Evangelische Landeskirche Badens 1933–1945, Stuttgart 2015) reißt die Diskussion um die Geschichtsschreibung der Evangelischen Kirche in Baden in der Zeit des Nationalsozialismus nicht ab. Beide Beiträge können als quellenbasierte Ausführung der von Klaus Scholder 1973 aufgestellten These eines „badischen Sonderwegs" zwischen „intakter" und „zerstörter" Landeskirche verstanden werden.

Klausing und Kunze argumentieren, in der Zeit der nationalsozialistischen Diktatur seien Badische Bekenntnisgemeinschaft und Kirchenleitung trotz vieler Konflikte nicht zu trennen; es könne nicht von einer oppositionellen im Gegensatz zu einer regierenden Kirchenleitung gesprochen werden. Auch die Stellung innerhalb der Reichskirche (mit Ein- und Austritt im Sommer bzw. Herbst 1934) zeige, dass Baden eher zu den intakten als zu den zerstörten Landeskirchen gerechnet werden müsse.

In der sich anschließenden lebhaften Forschungsdebatte wurde die Notwendigkeit erkannt, die badischen Entwicklungen mit anderen (evangelischen) Kirchen im Südwesten zu vergleichen. Einen ersten länderübergreifenden Vergleich versuchte die Oberrheinische Sozietät unter der Leitung von Johannes Ehmann am 18. Oktober 2018 in Heidelberg. Neben Rolf-Ulrich Kunze und Caroline Klausing konnte Christoph Picker für einen länderübergreifenden Blick gewonnen werden: er stellte die Entwicklung der Pfälzischen Landeskirche im Nationalsozialismus vor. Die Diskussion in der sehr gut besuchten Sozietät zeigte Konsens, Diskussionen und Forschungsanliegen der Kirchengeschichtsschreibung auf.

Einigkeit bestand unter den Referenten, dass die Begriffe „Kirchenkampf" sowie „zerstörte" und „intakte" Kirchen die Problemlage zur Zeit des Nationalsozialismus zu stark vereinfachten. „Kirchenkampf" erwecke vor allem in der Öffentlichkeit den Eindruck, als habe „die Kirche" in dauerhafter Opposition zum NS-Regime gestanden. Die dichotome Trennung in „zerstörte" und „intakte" Kirchen werde der schwierigen historischen Situation nicht gerecht, wie das Beispiel der Badischen Landeskirche zeige. Zudem würden die Bezeichnung „intakte Kirche" in der Öffentlichkeit häufig moralisch missverstanden, als seien in den betroffenen Kirchen keine Konflikte aufgetreten oder als hätten sie sich in der Zeit der Diktatur „besser" verhalten als die übrigen Kirchen. Zudem sei der Begriff ungenau, wie Picker ausführte: man könne auch die Pfälzische Landeskirche als „intakte" Kirche bezeichnen, weil die Kirchenleitung formal und juristisch korrekt eingesetzt worden sei. Damit werde die Unterscheidung zwischen „zerstörten" und „intakten" Kirchen ad absurdum geführt, weshalb auf die Begriffe zu verzichten sei.

Dem Einwand aus dem Plenum, es handele sich bei „Kirchenkampf", „intakte" und „zerstörte" Kirchen um zeitgenössische Begriffe aus den Quellen, auf die nicht verzichtet werden könne, schloss sich das Podium nicht an. Die weitere Diskussion wird zeigen, welche Sicht sich durchsetzt. Wenn auf die Begriffe verzichtet werden soll, müssen andere Ausdrücke gefunden werden, die die Sonderstellung der bayerischen, württembergischen, hannoverschen – und badischen – Landeskirchen mindestens zu Beginn der Auseinandersetzung um die Einigung der Deutschen Evangelischen Kirche (1933–1934), die zeitgenössisch empfunden wurde, beschreibt, ohne die Lage dieser Kirchen und ihre Haltung zum totalitären Gewaltregime des Nationalsozialismus zu beschönigen.

Die Aussprache in der Oberrheinischen Sozietät zeigte vor allem weitere Forschungsanliegen, etwa um den seit langem umstrittenen Begriff des „Widerstandes". Zwar sei zu Recht betont worden, dass es sich beim kirchlichen Protest nicht um politischen Widerspruch gehandelt habe. Es müsse jedoch verdeutlicht werden, dass auch der sich als unpolitisch verstehende kirchliche Protest vom Regime verfolgt wurde. Zu fragen wäre, in welchen Fällen und aus welchen Gründen der innerkirchliche Widerstand zu einem politischen wurde. Hier wäre auch nach den theologischen und theologiepolitischen Grundentscheidungen des jeweiligen Handelns zu fragen. Offen ist bisher, ob und welche theologischen Schlüsse aus den Erfahrungen der Kirchen im Nationalsozialismus mit Blick auf die theologischen und theologiepolitischen Gruppen gezogen werden können. Ein weiteres Desiderat der Forschung ist eine reichsweite, die verschiedenen Landeskirchen vergleichende Studie der Bekennenden Kirche. Die offenen Fragen lassen erwarten, dass die Debatte um die Geschichtsschreibung der Kirchen im Nationalsozialismus auch für die Evangelische Landeskirche in Baden fortgesetzt werden wird.

Rezensionen

Evangelisches Lexikon für Theologie und Gemeinde / ELThG² – Neuausgabe, hg. von Heinzpeter Hempelmann und Uwe Swarat u. a. Bd. 1: A – E, Holzgerlingen: SCM – R. Brockhaus 2017, LVIII., 1954 Sp., sw. Abb., geb. 128,– Euro (98,– Euro im Abonnement; als E-Book 89,99,– Euro pro Band); ISBN 978-3-417-26801-0

Gegründet auf die biblischen Grundlagen des christlichen Glaubens und auf die Bekenntnisse der Reformation, „schenkt dieses Lexikon jenen theologischen Anliegen und Arbeitsergebnissen spezielle Aufmerksamkeit, die für den von Pietismus und Erweckungsbewegung geprägten deutschsprachigen Protestantismus sowie die weltweite evangelikale Bewegung von besonderer Bedeutung sind", ist im Vorwort zu lesen. Dort heißt es zwar auch an anderer Stelle: „Ziel des Unternehmens war und ist kein ‚evangelikales', sondern ein ‚evangelisches' Lexikon." Gleichwohl handelt es sich beim ELThG², im Unterschied zu vorliegenden evangelischen und katholischen theologischen Enzyklopädien und Lexika um ein evangelikales Werk, ohne dass andere Positionen und Autoren ausgeschlossen sind. (Stand bei der Titelfassung das verbreitete katholische Lexikon für Theologie und Kirche / LThK Pate? Statt Kirche hier Gemeinde.) Zielgruppen sind „Theologen in Wissenschaft und Praxis, kirchliche Mitarbeiter und theologisch interessierte Gemeindeglieder". (Laut Vorwort wird auf Gendergerechtigkeit „aus Gründen der besseren Lesbarkeit" verzichtet.)

Die evangelikale Prägung zeigt sich auch an Zweierlei. Am Verlag: SCM ist die Abkürzung für Stiftung Christlicher Medien; zu dieser gehören die ehemals selbständigen Verlage Hänssler in Neuhausen (auf den Fildern, auch Neuhausen-Stuttgart), R. Brockhaus in Elberfeld bzw. Wuppertal (nicht zu verwechseln mit F. A. Brockhaus – Bibliographisches Institut Mannheim) und Bundes-Verlag in Witten. Die Vorgeschichten der Verlage und ihre heutige Verflechtung ist schwer zu durchschauen. – Und an der Mehrzahl der (fast durchweg promovierten) Autoren, neben solchen aus staatlichen Universitäten auch aus vielen anderen Einrichtungen: Sie kommen, wie vier der sechs Herausgeber, laut Autorenverzeichnis aus über 20 freien, oft weniger bekannten Lehrinstituten, Akademien, Gemeinschaften u. s. w.; darunter, alphabetisch: CVJM-Hochschule Kassel, European Theological Seminary Freudenstadt (wohl zu den Pfingstkirchen gehörend), Evangelische Hochschule Tabor Marburg, Freie Theologische Hochschule Gießen, Internationale [!] Hochschule Liebenzell, Lebenszentrum Adelshofen, Lutherische Theologische Hochschule Oberursel, Theologische Hochschule Reutlingen, Theologisches Seminar St. Chrischona.

Das ELThG² ist die Neuausgabe der 1992–1994 in drei Bänden mit einem Registerband (1997) erschienenen ELThG-Erstausgabe. Die Neuausgabe nach 25 Jahren ist auf vier Bände geplant, mit rund 3400 Artikeln von etwa 1000 Autoren. Der zweite Band (F – K) ist im Zweijahresabstand zum ersten für den November 2019 angekündigt und wird mit ca. 1168 Seiten noch umfangreicher sein als Band 1. Ob es einen eigenen Registerband mit einem umfangreichen Stichwortregister wie bei der Erstausgabe geben wird, ist wohl noch nicht entschieden. Wie heute üblich, selbst bei Nachschlagewerken, gab es von der Erstausgabe des ELThG eine Studienausgabe (1997–2000, als korrigierter Nachdruck der Erstausgabe) und eine verbilligte E-Book-Ausgabe. – Die mehr oder weniger vergleichbaren evangelischen theologischen Lexika oder Enzyklopädien liegen mit ihren Neufassungen um Jahre zurück: Das EKL / Evangelisches Kirchenlexikon (Verlag Vandenhoeck & Ruprecht Göttingen) kam in einer 5-bändigen Neufassung als 3. Auflage schon 1986–1997 heraus (CD-ROM-Ausgabe 2003/2004). Die RGG / Religion in Geschichte und Gegenwart (Verlag Mohr Tübingen) erschien in 8 Bänden mit Registerband als 4., neubearbeitete Ausgabe 1998–2007. Erwähnt werden soll auch die neuartige, überkonfessionelle 2-bändige DBETh / Deutsche Biographische Enzyklopädie der Theologie und der Kirchen, 2 Bände, hg. von Bernd Moeller u. a. (Verlag Saur München) 2005, 1785 S., die mit seinen knapp 8000 kurzen Biogrammen eher ein Lexikon ist als eine Enzyklopädie, während es beim ELThG² umgekehrt ist.

Das ELThG² ist überkonfessionell, ökumenisch und interdisziplinär ausgerichtet. Die Artikel wurden überwiegend neu verfasst, zumindest überarbeitet und aktualisiert. Außer zahlreichen Personenartikeln, diese meist mit einem Bildnis, gibt es lange Beiträge zu abstrakten Lemmata, durchweg mit mehreren Unterabschnitten, zum Teil von verschiedenen Autoren verfasst. Zum Beispiel: „Eigentum" auf 5 ½ Seiten in fünf Teilen (philosophisch/sozialgeschichtlich, wirtschaftswissenschaftlich, biblisch, kirchengeschichtlich, ethisch). Oder „Erkenntnis" auf 9 ½ Seiten mit ebenfalls fünf Teilen (naturwissenschaftlich, philosophisch, biblisch, theologiegeschichtlich, systematisch-theologisch), diese noch mit Untergliederungen. Nicht ohne Grund sprechen die Herausgeber von Lesern, nicht von Benutzern des Lexikons. – Auf einzelne Beiträge inhaltlich einzugehen, ist hier nicht möglich. (Dies geschah in einer ausführlichen, vom AfeT, dem Arbeitskreis für evangelikale Theologie veröffentlichten, im Internet zugänglichen Rezension.) (Eine Einzelheit: Nicht mehr lebende Heidelberger Professoren mit Namen im Alphabetbereich erhielten durchweg einen Artikel, Gustav Adolf Benrath (†2014) aus Mainz dagegen nicht, obwohl mehrere seiner Schüler als Autoren beteiligt sind.)

Baden ist sowohl mit Personen- und Sachartikeln (z. B. AB-Verein – unter: Evangelischer Gemeinschaftsverband AB –, Adelshofen) als auch durch eine Reihe von Autoren und Autorinnen vertreten (einschließlich des Rezensenten im zweiten Band). Im seitenlangen Autorenregister fehlen zu den Namen leider oft Ortsangaben. Die Quellen- und Literaturangaben zu den einzelnen Artikeln sind sehr knapp gehalten. Auf den neun Seiten mit Abkürzungsauflösungen fehlen die Abkürzungen für Institutionen. Umlaute im Deutschen werden im Alphabet nicht berücksichtigt (wegen außerdeutscher Benutzer?). Um möglichst viel Text auf die Seite zu bringen, sind die Seitenränder schmal und ist die Drucktype klein.

Was rechtfertigt die aufwendige Herausgabe des ELThG² zu einem nicht niedrigen Preis? Die evangelikale Positionierung? Dass es das einzige neu erarbeitete theologische Nachlagewerk in einer Printausgabe auf dem Buchmarkt sein wird, wenn das vollständige Werk – wohl nicht vor dem Jahr 2023 – vorliegt?

Gerhard Schwinge (Durmersheim)

Johannes Ehmann, Geschichte der Evangelischen Kirche in Baden, Bd. 1: Reformatorische Bewegungen im Südwesten des Reichs (1517–1557): Von Luthers Heidelberger Disputation bis zum Augsburger Frieden und seinen Nachwirkungen, Leipzig: Evangelische Verlagsgesellschaft 2018; 284 Seiten, zahlreiche, teils farbige Abb., geb., 38 Euro; ISBN 978-3-374-05574-6

In den zurückliegenden Jahren sind Geschichtsdarstellungen einiger deutscher Landeskirchen erschienen. Als Beispiele – ohne Anspruch auf Vollständigkeit – sollen hier genannt werden die Geschichte der bayerischen Landeskirche (2000–2002), der erste Band einer wohl auf vier Bände projektierten Geschichte der rheinischen Landeskirche (2015), dann eine Geschichte der pfälzischen Landeskirche (2016). Alle diese Arbeiten unterscheiden sich in der Art und Weise, wie die Aufgabe eingegrenzt und von wem sie angegangen wurde. In jedem Fall darf aber vorausgesetzt werden, dass die jeweiligen Entscheidungen Ergebnis reiflicher Überlegungen sind.

Gemeinsam ist allen genannten Darstellungen, dass sie die mittelalterliche Kirchengeschichte des jeweiligen Raums nicht behandeln; die meisten der genannten beginnen mit der Reformation, wobei natürlich die Territorien des Alten Reichs, soweit sie sich der Reformation angeschlossen haben, behandelt werden. Die pfälzische Kirchengeschichte beginnt hingegen mit der Union 1818.

Selbstverständlich könnte man auch fragen, inwieweit neben der Institutionengeschichte im weitesten Sinne auch Spezialthemen, wie etwa Liturgiegeschichte, Kirchenmusik und Kirchenbau zur Sprache gekommen sind. Wichtiger ist hier jedoch die Frage der Arbeitsverteilung. Die bayerische und die rheinische Kirchengeschichte wurden von einer Reihe von Autoren verfasst. In einem solchen Fall ist anzunehmen, dass für die Koordination und den Abgleich der verschiedenen Beiträge ein nicht zu gering einzuschätzender Aufwand getrieben werden musste. Die pfälzische Kirchengeschichte wurde hingegen von einem einzigen Autor verfasst, ebenso wie die badische Kirchengeschichte, deren erster Band hier vorliegt.

Die letzte badische Kirchengeschichte ist die von Karl Friedrich Vierordt, die 1847–1856 unter dem Titel ‚Geschichte der evangelischen Kirche in dem Großherzogthum Baden' erschien. Von den beiden Bänden reicht der erste bis 1571, der zweite bis zur Gegenwart des Autors. Vierordt ging vom territorialen Bestand des Großherzogtums aus und behandelte in diesem Rahmen die Kirchengeschichten, insbesondere die Reformationsgeschichten der darin vereinigten Territorien des Alten Reichs. Von diesem Verfahren setzt sich Johannes Ehmann, außerplanmäßiger Professor für Kirchengeschichte an der Theologischen Fakultät der Universität Heidelberg, bewusst ab, indem er sich in seiner Darstellung an die wechselnde Gestalt Badens anpassen will. Geplant sind vier Bände. Der zweite Band soll die Kirche der Markgrafschaft behandeln, der dritte die Kirche im Großherzogtum, der vierte Kirche im Wechsel der Staatsordnungen des 20. Jahrhunderts. Mit dieser Gliederung sind zugleich die zeitlichen Abgrenzungen der einzelnen Bände vorgegeben.

Der Vf. geht seine Aufgabe umsichtig an. Der erste Band enthält zunächst einen einführenden Teil, in dem in erster Linie Begriffe geklärt werden. Es geht zuerst darum, was überhaupt unter Reformation zu verstehen ist, ebenso wird der Begriff der reformatorischen Bewegung (auch evangelische Bewegung genannt) erläutert. Da jede Kirchengeschichte, die in einem territorialen Rahmen beschrieben werden soll, auch mit Einflüssen von außen zu rechnen hat, werden auch die außerbadischen Räume genannt, die in dieser Weise Berücksichtigung finden müssen. Es geht hierbei um das Elsass, Vorderösterreich, Kurpfalz, Württemberg und Basel.

Da diese Umschau vor allem für die Reformationsgeschichte von Bedeutung ist, muss auch der Kreis der politisch Handelnden benannt werden, angefangen vom Kaiser (Karl V.), zu den Reichsständen, nämlich Kurfürsten, Fürsten, Reichsrittern und Städten. Mit letzteren sind in erster Linie natürlich die Reichs- oder freien Städte gemeint. Es fällt auf, dass der Stand der Grafen und Herren fehlt, die wie die folgende Darstellung zeigt, hier durchaus von Bedeutung waren. Zu diesen Akteuren, wie sie der Vf. nennt, zählen natürlich auch die Bischöfe samt den jeweiligen Domkapiteln, den Diözesen und den davon zu unterscheidenden Hochstiften.

Der einführende Teil wird abgeschlossen mit einer Darstellung der badischen Kirchengeschichtsschreibung, die man sich auch ganz am Anfang dieses Bandes hätte vorstellen können. Genannt werden hier Johann Daniel Schöpflin (1694–1771), Johann Christian Sachs (1720–1789) und Karl Friedrich Vierordt (1790–1864), wobei die beiden ersten keine Kirchengeschichte, sondern badische Geschichte bieten wollten, aber doch Grundlagen zur Kirchengeschichte bereitstellten.

Der Hauptteil des Bandes ist mit ‚Personen und Räume' überschrieben, wobei es um die evangelischen Bewegungen an den verschiedenen hier wichtigen Orten geht, und um die Personen, die hier jeweils von Bedeutung waren, und die Wege, die sie gegangen sind. Genannt werden Luther und die Heidelberger Disputation, die Grafschaft Wertheim mit ihrer frühen Reformation und die dabei beteiligten Reformatoren, Jakob Otter in den ritterschaftlichen Orten Kenzingen und (Neckar)Steinach, Balthasar Hubmaier und seine Täufergemeinde im habsburgischen Waldshut, Johannes Schwebel und seine Ansätze zur Reformation in seiner Vaterstadt Pforzheim, die Geschwister Ambrosius, Margarete und Thomas Blarer in der Reichsstadt Konstanz, Caspar Hedio und sein Weg aus dem badischen Ettlingen nach Straßburg, Franz Irenicus von Ettlingen und die Kraichgauer Ritterschaft, Matthias Erb, Thomas Lindner und das Reichsstädtchen Gengenbach, Katharina Zell und Straßburg, Anselm Pflüger und die Grafschaft Hanau-Lichtenberg, Paul Fagius zwischen Heidelberg und Cambridge, Olympia Fulvia Morata und Heidelberg, und zuletzt Martin Schalling, Vater und Sohn, auf dem Weg ins konfessionelle Zeitalter. Es wird also hier ein überreiches Panorama aufgefächert, dem allenfalls noch die gescheiterte Reformation in der Reichsstadt Rottweil hätte angeschlossen werden können, deren vertriebene Evangelische 1529 Zuflucht in der Markgrafschaft, in Konstanz und Straßburg suchten.

Teil III des Bandes ist mit ‚Wege der Reformation, Wege zur Reformation' überschrieben und stellt Bucer und Melanchthon als Reformatoren des oberrheinischen Protestantismus dar. Es geht hier zunächst um die Adressaten, wie Luthers Heidelberger Disputation die Humanisten, die Adelsschrift den Adel anspricht, und in den Städten kirchenordnende Maßnahmen im Vordergrund stehen. Damit ist das reformatorische Programm vorgestellt, mit Bilder- und Abendmahlsfrage, Kirchen- und Sittenzucht und der Frage nach der Einigkeit in der Lehre.

Sodann wird das Reformationsgeschehen in Straßburg, der Kurpfalz und Württemberg kurz dargestellt und in einem Ausblick der Verlauf der Reformationsgeschichte geboten, vom Schmalkaldischen Krieg (1546/47) bis zum Augsburger Religionsfrieden (1555) und den durch diesen ermöglichten späten Reformationen. Damit ist das

Ziel erreicht. Die im nächsten Band zu bietende Reformations- und Kirchengeschichte der Markgrafschaft Baden hat damit ein solides Fundament erhalten.

Der hier vorliegende erste Band und der Plan des Gesamtwerks weisen damit eine überzeugende Konzeption auf. Ein gleiches gilt für die klare Darstellung, die vom Leser keine ausgebreiteten Grundlagenkenntnisse erwartet, sondern diese vielmehr zu vermitteln sucht. Diesem Zweck dienen Sacherklärungen, acht sogenannte „Kästchen", ferner eine ganze Anzahl von Quellenstücken, die teils in urprünglicher Schreibung, teils in modernisierter Sprachgestalt, grau unterlegt, eingefügt sind. Im Anhang findeen sich ein umfangreiches Literaturverzeichnis und ein Register der Personen. Auf ein Ortsregister wurde verzichtet, zumal das Inhaltsverzeichnis die wichtigsten Orte ausweist.

Selbstverständlich enthält der Band auch Porträts der wichtigsten Personen und Ansichten der zentralen Orte, desgleichen Titelblätter reformatorischer Schriften. Auch die unerlässlichen Karten fehlen nicht. Die Wiedergabe dieser Illustrationen lässt jedoch manchmal zu wünschen übrig. Abb. 13 mit der Karte zur Breitenwirkung der Heidelberger Disputation ist nicht zu gebrauchen. Ähnliches gilt für Abb. 16, das Epitaph des Hans Landschad in Neckarsteinach. Hier wird die mangelhafte Wiedergabe freilich dadurch gemildert, dass ein wichtiger Teil des Textes im Druck dargeboten wird. Doch sind dies Kritikpunkte, die Verlag und Druckerei zu verantworten haben. Der Autor hat hier, um es noch einmal zu unterstreichen, eine in Konzeption und Darstellung überzeugende Leistung geboten. Es ist ihm zu wünschen, dass er in der Lage sein wird, die selbst gestellte Aufgabe auch hinauszuführen.

Hermann Ehmer (Stuttgart)

Daniel Abendschein, Simon Sulzer. Herkunft, Prägung und Profil des Basler Antistes und Reformators in Baden-Durlach (Veröffentlichungen zur badischen Kirchen- und Religionsgeschichte 9), Stuttgart: Verlag W. Kohlhammer 2019; 697 Seiten, 6 sw-Abb., brosch.; 58,00 Euro (für Vereinsmitglieder 20% ermäßigt); ISBN 978-3-17-035495-1

Julia Désirée Weiß, Admonitio Christiana (1616). Johann Georg Sigwart (1554–1618) und seine Absage an die Heidelberger Irenik (Veröffentlichungen zur badischen Kirchen- und Religionsgeschichte 9), Stuttgart: Verlag W. Kohlhammer 2018; 422 Seiten, 1 sw-Abb., brosch., 40,00 Euro (für Vereinsmitglieder 20% ermäßigt); ISBN 978-3-17-035497-5

An der Theologischen Fakultät Heidelberg entsteht allmählich so etwas wie eine territorial-kirchengeschichtliche „Ehmann-Schule" – das heißt: Das Terrain der Badischen Kirchen- und Religionsgeschichte wird systematisch und gründlich beackert vom „Schulmeister" Johannes Ehmann *selbst mit eigenen Arbeiten* – angefangen von der Inaugural-Dissertation („Union und Konstitution") über zahlreiche Aufsätze und die magistrale Monografie („Die Badischen Unionskatechismen") bis hin zum ersten Band einer auf vier Bände angelegten „Geschichte der Evangelischen Kirche in

Baden" – *und parallel dazu* mit den Arbeiten einer erfreulich wachsenden Zahl von Doktoranden.

Zwei dieser Qualifikationsarbeiten sind hier vorzustellen; sie sind in den „Veröffentlichungen zur badischen Kirchen- und Religionsgeschichte" erschienen: Band 9 (zu Simon Sulzer) und Band 11 (zu Johann Georg Sigwart).

Der fast 700 Seiten starke „Wälzer" über Simon Sulzer sollte die Liebhaber der badischen Kirchengeschichte nicht abschrecken, genüsslich darin zu studieren, was mit Hilfe von 15 Seiten Personen- und Ortsregister leicht möglich ist.

Abendschein (gegenwärtig Parochus in Gailenkirchen [Schwäbisch Hall]) hat dieses Thema aus dem Zeitalter der Konfessionalisierung gewählt, weil er schon als Student seine exzellente Befähigung zu wissenschaftlicher Arbeit mit einer gleich zweifach preisgekrönten Untersuchung zum Zusammenhang von Rechtfertigung und Glaubensgehorsam im Heidelberger Katechismus bewiesen hat.

Den Doktorvater hat mit der Themenvergabe das Interesse geleitet, mehr Licht in die südbadische Reformation zwischen 1556 und 1577 zu bringen, während seinen Doktoranden vor allem gereizt hat, ein in der Forschung verzerrtes Bild von Simon Sulzer (1508–1585) als solches zu markieren und durch ein einfühlsameres und zugleich von historistischen Tendenzen des Basler Schweizertums befreites Bild zu ersetzen.

Die Heidelberger Dissertation umfasst 477 Seiten, der Anhang 207 Seiten. Dabei ist zu berücksichtigen, dass die (nahezu erbrachte) Vollständigkeit des Sulzerbildes die Notwendigkeit einer Gesamtdarstellung erforderte: Der Blick auf Herkunft und Jugend wie auf die letzten Jahre Simon Sulzers ist adäquat und zur historischen und theologischen Einordnung notwendig.

In formaler Hinsicht wird die geneigte Leserin mit Freuden feststellen, dass – anders als in allzu vielen zeitgenössischen Arbeiten des gleichen Genres – in dem umfangreichen Werk so gut wie gar keine orthografische oder grammatikalische Fehler zu beanstanden sind, wohingegen die stilistische Kompetenz des Verfassers ausdrücklich herauszustreichen ist: Man liest „den Abendschein-Sulzer" ausgesprochen gern!

Die Arbeit ist (ohne den Anhang) in fünf Hauptteile gegliedert:

(I) *Einleitung*, in welcher die Forschungslage erörtert wird, sowie ein Blick auf die Quellenlage, der dem umfangreichen Quellenanhang korrespondiert.

(II) *Herkunft und Prägung* Sulzers: seine Berner Zeit bis zum Beginn der Straßburger Lehrjahre; eine Skizze der Konkordienbemühungen Martin Bucers; Sulzers praktische Bewährung der „Straßburger" Theologie in der Schweiz bis zum Antritt des Berner Pfarramts (1538).

(III) Der dritte Hauptteil beleuchtet das *Theologische Profil* Sulzers und gliedert sich in mehrere Unterabschnitte, welche die Theologie Sulzers in direkter Korrespondenz mit der Biographie und der Ereignisgeschichte entfalten. So wird klar die bleibend „bucerische" Prägung Sulzers herausgestellt und der Höhepunkt von Sulzers gleichzeitigem Wirken als Basler Antistes und (süd-)badischer Generalsuperintendent beschrieben. Ein Unterabschnitt hat eine Brückenfunktion zur Wahrnehmung einer allmählich wachsenden Opposition und Polemik gegen Sulzer. Diese Wahrnehmung weist einerseits zurück auf die Polemik schon zeitgenössischer Biografen und Historiografen, andererseits wird deutlich, dass die wachsende Opposition gegen Sulzer

– das ist eine der Hauptthesen Abendscheins – der Tatsache zu verdanken war, dass Sulzer sich – und Bucer – im Grunde treu blieb: Die erste Maxime des pfarramtlichen Handelns ist die Bewahrung des innerkirchlichen Friedens! Aber das Tableau, auf dem er agierte, verschob sich grundlegend: hin zum Schweizertum und zum Reformiertentum – das heißt: zu einem emphatisch betonten symbiotischen Schweizer Reformiertentum als Abgrenzung gegen ein „lutherisches" Reich und ein „reichisches" Luthertum. Am Ende seines Leben(swerk)s galt Simon Sulzer den Gnesiolutheranern als ein „Kryptocalvinist", den Zwingli-treuen Zürchern als ein „Lutheraner".

Dass dieses sich auf der Ebene des eidgenössischen „Ortes" Basel vollzog, ist aufgrund von dessen geopolitischer und geotheologischer Lage ersichtlich.Innerhalb dieses Hauptteils wird die theologische Hauptschrift Sulzers, das bisher in Abschriften tradierte und von Abendschein erstmals vollständig präsentierte und erschlossene Abendmahlsbekenntnis von 1578 behandelt: Sulzer, der in dieser Spätphase seiner theologischen Existenz auch Anleihen bei Melanchthon und Calvin vornahm (453), „sucht geschickt die Festlegung auf einen eindeutig lutherischen oder eindeutig reformierten Standpunkt zu vermeiden." Sein Bekenntnis „zeugt davon, dass Sulzer […] am ehesten im Bereich eines oberdeutschen […] ‚bucerischen' Philippismus zu verorten ist." (455)

(IV) Der vierte Hauptteil würdigt *Tod und Gedenken* Sulzers. Dies ist nicht nur der Vollständigkeit einer Biografie geschuldet, sondern veranschaulicht mit großer Liebe zum historischen Detail und aus eigener – in Archivarbeit gewonnener – Anschauung den Umgang mit dem theologiehistorischen und kulturellen Gedächtnis Sulzers.

Das Ergebnis der Hauptteile besteht in Folgendem:

Erstens zeigt der breite Blick über die Prosopografie vom 16. bis zum 20. Jahrhundert die Problematik einer ideologisch-suggestiven Wahrnehmung Sulzers, die von Abendschein minutiös und detailliert in Auseinandersetzung auch mit schwer rezipierbaren Quellen geleistet wird. Man hat – salopp gesagt – Sulzer mit einer wächsernen Nase versehen und nach Bedarf zum Wasserträger der jeweils polemisch gezeichneten Gegenauffassung gemacht – zwischen Luthertum und Reformiertentum, zwischen Schweizertum und Reich.

Dahinter steckt das Problem einer „Schubladisierung" theologischer Schulen, die Abendschein aufbricht: Im Rahmen der Konfessionalisierung – im Reich wie in der Schweiz – war das vermittlungstheologische Anliegen Sulzers auf Dauer nicht mehr vermittelbar. Das (bisherige) Sulzerbild ist somit kein Spiegel von Leben und Werk Sulzers, sondern der Widerschein des Endes eines vermittlungstheologischen Kurses nach dem Vorbild Martin Bucers, der nach 1548/51 als Gestalter ausgefallen war.

Zweitens gelingt es Abendschein, Sulzers theologische Entwicklung ganz in die frühe, lebensgeschichtlich verankerte und nachhaltige Bindung zu Bucer einzuordnen. Er folgt damit der Auffassung Amy Burnetts, die Sulzer als „Bucers letzten Jünger" charakterisiert hat.

Historiografisch verfährt Abendschein richtig, wenn er vermeintlich „lutherische" Merkmale Sulzers als seelsorglich gewonnene Auffassungen versteht (beispielsweise die Nottaufe; Sulzer selbst hatte viele früh verstorbene Kinder [213]) und grundlegende Revisionen der Ereignisgeschichte und ihrer Interpretation nahelegt.

Herausragendes Beispiel in der Arbeit ist die geradezu kriminalistisch präzise Nachzeichnung des für Sulzer emotional, theologisch und theologiepolitisch bedeutsamen Wittenberger Aufenthalts in der Karwoche und an Ostern 1538 – das „Erlebnis ‚Luther persönlich'": für den Schweizer Simon Sulzer, der in der kursächsischen Stadt am Abendmahl teilgenommen hat, ein erfreuliches Initial, aber nach seiner Rückkehr mündend in Ernüchterung aufgrund des Zürcher Kurses und des Scheiterns einer Verständigung auf Basis der Wittenberger Konkordie von 1536.

Drittens begründet und belegt Abendschein in seiner Interpretation des Abendmahlsbekenntnisses von 1578, dass Sulzer durchgängig und bleibend eine (Abendmahls-)Theologie vertreten hat, die sich am Mysterium der Gegenwart Christi in der Mahlfeier orientiert und weitere Distinktionen meidet. Es war ein Anzeichen des konfessionellen Zeitalters, dass dies den Zeitgenossen Sulzers nicht mehr genügte – weder im Reich der *Confessio Augustana invariata*, noch in der Schweiz des *Consensus Tigurinus*. Dass Sulzer in der Frage der *manducatio impiorum* (bzw. *indignorum*) der lutherischen Theologie entgegenkam, ist gut beobachtet.

Viertens ist auf die einfühlsame Schilderung der Basler Geschichte hinzuweisen. Wegen der markgräflich-badischen Verflechtungen am Rheinknie (368ff) ist das von Interesse.

Fünftens ist festzuhalten, dass Abendscheins *Zusammenfassung* (der V. Hauptteil) luzide die Ergebnisse auflistet und darüber hinaus die These der *Ambiguitätstoleranz* im Sinne einer *concordia discors* bekräftigt. Damit weist er auf einen weiteren theologiegeschichtlichen und ggf. oekumenischen Horizont hin.

Gesondert ist der *Anhang* (VI.) in den Blick zu nehmen, vor allem die Ziffern 1 (Transskripte nicht edierter Archivstücke) und 2 (Verzeichnis der Korrespondenz und der Werke Simon Sulzers).

Das Gespräch mit den Gelehrten der Heidelberger Akademie der Wissenschaften nutzend hat Abendschein sich hinsichtlich des Briefbestandes Sulzer erstaunlich kundig gemacht und sich auch der Mühe von intensiven Archivrecherchen (vor allem in Basel und Bern) unterzogen. Allein das Ergebnis dieser Erkundungen ist höchst bemerkenswert, da Neufunde und Revisionen vorgenommen werden konnten: Neues wurde aufgefunden, Altes neu gelesen oder überhaupt erst entziffert, Bedeutendes wie das Abendmahlsbekenntnis des 70jährigen Antistes erstmals ediert. Die Auflistungen und Präsentationen verdienen hinsichtlich Qualität und Sorgfalt höchsten Respekt. Allein dadurch ist die Veröffentlichung ein Segen.

Alles in allem ist Abendschein mit hartnäckiger Akribie und exzellenter Präzision, in klarem Stil, Folgendes gelungen:

Er hat die Prosopografie Sulzers entwirrt und in kluger Weise Interpretationslinien entdeckt und verfolgt.

Er kann den Anspruch vertreten, eine moderne Gesamtbiografie Sulzers einschließlich der lebensgeschichtlichen Umstände vorgelegt zu haben.

Er lässt eindrücklich erkennen, dass er über gründliche Kenntnisse der Reformationsgeschichte und des Konfessionellen Zeitalters verfügt.

Theologisch bietet die Untersuchung eine präzise Entfaltung und Begründung der These der lebenslangen Schülerschaft Sulzers bei Martin Bucer.

Die Arbeit beeindruckt hinsichtlich der extrem fleißigen Quellenforschung und genauer Präsentation der Funde.

Festzuhalten ist die umfassende Sichtung eines gewaltigen Maßes an Literatur und deren überzeugende und breite Nutzung.

Das alles vollzieht sich in zurückhaltenden Urteilen. Die Einfühlsamkeit in das Leben eines Theologen des 16. Jahrhunderts ist außerordentlich wohltuend und der theologische wie auch historiografische Ertrag reich.

Dieses maßgebende Werk in den „Veröffentlichungen" unseres Badischen Kirchengeschichts-Vereins zu haben, macht stolz auf diesen.

Die Verfasserin der „Admonitio christiana", Julia Désirée Weiß, verfügt über eine Doppelqualifikation: Ursprünglich studierte sie Religionsphilologie (Latein und Theologie), aber nach dem Staatsexamen für das Höhere Lehramt hat in ihr das Interesse an der Theologie und dem Berufsbild einer Pfarrerin obsiegt, sodass sie das *Hebraicum* erwarb und „Volltheologin" wurde; gegenwärtig absolviert sie den Vorbereitungsdienst auf das Pfarramt in Hachenburg-Altstadt im Westerwald und das II. Theologische Examen in der EKHN.

Weil sie ihre erworbene „Latinität" zur Geltung bringen wollte, hat sie als Thema ihrer Dissertation die Erschließung eines lateinischen Opus des Konfessionellen Zeitalters gewählt: Johann Georg Sigwart und seine Polemik gegen die Heidelberger Theologie. Dessen *Admonitio Christiana*, die bisher meist nur in Fußnoten erwähnt wurde, sollte eine monografische – historische und theologische – Würdigung finden.

Die Vita des im württembergischen Winnenden geborenen Sigwart, eines Ziehsohns des Brenz-Schülers Jakob Andreae (1528–1590), war implizit ein Lobgesang auf das herzoglich-württembergische Bildungs- und Stipendienwesen mit seinen Klosterschulen und dem Tübinger Stift, das ihn – neben seiner Einheirat in die Tübinger Universitäts-Elite – zu hohen Ehren führte als eines der Schulhäupter der lutherischen Universität Tübingen.

Die Verfasserin vollzieht eine Einordnung des Leben(swerk)s Sigwarts in die innerprotestantischen Kontroversen zwischen dem Augsburger Religionsfrieden 1555 und der Konkordienformel 1577 bzw. dem Konkordienbuch 1580. In diesen Kontext ordnet sie die Werkanalyse der *Admonitio Christiana*, des Hauptwerks Sigwarts ein, das er 1616 als Professor und Pfarrer in Tübingen auf herzoglichen Befehl hin als offizielle württembergische Entgegnung auf das *Irenicum* des Heidelberger Theologen David Pareus (1614) verfasste (S. 203).

Die Arbeit ist, wie die von Daniel Abendschein, umfangreich: Die Untersuchung umfasst 303, der Anhang 166 Seiten: auf 162 Seiten die Quellen-und-Literatur-Recherche (im HStA Stuttgart, im Tübinger Stift und im Predigerseminar in Wittenberg) und vier Seiten Personen-Register.

Das Buch ist nahezu das, was die Verfasserin von der *Admonitio* Sigwarts schreibt: „eine gelehrte Monumentalschrift" (Seite 214). Die Lektüre und das Studium einer solchen Ausdehnung an Gelehrsamkeit lassen sich jedoch mit Hilfe des detaillierten Inhaltsverzeichnisses und des Registers angemessen bewältigen. Aber das Lektorat eines dermaßen umfangreichen „Zeichen"-Bestandes war anscheinend nicht hinreichend zu bewerkstelligen: Verschiedentlich (S. 13ff u.ö. – immerhin so oft, dass es auffällt und irritiert) führt ein Schreibfehler (z. B. ein fehlender Buchstabe am Ende eines Wortes) auch zu einem Grammatikfehler. Wenn sogar mehrere Buchstaben fehlen, entstehen Wörter, die in keinem Wörterbuch stehen.

Das ist sehr schade! – bei einem theologisch so engagierten, reichhaltigen und (in einem guten Sinne!) belehrenden Werk. Hier wären freilich auch Herausgeber (= „Doktorvater") und Verlag (Kohlhammer) in der Pflicht gewesen.

Im Gegensatz zu Daniel Abendschein, der zu des Lesers Vergnügen viele lateinische Originalzitate parallel in eigener deutscher Übersetzung darbietet, verzichtet Julia Weiß – als diplomierte Latinistin – auf solchen „Service". Stattdessen bietet sie eine andere Bequemlichkeit: Sie schreibt in den umfangreichen Fußnoten so viele Zitate aus der Sekundärliteratur ausführlich aus, dass der erfreuliche (Neben-)Effekt eines „Lese"-Buchs dazukommt.

In der Einleitung wird zunächst die Konkordienformel (*Formula Concordiae* [FC] 1577) als Ausgangspunkt aller theologischen Bemühungen Sigwarts dargestellt, dann die aus der konkordistischen Orthodoxie Württembergs erwachsene Absage an die reformierte Heidelberger Irenik entfaltet.

Bereits hier ist die Frage einer reformierten „Internationalität" und umgekehrt (durch die Rezeptionsgeschichte der CA:) die „reichische" Orientierung (und damit nahe liegende Provinzialität) des Konkordien-Luthertums angelegt.

Die Verfasserin zeichnet genau und detailliert die Kontroversen in direkter Konzentration auf die reichspolitisch hochbrisante Konkurrenz zwischen Kurpfalz und Württemberg nach – mit den wichtigen Zäsuren 1555 (Reichsreligionsfriede), 1577 (Konkordienformel) und 1614–1616/18 (evangelisch-protestantische „Union" in Konfrontation zur römisch-katholischen „Liga").

Diese Geschichte wird als „Makrokontext" entfaltet und macht die späteren Eskalationen plausibel.

Demgegenüber als „Mikrokontext" entfaltet sie die Entwicklung der Heidelberger Irenik. „Mikro" bedeutet gegenüber „Makro" eine Präzisierung, und zwar als Beschreibung der Denkräume der Kurpfalz gegenüber dem Reich, wofür freilich vor allem die württembergische (Gegen-)Stimme steht.

Die Württemberger gestanden eine *pax-concordia politica seu civilis* mit den Heidelbergern (und den Reformierten) zu, lehnten aber entschieden, dauerhaft und polemisch eine *pax-concordia-fraternitas Christiana seu spiritualis* ab; sie schieden scharf die *causa rei publicae seu civilis* von der *causa religionis* (Seite 215).

Unter Rückgriff auf bereits vorliegende Forschungen (z. B. von Eike Wolgast [Heidelberg]), ergibt sich ein luzides und reflektiertes Bild der Irenik, das (mit Wolgast:) teilweise auch andere Autoren präzisiert, wenn nicht korrigiert: was Terminologie und Phänomen betrifft.

Die „Lateinerin" Weiß betrachtet eigens den Begriff „Irenik" und stellt die Vorgeschichte der Heidelberger bzw. Pfälzer Irenik (d. h. *vor* Pareus, dem Hauptgegner Sigwarts) umfassend dar (Seiten 127 bis 159). Auch die irenische Literatur außerhalb der Kurpfalz wird in übersichtlichen Exkursen berücksichtigt.

Geradezu spannend geraten ist die Darstellung der Zuspitzungen nach 1584 (Niederlage der Protestanten im „Truchsessischen Krieg"; Ermordung Wilhelms I. von Oranien-Nassau) und der „Umstände" des (ersten) Reformationsjubiläums 1617 unter pfälzischer „Hegemonie" samt den religionspolitischen „Moderationen" der sogenannten Antikalumnierungs-Mandate (Verbot der gegenseitigen „Hetze" auf der Kanzel) und ihrer allerdings recht „überschaubaren" Beachtung.

Die Werkanalyse, der Kern der Arbeit, besteht aus zwei Teilen: Teil 1–5 (Seiten 203 bis 255) ist eine klassische Einleitung (im Sinne der Einleitungswissenschaft); er ist fleißig und eigenständig recherchiert; die Formalia sind ansprechend präsentiert, sodass eine (wohl) vollständige Publikationsgeschichte entstanden ist.

Aus unserer badischen Sicht erfreulich zu bemerken ist das Einwirken Sigwarts auf die markgräflich-badische Religionspolitik: Sigwart war ein Ratgeber des lutherischen Markgrafen Georg Friedrich (des unglücklichen Heerführers der protestantischen „Union" in der Schlacht bei Wimpfen 1622). Der badische Einfluss Sigwarts war ganz deutlich, als sein „Handbüchlein", ein Kontroverskatechismus (1605) für/ gegen die römischen Katholiken in der von Baden-Durlach besetzten Markgrafschaft Baden-Baden, von den Räten Georg Friedrichs 1612 verordnet wurde.

Der zweite Teil (= Ziffer 6; Seiten 256–351) bietet die Nachzeichnung der Widerlegungsstrategie und der Hermeneutik Sigwarts anhand des zweiten Buchs der *Admonitio Christiana*. Diese Konzentration ist sinnvoll und notwendig, da die „Hermeneutik" Sigwarts im Grunde als zirkelschlüssige Redundanz anzusehen ist. Deutlich wird, dass im Zentrum der tübingisch-heidelbergischen Kontroversen der Kampf um die Deutungshoheit hinsichtlich der Rezeption lutherischer Traditionen im außerlutherischen (und auch außerreichischen) Kontext steht.

Vier Grundlagentexte (Marburger Artikel 1529 – Wittenberger Konkordie 1536 – Consensus von Sendomir 1570 – Confessio Bohemica 1576) werden in ihrer irenischen („oekumenischen") Tragkraft (das ist die Heidelberger Position) bzw. hinsichtlich des Verhältnisses von – allein Einigkeit stiftender! – Lehre und mangelnder „Wahrheit" (das ist die Tübinger Position) beleuchtet; dies wird nachgezeichnet anhand von Sigwarts Einlassungen gegen das *Irenicum* des Pareus, dem Sigwart *formaliter* recht genau folgt.

Die Schlussbetrachtung (Seiten 353–356) ist nach so viel kleinteiliger, aber eben unumgänglicher Detailarbeit eine kurze und gerade deshalb souveräne, den Rezensenten begeisternde Schau des ganzen, zuvor auf so vielen Seiten mühsam beackerten Feldes, das Sigwart in oft ermüdender Breite ausgeschritten hatte.

Die Verfasserin verweist dabei auch auf den zeitgenössischen und aktuellen Horizont theologisch-oekumenischer Diskussion: „Der heutige Blick auf die Polemik wie die Irenik des konfessionellen Zeitalters im Allgemeinen und Sigwarts *Admonitio christiana* im Besonderen kann […] den Blick auf die zeitgenössische Entwicklung im Protestantismus schärfen, an deren vorläufigem Ende die *Leuenberger Konkordie* (1973) steht. Historische Bekenntnisse bleiben […] Wahrheit, vor allem aber im gemeinsamen Blick auf das kirchengründende Evangelium entsteht Kirchengemeinschaft. Eine solche Hermeneutik war Johann Georg Sigwart noch fremd." (Schlusssatz S. 355f)

Insgesamt hat Julia Weiß (a) plausibel und anschaulich die Triebkräfte im Protestantismus nach 1555 bzw. beim Jahrhundertwechsel dargestellt. Der nahezu unerbittliche Zusammenhang von „Bekenntnis und politischer Option" erweist sich als schlüssiger Rahmen der Gesamtdarstellung.

Es gelingt (b) der Verfasserin, ein von vorschnellen Urteilen freies Bild eines württembergischen Theologen zu zeichnen, der ohne das spezifische Umfeld seiner Heimat(kirche) nicht das hat werden können, was er in seiner Zeit wohl werden musste – ein Kontroversist reinsten Wasser von hohem Bildungsgrad und überbordender Rhetorik und doch wohl auch ein geschätzter Seelsorger und anerkannter Professor in Tübingen.

Kenntnisreich wird (c) die Geschichte der süddeutschen Kontroversen geschildert; das ist ein Bereich der Kirchengeschichte, welcher examinierten Theologen meist völlig verborgen (geblieben) ist und entsprechend in kirchlichen Debatten oft völlig verzeichnet nur als Epoche irrationaler Verbohrtheit in Erscheinung tritt.

Es ist (d) – was sonst ja kaum geschieht – ein Hauptwerk der Polemik einmal wirklich *gelesen* und erschlossen worden. Die wohl vollständig gebotene Wirkungsgeschichte der *Admonitio* scheint aus heutiger Sicht gering. Dass sie vielleicht für manchen Syndicus einer lutherischen freien Stadt auch das Nachschlagewerk gegen „irenische Ränke" der Reformierten hat sein können, lässt sich vermuten, aber kaum beweisen. Dennoch muss die *Admonitio christiana* Sigwarts im Luthertum eine Rolle gespielt haben, die in keinem Verhältnis zum gegenwärtigen Grad ihrer Unbekanntheit steht.

Dass die Hermeneutik Sigwarts aus heutiger Sicht mehr Fragen als Antworten bereithält, wird deutlich.

Festzuhalten ist schließlich (e), dass die „Schlussbetrachtung" glasklar – wie in „Wahrheitskärtchen" formuliert – den kirchenhistorischen Ertrag bietet und Perspektiven für unsere oekumenischen Bemühungen öffnet.

Postscriptum parvum:
Mit dem zitierten Autor „Ernst ALBRECHT" (Seite 247, Anmerkung 230) dürfte unser lieber Badener in Württemberg und ehemaliger Vorstands-Beisitzer Dr. Albrecht Ernst (sic! [Archivdirektor in Stuttgart]) gemeint sein.

Mit den beiden Werken aus der „Ehmann-Schule" (s.o.) wurde sicherlich zunächst einmal die „Straße gestickt", auf welcher der Doktorvater sein vierbändiges Werk (s.o.) fortführen möchte. Aber für alle Freundinnen und Amateure der Badischen Kirchen- und Religionsgeschichte wurde auch Neues und Lesenswertes geschürft.

Und schließlich haben sie (die „Werke") uns mit zwei bemerkenswerten Menschen der jüngeren Theologengeneration bekannt gemacht – uns sei's „nur" literarisch.

Georg Gottfried Gerner-Wolfhard (Karlsruhe)

Religiös motivierte Migrationen zwischen dem östlichen Europa und dem deutschen Südwesten vom 16. bis zum 19. Jahrhundert, herausgegeben von Christine Absmeier, Matthias Asche, Márta Fata, Annemarie Röder und Anton Schindling unter Mitarbeit von Patrick Schiele (Veröffentlichungen der Kommission für geschichtliche Landeskunde in Baden-Württemberg, Reihe B: Forschungen, Bd. 219), Stuttgart: Verlag W. Kohlhammer 2018; XIV, 334 Seiten, zahlr. Illustrationen, Diagramme, 1 Karte, kart., 34,00 Euro; ISBN 978-3-17-034385-6

Dieser Sammelband enthält 16 Beiträge der Tagung, die das Haus der Heimat des Landes Baden-Württemberg in Stuttgart in Kooperation mit dem Seminar für Neuere Geschichte der Eberhard-Karls-Universität Tübingen und dem Institut für donauschwäbische Geschichte und Landeskunde in Tübingen vom 13. bis 15. November 2014 in Stuttgart durchgeführt hat. Die Beiträge sind aufgeteilt in zwei Sektionen: A. *Migrationsgeschichtliche Beiträge* (10 Aufsätze) und B: *Bildungsgeschichtliche*

Beiträge (4 Aufsätze). Die Sektion A wiederum ist aufgeteilt in fünf Aufsätze, die sich der *Immigration in den deutschen Südwesten*, und ebenfalls fünf, die sich der *Emigration aus dem deutschen Südwesten* widmen. In der Sektion A werden vor allem Gruppen behandelt, die dauerhaft in den deutschen Südwesten einwanderten bzw. von dort auswanderten; in Sektion B geht es um Einzelne, vor allem Studenten aus dem östlichen Europa, die einige Jahre im deutschen Südwesten lebten, dann aber wieder in die Heimat zurückkehrten. Dabei steht die Frage im Vordergrund, in wieweit für diese Gruppen oder Einzelnen religiöse Motive eine Rolle spielten.

Außerdem gibt es zwei weitere Aufsätze in diesem Band, zum einen die informative Einführung von Mark Häberlein: „Glaube und Migration vom 16. bis zum 19, Jahrhundert", in der nicht nur die Migration zwischen dem deutschen Südwesten und dem östlichen Europa, sondern auch die Auswanderung in die Neue Welt thematisiert wird (S. 1–21), zum anderen die ausgewogene „Schlussbetrachtung" von Gottfried Czaika, in der er die abschließende Diskussion der Tagung resümiert und interessante Vorschläge zu weiterführenden Forschungen macht (S. 305–315).

Die Erforschung von „religiös motivierten Migrationen" – meistens handelt es sich dabei um (verfolgte) religiöse Minderheiten – hat eine lange Tradition. Jahrhunderte lang war es üblich, dass der Historiografen von Migrationsbewegungen sich mit den religiösen Migranten identifizierte, deren Schicksal von ihm beschrieben wurde; oft gehörte er selbst dieser religiösen Minderheit an oder war ein Nachfahre einer Familie, die damals aus- oder eingewandert war. Erst seit den 1980er Jahren hat sich die moderne historische Migrationsforschung entwickelt, die – auch wenn sie nicht verneint, dass die Migration religiös begründet sein kann – sich unter anderem dem Problem stellt, welche anderen Motive, z. B. wirtschaftliche und politische, eine Rolle gespielt haben könnten. Dadurch hat sie wesentlich dazu beigetragen, dass sich heute ein vielschichtiges Bild auch der religiösen oder konfessionellen Migrationsbewegungen durchgesetzt hat.

Unter „dem deutschen Südwesten" verstehen die Herausgeber „jene Gebiete des Heiligen Römischen Reiches, die in etwa mit dem heutigen Bundesland Baden-Württemberg deckungsgleich sind, sowie des alten deutschen Sprachraums einschließlich des Elsass und der Schweiz" (S. IX). In Sektion A handeln jedoch die meisten Aufsätze von der Ein- und Auswanderung in Württemberg vom 16. bis zum 19. Jahrhundert. In Sektion B sind die Schwerpunkte gleichmäßig verteilt: Der erste Beitrag ist den osteuropäischen Studenten an der Akademie in Straßburg, der zweite denen an der Universität Heidelberg, der dritte denen an den reformierten Hochschulen von Zürich und Basel und der letzte denen an der Universität Tübingen gewidmet. Die Inhaltsangabe des Bandes siehe: https://d-nb.info/1144387272/04.

Die alte lutherische Markgrafschaft Baden-Durlach fehlt völlig in diesem Band. Das ist verständlich, weil die Auswanderung aus Baden ins östliche Europa wirtschaftlich begründet war; religiöse Motive scheinen keine Rolle gespielt zu haben.[1] Auch hatte Baden-Durlach bis 1806 keine Universität.

Die Kurpfalz dagegen hätte einen Platz in Sektion A verdient gehabt. Häberlein bemerkt mit Recht, dass dank dem Kurfürsten Karl I. Ludwig die Kurpfalz seit 1652

---

[1] Vgl. Joseph Hässler, Die Auswanderung aus Baden nach Rußland und Polen im 18. und 19. Jahrhundert, Grafenhausen 1959; Otto Mittelstraß, Entbehrliche Leute? Die Auswanderungswelle der Baden-Durlacher nach Siebenbürgen 1744–1752. Entstehung, Verlauf, Teilnehmer, Heidelberg 2013.

viele religiöse Minderheiten anzog, auch aus Osteuropa. Insbesondere Mannheim wurde zur „Mixtur so vieler Nationen" (S. 11f). Nach 1688 wurde die Kurpfalz vom Einwanderungs- zum Auswanderungsland: Reformierte, Mennoniten, aber auch ein Radikalpietist wie Conrad Beisel zogen weg, wenn auch meistens in Richtung der „neuen Welt" und nicht ins östliche Europa.

In Sektion B ist die Kurpfalz vertreten durch den innovativen Aufsatz von János Heltai: „Die persönlichen Beziehungen des Heidelberger Theologieprofessors David Pareus zu seinen ungarischen Studenten von 1598 bis 1621" (S. 237–253). Es ist bemerkenswert, wie sehr Pareus – ein gebürtiger Schlesier – die ungarischen Studenten, die seit 1598 im reformierten Heidelberg studierten, bewusst durch Disputationen auf ihr Amt in der Heimat vorbereitete und so zum Magnet wurde, der weitere Studenten aus Ungarn anzog. In seinen Vorlesungen und seinem Briefwechsel fand ein nachhaltiger Kulturtransfer zwischen der Kurpfalz und Ungarn statt. Es ist schade, dass der auf der Tagung gehaltene Vortrag von Axel E. Walter über die Schlesier in Heidelberg nicht aufgenommen werden konnte (S. 305).

Auch wenn dieser Sammelband also wenig für die badische Religionsgeschichte bringt, soll damit nicht Negatives über den Band gesagt sein, im Gegenteil, die württembergischen Fälle, die hier dargestellt werden, sind besonders erhellend für die Thematik der religiösen Migration. Viele Aufsätze beruhen außerdem auf ausgiebigem Archivstudium und sind bibliographisch alle auf dem neuesten Stand.

Albert de Lange (Karlsruhe)

Micha Willunat, Kirchenleitung und Seelsorger. Ludwig Schmitthenners Wirken als Pfarrer, großherzoglicher Seelsorger und Prälat der badischen Landeskirche (1892–1923) (Veröffentlichungen zur badischen Kirchen- und Religionsgeschichte, Band 10), Stuttgart: Verlag W. Kohlhammer 2019; 308 Seiten, kart., 39,00 Euro (für Vereinsmitglieder 20% ermäßigt), ISBN 978-3-17-035496-8

Karl *Ludwig* Wilhelm Schmitthenner (1858–1932) stammt aus einer bekannten badischen Pfarrerdynastie. Sein Vater Johann *Heinrich* August (1818–1893) war u. a. Pfarrer in Neckarbischofsheim und Heidelberg-Kirchheim. Sein Bruder Christian *Heinrich* (1849–1937) war u. a. Pfarrer in Hugsweier und Dekan des Kirchenbezirks Lahr, sein Bruder Adolf (1854–1907), der vor allem als Heimatdichter bekannt wurde, war u. a. Pfarrer in Heidelberg. Auch Ludwig wurde Pfarrer, zuerst Militärpfarrer (1887–1892), danach Stadtpfarrer in Freiburg (1892–1909) und schließlich Prälat der badischen Landeskirche (1909–1923) bis zu seinem Ruhestand.

Der badische Pfarrer Micha Willunat hat diese Arbeit, die 2017 von der Evangelisch-Theologischen Fakultät der Universität Tübingen als Dissertation angenommen wurde, geplant als eine wissenschaftliche, „möglichst umfassende und kritische Biographie" Schmitthenners (S. 24). Anlass war die Erschließung des Familienarchivs Schmitthenner durch das Landeskirchliche Archiv in Karlsruhe. Dadurch standen dem Verfasser die „Fürstenbriefe" zur Verfügung, d. h. der Briefwechsel Schmitthenners mit mehreren Mitgliedern der badischen Fürstenfamilie, insbesondere mit Großherzogin Luise (1838–1923) und Prinz Max von Baden (1867–1929). Diese Briefe bildeten die Basis für die Abschnitte, die Willunat Schmitthenner als „großherzogliche[m] Seelsorger" widmet (S. 161–174; 239–241), und waren auch hilfreich, um dessen Amtsführung als Prälat in den Jahren 1918–1923 zu rekonstruieren.

Die Arbeit von Willunat als „wissenschaftliche Biographie" hat viele Lücken. Viele biografische und zeitgeschichtliche Themen werden nur am Rande gestreift und viele wichtige Fragen bleiben offen: wie war das Verhältnis von Schmitthenner zu seinem Vater, zu seinen Brüdern, zu seiner Frau, zu seinen Kindern, zu seinen Kollegen (z. B. zum mächtigen Kirchenpräsidenten Albert Helbing). Hatte er Freunde oder ein Netzwerk, worauf er sich stützen konnte? Schmitthenner wird von Willunat immer wieder als „positiv" charakterisiert, aber was bedeutete das in seinem Fall konkret? War er auch parteipolitisch engagiert? Es fehlt ein Abschnitt zur Frage, ob er z. B. in kirchlichen Zeitschriften publiziert hat oder nicht, und seine (wenigen) bekannten Veröffentlichungen – meistens Predigten – werden nicht systematisch ausgewertet. Was bewegte ihn persönlich? Wie betrachtete er sich selbst?

Diese Lücken sind übrigens dem Verfasser nicht ohne Weiteres anzulasten. Schmitthenners Nachlass, wahrscheinlich auch viele der (persönlichen) Briefe, die er empfangen hat, ist im Zweiten Weltkrieg größtenteils verbrannt. Dadurch war Willunat gezwungen, (wie der Titel seiner Arbeit lautet) sich auf „Ludwig Schmitthenners Wirken als Pfarrer, großherzoglicher Seelsorger und Prälat der badischen Landeskirche (1892–1923)" zu konzentrieren, wobei er sich vor allem auf die (wenn auch unvollständigen) Aktenbestände im Landeskirchlichen Archiv Karlsruhe stützen konnte (vgl. S. 29f).

Sehr gelungen sind die Abschnitte, die Willunat Schmitthenner als Prälat widmet. Er verortet ihn in der Reihe der Prälaten, die seit Johann Per Hebel in diesem Amt gewirkt hatten, und beschreibt genau die zahlreichen Aufgaben, die damit für Schmitthenner verbunden waren. Anhand von konkreten Beispielen versucht Willunat aufzuzeigen, dass Schmitthenner sich nicht immer als Amtsperson an die „Grenzen seiner Zeit" (S. 277) gehalten hat, sondern diese in einigen Fällen überwunden hat, z. B. bei der Zulassung von Elsbeth Oberbecks zum kirchlichen Examen (S. 274: „man könnte in der Frage der Frauenordination Schmitthenner wohl am treffendsten als Revolutionär wider Willen bezeichnen"), im Umgang mit Religiösen Sozialisten wie Erwin Eckert oder „gezielte Förderung" (S. 132) von Liberalen wie Hermann Maas. Darin zeigt sich für Willunat die Größe seines „Helden". Allerdings kann er diese positiven Interventionen von Schmitthenner nicht immer überzeugend nachweisen.

Als Person bleibt Schmitthenner bei Willunat ein typischer Vertreter des wilhelminischen Zeitalters. Er scheint sich so sehr mit den damals üblichen Vorstellungen vom Pfarramt bzw. vom Prälatenamt identifiziert zu haben, dass er – in Gegensatz zu anderen Pfarrern, die z. B. aus der Katastrophe des Ersten Weltkriegs „lernten" und deren Biographien auch für uns heute noch spannend sind – rückwärtsgewandt blieb: „ein Demokrat aus innerer Überzeugung war Schmitthenner aber sicher nicht" (S. 276) und wurde es auch nie. Das große Verdienst der Arbeit Willunats ist, dass er die Rolle Schmitthenners als Prälat gründlich analysiert hat. Die Person Schmitthenners bleibt – auch aus Mangel an Quellen – leider weiterhin im Schatten „hinter" seinem Amt zurück.

Albert de Lange (Karlsruhe)

Sabrina Hoppe, Der Protestantismus als Forum und Faktor. Sozialethische Netzwerke im Protestantismus der frühen Bundesrepublik (Religion in der Bundesrepublik Deutschland 2), Tübingen: Mohr Siebeck 2019; XII, 435 Seiten, geb, 79 Euro; ISBN: 978-3-16-156018-3.

Das vorliegende Buch entstand im Rahmen des ambitionierten DFG-Forschungsprojektes „Der Protestantismus in den ethischen Debatten der Bundesrepublik Deutschland 1949 – 1989". Sprecher dieser Forschungsgruppe sind der Münchener Praktische Theologe Christian Albrecht und sein Kollege für Systematische Theologie, Reiner Anselm. Die Tatsache, dass sich hier explizit keine kirchenhistorischen Fachleute mit den großen sozialethischen Debatten im Nachkriegs-Protestantismus beschäftigen, macht sowohl den Reiz als auch das Risiko dieses Ansatzes aus.

Unter dem charmanten Titel „Teilnehmende Zeitgenossenschaft" erschien bereits 2015 unter der Ägide dieser beiden Münchener Theologen der erste Band dieses Forschungsprojektes. Nach einer mehr als vierjährigen Pause ist mit Sabrina Hoppes Werk nun der zweite Band dieser Reihe erschienen, die bei Mohr Siebeck in Tübingen unter dem fast schon enzyklopädisch anmutenden Reihentitel „Religion in der Bundesrepublik Deutschland" verlegt wird.

Unter der Überschrift „Der Protestantismus als Forum und Faktor" will die Verf. die sozialethischen Netzwerke im Protestantismus der frühen Bundesrepublik (so der Untertitel) in den Blick nehmen. Als Kurzinfo auf dem Buchrücken und auch im Verlagsprospekt wird folgende Fragestellung angegeben: „Wie prägten evangelische Initiativen wie der Deutsche Evangelische Kirchentag und die Evangelischen Akademien die gesellschaftlichen Debatten in der frühen Bundesrepublik? Welche Menschen standen dahinter und was war ihre Motivation?"

Um es gleich vorwegzunehmen: dieser interessant klingenden Vorankündigung wird die Autorin nur zum Teil gerecht. Dies liegt wohl in erster Linie daran, dass sie ihre gesamten Ausführungen unter das Programm der historischen Netzwerk-Analyse stellt. Durch Auswertung des Briefwechsels der in den 1950er Jahren wichtigen Akteure des sozialen Protestantismus, Eberhard Müller und Friedrich Karrenberg, möchte Hoppe „anhand der Kommunikation über ethische Themen bestimmte Netzwerke innerhalb des Protestantismus […] erheben und diese in ihren Eigenheiten und Gemeinsamkeiten" darstellen. „Die beiden Netzwerke werden in der Perspektive der sogenannten egozentrierten Netzwerkanalyse dargestellt, das heißt, für beide wird ein jeweils im Mittelpunkt stehender Hauptakteur angenommen, dessen Biografie und Wirken im Vordergrund der Darstellung steht." (S. 32) Die Verf. erklärt in ihrem anspruchsvollen Eingangsteil sehr ausführlich die theoretischen Grundlagen dieser Netzwerk-Analyse, wobei sie die Leserin unter anderem an den diskurstheoretischen Ansätzen eines Romanisten in der „Zeitschrift für französische Sprache und Literatur" teilnehmen lässt (S. 19, Anm. 21), dabei aber dessen Bedeutung für die Kirchengeschichtsforschung offen lässt. Nach Ansicht des Rezensenten lässt sich die Verf. in ihrer gesamten Darstellung zu stark von dieser einseitigen Fixierung auf die historische Netzwerk-Analyse leiten, so dass der Leser am Ende ihres Buches in ihrem Resümee auf S. 380 fast mit Erleichterung feststellen darf: „Zweitens muss nach den Grenzen von Netzwerken gefragt werden." Man wird Hoppes Werk am ehesten als eine sozialgeschichtlich ausgerichtete Biographie von Müller und Karrenberg bezeichnen können, zumal die Autorin auf S. 35 auch erklärt: „Ich habe mich besonders auf Briefe, Protokolle und Rundschreiben konzentriert, eine kursorische Auswertung von unveröffentlichten Vorträgen und internen Berichten ergänzen meine Recherchen." – Dies haben „zünftige" Historikerinnen und Historiker auch schon vor Entdeckung der Netzwerk-Analyse getan. Überraschend nennt Sabrina Hoppe als weitere Quelle neben Literatur und Archivalien: „Außerdem verweise ich auf die zahlreichen informellen Gespräche und den regelmäßigen thematischen Austausch innerhalb der erwähnten Forschergruppe […]." Dies erscheint dem Rezensenten ebenso gewöhnungsbedürftig wie die Bemerkung im Vorwort, die Hilfe anderer Kolleginnen und Kollegen „inspirierten mich zu absolut genialen Thesen und motivierten mich zu noch akribischeren Personenrecherchen." (S. VI) – Das ist vor allem deswegen als fragwürdig einzustufen, da die im Anhang aufgeführten Biogramme zu einem Teil bereits im 2006 von Hannelore Braun und Gertraud Grünzinger veröffentlichten „Personenlexikon zum deutschen Protestantismus 1919 – 1949" zu finden sind (z. B. Horst Bannach, Friedrich Delekat oder Constantin von Dietze).

Trotz allem Faktenreichtum und einem gut recherchierten Literaturverzeichnis mutet es dem Verf. doch eigenartig an, dass die „großen" Linien der kirchengeschichtlichen Themen des deutschen Nachkriegsprotestantismus doch nur als Folie der Netzwerk-Analyse auftauchen. Die tatsächlich den Protestantismus bewegenden politisch-ethischen Debatten kreisen nach 1949 um das Problem der deutschen Teilung (das bei Hoppe gar keine Erwähnung findet), die Wiederbewaffnung der Bundesrepublik, eine mögliche atomare Bewaffnung der Bundeswehr („Kampf dem Atomtod"), die Diskussion um die verlorenen Ost-Gebiete und die Heimatvertriebenen („Ost-Denkschrift" von 1965) und die zunehmende Säkularisierung der bundesdeutschen Wohlstands-Gesellschaft ab etwa 1960.

Trotz der genannten Einschränkungen hat die Darstellung durchaus auch spannende und neue Facetten der kirchlichen Zeitgeschichte zu bieten. So setzt sich die Autorin unter anderem mit der von Anselm Doering-Manteuffel übernommenen Dahrendorf-These von der „protestantischen Mafia" – zu der angeblich Marion Gräfin Dönhoff, Hellmut Becker, Georg Picht sowie Carl Friedrich und Richard von Weizsäcker zählten – in der Bundesrepublik kritisch auseinander (S. 366). Ausgehend von Thomas Sauers 1999 erschienener wichtigen Studie über den „Kronberger Kreis" setzt sich die Verf. mit einer ganzen Reihe von protestantischen Netzwerken auseinander, die sowohl für Eberhard Müller als auch Friedrich Karrenberg prägend waren wie etwa die Michaelsbruderschaft und den Deutsch-Christlichen Studentenverband DCSV. Sabrina Hoppe entfaltet dabei die von Günter Brakelmann bereits 1987 formulierte These: „Fast alle nennenswerten Neuanfänge kirchlicher Arbeit nach dem Zweiten Weltkrieg haben sich schon unter den Bedingungen der nationalsozialistischen Diktatur entwickelt! Es gibt Vorformen der späteren Akademiearbeit, der Studentengemeinden, des Kirchentages und des kirchlichen Kammersystems aus der NS-Zeit […] Die kirchliche Nachkriegszeit entwickelt sich weithin schon in der NS-Zeit selbst." (S. 80f.)

Dabei beschreibt Hoppe sehr gut die Ablösung des Verbandsprotestantismus nach 1945 und die Transformation in andere Aktionsformen wie etwa Evangelischer Kirchentag, Evangelische Akademien oder evangelische Studentengemeinden. Bei der Darstellung des Netzwerks des Gründers der evangelischen Akademie Bad Boll, Eberhard Müller, ist Hoppe eine gut lesbare und spannende Erzählung gelungen, wobei sie

Hermann Glasers berühmte These von 1991 breit entfaltet: evangelische Akademiearbeit war Begegnungseuphorie im Trümmergeist in ländlich abgeschiedener Atmosphäre (S. 93). Interessant ihre Beobachtung, wie viele wichtige Nachkriegs-Politiker in Bad Boll ein und aus gingen und dass umgekehrt Müller beinahe wöchentlich zu Gast in Bonn war. Auch weitere Pfeiler von Müllers „Netzwerk" wie der „Kronberger Kreis" oder das „Sonntagsblatt" Hanns Liljes werden von ihr detailreich beschrieben.

Ebenso würdigt sie das Netzwerk Friedrich Karrenbergs, das sie vor allem im Umfeld des 1954 von ihm mit zahlreichen Autorinnen und Autoren herausgegebenen „Evangelischen Soziallexikons" sowie im Kontext des Kreuz-Verlages verortet. In diesem Zusammenhang beschreibt die Verf. ausführlich die Geschichte des Kreuz-Verlages, zu dem im Laufe der Jahrzehnte so berühmte Autorinnen wie Dorothee Sölle, Helmut Gollwitzer, Ernst Lange, Paulo Freire oder Harvey Cox gehörten. Schade, dass bei der Fusion dieses traditionsreichen evangelischen Verlages mit dem Freiburger Herder-Verlag 2006 praktisch das gesamte Verlagsarchiv verloren ging (S. 295).

Als ungewöhnlich darf manche Zitierweise in Hoppes Arbeit beschrieben werden: so zitiert sie auf S. 343 in Anm. 532 eine Archivalie aus dem Nachlass Walter Strauß im Archiv für Zeitgeschichte München, den Beleg hierfür weist sie nach in einem noch nicht veröffentlichten (!) Manuskript von Friedrich Wilhelm Graf – Ähnliches passiert ihr auf S. 232 Anm. 86. Hier wäre etwas mehr Sorgfalt beim Umgang mit Archivmaterial und mit den gängigen Zitiergewohnheiten angebracht gewesen.

Ein insgesamt materialreiches und interessantes Werk, das aber hinter den durch die Ankündigung gesteckten Erwartungen zurückbleibt.

Bis die neue Reihe „Religion in der Bundesrepublik Deutschland" auf dem Niveau der seit 1975 erscheinenden „Arbeiten zur kirchlichen Zeitgeschichte" sein wird, ist es wohl noch ein gutes Stück Weg.

Ulrich Bayer (Freiburg)

Register

A

Accursius, Mariangelus 18
Adelsheim, von (Geschlecht) 224
Adelsheim, Bernhard Ludwig von u. zu 227
Adelsheim, Eva von 227
Adelsheim, Georg Sigmund von 227
Adenauer, Konrad 109
Albert, Wilhelm 106f, 201
Albertus Magnus 20
Alexius, Abt von Alpirsbach 15
Althaus, Paul 188
Andreae, Jakob 227, 261
Anshelm, Thomas 15, 18–22
Anton, Karl 215
Apin, Antonius 238
Arper, Karl 215
Aventinus, Johannes 227

B

Bach, Johann Sebastian 209
Bach, Wilhelm 201
Baden, Friedrich I. von, Großherzog 46, 166
Baden, Friedrich II. von, Großherzog 46, 165
Baden, Georg Friedrich von, Markgf. 263
Baden, Lusie von, Ghzn. Witwe 46, 266
Bader, Johannes 136
Bannach, Horst 269
Bassermann, Heinrich 188
Barth, Karl 143, 180
Bartholomä, Helmuth 99, 102f, 106
Bauer, Artur 208, 211
Bauer, Johannes 179f, 213f, 219
Bauer, Walter 66f, 86
Baumann, Wilhelm 209, 215
Baumgartner, Mathilde 193f
Bayern, Ludwig III. von, König 167
Becker, Hellmut 269
Behm, Peter 154
Bender, Harold S. 140, 143f
Bender, Julius 92f, 96, 98–100, 103–105, 183, 187, 248
Bender, Karl 90f, 96, 187, 214, 219
Beham, Barthel 136
Beham, Sebald 136

Beisel, Conrad 266
Benrath, Gustav Adolf 152, 254
Berg, Eberhard Friedrich von 245
Berlichingen, Amalie von 236
Berlichingen, Burkhard 227
Berlichingen, Elisabeth von 228
Berlichingen, Götz von 224–226
Berlichingen, Hans Georg von 226–228, 236
Berlichingen, Hans Gottfried von 225–227
Berlichingen, Hans Jakob von 225f
Berlichingen, Hans Philipp 228
Berlichingen, Hans Pleickhard von 221, 224–230, 232f, 236f, 239–242
Berlichingen, Hans Reinhard 226, 228
Berlichingen, Konrad von 228
Berlichingen, Philipp Ernst von 226
Berlichingen, Sigmund von 228
Berlichingen, Susanna von 228
Berlichingen, Valentin von 227, 238
Bier, Helmut 65
Blarer, Ambrosius 256
Blarer, Margarete 256
Blarer, Thomas 256
Blaurock, Jörg 132
Bodelschwingh, Fritz von 102
Bonhoeffer, Dietrich 144
Bossert, Friedrich 81, 87
Brandenburg, Georg Friedrich von 226
Braun, Peter 17
Brauß, Heinrich 102, 187
Breuninger, Konrad 20
Bucer, Martin 134, 138–140, 150, 256, 258–260
Bünderlin, Johannes 141
Bürgy, Friedrich 93
Buisson, Ferdinand 162
Bultmann, Rudolf 180

C

Calvin, Jean 135, 227, 233, 238
Camerarius, Joachim 12
Canisius, Petrus 238
Capito, Wolfgang 12, 134–136
Caspari, Wilhelm 188

Castell, Konrad von 226
Cicero, Marcus Tullius 227
Clasen, Claus-Peter 148, 150
Coloniensis, Bartholomäus 18
Corell, Ernst H. 147f, 150
Cox, Harvey 270

Fisher, John, Bischof von Rochester 18
Fortner, Wolfgang 210
Freire, Paulo 270
Freyberg, Michael Ludwig von 232
Friedrich, Otto 66f; 90f, 96, 99, 106f
Frommel, Otto 209

D

Dahrendorf, Rolf 269
Deffner, Oskar 210
Dehn, Günther 181
Delekat, Friedrich 269
Denck, Hans 136f, 140f, 144
Dibelius, Martin 92, 181
Dibelius, Otto 171, 178
Dienheim, Albrecht von 224
Dieterich, Alfred 43
Dietrich, Veit 232
Dietz, Rechtsanw. 184
Dietze, Constantin von 269
Dobenschütz, Ernst von 188
Dönhoff, Marion Gräfin 269
Doerr, Emil 91
Dürr, Karl 92–94, 96, 100, 106f, 182f, 187
Duhm, Andreas 96, 211, 219

G

Gäßler, Paul 98
Gatermann, Heinrich 81
Gaza, Theodor 18
Geyer von Giebelstadt, Eva 226
Geyer von Giebelstadt, Konrad 226f
Globke, Hans 89
Göler, Frhr. Von 195
Goertz, Hans-Jürgen 150–153
Goethe, Johann Wolfgang von 222
Götz, Walter Gottfried 214
Gollwitzer, Helmut 270
Graff, Paul 218
Grebel, Konrad 132f
Greiner, Theodor 214, 219
Gröber, Conrad 100, 107
Grumbach, Amalia von 236
Grynaeus, Simon 12
Güß, Egon Thomas 182, 187
Gutekunst, Karl 208

E

Echter von Mespelbrunn, Julius 222, 226, 237
Eckert, Erwin 191, 209
Ehmann, Johannes 251, 257
Eisenlöffel, Ludwig 214f, 217f
Elert, Werner 188
Engelhardt, Klaus 105, 124, 249
Engelhardt, Leopold 63, 68
Entfelder, Christian 141
Erb, Jörg 209
Erb, Matthias 256
Erhard, Ludwig 109
Erasmus von Rotterdam 18f, 136

H

Haag, Herbert 210
Haenisch, Konrad 164, 169
Hätzer, Ludwig 136f
Haller, Berthold 12
Hardheim, Wolf von 226
Harnack, Adolf von 188
Haßlach, Hans Dietrich von 227
Hauck, Albert 188
Hausrath, Adolf 188
Hauß, Friedrich (Fritz) Adolf 184, 187, 208
Hecker (Oberlehrer) 215
Hedio, Kaspar 12, 256
Heidland, Hans-Wolfgang 105, 109
Heim, Karl 187
Helbing, Albert 267
Herrmann, Adolf 214
Hertenstein, Wilhelm 65
Hesselbacher, Karl 209, 214f
Hirsch, Paul 168
Hiltebrant, Johannes 15, 18
Hindenburg, Paul von 45

F

Faber, Ernst 205
Fagius, Paul 256
Fath, Friedrich 215
Filbinger, Hans 89
Fink, Ernst 196
Fink, Ruben 204f
Fischer, Ernst 219

Hindenlang, Friedrich   206
Hoeffel, Michel   250
Hof, Otto   94, 187
Hoffmann, Adolph   43, 164
Hoffmeister, Ludwig   64
Hofstaetter   218
Holzach, Michael   143
Hopp, Otto   71, 86
Hornberg, Philipp Ernst von   227
Horning, Robert   201
Hosemann, Johannes   61
Huber, Wolfgang   87
Hubmaier, Balthasar   256
Hupfeld, Renatus   187
Huß, Wilhelm   187
Hut, Hans   136, 141
Hutten, Bernhard von   227
Hutten, Georg Friedrich von   227

I

Irenicus, Franz   256

J

Jacob, Ludwig Emil Wilh. Theod.   214
Jäger von Gärtringen, Melchior   227f
Janson, Maria   194, 199
Jöst, Friedrich   219
Jolberg, Regine   196

K

Kägy, David   156
Kähler, Martin   187f
Kahl, Wilhelm   44, 171
Kappes, Heinz   201, 219
Karlstadt, Andreas   136
Karrenberg, Friedrich   268–270
Kattenbusch, Ferdinand   188
Kattermann, Philipp   195
Katz, Hans   93, 96, 103
Kaufmann, Ernst (Verlag)   246
Kiefer, Fritz (Friedrich)   92, 96, 98f, 102, 208
Klausing, Caroline   251
Klein, Paul   194, 204
Kneucker, Karl   215
Köhler, Walther   140, 143, 181
Kölli, Fritz   93, 103
Kolde, Theordor   188
Koppert, Georg   214

Kramer, Albert   96, 105f
Kreutter, Martin   154
Kühlewein, Julius   68, 90–93, 96, 99–101, 106, 187, 214f, 220
Kühner, Karl Friedrich   215
Kunze, Rolf-Ulrich   251

L

Landau, Rudolf   107
Landis (Familie)   145
Landmann, Arno   209
Lange, Ernst   270
Laskaris, Konstantin   13
Lechler, Erich   92
Leib, Walter   210
Lemme, Ludwig   180
Lemp, Jakob   17
Liebenstein, Bernhard von und zu   227
Lilje, Hanns   270
Limpurg, Albrecht zu   226
Lindner, Thomas   256
Löffler, Rudolf   98
Lombardus, Petrus   16
Loofs, Friedrich   188
Luther, Martin   21, 23, 137, 220, 227, 238, 256, 260
Lutz, Walter   200

M

Maas, Hermann   92–94, 98, 119, 191, 214
Machiavelli, Niccolò   222
Mann, Karl   196
Manz, Felix   132
Marpeck, Pilgram   137–141, 144
Marschall, Marie von   196
Maurer, Otto   215
Meerwein, Gustav Adolf   214
Meerwein, Helmuth   76
Megander, Kaspar   12
Meili, Hans   146
Meili, Jakob   146
Meili, Martin   145
Melanchthon, Philipp   11–23, 256
Mensching, Gustav   217f
Merkel, Adolf   187
Merkel, Erwin   69
Merx, Adalbert   188
Meyer, Jacob   154
Meyer, Samuel   154
Möllinger, David   155

Möllinger, Vincenz 155
Mondon, Karl 187
Morata, Olympia Fulvia 256
Mosbach v. Lindenfeld, Johann Andreas 225
Mosellanus, Petrus 23
Muchow, Ludwig 207
Müller, Eberhard 268–270
Müller, Julius 188
Müller, Ludwig 72
Münster, Sebastian 227
Müntzer, Thomas 136

N

Naumann, Friedrich 43, 49
Niebergall, Friedrich 180
Nutzinger, Richard 206

O

Oberbeck, Elsbeth 198, 267
Occo, Adolf 227
Oekolampad, Johannes 136f
Österreich, Karl V. von, Kaiser 133, 142, 227, 256
Österreich, Maximilian II. von, Kaiser 20
Oestreicher, Theodor 65, 67
Oranien-Nassau, Wilhelm I. von 262
Ortega y Gasset , José 110
Osiander, Lukas 233
Otter, Jakob 256
Otto, Rudolf 217f

P

Papst Johannes XXIII. 109
Papst Paul VI. 126
Papst Pius XI. 177
Paret (Synodaler) 206
Pareus, David 261
Pencz, Georg 136
Pfalz, Johann Casimir von der 233
Pfalz, Karl Ludwig von der, Kurfürst 151f, 265
Pfefferle, Theodor 103f
Pfeiffer, Antoine 250
Pflüger, Anselm 256
Picker, Christoph 251
Picht, Georg 269
Plutarch 19
Poppen, Hermann 209f, 216

R

Remmele, F. 71f
Renner, Viktor 219
Reublin, Wilhelm 149
Reuchlin, Johannes 11–23
Rhenanus, Beatus 227
Rössger, Paul 102
Rohde, Franz 184, 204
Rose, Karl 96, 100, 107
Rosenberg, Albrecht von 224, 232
Rost, Gustav 90–94, 96, 99f, 103, 187, 198, 219
Rossach, Hans Reinhard zu 227
Rüdt von Collenberg, Stefan 227, 236

S

Sachsen, Friedrich der Weise, Kurf. v. 11, 13, 16, 21–23
Sattler, Michael 134f, 137, 140f, 144, 149
Sauerbrunn, Wilhelm 196
Sauerhöfer, Heinrich 99–101
Sachs, Christian 256
Schad, Christian 142
Schäfer, Albrecht 215
Schäufele, Hermann, Erzbischof 248
Schalling, Martin 256
Schauenburg, Moritz /Verlag) 246
Scheel, Pfarrer (Böblingen) 214
Schenk, Julie 196
Schimmelbusch, Kuno 100
Schlatter, Adolf 187
Schleiermacher, Friedrich Daniel Ernst 220
Schmitt, Carl 41f, 53
Schmitthenner, Adolf 266
Schmitthenner, Christian Heinrich 266
Schmitthenner, Joh. Heinrich Aug. 266
Schmitthenner, Ludwig 165, 193, 266f
Schöffer, Peter 137
Schöpflin, Johann Daniel 256
Schoepffer, Adolf von 200
Schropp, Herbert 70
Schubert, Hans von 180
Schultheiss, Rudolf 70
Schumacher, Oskar Friedrich 201
Schweikhardt, Gerhard 78
Schwebel, Johannes 256
Schwenckfeld, Caspar 232f
Seitz, Wilhelm 209
Selnecker, Nikolaus 227
Seneca, Lucius Annaeus 227

Serz & Co. Kunstanstalt 246
Sigwart, Johann Georg 261–264
Simler, Georg 13, 15
Sleidanus, Johannes 227
Smend, Julius 215, 217f
Smend, Rudolf 45, 51, 53
Sölle, Dorothee 270
Soellner, Otto 67
Spangel, Pallas 14
Sparr von Trampe, Anton 236
Spitta, Friedrich 218
Sprenger, Hermann 208
Staehelin, Ernst 143
Steinach, Felizitas von 232
Steinach, Hans Burkhard Landschad v. 232, 257
Steinbach, Wendelin 17
Stetten, Hans Reinhard von 227
Stöcklin, Sebastian 225
Stösser, Franz Ludwig von 246
Stumpf, Simon 132f
Sturm, Paul 209
Stutz, Ulrich 47, 161
Sulzer, Simon 258–260
Symmachus 227

T

Terenz 18, 227
Thieringer, Karl 73, 96, 104f, 107
Thomae, Nikolaus 136
Thüngen, Theobald Julius von 227
Tielen van Sittert, Tieleman 152
Troeltsch, Ernst 148, 180f

U

Uibel, Eduard 166, 173, 203

V

Vath, Ludwig 219
Vehus, Hieronymus 12
Venningen, Frhr. von 146
Vierordt, Karl Friedrich 255f
Voges, Fritz 91, 99–102, 184, 187

W

Wallau, René 218
Weber, Hermann 93
Weber, Max 148
Weckesser, Albert 207
Weizsäcker, Carl Friedrich von 269
Weizsäcker, Richard von 269
Werner, Paul 201
Wessel, Ludwig 168
Wimmer, Richard 215
Wolf, Erik 92
Wolfinger, Albrecht 201
Württemberg, Eberhard, Graf von 17
Württemberg, Ludwig, Herzog von 225
Württemberg, Ulrich, Herzog von 17, 20
Wurth, Klaus 193, 203, 214

Y

Yoder, John Howard 143

Z

Zell, Katharina 256
Zeller, Hermann 166
Ziegler, Wilhelm 202
Zillesen, Alfred 215
Zwingli, Ulrich 132f, 135, 137, 232

Verzeichnis der Abkürzungen

ADB	Allgemeine Deutsche Biographie
AeA	Aus evangelischen Archiven
AKiZ	Arbeiten zur Kirchlichen Zeitgeschichte
BB	Badische Biographien
BBKL	Biographisch-bibliographisches Kirchenlexikon, begr. und hrsg. von Friedrich Wilhelm Bautz, fortgef. von Traugott Bautz,
BPfKG	Blätter für Pfälzische Kirchengeschichte und religiöse Volkskunde
BVerfGE	Entscheidungen des Bundesverfassungsgerichts
BWB	Baden-Württembergische Biographien
CR	Corpus Reformatorum
DBETh	Deutsche Biographische Enzyklopädie der Theologie und der Kirchen
DpflBW	Denkmalpflege in Baden-Württemberg
EKO	Die Evangelischen Kirchenordnungen des 16. Jahrhunderts, begründet von Emil Sehling, fortgeführt von Gottfried Seebaß und Eike Wolgast, Bd. 1–5 Leipzig 1902–1913, Bd. 6ff. Tübingen 1955ff.
ELKBDR	Die Evangelische Landeskirche in Baden im Dritten Reich. Quellen zu ihrer Geschichte, 6 Bände, hrsg. von Hermann Erbacher und Hermann Rückleben (Bde. 1–3) bzw. von Gerhard Schwinge (Bde. 4–6), Karlsruhe 1991–2005
GLA	Badisches Generallandesarchiv Karslruhe
HGL	Heidelberger Gelehrtenlexikon 1803–1932, 1986
JBKRG	Jahrbuch für badische Kirchen- und Religionsgeschichte
KPBl	Kirchlich-positive Blätter
LKA	Landeskirchliches Archiv (ohne weiteren Zusatz: Karlsruhe)
LKB	Landeskirchliche Bibliothek (ohne weiteren Zusatz: Karlsruhe)
MBW	Melanchthons Briefwechsel. Kritische und kommentierte Gesamtausgabe (mit Angabe der Reihe und des Bandes)
NDB	Neue Deutsche Biographie
Neu	Heinrich Neu, Pfarrerbuch der evangelischen Kirche Badens von der Reformation bis zur Gegenwart (VVKGB 13), Teil I: Das Verzeichnis der Geistlichen, geordnet nach den Gemeinden, Lahr 1938; Teil II: Das alphabetische Verzeichnis der Geistlichen mit biographischen Angaben, Lahr 1939.
PA	Personalakte
RISM	Répertoire International des Sources musicales [Internationales Quellenlexikon der Musik, hrsg. von der Internationalen Gesellschaft für Musikwissenschaft und der Internationalen Vereinigung der Musikbibliotheken], B/VII/1: Das deutsche Kirchenlied DKL. Kritische Gesamtausgabe der Melodien, hrsg. von Konrad Ameln, Markus Jenny und Walther Lipphardt, Bd. 1, Teil 1: Verzeichnis der Drucke von den Anfängen bis 1800, bearb. Von Konrad Ameln, Markus Jenny und Walther Lipphardt, Kassel u. a. 1975

RGG	Die Religion in Geschichte und Gegenwart
StA	Staatsarchiv
SVRG	Schriften des Vereins für Reformationsgeschichte
TRE	Theologische Realenzyklopädie
UB	Universitätsbibliothek
VD 16	Verzeichnis der im deutschen Sprachbereich erschienenen Drucke des 16. Jahrhunderts
VBKRG	Veröffentlichungen zur badischen Kirchen- und Religionsgeschichte
VVKGB	Veröffentlichungen des Vereins für Kirchengeschichte in der Evangelischen Landeskirche in Baden
VVPfKG	Veröffentlichungen des Vereins für Pfälzische Kirchengeschichte
WA	D. Martin Luthers Werke, Kritische Gesamtausgabe (Weimarer Ausgabe), Bd. 1ff., Weimar 1883ff.
ZevKR	Zeitschrift für evangelisches Kirchenrecht
ZGO	Zeitschrift für die Geschichte des Oberrheins
ZThK	Zeitschrift für Theologie und Kirche
ZWLG	Zeitschrift für württembergische Landesgeschichte

Verzeichnis der Autorinnen und Autoren

Dr. Ulrich Bayer, Freiburg

Lisa Bender, Heidelberg/Herbolzheim

Dr. Stephen Buckwalter, Heidelberg

Prof. Dr. Johannes Ehmann, Heidelberg

Prof. Dr. Hermann Ehmer, Stuttgart

Prof. Dr. Georg Gottfried Gerner-Wolfhard, Karlsruhe

Prof. Dr. Uwe Kai Jacobs, Karlsruhe

Dr. Tobias Jammerthal, Rauschenberg/Tübingen

Prof. Dr. Jürgen Kampmann, Tübingen

Dr. Frank Konersmann, Bielefeld

Dr. Albert de Lange, Karlsruhe

Heinrich Löber, Karlsruhe

Dr. Helmut Neumaier, Osterburken

Dr. Gerhard Schwinge, Durmersheim

Dr. Heike Wennemuth, Karlsruhe

Dr. Udo Wennemuth, Karlsruhe

Prof. Dr. Jörg Winter, Karlsruhe

Richtlinien für Beiträge zum
Jahrbuch für badische Kirchen- und Religionsgeschichte

1. Angenommen werden nur Beiträge, die in elektronischer Form geliefert werden; die Beigabe von Bilddateien (hohe Auflösung: 300dpi) ist erwünscht.
2. Die Beiträge werden unformatiert (auch ohne Trennung und Blocksatz) als docx-Dateien mit 1 ½-zeiligem Zeilenabstand geliefert. Text als „Standard", Fußnoten als „Fußnotentext".
3. Anmerkungen werden als Fußnoten gesetzt. Die Anmerkungsziffer steht nach dem Satzzeichen. Nachgewiesen werden müssen mindestens alle Zitate.
4. Zitate aus Quellen werden kursiv ohne Anführungszeichen gesetzt.
5. Zitate aus der Sekundärliteratur werden gerade in Anführungszeichen gesetzt.
6. Mit Auszeichnungen und Hervorhebungen ist sehr sparsam umzugehen. Namen werden nicht durch Kapitälchen ausgezeichnet.
7. In den Fußnoten ist wie folgt zu zitieren: Bei der ersten Nennung der vollständige Titel – z. B.: Johannes Ehmann, Union und Konstitution. Die Anfänge des kirchlichen Liberalismus in Baden im Zusammenhang der Unionsgeschichte (1797–1834) (VVKGB 50), Karlsruhe 1994 –, bei wiederkehrender Nennung mit Kurztitel und Verweis auf die Anmerkung der Erstnennung – z. B. Ehmann, Union und Konstitution (wie Anm. 12), 16–38, bes. 20ff. Bitte verwenden Sie bei den Namen keine Kapitälchen! Auf unmittelbar voraufgehende Titel kann mit Ebd. verwiesen werden.
8. Beiträge in Zeitschriften oder Sammelbänden sind wie folgt zu zitieren: Vorname, Nachname, Titel des Beitrags, in: Name der Zeitschrift Jahrgang (Erscheinungsjahr), Seitenzahl, ggf. Spezifizierung; bzw. in: Titel des Sammelbandes, hrsg. von mit Namen des/der Herausgeber (Vorname Name/Vorname Name …), ggf. Nennung der Reihe (in Klammern), Erscheinungsort und -jahr, Seitenzahl, ggf. Spezifizierung.
9. Zeitschriften und Reihen sind mit vollständiger Titelangabe zu nennen, mit Ausnahme von Institutionen und Reihen etc. mit Bezug auf die badische Landeskirche (EOK, LKA, LKB, GVBl. VVKGB) oder soweit sie im Abkürzungsverzeichnis des Jahrbuchs (bitte orientieren Sie sich immer an dem zuletzt erschienenen Jahrbuch) aufgeführt sind.
10. Die Seiten- oder Spaltenangaben in den Anmerkungen erfolgen ohne S. oder Sp. nur mit den entsprechenden Ziffern, z. B. 7–12 oder 7f (wenn Seite 7 und 8 gemeint sind) bzw. 7ff (wenn Seite 7–9 gemeint sind).
11. Die Anmerkungen werden mit einem Punkt geschlossen.
12. Namen von Institutionen, Vereinigungen, Zeitschriften etc. im Text werden durch ihre Schreibweise gekennzeichnet, z. B. Europäische Union; Christliche Welt. Besondere Begriffe und Bezeichnungen können durch Anführungszeichen ausgezeichnet werden.